U0576570

总 主 编　李红权　朱宪
本卷主编　李红权　朱宪

近代蒙古文献大系

概 览 卷

◇ 第 六 册 ◇

中华书局

目　录

内蒙风土记

[日] 新见浩　著　　乔介林　译

一　地域与地势

　　蒙古在西兴安岭北方，背负萨彦山脉，同俄国接壤，东方为大兴安岭，东南方为阴山山脉，而与我东北及中国内地通行，西南方为阿尔太山脉，而与甘肃及新疆省连接，高度有一千余米，为一大高原地带，西部为山岳、河川、湖沼，交通不便，土地复杂，东部反之，乃极平垣的草原、沙漠地带。

　　蒙古的面积约有二十三万方里，外蒙古东西是六百二十五里，南北是二百五十里。其地域大概概念，东为南满铁道及北满铁道南部，北为北满铁道本线，及阿尔太山脉，南为万里长城，西为由中国之西北角延长至西北之一线，于其四边，乃形成不正四边形的就是蒙古，而以大戈壁沙漠之纵贯，即分出内外蒙古：漠北为外蒙古，漠南为内蒙古。外蒙古的西北部叫唐奴乌梁海，残余分五部，从东起，为车臣汗、土谢图汗、三音诺颜汗、札萨克图汗、科布多。内蒙古全部分三部，由东始为热河、察哈尔、绥远三省，热河之东北方，在东部内蒙及车臣汗东方、大兴安岭西方地区之呼伦贝尔，叫兴安省。

　　内蒙古地形，[成] 为丘陵、沙漠、山间等地。山脉，从黑龙江省边起者，为兴安岭。于此南，从西起者，为阴山山脉。河流大者有西喇嘛来河、老哈等河，在许多的地方，有水泽或湖沼，湖沼之中有盐湖。

气候南北多少有些悬殊，大概寒冷时，冬日在零下四十余度下，夏日反之，炎热时达百度。春天为一个月，夏则二个月，秋一月，残冬八个月，为冬日。植物在山上有树木，平地杂草丛生，成草原地带，如于沙漠地，无树无草生着。

二　盟旗与人口

内蒙古的政治组织，从清朝初年，殆已确定。在以前，从元朝至于明朝，在政治上，颇为混杂，清朝乃将蒙古的诸王族统一，始将盟旗制度宣布。

内蒙古共成立六盟（二十四部落，四十九旗）。其晢（哲）里木、卓索图、照乌达三盟（十四部落，二十六旗），归属于东北。锡林郭勒、伊克昭、乌兰察布三盟（十部落，二十三旗），在中国主权下。旗如同是中国内地的县，为行政上的单位，集多数之旗而成盟，旗有旗长（或札萨克），盟有盟长及副盟长。札萨克为原来之王公，对于旗民，有生杀与夺之权，旗长反之，乃无政权。政务直接受中央政府之指挥监督，行使协议制。最近之世袭的札萨克渐次减少，代之兴者为选举制的旗长。

蒙古民族之人口统计，诸说纷纷，颇不一致，大体内外蒙古共有五〇〇万。外蒙古是一〇〇万（普通说八〇万），绥远及张家口北方之内蒙古为一〇〇万，东北兴安岭省及热河为二〇〇万，其余有一〇〇万，散集在青海、新疆、西比利亚、库伦共和国，或很远的俄领之乌鲁额下流阿斯道拉格的地方。

三 蒙古人的演进

从中国革命后，内蒙古的行政制度，颇有改变，部令发出招民的布告，于是中国人移居内蒙者激增，他们将所有的土地开垦了来耕种，往农村的路子上走，在蒙古的原始部落里，建设起中国人的家庭市街来。

今日察哈尔省的南部地方及绥远归化城一带的地方，皆为汉民族所居，附近余存的蒙古人，大多中国化了。察哈尔省的北部锡林郭勒盟，绥远的近于外蒙部分的蒙古人，尚保存其良善简朴固有的风俗。

四 蒙古人的生活

内蒙古的蒙古人的生活状态是如何？内部尚有多少之差异，就是以畜牧、狩猎为生业，随水草之丰富而迁移者有之。此外，内蒙古中的东部地方的蒙古人，有纯牧、半牧、半农、纯农的各种区。纯农的地方接长城，为东北附近一带，这些地方的农业品、耕作状态，与一般中国人无异，家屋亦是中国农家的式样，风俗同于中国，进言之，蒙古人与中国人之区别，几无分明的地方。

察哈尔省锡林郭勒盟地方的蒙古人，全部是以牧畜为业，居住的是蒙古特有的"包"（代尔东式活动家屋），因为这个地方的生活以牧畜为中心，所以他们的生活式样，就近于牧畜，他们一早起来，就将家畜放牧于牧场，着一二人去料理，男子放牧的是牛、马、骆驼，女子是羊或山羊。

他们非常爱护家畜，常常将家畜留在包内，同家人一块儿居住，蒙古人在途中遇见客人时，先问曰："贵家畜有多少？"其回答曰："有！很兴旺的。而贵家之牧场是怎么样？"之应酬。

家畜是他们的唯一的财产，则〔财〕产之多寡，以家畜之数计算，结婚、聘礼、赠物、纳税，是用家畜代之，并有"新娘带羊五百匹，马十头"之传说。

五　喇嘛教之势力

蒙古人唯一的生业，是原始的放牧与狩猎，在大自然的神秘中，死气沉沉的活着，成为单调的原始蒙古人，活在人间，信仰世界，于是喇嘛教就将全蒙古支配了。喇嘛教亦是清朝怀柔蒙古人与理藩政策之扩大，在今日，以受毒过深，乃将他们昔日勇武的蒙古人，融化于喇嘛教，以求灵魂寄托之人生观，乃呈现出"蒙古的喇嘛、喇嘛的蒙古"之状态。

蒙古人对活佛的信仰，完全是盲目的，虽将其终日劳苦得来之财宝供给活佛，而不可惜，蒙古人同喇嘛教为一体不可分的，不妨碍于喇嘛之任性自为。

他们在家时，或出外时，必定手拿着一串数珠，口诵着"阿弥陀佛"之咒文，表示出来是喇嘛的信仰者。他们一家中有数男子，必定有一个人，从小时候就去当喇嘛僧，因为是有这种风气，所以在蒙古地方，喇嘛僧之势力就大增，造成了非喇嘛非人之观。因此，喇嘛僧之横暴亦就日甚，借宗教之力而行罪恶，妙龄之处女，对于喇嘛，亦喜将贞操献给。

内蒙古有很美的大喇嘛庙存在，这似乎是"草原上之龙宫"。喇嘛僧之数最多，占全蒙古人之三分之一强。

六　好战之民族

古来的蒙古人就是好战的民族，至成吉思汗达于最高度，他们的祖先是马上使弓箭的勇士，辄徘徊于战场，自受了清朝之怀柔后，经过太平之世，渐渐的就柔弱起来了。现在对于骑射虽精，而尚武之精神没有了，这改〔该〕叫他们的祖先怎么样的想像呢！

乘马是他们最得意的事，八岁的孩子，骑于裸马上疾驱，在我们社会上是未想到的。

男子乘马不及女子乘的好，祭奉喇嘛庙的时候，当余兴时就是竞马，女子似我国（著者所言）之战国时的流嫡〔镝〕马。

七　沙漠的文学

其国之文学，亦开始于神话，于蒙古人之间，传说其祖先就是狼，栖居于湖水旁之森林中。还有的蒙古人之祖先，把犬当做父，把树当做母。乌道利是从女神生的，或在太古时，还有两族人，经过相互战争后，其族悉数消灭，仅残存一妇人，此妇人彷徨于旷野，遇牛而生子，这是蒙古人繁殖的传说。在今日，当去喇嘛庙参拜时，将内室帐幕揭开，有用布帛覆着的女人与牛的配合，这是欢喜佛的秘秘〔密〕，这种象征，在神话中实有传说。

蒙古人的歌谣，是应着大自然乃产生的，是大自然的呼吸，是自然的儿子，蒙古人自己看守自己的家畜，风流于草原上、小川上，听着蟋蟀之鸣、小鸟之叫。蒙古人如同昆虫一般，终日劳动。并以为太阳或月是不变的运行，转变急速的是浮云，而感着全世界之生命，是万物之流转。其宇宙如何？又从如何的法则活动？乃成为人间生存的神秘，蒙古人只有将青空眺望而默想。

内蒙古因有急温度之转变，于沙漠上，乃浮现蜃气楼，蒙古人看见了这是王道乐土的有道柏阿，而以为此蜃气楼，在不久将来，即现于面前。

（译自《世界知识》二十五年度七月号）

《长城季刊》

归绥绥远长城出版社

1936 年 2 卷 2 期

（王芳　整理）

唐努乌梁海的现势

者 训 撰

我国向来即疏于边务，对于筹边的政策，鲜少实际的计划，对于边疆地带的情况，更从未加以详细之调查；结果我们自己想要知道我们边疆的情况，往往需借外人的调查，方能窥知一二，这不能不算一件可惭愧的事情。然而我们要能将外人调查所得，尽量介绍于国内，尚差堪自慰，"唐努乌梁海"随着外蒙的独立，已非我有了！对于它的现状，在苏俄封锁之下，更成了一个神秘的国度，近来苏俄及日本的书报杂志，常有关于乌梁海的情况的记述，个人借着他人的记述，片断搜集的结果，草成斯篇，以供国人研究边情的一助。

作者附识

一 自然的形势

唐努乌梁海因境内有唐努山而得名，位于外蒙古的三音诺颜汗部、札萨克图汗部及科布多的北方，北则与俄领米努辛斯克地方及鄂伊拉特自治州接界，东与布里雅特蒙古共和国毗连，西与俄属多木斯克州相接，萨彦岭屏障于北，唐努山雄峙于南，丛山环绕，高耸入云，有叶尼塞河的二大支流乌鲁克穆河、贝克木①流贯

---

① 后文又作"贝克穆"。——整理者注

境内，有库苏古尔泊大湖。山环川流，自然形成了一个域区！广二千余里，袤八百余里，面积达十七万平方公里。

乌梁海地方，拔海五千余呎，居于亚洲大陆中心，四境多崇山、沙漠环绕，气候纯为大陆性，不特冬夏的气候迥然不同，即在夏日一日之中，往往具有四季的气候，雨量很少，夏季常有骤雨阵阵，冬季河水结冰，雪铺满地，造成了晶莹的世界。

首都为刻拉斯奈，旧名别洛查尔斯克，位于乌鲁克穆河、贝克木河合流的地方，帝俄白党占领此地时，称白帝城。自一九二〇年，赤党侵入，驱逐白党出境，于是该地转入赤俄之手，故今日称为红城。

二　历史发展的三阶段

一、阿勒坦汗时代：自十六世纪初至十六世纪末，阿勒坦汗建立朝廷于此地，时当明代万历末年至崇祯年间，这时阿勒坦汗库恩卡奇为抵抗准噶尔故，而通于俄，受其庇护，而纳贡于俄。然至阿勒坦汗库恩卡奇之子鲁撒兹恩已不复纳贡于俄，且曾拒俄使者，此种关系，自清征服外蒙后，而更内向矣。

二、清朝统治时代：清代自康熙、雍正、乾隆三代不断征讨，清代边疆，远至漠北，一举全蒙完全归其统治，乌梁海地方，也直接间接的属于清室。至雍正五年（一七七二年）《中俄恰克图条约》，中俄以萨彦岭为界，更明确的将乌梁海划归中国版图之内，将乌梁海由乌里雅苏台将军统辖。更于乌梁海全境中，分为四十六佐领，在清末时候，将乌里雅苏台将军所辖的乌梁海二十五佐领，即在德勒格尔河二佐领，穆逊山二佐领，贝克木河四佐领，谟尔阿拉河三佐领，噶哈尔河四佐领，阿尔泰河、阿穆河十佐领——改编为五旗，即唐努乌梁海三旗，奇木奇克乌梁海一旗，库苏古尔泊一旗。五旗共设三佐领，每旗设总管一人，佐领、骁骑校各一人，此等人员，均由定边左副将军选拟奏廷任命。所谓五旗，是指唐努旗、萨拉吉克旗、托锦旗、库布苏库诺尔旗、奇木奇克旗而言（原载《嘉庆会典》内）。至民国元年（一九一二年）八月，公布蒙古待遇条例，裁撤乌里雅苏台将军，设副都统以管理唐努乌梁海五旗的事务。

三、唐努乌梁海国民共和国时代：俗称图瓦国民共和国。自民国元年，外蒙宣布独立，俄人乘机强占乌梁海。沙尔基克乌梁海暗投于外蒙古札萨克图汗部，库布苏库尔泊乌梁海编为外蒙土谢图汗的一部。关于乌里雅苏台佐理专员管辖区域，置都护副使，受库伦办事大臣节制。更于一九二〇年（民国九年）陈毅为库乌科唐镇抚使，管理库伦乌里雅苏台、科布多及唐努乌梁海各部的民政事务，又在唐努乌梁海设正副参赞各一人，乌梁海此时又全行收复。政府乃派严式超为驻扎唐努乌梁海佐理专员，然不旋踵间，俄赤、白二党，先后侵入，白党败后，赤党得势，唐努乌梁海又沦于赤俄矣！自民国十年（一九二一年）十月，乌梁海更仿效外蒙建设乌梁海国民共和国以至今日。

三　住民及习俗

土著人民，为乌梁海人，俄人称为沙约特人，自称为图瓦或图温聂契。有谓此族系出明代直隶边外之兀良哈裔，实为蒙古种，然考其语言，则属土耳其语系，殆为蒙古族曾移于土耳其语地方，濡染其语言后，移居北〔此〕地者。据乌梁海人自称，其祖先原为元代之一军，自征布哈尔（现属俄）南归，始居于此，相沿至今，总称为乌梁海人。内部大别为五部落，即陶迹、沙尔基克、马提、阿拉及克木奇克五部。陶迹族居于贝克穆河的上游，南至窝克穆河，西至乌忒河一带。沙尔基克族居于窝克穆河以南，迄爱里格斯河（乌鲁克穆河南支）一带。马提族居于贝克穆的北支流乌忒河及乌杰河之间。阿拉族居于乌鲁克穆河如〔的〕南北两岸，东邻沙尔基克族及马提族，西则与克木奇克族之领域相接壤。克木奇克族掩有克木奇克河之全流域，人口最多，为各族冠。据墨斯科发行的《百科大辞典》内载：一九二七年乌梁海人口的总计，共七万二千人，乌梁海人共五八，〇〇〇人，俄人为一二，〇〇〇人，尚有少数中国人，平均每方里的密度为〇·四一人，其稀少可见。俄人则为自帝俄时代，以迄现在，移殖而来者。

乌梁海人貌与蒙古人无异，专事牧畜、狩猎，西部民族多从事于养鹿事业，东部民族则多经营普通畜牧，生活方式与蒙古人相同。居处简单，仅以蒙古包为栖息之所，衣多为布匹、兽皮，食为肉类、炒米、乳类等，农耕多操自俄人，乌梁海人近来已渐习农耕。

风俗犹保存太古的遗风，信奉啦〔喇〕嘛教，及崇拜偶像，常有车戴〔载〕偶像，游行各地者。惟自俄国势力侵入以来，俄人来者日众，在交通便利的地方，乌梁海人渐习于俄化矣。

四　产业和贸易

土著居民，多以游牧为生，故家畜一项，为该地居民最大的产业，他们的财产，亦均以家畜的多寡而定贫富的高低。据一九三二年的调察，乌梁海地方家畜数，为二，二〇五，二四〇头。又因境内有萨彦岭及唐努山以及其他山岳地带，林木菁葱，野兽繁殖很多，居民从事狩猎者甚多，每年猎取狐、栗鼠、獭、黑白貂、獐、鹿以及其他各种高价的皮毛。矿产有金、铜、铅、石绵、岩盐、石炭等，现均已积极从事开采。农耕多在各河流附近，成效现尚未著。药材与各种珍奇的物品，亦多有产生。

　　乌梁海的贸易可以分输出与输入两方面去说：输出占第一位的为皮毛一项，兽皮一项，每年输入俄境者有万余张，多为该地珍贵的貂皮。其次为药材，以鹿茸为大宗，每年输出不下一千五百万甫特（俄国衡名，合华衡二十八斤），价值在百万卢布以上。此外矿类的金属、石绵、矿工业产品、肉类、松子等，亦均有大量的输出。

　　输入乌梁海境内的货物，以砖茶、糖类、烟草、布匹等为大宗，我国的砖茶，每年多由俄境输入，每年约有八千甫特，从外蒙输入的近年则甚少。糖一项每年由俄输入者有一万甫特，布匹有三万甫特，此外如猎枪、农具、家具、各种杂货、皮革（作靴底用）、铁器之类，均有大量输入，据估计苏俄每年对乌梁海的贸易，输出额有五十万甫特以上。

五　交通和运输

　　唐努乌梁海地方，境内山地崎岖，水流湍急，交通相当困难。普通在平地多恃骆驼，山地多用马匹，河流可通航者甚少，惟近年来，苏俄积极开凿通叶尼塞河的河道，如果成功，则自乌鲁克穆、贝克穆二河，可直达俄境。兹将乌梁海地方向外交通的干线，分述于下：

　　（一）自刻拉斯奈至乌里雅苏台线：由这条路可直达外蒙古各部落，路途较为平坦，长约四百俄里。

　　（二）自刻拉斯奈（首都）至科布多线：自刻拉斯奈经乌兰克穆①而至科布多长约二百俄里。

---

　　①　后文又作"乌兰克木"。整理者注

（三）自刻拉斯奈至俄境米努〔奴〕辛斯克线：此线为水路，自乌鲁克穆、贝克穆会合点起，直至叶尼塞河，约有六百俄里的水程，以上游水流激湍，通航颇感困难，惟近来已加开凿矣。

（四）为自刻拉斯奈向北越萨彦岭至俄境米奴辛斯克线：此线循叶尼塞河，水程约近一半，但所经山路，类皆崎岖，并须超越万余呎高峰，森林荫蔽，积雪难消，行旅多苦之。

自苏俄伸展势力于此地后，对于各种事业，极谋发展，对于交通一项，亦有相当的计划，兹将计划与建筑中的路线述之于下：

计划建筑中的交通路线有三，一为水路，一为铁路，一为汽车路，除铁路现尚未施工外，余均快要告成。

（一）水路，则为前述的自刻拉斯奈至米奴〈辛〉斯克、叶尼塞河上游的开辟，苏俄前曾自克拉那伊斯克（为叶尼塞州省会，西伯利亚铁路的一大站）派遣调查队，加以调查勘测，这条路河运的开凿，不久的将来，即快要告成，而且航路的开辟，是早经预定的；且自欧战前到革命初期，已把阻碍河流的一万三千立方米突的岩石，已经清除了一万立方米突了。

（二）铁路，为自刻拉斯奈至米奴辛斯克，将来何时实现，尚难预料，惟现在尚未施工。

（三）汽车路，为自刻拉斯奈经乌兰克木，而至科布多一线，现已告成。

在运输方面，对俄较对外蒙方面为便捷，如我国的砖茶，如用骆驼经戈壁而至乌梁海，远不如自海参崴经西伯利里〔亚〕再运至乌梁海为便利，故我国砖茶输入乌梁海者现均取道海参崴矣。因为运输便利的关系，自昔乌梁海的向外贸易，即趋向于俄，自外蒙独立后，唐努乌梁海已无形之中，入于苏俄掌握矣！乌梁海每年输出的大宗兽皮及药材等，多自叶尼塞河而达西伯利亚铁路，再行运至欧陆。

六　政治机构的组织

民国十年（一九二一年）八月，乌梁海人仿效外蒙也组织乌〈梁〉海国民共和国乌梁海诸族开第一次代表大会，宣言该地独立，采用临时宪法，并且与驻在境内的苏俄势力，彼此树立亲善关系，于九月二十三日，树立了苏维埃制政权，于一九二四年十月二十八日，效法外蒙古共和国宪法，采取新宪法，兹将乌梁海的中央政制与地方的政制，概述于下：

（一）大国民议会：由七十名的议员代表所组织的最高主权机关，每年开会一次，宪法的修改，也由大国民议会决定。

（二）小国民议会：由大国民议会中选出三十人组织而成，是大国民议会闭会后行使职权的机关。对于前者的关系，恰好像苏联的中央执行委员会对于联邦苏维埃大会的关系，每年开会二次至四次。

（三）国民政府：由小国民议会中选出数人为委员所组织的国务执行机关。

以上为中央政府的组织，兹再略述地方政治的制度。

地方的行政区域，有所谓"索门"、"哈基"、"阿尔班"这些名称，是一种自治区域，又为行政单位。"索门"的村团凡五十四个，"哈基"的村团有一百八十九区，"阿尔班"的区域有七百三十所，由这些村团区域，构成地方行政的单位。

七　新经济的计划

唐努国民共和国人民的职业，主要者为牧畜及半牧畜，有极少部分从事农耕。在家畜的饲养，土地的耕种，因为缺乏经验，结果每年收入非常的少，仅足自己食用。然因封建领主、啦〔喇〕嘛、奸商以及官吏们的剥削，早已陷于贫穷的深渊了！至于政府方面每年所需的军政费，亦不下五六十万元，仅恃地方捐税，以供开支，常感不敷，政府与人民两方面均感到穷困，于是发展经济、改善生产技术、改良牧畜方法，均为一致的要求，又因有苏俄技术人材的指导，故近年来已树立一种新经济计划，关于农耕、牧畜及各种工业，均有显著的发展，兹将其状况，述之于下：

关于农业方面，近来已认为农耕为国民经济将来发展上的主要部门，使农业在集团的形态下，极求发展，对于谷物的耕种面积已大加扩充，在唐努国民革命党第八次大会，关于农业发展的方法，曾作如下的指示："唐努的农业，是由粗疏的放牧经营，而移于定住的牧畜；同时必须发展农耕。"定住的牧畜，同集团的农耕，是唐努国民共和国的经济改造的方法，是第八次大会议决采用的。其后二年半的时间，集团经营的激增，有如下面：

年　　月	集团经营数	参加人数	集团经营的比较
一九三〇年十月	二〇	二五三	一·七
一九三一年四月	四五	五五三	三·八
一九三二年五月	一五七	一，八七四	一〇·三

照这样的继续下去，人民经营的集团化，到一九三五年，将可以达到百分的〔之〕百，可耕的土地面积，在一九三二年，有一万五千黑库塔（地亩单位），至一九三五，可预计增大二万五千至三万黑库塔。对谷物的品种加以选择，以使适合于该地的气候。

关于牧畜方面的改良有下面的计划：（一）选择良种，及异种交配，以改良畜牛。（二）由于美利羊的交配，以改良羊种，及增殖头数。（三）保存唐努马优点（不择食，富忍耐性），同时使增大其体力与身长。（四）改善现存的刈草场，开拓荒地，为牧场及刈草场。

此外关于森林、野兽、鱼类等，关于这些资源，尽量设法加以保护，禁止乱行采捕。在一九三二年，关于谷物栽培和养牛业，设立了两个国营农场，及五个农耕机器分配所，农耕及牧畜改良发展的结果，农业的原料，谷物、皮革、羊毛、乳类等，均有剩余，除一部自己消费外，每年尚可向外输出。

关于工业方面，因为从前均为手工业，方法拙笨，成效甚少。近年因产业发展的结果，新式工厂的设立，亦应运而生，关于工厂有以下的计划：

（一）制革工厂，预计年产一万张及二万五千张的羊皮。

（二）制靴场，预计年产靴一万双。

（三）石碱工厂，预计年产石碱八万九千瓩①。

（四）制粉工厂，预计每日产二万四千五百七十瓩②。

此外关于矿产资源，金、石绵、铁、铜、石炭、岩盐等，均已着手开采，日著成效。关于金融，于一九二六年唐努商工业银行与苏联国立银行缔有协定。

八　苏联统治下乌梁海的前途

由以上的观查，苏联统治下的乌梁海固然有长足的进展，那是不可否认的事实；但苏联对乌梁海的工作，也并非没有困难和矛盾的。第一，乌梁海的阶级构成，依然为：（一）半原始的游牧人民；（二）附佣于他人之下的牧畜和农耕的人；（三）王公和喇嘛三种阶层，构成整个社会，他们对一切的社会主义，是属少缘的，敌视是出于反对的，苏联的支配乌梁海是建筑在大多数国民的无

---

①　原文如此。——整理者注

②　原文如此。——整理者注

知识和痛痒不关的心理上，而想去实际的施行社会主义，造成社会主义化，终是前途遥远的罢！

《长城季刊》

归绥绥远长城出版社

1936 年 2 卷 3 期

（李红权　整理）

察哈尔概况

王成敬　撰

察哈尔省东拊伪满，北控朔漠，南瞰河北，西障绥远，为现今我国边防的重地。省境计辖有十六县，原为锡林郭勒五部十旗，察哈尔部八旗，及达里冈厓牧场。地势崇高，恰当阴山之阳。张家口、宣化一带，皆高约六七百公尺。至于多伦、商都一带，始高过一千二三百公尺。可见察省系由华北平原而入于蒙古高原的渐移地带。所以张家口、多伦等埠，皆为河北与蒙古间商业交通必经之要道，其重要性可以想见也。

察省自民国十七年九月改建行省以来，经历届行政当局之努力，建设方面颇有可观。今从农林、矿产、畜牧、交通、水利诸方面观察，其现状大约如左。

一　农林

察省面积据曾世英先生的推算，有二五八，八一五平方公里，或七八〇，〇九〇平方华里。但内政部发表根据参谋本部陆地测量局所测定的数目则为八四〇，八〇〇方里（旧制方里）。究竟谁是谁非，哪个数目较为可靠，我们也没法决定，因为现在不但察省，就是全国以及各省也都还没有很正确的测量。这种数目字只是表示一个大概的情形。

　　察省的面积虽有如此的大（在全国各省面积中占第十三位），但是，察北大部分的地方，还都很荒凉，还都在牧畜的时代中，所以土地面积虽广，而已开垦的耕地则并不很广。现在的耕地都在南部十六县中。北部则仍为蒙古各旗之牧场。据民国二十二年各县估计，全省（多伦除外）农田面积总计约有二五四，一六八，〇〇〇公亩。十五县人口（多伦除外）据二十二年各县估计，共约一，九〇二，七〇〇人。每人平均可有农田一三三·五公亩，约合二十市亩，和内地各省比较，仍然高出数倍。所以就人口来说，察省仍是地广人稀，需要由内地向那里移民发开。

　　察省的一，九〇二，七〇〇人中，有一，一九九，四二〇人为农民，农民的数目占全人口百分之六十三强。在这些农民中又有下列的分配：

农民种别	人口数	所占全部农民的百分数
自耕农	一七四，八五〇	一四·五
半自耕农	三三九，一九〇	二八·二
佃　农	三三七，二四〇	二八·二
其　他	三四八，一四〇	二九·一
总　计	一，一九九，四二〇	一〇〇

　　察省的农田面积前已提及，据估计约有二五四，一六八，〇〇〇公亩，但实际上耕地并不如此之多，据二十二年各县之估计，全省耕地约有一〇七，八九一，五五四公亩。可见尚有一四六，二七六，四四六公亩尚未耕种，即尚有多一半之农田尚未耕种，这是很值得令人注意的一件事；可见察省地方之需要内地农民去耕种是很迫切的！

　　在现在已经耕种的农田当中，各种耕地的分配如下：

耕地种别	耕地亩数（公亩）	所占全耕地之百分数
旱 田	一〇五，九七〇，二〇〇	九八·二
水 田	一，四九六，二二四	一·三
蔬果园	四二五，一三〇	〇·五
总 计	一〇七，八九一，五五四	一〇〇

　　察省农产以麦类为大宗，麦类中尤以莜麦为最多，小麦、大麦以及荞麦等亦不少。此外则稻、高粱、马铃薯等亦皆为主要之农作物。民国二十三年各种农产品全年之收获量种植亩数，及每亩之产量如下表：

种 别	收获量（担）	种植亩数（公亩）	每亩产量（公斤）
稻	三七，四五三	九五，七〇四	一二三·八八
小 麦	五五六，一九八	八八二，八五五	七四·一〇
莜 麦	四，八七五，一二五	二，三五九，二四九	六六·六五
荞 麦	一，〇三八，八九九	一，二九九，三二一	五三·〇〇
粟	一，四五一，九三六	九，〇四〇，八〇七	七四·三一
高 粱	一，六七九，六〇六	二，〇七七，八九三	一二四·五五
黍	三，三五六，五六一	八，八二七，一〇〇	八五·四八
稷	九五七，〇八八	一，一一八，一六四	七六·六五
玉 米	一六九，〇四六	七八，六〇八	一六六·四三
大 豆	四一一，四〇二	四五九，〇八三	九三·七五
菀 豆	六九，八一九	六六，一〇七	七八·七二
莞 豆	一一七，一六九	一九三，五七六	八四·〇〇
马铃薯	九，一二五，〇一〇	一，九〇五，七二四	六九八·六四
总 计	一六，三七九，四〇九	二八，七〇二，七五一	……

　　第三项之每亩产量系各县之总平均数，下同。

　　以上所列之农作物，皆系最主要的食用品。此外有特别用途之作物尚有烟草、花生，以及麻类等。这些作物的产量，种植亩数，以及每亩之产量等，据民国二十三年之统计如下表：

类　别	产量（担）	种植亩数（公亩）	每亩产量（公斤）
烟　草	四，三九一	一，一七七	九四
花　生	一，〇〇〇	五〇〇	二〇〇
大　麻	三六，六五〇	九一，三八五	七四
亚　麻	三一一	五四六	四四
胡　麻	九六〇	二，四〇〇	四三
蓝	三〇	二〇	一五〇
总　计	四四，六四七	九八，八五六	……

察省在蔬菜方面亦有很多种出产。主要的为白菜、韭菜，以及瓜类等，出产都很多，据民国二十三年之统计，如下表：

类　别	产量（担）	种植亩数（公亩）	每亩产量（公斤）
黄芽菜	一五，二一一	三，五二一	四三二
白　菜	七九二，三八一	五二，四七五	一，一三八
甘　蓝	八一，七五三	七，三九一	一，四二二
芹　菜	一八，一八六	一，三〇七	六四一
葱	三八四，一三四	二九，九八一	九〇七
韭　菜	一六二，三八二	一五，二四九	一，〇三五
菠　菜	三一一，八七二	一九，五八七	九〇三
萝　卜	五九三，四二四	三七，一〇五	一，一四一
芜　菁	四九八，五五九	二七，九〇一	六六七
黄　瓜	三二，九八二	二，九八二	六六三
菜　瓜	一三，四九〇	一，一四〇	七四三
西　瓜	九〇，九〇四	六，六六八	一，五一九
总　计	二，九九五，七二六	二〇五，三〇七	……

此外在果品方面，察省所产的有苹果、杏、葡萄和林檎等。这在食用方面固然次于前述的各种主要农作物，但其产量及种植亩数亦皆很大。据民国二十三年之统计如下表：

类　别	产量（担）	种植亩数（公亩）	每亩产量（公斤）
梨	四三一	一，五三六	三一四
苹果	四五，四九〇	二二，八七三	一四九
桃	二九，八六三	二，二三六	一，一二一
杏	四三三，一一二	五，一五七	六九一
林檎	八〇〇	二〇〇	二〇〇
李	一〇，二五一	四，二二七	四七三
葡萄	一九，八九四	一二，一五六	六一一
柿	一〇九	三五	……
枣	二，四一二	六九〇	三一八
总　计	五三二，三六二	四九，一〇九	……

至于森林方面，统计较少，在民国二十三年年底以前的状况如下：

森林面积——一六六，一五〇公亩。

森林株数——四，二六三，二〇二株。

又民国二十三年的造林成绩如下：

造林面积——三一，〇六一公亩。

种植株数——六二八，一五二株。

活成数——四一八，八二三株（占种植株数百分之六十八）。

二　矿产

察省矿产，根据各县民国二十三年之调查，煤矿最多，晶石矿次之，赤铁又次之。此外银、铜、硫磺、磁铁、金、铅各矿亦皆有。矿产面积计有八八一，八六四公亩，其中已经开采者只有一六〇，三九五公亩，七二一，四六九公亩尚未开采，可见察矿产之前途尚有很大的希望。

据察省建设厅之统计，全省矿藏如下表：

矿　别	面积（公亩）	已设权开采（公亩）	尚未开采（公亩）
煤　矿	四三七，九五六	一五一，三七六	二八六，五八〇
赤　铁	一三九，三四六		一三九，三四六
磁　铁	六，六三六	……	六，六三六
硫　磺	九，〇一九	九，〇一九	……
铜　矿	一六，五八九	……	一六，五八九
金　矿	三，五八八	……	三，五八八
银　矿	六六，三五六	……	六六，三五六
铅　矿	三，三一八	……	三，三一八
石　晶	一九九，〇五六	……	一九九，〇五六
总　计	八八一，八六四	一六〇，三九五	七二一，四六九

　　由上者观之，察省矿藏除硫磺及小部之煤矿已经开采外，各种〈矿〉藏都不能算是很多，可是如果开采出来，对于察省却有很大的影响，譬如据民国二十三年的统计，察省煤矿全省全年的产量为一七九，〇三九，〇〇〇公斤，但全省全年的销量即为一六九，九七五，〇〇〇公斤，差不多除了自给以外，很少有剩余，如能将那一大部分的煤矿也能开采出来，那就可以有输出了，这对于察省经济方面是很有关系的。

三　畜牧

　　前边已经说过，察省（尤其北部）大部还都在牧畜的时代中，这固然是由于察省地面荒凉的缘故，可是国人不积极地去开发，也是使其停滞于牧畜时代中的一个很大因子。

　　据民国二十三年的统计，察省畜类全年产额，有如下表：

类　别	产　数
马	一八，三六一
牛	二一，〇四四
羊	二六二，二六二
骡	九，三五二
驴	四四，三二八
猪	一〇四，五七九
鸡	八五，七六九

由此观察，得知察省畜产以羊为最多，猪次之，骡又次之。但畜牧的原料品，所以牲畜的副产品比较主产品价值还大[①]，还重要。

据民国二十三年的统计，察省全年畜牧的副产品如下表：

类　别	产　量
羊　毛	三〇〇，八五三公斤
羊　皮	一七，六五〇张
猪　毛	五〇，一〇一公斤
牛　皮	一，二五四张
马　皮	五五七张
鸡　蛋	四八九，〇〇〇个

这些副产品都是近代工业上的重要原料。而察省新兴的工业又不繁盛，那么，这些原料品就要输出了。

四　交通

在交通方面，察省近年来的发展很大。单就公路来说，在民国

---

① 原文如此。——整理者注

二十年年底的时候，全省公路，不过一，六五六公里。而到了民国二十三年年底的时候，就已有三，〇七三公里了。三年的时间，察省的公路增加了一，四一七公里，几乎增加到一倍；就百分言，三年的时间里，增加了有百分之八十五，这是察省可以自豪的。因此在实业部第一回《中国经济年鉴》全国公路里程的统计表里，察省公路的里程数仅次于广东，而居全国的第二位。那时全国公路的里程总计为三七，九九六公里，察省有三，〇七三公里，占全国百分之八·九，在全□□□□□□□□□□□□□□□□□。

近来察省在长途电话方面的发展也很大。这种长途电话创始于民国十八年的冬季，到民国二十三年止，计有干线三条，支线五条，共计长一千八百八十里。此外在各县的电话，据民国二十三年六月底的调查，总计也已有了七四三，八〇六公尺的路线。这和其他各省比较，固然还差得很远，可是在一切都落后的察省，却是很难能可贵的了。长途电话在近代政治、军事上都有特殊的功用，所以这正可以表示察省在政治和军事上的进步。

此外，在交通方面很重要的，当然还有平绥路。这是内地通达西北的命脉，正经过察省的南部，所以张家口成了内地和西北方面贸易的中心。

五　水利

在水利方面，察省最近几年来的进步也很大。全国总计现在灌田的水井有三，五五一个，每年可灌四五九，一二九公亩。其中在民国二十三年中所开凿的井有二二三个。所以民国二十三年以前灌田的水井只有三，三二三个，每年只可灌四三四，五一八公亩，照这样发展下去，将来灌田的区域一定可以有很大的开拓。

又就各县的河渠灌溉而言，现在察省的情形，据该省建设厅民国二十二年的统计如下：

县　别	灌溉面积（公亩）	收获数量（公斤）	价值（元）
万　全	五七九，九六一	四，七八○，○七八	一一一，八九四
涿　鹿	九五，二三二	三六，三七一，八三一	三，一八七，八四六
张　北	四○，○○○	一七二，六一四	七，九八一
宣　化	六九八，一八二	三八，八○九，○○○	一，二七八，四○○
龙　关	九，三九一	二，三九二，八三五	四○，四九六
蔚　县	九○○	二○，○○○	四，四○○
怀　安	二九○，三八○	……	……
阳　元	八四，七五二	五二○，五三七	二○，三八七
延　庆	三，二○五，○九九		
怀　来	五，五○○，○○○	……	……
总　计	一○，五○三，八七七	……	……

　　由此表看来，察省境内每年可有一○，五○三，八七七公亩之耕地受河渠之灌溉，又有四五九，一二九公亩受井水之灌溉，合计每年受灌溉之耕地计有一○，九六三，○○六公亩。察省现在之耕地前已言之，计为一○七，八九一，五五四公亩，即是约有十分之一的耕地每年可以受到灌溉的利益。察省本已入于口外草原气候区域，常年雨量大部都在二十时以下，所以不足农作物的需要。如今有了河渠和水井的灌溉，至少也可以说有十分之一的耕地是可以免掉旱灾的顾虑了。这是人类可以改造地理环境的一个证明！倘如将来，察省的耕地都能利用灌溉，那么过去十分荒凉的口外草原，立刻就可以变成肥美的沃土了。

《正风》（月刊）

北平正风杂志社

1936 年 2 卷 9 期

（丁冉　整理）

绥远的认识

潘畏三　撰

一　前言

敌人的侵略，有他一贯的侵略政策；敌人的贪欲，过去的教训明白地告诉我们，并不是获得一两省领土而就认为满足了。他最后的目的，是在灭亡整个的中国！这次绥远事变，本是我们意料中的事。将来战争的趋势，必定把战线延长，把范围扩大，但军事秘密，谁都不得预知，不过我们站在国民的立场，天天拭目以待前方的好消息来到。

二　绥远与中国

我们要知道，现在的绥远，是国防之门户，莫以为绥远远在塞外，与我们无切肤关系，须知绥远若再丧失，则山西、宁夏必随之而动摇！接着陕西、甘肃必难自保，这么一来，敌人的势力，可以西达新疆而南达长江，岂不是一子失着，满盘皆错，唇亡齿寒，噬脐何及？

敌人的侵略政策，势必从绥远入手，敌人要灭亡我们国家，也势必从绥远进攻，自去年察北六县失陷以后，绥远已成了国防的前线，绥远为甘、宁、晋、陕等省之屏障，关系西北安危，异常重大，所以我们要认定这次绥远战机爆发，是我国生死关头的战争，所以，非全国上下用全部力量来应付不可，决不是单独靠前方将士所能负起这亡国灭种的重大责任呵。因此，我们应这样说："欲救中国，必先救绥远，绥远保全，东五省的失地，才有收复的希望。"

三　我们应认识绥远

绥远的得失，关系国家的存亡，所以警讯传来，全国震动，有的毁家纾难，有的慷慨认捐，有的节衣减食，输助劳军，"一日所得贡献国家"的运动，不数日便已推行全国了，既无政府功令之督促，亦非任何诱力相推动，纯出于大家之血诚。

不过我们中国人只有五分钟的热度，是不可讳言的。因一时的感觉和兴奋，初则非常热烈，后则隐无声息！东北四省之丧失，敌人无理的压迫，揣国人的心理，好像"失不足忧，得不足喜"，总以为我国地大物博，一两省的损失，有什么关系！现在我们要谈救中国，必先救绥远，欲救绥远，必须先认识绥远，怎样认识绥远？就是说我们要知道绥远是个什么东西？我们认识了它，才能发生出一种力量来。譬如一个人，他有强健的身体，他有丰富的学识，他有新颖的思想，他的一切，均使人可爱，那末我们非爱他不可。所以在这绥远战机爆发之际，决不能像以前那样的意气用事，只图一时的痛快。我们要有长久抵抗和援救的决心，欲有此决心，当然要彻底把绥远研究得清清楚楚。

四　绥远是个什么样的东西

现在我把它介绍给大家认识认识。

1. 概说——绥远在我国的北部，为内蒙古的西境，前清时曾于其地设绥远将军，省之得名以此，亦简称绥省，于民国二年，置绥远特别区域，十七年方改为省。该省的境界，东接察哈尔，南界山西及陕西，西与宁夏毗连，北同外蒙古接壤，全省面积约计一百万零零七千余方里，在三十省区中，位次第十，统计人口，约二百十六万，平均每方里得二人而强，省治在归绥，辖县十六，设治局一，及蒙古乌兰察布盟四部六旗，伊克昭盟一部七旗，土默特二旗。

2. 自然形势——绥远的自然形势，可分为地质、地势、山脉、河流、湖泊、气候几方面来说：

（一）地质　绥远大部分以太古界及元古界的岩层为多，间有寒武纪、侏罗纪诸地层错杂其间，沿黄河西岸，则为冲积层的平源〔原〕，地面为硬性的沙土，遇水则渐化软，掘土二尺以下，即有泉水上涌，皆宜耕宜牧的膏腴地。

（二）地势　绥远是当蒙古高原的南部，地势高敞，最低之吉兰泰盐池亦高出海面三千一百尺。北跨阴山，南凭长城，西包沙漠，黄河流在绥远境，作回环形，叫做河套，两岸平原弥望，所在肥沃，因此有"黄河百害，惟富一套"的谚语。

（三）山脉　阴山山脉横贯绥远的中部，主峰系大青山，在武川县西、北，支分条布，不一其名，其脉南接宁夏之贺兰山，东北走入绥远境，为哈拉那林乌拉岭，为达罕德尔山，又东为翁衮山，亦作翁公山，主峰在归绥县北，高至四千七百三十尺，正脉东走察哈尔境，绵延于陶林、凉城之间者系奎腾梁，横亘丰镇、集宁之间者系伊玛图岭，都是阴山南出的支峰。

（四）河流　绥远河流，是以黄河为主要，由甘肃景泰县东入宁夏省境，经金积、灵武诸县西北，为绥、宁二省之界水，至磴口县北，折向东南，在绥远中部作一大回环，即所谓"河套"，东经包头县南，托克托县西，出长城为山西、陕西两省之界水。入于黄河之支流，其较大者，在绥省境内有五：（一）大黑河，（二）红河，（三）窟野河，（四）西拉乌苏河，（五）五加河。

（五）湖泊　绥远境内较为著称之湖泊有二：一是腾格里泊，在鄂尔多斯右翼中旗境，即古之申屠泽，有支渠与黄河相通。一是乌梁索海子，在五原县东南，为五加河所诸〔注〕而成，其余小的湖泊，不及备录。

（六）气候　纯为大陆性，寒暑俱烈，十一月至次年一月最冷，华氏寒暑表常在零下二十五度，冰雪堆积，历七八月始融解。阴山以北尤冷，山南较为温和，六月至八月最热，常在九十五度以上，但是一到半夜又披裘不暖了。空气干燥，一年之中，降雨至多不过十次，且有终年不下雨，二三四三个月常有大风，沙泥飞扬，天地为黑，远近诸山，皆不能见，至日落后，反能见之，此其气候之奇也。

3. 人文状况——分居民、物产、交通三项来说：

甲、居民　绥远居民，以汉族为主，汉人要占全省人口十分之六，散居归绥县以西、黄河以北，蒙人占十分之三，满、回两族合占十分之一，不过各喇嘛寺中，有少数藏族。汉人多来自山西、陕西、甘肃、河北诸省，大都朴实耐劳，安分守业。回族已与汉人同化，称为汉回。蒙人粗野无文，以游牧为生，逐水草而居，没有一定的场所。至于言语方面，汉、回两族皆用国语，而发音较浊，蒙人则用蒙古方言，惟与汉族接近之蒙人，亦有能操国语者，可以说逐渐要被汉人同化。

乙、物产　绥远牧业最盛，故动物以牛、马、羊及骆驼为多，每年毛绒出口在二千万斤以上，皮革在五百万张以上，牲口之运销内地，全年约有十余万头。另外关于野兽一项，尚有虎、豹、鹿、狼、獾、兔、狐狸等类。至于植物之出产，在绥远黄河西岸，地土肥美，尤以后套一带最适宜于耕种，大麦、小麦、大豆、高粱、胡麻、蕃薯等，很丰富，近灾处亦可种米，胡麻子、菜子，则年有洋商前去采办，为本省出口货品大宗之一。还有药材出产，如甘草、黄蓍、黄岑、红花、防风、苍术、白术等皆备。境内无大森林，惟枳、柳、榆、杨等树，在近水处亦极茂盛。谈到矿产，以盐、碱、煤炭为大宗，亦间有石墨、石绵、银、铁诸矿。盐碱产地多在鄂尔多斯部，煤炭分布于大青山中，据地质学家调查，无烟煤储量有六亿五千万吨，有烟煤储量十三亿吨。现已开采者每年仅有十三万吨，再讲到工业，非常幼稚，以富产绒毛、皮革，故制皮业较为兴盛，然亦大率粗劣，未能改良。较为著名之工艺品，有归绥、包头所制之绒毡〔毯〕，绒厚质坚，为御寒要品，惟花色陈旧，尚有待于改良。

丙、交通　有大道、铁路、汽车路、船运之分。关于大道，该省以归绥为枢纽，东南出入杀虎口，可达山西之大同，西北出经固阳县，可通新疆之迪化，西南出经河套，可通陕西之榆林，西出循黄河而南，可通甘肃之兰州，出经武川县可通外蒙古之库伦，自张家口北通库伦之大通，亦斜贯本省东北境，与归绥北出之路合。关于铁路，有平绥路，自山西大同县而北，出长城入绥远省境，经丰镇、集宁转而向西，终止于归绥县、绥包铁路，以归绥为起点，西经萨拉齐县而达包头。包宁铁路，自包头西展，经五源〔原〕、临河入宁夏省境，以宁夏为终点，已经开办，尚未完成。汽车路：一为绥张线，自绥远〈达〉张家口；一为绥蒙线，自绥远达外蒙；一为绥晋线，自绥远南行经和林至清水河达山西；

一为包宁线，自包头达宁夏。航运，一则专赖黄河，黄河之水不利行舟，惟在河套一带水势平稳，民航畅通，自宁夏之中卫县，至绥远托克〈托〉县之河口镇，其间货船络绎不绝于途，近且有汽船行于此，惟以气候寒冷，冬季有四阅月之封冻。

4. 地方分志——

子、归绥　有新旧二城，旧城叫做归化，新城叫做绥远，两城相隔数里，东西相望，清时合称归化绥远所，民国改为归绥县，为绥远之省会。其地当平绥、绥包两铁路之交接点，交通便利，地尤平衍肥沃，为塞外上腴，居民二十余万。民国三年，自辟为商埠，蒙古、宁夏、青海、甘肃诸省所产之牲口、皮毛，均以此为转运之枢纽，每年贸易，在三千万两以上，商业之盛，除张家口外，可称塞外第一。新城街衢宽阔，胜于旧城，惟商业则较差。旧城南门外有喇嘛寺三：1. 无量，2. 崇福，3. 延寿。规模之大，次于五台，喇嘛之多，多至二万人。

丑、包头　本作泊头，其地背山面河，形势冲要，为包宁、包绥两路之起讫点。自甘肃而东数千里之黄河，至此与铁路冲〔衔〕接。水陆交通，此为枢纽，内外蒙古及新、青、甘、陕诸省，所产之牛、羊、驼、马、皮毛、食盐，平、津运来之土布、砖茶、广杂货，皆以此为总汇，商业之盛大，有驾归绥而上之势，民国十年自辟为商场，人口在五六万以上，街市以前街、后街为最盛。

寅、丰镇　原属察哈尔省，十七年改属绥远省，其地当长城之北，为平绥铁路边外第一站，西北商旅出入之孔道，物产以杂粮、菜子、胡麻、皮毛为大宗。

卯、集宁　土名平地泉，当平绥铁路之中枢，亦为北出库伦之要道，四围皆平原沃壤，一望无恨〔垠〕，种植、蓄〔畜〕牧，俱极相宜，市肆荟萃于西车站一带，商货出入，亦极繁盛。

辰、萨拉齐　清时叫做萨拉齐理事所，民国改为县，其地背山面河，形势扼要，居民向以富庶称。农家耕田，常在四五顷以上，农产物以麦、豆、谷为主要，商业昔颇兴盛，自绥包铁路通车后，已渐为包头所夺。城内各街，仅东西两大街较为兴旺，贸易品以绒毛为多。

巳、五原　城濒五加河之南岸，当包宁汽车路之中枢，亦西北交通之要地。县境为冲积层，肥沃宜耕种，清末始行放垦，开渠招租，应招者陆续而集，今则田畴大辟，村落相望，渐臻于繁盛之境。

午、凉城　前清叫做宁远厅，地当长城杀虎口之外，为晋、绥两省交通之孔道，西套一带所产之羊毛、皮革，由此输入山西者甚多，市况兴盛，尤以东西与南北两街为商庐所荟萃。

未、临河　其地南濒黄河，为包宁汽车路所经，乃本省西部之门户。县之西南境有地曰三道河，当黄河南北两派分歧处，今名之曰洋塘，为天主教堂之势力范围，后套一带，共有教堂百所以上，而以洋塘为总汇，居民皆为教徒，开垦荒地，已达五千余顷，耕田者纳税于教堂，一切司法教育，其权皆操诸牧司，我国官吏不能过问，俨成一国。这里，我们很希望政府当局早为设法取缔，收回主权才好。

其他如兴和、陶林、固阳、武川等处大概情形，与上述各地相彷彿，不另叙述。

五　结论

把绥远这样分析，便知道这里确是大好河山，它有丰富的物产；它有广大的版图；它有朴实耐劳的居民，无怪乎敌人早为唾〔垂〕涎和觊觎！这次警报频传，所幸有以苦战耐守著称之傅作义氏，运其坚毅卓绝之筹略，以与匪伪叛逆相捍战，并且傅将军曾宣言，"决死守国土，如敌敢侵绥，则必率健儿予以痛击"。吾人深望前方将士在傅将军指挥之下，拼命杀敌，努力卫国，能使绥远转危为安！最后我们要知道，绥远之得失，其关系中国之存亡至深且巨！欲〈救〉中国，必须先救绥远，欲救绥远，必须先彻底认识绥远。

于当涂私立静仁学校

《安徽教育辅导旬刊》
安庆安徽省教育厅
1936 年 2 卷 20、21 期
（丁冉　整理）

我们的绥远

振 远 撰

我们的绥远:

(一) 在民国三年划为特别区,民十七年九月始改特别区为行省,设省政府于归绥。辖丰镇、兴和、集宁、凉城、陶林、归绥、包头、武川、萨拉齐、托克托、清水河、临河、和林格尔、固阳、东胜、五原等十六县,安北同沃野两地设治局。其余两盟(乌兰察布盟计六旗,伊克昭计七旗)及一总管(归化土默特旗总管)仍归蒙旗治理(现属绥蒙政会)。

(二)"它的边境与五省交界,东以平绥铁路与察哈尔接连,南凭长城与山西、陕西邻近,西包河套,与宁夏并界,北临瀚海,与外蒙古连接。"阴山山脉横卧绥北、绥东一带,以大青山最高,黄河包有全省西南半壁,后套一带颇饶水利。

(三)全省区面积计三〇四,〇五八平方公里(根据廿五年《申报年鉴》统计)并多未开垦。

(四)全省人口总数计一,八〇五,七九九丁口(根据内政部统计),除蒙族、回族外均为汉人,许多系从陕西、山西、河北、山东迁去的。

(五)那处的气候一年中平均最高为摄氏表二五·五三度,最低为〇二·七一度(依王恩著的观测),变化甚大,河套一带变化尤剧,一日之间早晚相差二十度,故土谣有"早穿棉衣午穿纱,抱着火炉吃西瓜"等语。雨量亦甚稀少。

（六）那边的物产、动物以牛、马、羊、骡最多，皮革、毛绒亦为大宗出品。植物以粮食、药材出产最多。矿产以煤、铁、食盐、曹达出产最多，手工业品以绒毛、皮革制品同绒毯、毛布最著。

（七）交通方面：（甲）铁路有平绥路，丰镇至归绥段，由丰镇起，经新安庄、红沙霸、苏集、平地泉（即集宁）、三岔口、八苏木、十八台、马盖图、卓资山、福生庄、三道营、旗下营、陶卜齐、白塔、归绥等十六站，计长四百三十九华里。归绥至包头段，由归绥经台各木、毕克齐、察素齐、陶恩浩、麦旦台、板神气、公积板、磴口、包头等站，长三百余华里。（乙）公路已完成的：（一）绥白路自归绥起，经武川、召河至白灵庙（一作百灵庙，为蒙军集中地），全长一八六公里，中以蜈蚣坝为最险要。此线同绥新（疆）线衔接。（二）包乌路自包头起，经麻池镇、公庙店（一作公庙子）、五原县、临河县，至乌拉河，由此出省境入宁夏，全长三六四公里。（三）陶卓线由陶林至平绥路卓资山站，全长五二公里。其余不甚重要同未完成的从略。（丙）电政，有线电报、无线电报、长途电话均有，不过不甚发达。无线电台设在归绥。包头、萨拉齐、五原等县均设有线电报局。（丁）邮政，约有六十余局所。（戊）航空，归绥、包头均有飞机场。欧亚机航线可飞至包头。（己）水运，仅有黄河在水大时有船只来往于包头、宁夏间。

（八）归绥民国三年我国自行开放为商埠。包头民国十一年我国自行开放为商埠。

（九）宗教在那处除佛教、喇嘛教、道教、回回教、基督教外，天主教势力最大。在后套一带地方的居民对于天主教神父非常的推崇、信仰、服从。因为神父们常借给他们金钱，供给他们牛马，替他们见官，替他们医病，替他们拒匪。所以就造出来后套的教民问题来。至于外国人常川在绥的，以法国神父最多。

（十）俗语常说"天下黄河，惟富一套"，黄河自中卫而下，沿着贺兰山麓向东北流，为大青山所阻，于是折而东流，既又折而南流，凡黄河三曲所包围的地方，都叫做河套。在绥远境五原、临河、安北等县的黄河二支流中间的原野叫作后套。这些地带土地肥沃，最宜开垦。现下绥区屯垦督办负责办理那一带的垦务。

（十一）绥北乌兰察布盟境内的百灵庙、滂江现在已成了蒙伪匪部的根据地。某国势力在包头、归绥、百灵庙、滂江一带暗地里很活跃。

总之从上面所写的可得以下的结论：

（一）自外蒙与内地隔绝后，绥远的地位越发重要了。

（二）阴山一带为绥境屏障，万一不保，影响陕、宁、晋、甘等省甚大。

（三）绥远地广人稀，防守不易，故有志健儿应实行到国防前线上去，以卫国土。

（四）某国人正苦于羊毛、皮革不够用，得到了绥远，便尽可如愿以偿。

（五）绥远出产丰富，地域重要，自无怪某国亟欲使以成为将来的"蒙古大元国"的一部了。

所以，在我们认识了绥远之后，应该振起我们的精神，发挥我们的力量，来保卫我们的绥远！

《上海党声》（周刊）

国民党上海特别市执行委员会

1936 年 2 卷 20 期

（朱宪　整理）

外蒙古的最近情形

〔日〕村田孜郎　撰　　　张觉人　译

本文译自日语《支那》一九三五年十月号，作者为村田孜郎氏。原题为《外蒙的最近情形和满蒙关系》。但所谓满蒙关系，并非吾人所欲闻者，故关于叙述"满蒙关系"的部分，完全削除，而题名亦由是而改为《外蒙〈古〉的最近情形》。

甲　库伦的最近情形

当在满洲里举行满蒙会议时，吾人认为外蒙已跑到外面来与世人相见了。但其后因会议的停顿，秘密国的外蒙，依旧成为一个秘密国。最近的外蒙政府，对反共产的人的压迫甚烈。有施以反抗的，则叫内防处来弹压，同时对于通过国境的人，取缔得非常严厉，极力防止国内的消息传到外边去。其锁国政策，较前愈更严密起来了。但是，近来以外蒙为中心的问题相继而起，日满与俄蒙的关系，亦愈见纠纷错综。在这个时候，我以为认识外蒙所隐秘的现状，是非常必要，同时也是个极有兴味的问题。下面所记的，是库伦的最近情形。我相信这是吾人研究锁国后外蒙的变迁情形的最好材料。

一　库伦的现状

外蒙首府库伦的总人口，现在约有四五万，比较张家口稍为少一点。其中苏俄人约一万，汉人约四五千，其余的都是蒙古人。市的外廓，系围以不毛的荒山，市的南方，有条河流贯其间。

苏俄人住的，大都是洋式的房屋，汉人住的，则是中国式的固定房屋。至于蒙人，公务人员及有产阶级，固然亦有些居住准中国式的固定房屋，但大多数的蒙古人，都是住蒙古特有的"包"。

市中井水甚少，且不适于饮用，故多用河水，但洋井中所涌出来的水，亦极好。

市的东西十华里，南北三华里。自东至西，有一条长街。汉人的劳动者，约有二三千人，均集中在由库伦至西北的买卖城的道路出口附近。

气候是大陆的气候，冬寒的天气，约有半年。至于夏天，并不大热。在旧历四月，脱棉衣而换夹衣。至十月即结冰，要到翌年四月才有解冰。

物价普通都很高，其概况有如下表所示（蒙古货币一元，约值华币七角）：

白米（一布度）	六·〇〇元（按一布度等于一百二十斤）
衣服制造费（一件）	二〇·〇〇元
洋面（一斤）	·三〇元
火酒（一斤）	三·六〇元
白酒（一斤）	四·六〇元
绵布（一丈）	九·〇〇元
绵花（一斤）（其质甚坏）	五元至八元
洗澡（一人一回）	男一·〇〇元　女一·五〇元
理发（一人一回）	一·〇〇元（理发多在洗澡场）

此外，俄国的香烟（每包十枝），每包有三角二分的、四角的及一元一角五分的。由中国去的哈达门牌、红锡包等，其价甚高。

二　军事关系

库伦市内，目下并无俄军屯驻，所有的军队，都是外蒙的红军。蒙古军平均一连之中，大都有一个苏俄将校做指挥官。据街巷的流言，库伦附近的山地内驻有苏俄军队，但实际上，苏俄军队所屯驻的地方，在东方三伯斯及库伦、买卖城之间。

蒙古军多为骑兵。在库伦市东四华里的兵营内，约有两三千个骑兵。

靠近蒙古兵营的地方，有一个飞机场。格纳库一栋，大可收容二三台飞机。军用机与旅客机，合计有十七八台。每日除试飞之外，并作落下伞使用的猛练习。这些飞机的操纵者，都是苏俄联邦的人。

无线电台在兵营的附近，此为旧中国政府所建设的。蒙古兵中，最近在苏俄联邦受过军事教练回来的亦不少。

最近搬入库伦的新式武器甚多。每日在库伦市的上空翔〔飞〕翔的约有五六台，其中亦有最新式最优秀的。此外有装军汽车二十台、战车十数台、高射炮十台（均约数）。但关于探照灯及毒瓦斯的设备，现尚没有。关于汽车，前年（一九三三年）一年中，除购入军用汽车约一百二十辆之外，并购入普通汽车约一百辆。至于蒙古兵所着的衣服，一如苏俄红军一样，是一律黄色的。

三　产业、经济关系

（A）工业——库伦市的西南部为工业地带。有织布工场、制靴工场、皮鞋工场等等，但尚没有制粉工场。其原因，大概是由于面粉可以由苏俄方面买来的关系。工场工人多是俄国人，蒙古人中虽亦有些男女在里面工作，但大半不过是跟着俄国人学习罢了。

（B）矿业——在距库伦市东南约六十华里的莫斯齐地方，有一个炭坑。现今在这里面劳动的，约有苏俄人二百、汉人一百，而蒙人则甚少。库伦附近所使用的煤炭，均是有烟炭，冬季的价格每一布度为四元五角。

（C）林业——距库伦东方约二三百华里的地方，有一个很大的森林地带。在这里，出产松树，对蒙古供给建筑的材料。因此，库伦附近的新〔薪〕炭材料，亦颇丰富。

（D）农业——白菜及其他农作物，均由汉人耕作。

（E）商业——集散于库伦的重要物资为皮、毛。羊毛、山犬毛、狼皮等最多，均为官营。对于普通商人，只准许经营小额的买卖。石炭商之类，组有公会。经营澡堂的，须缴纳下次的税金：

营业税	年缴一次二五〇元
所得税	年缴二次各二五〇元

普通物价甚高，入手不自由。但如苏俄人所吃的白面包，则颇多。

（F）金融——库伦有一个蒙古银行，资本系苏俄的国立银行出的。营业的管理，完全是苏俄的人，尤其是日常现金出纳的任务，便是由苏俄的人担任的。

中国的货币，在市场上已经没有它的影子了。

汉人以山西人为最多，大都能说蒙语和俄语。

汉人与蒙人吸食鸦片的人很多，但鸦片价高，普通都是秘密吸食，并没有公开的烟馆。

四　政治关系

因为租税及临时征发很厉害，汉人、蒙人对于现在的政权颇表不满。然本身无力反抗，亦只得忍气吞声罢了。一般住民，大都观念着这是没有办法，老老实实地作他们的榨取的对象。

官厅的公务人员，表面上虽然是蒙古人，然其整个的权力，都是在几个苏俄人的公务人员手里。至其现状，可分析于下：

（A）家畜类的征发——库伦的蒙古人，除官吏及商人之外，大部分都仍原从事于放牧。他们的唯一财产——家畜——的征发，是最感觉痛苦的。

（B）反日本帝国主义的宣传——此种宣传最盛。俄文报、蒙文报上，均广载着这样的宣传。其对于中国的水灾、旱灾及共产军的胜利，均作夸大的宣传，它反中国的态度，亦很明显。

（C）内防处的活动——内防处，与苏俄的 K. P. U 同其性质，握有绝大的权力，这个内防处，是一般人民所最怕的。内防处的主要指导员，都是苏俄的人。处员约有二百五十名，其中有二十个蒙人、三个汉人，这三个汉人，是由莫斯科来的共产党员。外蒙政府，为欲实际共产化，并不选择手段，对于有产阶级，施以极端的压迫。对于有一定的财产所有者，课以重税，并强制豫征，如有不服从的，则投入监狱，毫无容恕。一日之中，仅给以一块黑面包，以缩短其生命。现今并强制征收财产，如有反抗的，则杀无赦，杀人的事，正如日常菜饭一样。因此，蒙古人的家畜所有数，非常减少了。最多的所有者，如系马的场合，亦不过仅有五十匹而已。家畜多的人，超过了一定数目，须用他人的名义领有。苏俄人的有产者，亦受同样的压迫。在三年以前，苏俄人的有产者，均被驱逐到外国去。

五　教育关系

现在蒙古年青之人，不识字者几乎没有。

库伦约有小学校十处。在四五年前，不问其年龄之大小，均须使之就学，现在就学的人，只有青年。学制为男女同校，卒业期间为六年，其成绩优秀，送其至莫斯科留学。另有中学二、大学一，教师为俄人及汉人，专施以共产教育。

（注）据他方面的调查，库伦附近的教育施设，有国民小学二，收容学生二百五十人。此外各地方另有三十一校。有国民中学一，收容学生八十人。有国民大学一，收容学生三十五人。有补习学校一，收容学生六〇人。有仕官学校一，收容学生十五人。有宣传学校一，收容学生三〇〇人。

六　文化关系

（A）电灯电话，在共和政府成立后，随即有此设备。电灯比较张家口者犹好。

（B）新闻杂志亦有，均用蒙文、俄文印刷。此外，另有书店。旧报纸，概供贴壁之用。

（C）自去年（一九三四年）以来，库伦街市中的商店招牌，均以苏俄文字代替蒙字。

（D）娱乐机关有无线电播音，市民的大部分，均利用此为娱乐。其放送，均用蒙语。

（E）戏场亦相当发达，中国剧与苏俄剧均有。中国剧中由蒙古人（国民党员）扮演的新剧，多带有宣传革命的性质。在艺术上虽然幼稚得很，但将来的影响甚大。

（F）俱乐部，有苏俄人的及汉人的。亦有特别为蒙古人而设的俱乐部。汉人的，都设在工会之中。每月的维持费，全由居住库伦的汉人分担（一元至一元半）。俱乐部之中，有台球及喝茶处的设备。俄国人的，是二层楼的剧场式建筑，时时有演苏俄的有声电影。

国民俱乐部属于中央党部，建筑宏壮美丽，式为圆形，可容数千人。大会议、讲演会、音乐会、演剧会，大都使用这个地方。

据说这俱乐部的建筑费，化了数十万元之多。

（G）无公娼制度，但市内暗娼甚多。电影馆及洗澡场，汉、蒙、俄式均有。

赌博甚盛。麻雀、牌九、包及 yahoy 均有。

蒙古人好竞马，故赛马亦盛。最近蒙人乘脚踏车者甚多，其数已达三千。

乙　外蒙情形点描

一　政府及现阁僚

外蒙"共和国"称为蒙古人民"国"。正式的称呼则为蒙古革命人民"国"。

外蒙的议会为大富拉尔旦，其权限，类似于各国的议会。除了王公、贵族、喇嘛之外的勤劳民众，均有选举大富拉尔旦的代表之权。小富拉尔旦，类似内阁会议，但其权限较大富拉尔旦更为广大。小富拉尔旦的主席，是国务总理，同时也是外蒙中央行政的最高机关。自一九三〇年的左倾时代，一九三二年六月的改革时代以至今日，政府的组织及阁僚，曾经有好几次的变迁。一九三五年三月小富拉尔旦所任命的阁员如下：

国务总理兼外交部长	根顿
小富拉尔旦主席	阿莫尔
第一副总理	雀伊巴尔三
第二副总理兼军政部长及总司令	德米特
牧畜农务	多布金
教育保健	满河
工商邮电	威布伊伯托
司法	都印度伊兹布
内防处长（G．B．U）	刺吾萨拉

前记阁僚之中，根顿、阿莫尔、雀伊巴尔三、刺吾萨拉等，

都是建国以来担任国民党干部及政府的要职的。第二副总理德米特氏，是生于一九○○年，曾在史赫巴托尔的部下干过事，红军占领库伦之后，在布印德尔基尔（军政部部长，在一九三○年乌兰可吾反乱镇定之时战死）服务，在克尔连方面驱逐温格伦军最为有名。一九二三年末为骑兵学校副校长，二五年升为正校长。二六年留学俄国，二九年归国，为联合军学校校长兼"可吾米萨尔"。三○年为军事会议议长，三二年以来，即任现职至今。

二　蒙古革命国民党

外蒙共产党，称为蒙古革命国民党，普通略称为蒙古国民党。自蒙古建"国"以来，国民党即为蒙古的指导团体，执整个外蒙的牛耳。党本部，直接受苏俄联邦共产党党部的指挥。自一九三二年改革以来，表面上党不指挥国政，国权全部集中于中央政府。在一九三二年，与国民党站在对立关系的蒙古革命青年党，亦已合并，而清党的工作由是而完成。在库伦，设有党的中央执行委员会，统辖各旗的执行支部，即在现今，党在外蒙的行政上，仍占有绝大的势力。党本部不用说，要受第三国际的指挥。蒙古革命国民党中央执行委员长，即是个布里雅达人，他的名字为哈恩西施夏尔巴。

三　人民对共产党的关系

现在外蒙的贫困者及废疾者，其生计均由政府补助。学生在毕业后即可以高居要职，故对于国民党很表示好感。至于普通的国民，对于国民党是没有什么喜欢的。盖因国民党压迫蒙古人的信仰中心的喇嘛教，并施以极严的排击，故人民对他们的怨恨，是相当深刻。加以王公、贵族、喇嘛们的势力给共产政府剥削殆尽，而财产又多数被它没收去了，故表面上虽装着服从，而其内心的反抗之念甚切。两三年来各地频发的暴动，均是这种反抗表面化了的动作。

四　苏俄在外蒙的军备

苏俄在外蒙所有的军备，大概虽如下面所载，然今后当然是会继续扩大的。那末，苏俄在外蒙的军备，对于日、满有些什么准备呢？关于这点，吾人即就外蒙的军备中心放在三伯斯那里，亦可以充分明白了。苏俄现今在外蒙的兵力如下：

总兵力约有五个师团，均为苏俄军司令官所统率。其配置的地方，以自三伯斯以至卜伊尔纳尔南方一带为主。兹再分记于下：

A. 库伦

1. 兵力——骑兵、炮兵、机关枪队混成兵一万八千名。炮四门、高射炮七门、重机关枪一百三十杆、轻机关枪二百四十名〔杆〕、战车八台、装甲汽车十八辆。

2. 空军——已完成一个可以容纳二〇〇台飞机的大格纳库。苏俄空军第九大队长朴拉夫氏，在蒙古方面任指挥官，在其属下的飞机有七十台，各种均有。

3. 兵工厂——在库伦有科学兵器工厂。

B. 三伯斯

空军——计有各种飞机约一百台。三伯斯附近的克尔伦河左岸车臣汗飞机场，配置有一个约具有三十架飞机的爆击队。

此外，屯驻库伦的红军大部队，正陆续向三伯斯移动。本年（一九三五年）七月中，已有一个炮兵旅（有六吋炮四门，三吋炮四门，卡车二十台）到达三伯斯了。最近，离三伯斯六俄里的地方，又完成了一个飞机场，该场已放着好几架飞机在那里待机。又据可靠的消息，近又有在满蒙"国境"附近的地方，设置军卫成地的计划。以此为中心，在满洲及内蒙北部国境的地方配置骑兵队，及汽车队的巡逻兵。

C. 它吾库斯吾

本年七月中，因为赫拉斯忝哥尔事件发生，满蒙关系非常紧张，它吾库斯吾地方，即开到红军三师。其编制为骑兵三联队，炮兵一联队。同地屯驻红军第一师，最近已移驻托洛伊库、梭斯库。此外，七月中，金啻林哥格地方，又派来骑兵一联队及战车队一大队。

D. 买卖城

买卖城有七个兵营、两个军需工场、一个飞机场、一个格纳库、一个陆军学校。

E. 乌里雅苏台

乌里雅苏台有独立派遣军的红军经理部。

F. 西部国境地方

在西部国境地方，有二，二〇〇名兵士分驻于阿连萨布至海西托洛盖。自哥尔分拜印至贺伦德斯之间，计有驻屯地十所。乌哥吾尔及它吾斯库，各有兵士五〇〇，野炮二〇，战车五辆。

前面所举的，为外蒙古的中心势力的红军。此外，尚约有七五，〇〇〇人的蒙古军。

五　乌得的近状

乌得位于内外蒙古的境界之上，而是张库街道的重要地点。内蒙古张库街道的北端察干阿卜庙与乌得间，道路非常良好，汽车与卡车的通行，颇感容易。自察干阿卜庙北走一百二十华里，即至外蒙的乌兰贺托加。内外蒙古的境界，即在那里的中间。

自乌兰贺托加北走一百三四十里，即至阿尔香。阿尔香有五六个蒙古包，约驻有三四十个蒙古兵。各包中均引有军用电线。由此再走四十里（华里），即达乌得。

乌得地形平坦，周围有小丘起伏其间。此地约有四十栋的固定房屋和八十个蒙古包。固定房屋中，有四五栋是商店。蒙古包中，约有半数树着蓝旗，而作兵营。此地驻有二百余名蒙古和四五名苏俄骑兵。

乌得的德华洋行办事处，是一栋固定房子。内住苏俄男人三、女人二、小孩一。他们都会说蒙古话。为德华洋行输送货物的骆驼队，以二百为单位。每一单位中，有一个称为"打拉加"的班长。唯有"打拉加"的班长能够进德华洋行，其他的人都不许进去，其规约甚严。货物一到，即有外蒙兵前来询问及调查货物的数量及使用人的姓名、住址。南来或北来的货物，均堆积于乌得北方六十华里的货物积所载。

国境通过者的检查甚严，外来人绝对禁止与蒙古兵及乌得的居民谈话。乌得的电报局直接与库伦通报。在滂江与乌得间，尚有德华洋行的专用电报。

《边事研究》（月刊）

南京边事研究会

1936 年 3 卷 2 期

（朱宪　整理）

叛我独立之新外蒙共和国实况

邱怀瑾　撰

外蒙共和国之诞生与苏联

外蒙古民族，于清朝末季，对于中央即开始其反抗之运动。一九一一年十一月，在帝俄支持下，承我革命之际，发表独立宣言。

独立之翌年，即一九一二年十二月，俄国与外蒙古新政权之间，结修交条约，对于外蒙掌握保护权成功。

我国政府最初不承认外蒙之独立宣言，对于俄蒙条约提出抗议，并与俄政府交涉，一九一三年两国间成立谅解，以中俄两国之名发表共同宣言：

俄国承认外蒙古在中国之宗主权下，中国承认外蒙古之自治权。

并宣言中国不得派遣军队及移民于外蒙古，俄国除领事馆卫兵以外，不得驻留军队及干涉外蒙之统治等条件互相约定。

嗣外蒙古政权宣言取消独立，再回复于我国政府之主权下，仅愿其有自治权。其后一九一五年，中、俄、蒙三方会商扩充前记之协定。

一九一七年俄国革命勃发，我国乘机对外蒙恢复宗主权。一九一九年十一月，取消外蒙之自治权，一九二〇年十二月，派遣徐树铮为西北筹边使，管辖外蒙。

一方俄国于一九二［十］一年秋，被赤色革命军在西北利亚追出之温格龙将军率领之白兰军约二千，逃入外蒙之首都库伦，乘势驱逐驻在库伦之徐树铮军队，以喇嘛教之法王活佛为君主，组织新外蒙古政府。当时中国正有内争，无暇顾及，外蒙再脱离中国之统治。

由此外蒙之亲俄派，得苏维埃政府之援助，随在计划外蒙之独立。一九二一年二月，在买卖城开第一次外蒙国民革命党大会。其三月组织外蒙古人民临时政府。临时政府与赤军协力进攻库伦，击破温格龙将军之白兰军，时为一九二一年七月。

临时政府顾虑外蒙活佛之势力，因奉戴活佛为君主。政体为君主制，实权则在国民革命党，其首领波德自任总理兼外交部长。

一九二一年，曾受苏维埃教育之急进主义者，组成外蒙青年同盟派。对新政府用君主制与喇嘛王族取妥协态度，甚表不满。一九二四年五月，以最后活佛之死为契期，与国民革命党一部之温和派激烈抗争。卒为青年同盟派与国民革命党之过激派获胜。同年六月宣布成立蒙古国民共和国，即今之外蒙共和国，名实皆在苏维埃俄罗斯之支配下矣。因之外蒙政府、军队、国民党、青年同盟派中，有多数苏俄人，占重要地位，外蒙之一般政治、政策，及其他设施均在苏俄指挥监督下。

住民之现状

外蒙古有其特有之民族性，汉化者尚少，即在今日其固有之文化、生活、风习、言语仍能维持。

外蒙共和国之人口，约六十八万，分布之面积甚广，人口密度至为稀薄，一平方基罗米突，不过〇·七。此人口数为一九二六年之调查，比一九一八年增加十四万人，准此增加数目推算，则今日应约七十五万人。但据一般观察外蒙之国民日益衰微，出生与死亡之比较，死亡数年年有增加之倾向。

外蒙之国民大别为三，即以牧畜生活为主之游牧民，与信佛念经之喇嘛，及旧王族。

住民之大部分为哈尔哈人，其分布区域，除西部外，全境皆有之。其次为多乌儿白体人，此种人住西部蒙古霍蒲体川流域，约六万人。再其次为白里哑体人、哦乃体人、杂哈庆人、明克体人、霍顿人及乌梁海人等。不过此等人，皆系少数，分布区域，亦仅限于一局部。就中白里哑体人约三万，住北部。哦乃体人仍住霍蒲体区，约三千。杂哈庆人住蒙古阿尔太〔泰〕山脉，约五千。明克体人与霍顿人，散住于霍蒲体区内。

此外中国人约十六万人，苏俄、西藏①、英、德约一万人。

风土与交通

通常一说起蒙古，即联想到大沙漠。自然蒙古为有名之大沙漠戈壁地方。果吾人一加考察，则仅外蒙古东南与内蒙古接触地方，是有沙漠。而西北之山岳地带，东北之汉儿仑、哦老伦两河流域为富源地带。

外蒙之西北山岳地带，有几多之大山脉，分东西平行。此等山脉之麓，覆以森林，无数之河川贯流其间，大小之河沼散在各地，平原繁生良质之牧草，此处实蒙古人天惠之游牧地也。

蒙古阿尔泰山脉，接俄领阿尔泰山脉，纵延外蒙，至于东南，

---

① "中国人"是指汉族人，"西藏"则指藏族人。——整理者注

消没于沙漠间。在乌梁海共和国有唐努鄂拉山脉，东则与萨彦山脉合。其中抗爱山脉远伸于东南境。东方之内蒙与乌梁海附近，亦见有兴安山脉，其在北东方与西北利亚间，又发现哑布啰夷山脉之余支。

外蒙一大高原也，西北山岳地带之平均标度为高海拔一千四百米突。其高山，满覆白雪，万古不化，最高峰达四，五七五米突。而首府乌兰巴图儿①海拔一千三百米突，吉布哈郎体一千六百米突，吉儿加郎体一千四百米突之高所也。

抗爱山脉之"抗爱"，富于森林、牧羊、河湖，有使游牧民满足之理想乡之称。

外蒙及西伯〔北〕利亚之大河流，皆发源此山岳地带，哦比、唉里舍、伊儿此洗等大河，皆由此等山脉流出，而至西伯利亚之旷野。

山岳地带之湖沼，第一是库苏古尔，此湖为蒙古最大之湖，海拔五千呎，四面断崖绝壁之淡水湖，水深达五百米突。蒙古人称此湖为达来（即海）。湖上航行小轮船。

其次乌普萨湖、克儿喀斯咾尔湖、喀拉乌苏湖等。大部分为咸水湖，其中产良质之自然淀盐。

气候属大陆性，冬季严寒，夏季酷暑。西方及西北之风强烈，冬季寒风时，旅行亦感困难。一日内温度数变，仍为大陆性的。

外蒙尚无一条铁道，国内外交通，皆用古来道路。仅有骆驼队商之往来干线，与通行稀少之小路而已。

前〔现〕以乌兰巴图儿市为中心之主要干线通路，举之如次：

一、由察哈尔张家口到乌兰巴图儿之距离，约一千六十基罗米

---

① 后文又作"乌兰巴图尔"。——整理者注

突，此道能通汽车。

二、由乌兰巴图儿至北方苏维埃国境之阿尔唐蒲拉克，此亦汽车道，旅客、货物往来频繁，距离三百七十基罗米突。

三、由乌兰巴图尔经乌里雅苏台至科布多，更从科布多通西方苏维埃联邦之可下嘎齐村。距离：乌兰巴图尔、乌里雅苏台间，一千六十基罗米突；乌里雅苏台、科布多间，四百五十基罗米突；科布多、可下嘎齐间，三百七十基罗米突。

四、由乌兰巴图儿至东方桑贝子，七百二十基罗米突。更由桑贝子可达满洲里，此为汽车道路。

五、由乌里雅苏台，经赛尔乌苏，至张家口，此距离一千七百基罗米突。

此等交通机关，以马、骆驼、马车为主要，汽车数亦渐次增加。此等道路之外，有河川交通。舍能额河本流，与其支流鄂尔浑河，有国营之轮船公司。

电话，在阿尔唐蒲拉克及乌兰巴图儿有之。乌兰巴图儿并有无线电之设备。

航空路，在苏维埃政府之手。乌兰乌定——阿尔唐蒲挪〔拉〕克——乌兰巴图儿之间，有定期之飞行。

电报，则主要都市大概均通。

主要都市

如前述新都市之名甚多，兹说明其主要。元来蒙古各地，以喇嘛庙为中心而逐渐发达者，故皆系宗教都市。

得称为都会之名者，仅乌兰巴图尔之一市，此为全蒙喇嘛教之法王活佛而建立之大喇嘛庙。其他之都邑，不得称为都市，不过仅有一些部落。施行市制，亦仍仅有乌兰巴图尔。乌兰巴图尔为外蒙叛我独立后改称之市名，独立前谓之库伦，所谓库伦即宫殿、寺、庙之谓。活佛于此建立大寺院，系在一六四四年。人口约七万。

吉布哈郎体元为乌里雅苏台之改称，有威严者之意。所谓乌里雅苏台（杨柳多之意），因附近杨柳繁茂，故名之也。独立前中国总督驻此，乃政治中心地。今日有苏俄领事馆，变为经济之中心。人口约六千。

吉尔加郎体旧名科布多，乃幸福安乐之意，此为西部之中心地，独立以前驻有中国之副总督，仍有苏俄领事馆。人口约三千。

阿儿〔尔〕唐蒲拉克，原名恰克图，吾人通称为买卖城。跨苏俄与蒙古之国境。在此居住者除蒙古人外，有中国商人与俄国人。俄国方面住苏维埃人。

阿儿〔尔〕唐蒲拉克有"金泉"之意，古来俄蒙贸易之中心地也。去年苏维埃政府以恰克图邻接之托罗益池萨服斯克市合并，故废恰克图之市名。

主要产业牧畜之现状

外蒙古之住民，以牧畜充自己之衣食住，大部分仅以牧畜营自给自足之生活，且全为原始生活，因是无其他可见之产业。

蒙古人以牛、马、羊等家畜之乳为原料，作种种之饮食物。常食茶、羊肉等物。谷物、麦粉之类殆不入口。野菜亦不食。故呈农业全未发达之状态。因此等状态，蒙古人营农业者除极少数之白里哑体人外，几乎没有。在外蒙从事农业者，仅内地移住民而已。

其主要产业之牧畜，且为极原始的自然放牧，蒙古家畜限于牛、马、骆驼、羊、山羊之五种。不饲豚及鸡，其最主要者为羊。

大陆气候随时激变，家畜随时损害，既未建牧舍，亦不贮牧草以备不时之灾害，故畜牧一旦恶疫流行，其唯一财产之骆驼与羊，常常死去。

迄共和国成立后，政府养成兽医，派遣各地，为国民建牧舍，奖励牧草之贮藏，但亦呈不易进步之现状。

蒙古人全以家畜为财产，亦国家之重要资源也。因家畜之多寡，判断其贫富，现在购物品时，用羊代货币者亦多。

今试观家畜之数（一九二六年调查）：

羊	一二，七二六，〇〇〇头
山羊	二，五二九，〇〇〇头
牛	一，九五七，〇〇〇头
马	一，五九〇，〇〇〇头
骆驼	四一九，〇〇〇头

合牛、马、羊、山羊、骆驼，再以年别观之：

一九一八年	一，二七〇万头
一九二五年	一，六四五万头
一九二七年	二，〇〇〇万头

以上显示逐年增加之倾向，此或非增加之确数，因住民对政府之调查隐匿故也。

其次再看因家畜所采之畜产，即兽毛、皮、肠等物：

羊毛	一〇，六〇〇吨
骆驼	一，〇六〇吨
山羊	二三〇吨
马皮	三八，〇〇〇枚
羊皮	一，八〇〇，〇〇〇枚
牛皮	一，五七二，〇〇〇枚
肠（贯通用）	三〇〇，〇〇〇枚

其他之产业

如上所述，未有农业。而农业之组织，即耕作方式，全为原始的。行农业之地方，在北部之西北利亚国境附近，乌兰巴图儿市附近，鄂尔坤河、哈拉河、舍能额河等之流域，及吉儿〔尔〕加郎体地方（科布多）。限于大麦、小麦、裸麦、黍、豆类等。耕作地合计有四万三千亩，其中内地人之耕地占三万九千亩。

因如是状态，苏俄政府极力奖励农业，在吉尔加郎体有国营农场。又各种合作，经营集团农场。

林业则西北部山岳地带亦相当有，政府采森林保护政策，禁止滥伐。

外蒙河川鱼类亦丰富，蒙古人以喇嘛教之关系上，不食用鱼类与鸟禽。此鱼类只供侨蒙外人之食用或输出，正式统计不明。

矿产有金、银、白金、石炭、铅、石绵、岩盐、铁、铜等，然而调查未充分完成。目下亦未十分开采。当然在山岳地带。金，则产出砂金最多。

进展中之贸易

外蒙贸易，独立以前，在内蒙人与俄国人之手。独立后，以国营之孟青可蒲（蒙古中央合作社之略）为主，其他有蒙古银行、苏俄国营机关斯体儿孟格（苏蒙贸易有限公司）、英国商会、内蒙商人等经营之。

主要输出品，有家畜、兽肉、毛皮、皮革、兽毛、肠、麝香、脂肪、牛油等。

输入品麦粉、谷类、砂糖、茶、烟草、米、酒、药品、石油、火柴、金属制品、绒、绵布、杂货等。

试观其输出入之全数（单位：千卢布）：

	一九二四年	一九二七年
输出	一九，三七六	二五，二五三
输入	一八，一九六	二四，六〇八
合计	三七，五七二	四九，八六七〔一〕

又苏俄与外蒙共和国间之贸易，更见其跃进（单位：千卢布）：

	一九二五—六年	一九二七—八年
向外蒙输出	三，六七〇	七，五四六
由外蒙输入	三，七三五	一二，〇八九
合计	七，四〇五	一九，六三五

以上大体说明外蒙共和国之现状。政治机构与财政状态当俟之异日。商工业以皮革工业为第一，与其他之工业逐次建设工场，然而规模皆甚小，故从略。

《边事研究》（月刊）

南京边事研究会

1936 年 3 卷 4 期

（朱宪　整理）

赤俄操纵下外蒙之政治文化的透视

韦英杰　撰

外蒙在赤俄统治之下，已有十余年，蒙民对其残酷之阶级斗争与经济掠夺，表示反对者大有人在，内部变乱，时在酝酿中，最近尤为紧张，但因消息隔绝，真相不易明瞭。同时日俄两国关系，自去岁日伪军越界事件发生，以及所谓日、"满"、蒙谈判未获结果，乃至决裂以来，赤俄更积极的开展其计划，完成远东边疆之国防工程，如日本仍节节对俄进迫，则日俄战争危机，必将愈益逼迫。似此形势，于我国之关系，至为重大，故吾人对之实有不得不加以注意之价值。作者不敏，特抽暇将目前外蒙之军事、经济、政治、文化种种实际情形，详加研究，已于本刊第三卷第一期，自向读者简略介绍。兹为促进国人对外蒙进一步之认识起见，特将其最近之政治、政党、文化、教育各方面之实况，加以精密检讨，以供国人之参证。

一　赤俄操纵下之外蒙政治

我们知道，外蒙古人民共和国的国家组织，可以说完全脱形于苏俄，无容烦述，所不同的是政府机关都离不掉有许多的俄国顾问，特别是军事机关、经济机关，及格拍乌机关内最多。这些机关内的俄籍职员数目几与蒙古工作人员相等，俄国顾问的职权高出一切，各该机关长官对顾问无不唯命是听。因此，什么政治、经济一切大权，都完全操纵在赤俄手中，形成了蒙古机关俄人做官的怪现象，引起蒙古人的普遍不满。赤俄也感到有"脱离群众的危险"现象，于是在一九三二年春间，由人民革命党中央颁布了一条命令，宣布"提高蒙古人的工作技能"、"一切机关蒙古化"。但是实行结果，成绩欠佳，各机关的主要职员仍然是俄人占据了。

外蒙古于一九二〇年改称共和国以后，组织国民议会"波拉尔登"，废弃蒙古的历史的、行政区域的盟旗制度，基于民主主义而施行共和制度。

一九二〇年在第一次改革中，将封建时代王公分管的地方统治权，收归中央之手，承认劳动者也有人权平等权。同年又举行第二次改革，对于营中等生活以上的人，只准许其日常生活中的必需品有私有权，此外一切财产均予没收。于是，中等以上有资产的人，差不多消灭殆尽，剩下来有一点积蓄的劳动者，在一九三二年春季，也一律举行全部没收了。

每次的改革，都由赤俄在后面指使。它的策动积极，于是对旧贵族、喇嘛等的压迫也更积极，青年人全部被强迫服兵役，否则要供公营事业的骗〔驱〕使，增加蒙军，奖励青年劳动者军事教育，武装劳动者，寺院已不为国家管辖，宗教信仰、集会、结社均可自由，施行一般免费教育制度，不问人种如何，人权一律平等，代表所谓无产阶级谋利益，向共产主义方面前进，举凡过去一切旧的制度，都完全根本改头换面了。

蒙古人民共和国的一切权利，属于劳苦人民。人民经过"大波拉尔登"及"小波拉尔登"所选出来的议员而发动其最高权力。

所谓"大波拉尔登"，为议决重要国务的人民会议，与苏俄的苏维埃相似，为全国最高权力机关。其职权所掌管之事项如左：

1. 对外代表国家缔结外交条约；

2. 缔结变更国境、宣战及媾和条约；

3. 关于内外公债募集的事项；

4. 管理国内贸易事项；

5. 计画国民经济，许可及变更利权、专卖权；

6. 管理运输、电信事业；

7. 组织并指导全国军队；

8. 核准国家收支预算，规定租税制度；

9. 规定货币及信用制度、发行纸币、铸造货币；

10. 规定土地使用法，画定"爱马克"及"贺旬"的境界，决定土地、森林，及其他富源的利用法规；

11. 制定诉讼法、裁判所构成法及民、刑事法；

12. 制定国民教育法规；

13. 制定国民保健的总则；

14. 制定度量衡；

15. 确立统计组织。

"大波拉尔登"以"爱马克"民、市民及军队的代表组织之，议员的数目，以选举人的人数为比例而决定。议员的选举，根据"大波拉尔登"选举法，画分选举区域。选举所定的人员，通常在各"爱马克"中选举，若该大会未成立时，以各"贺旬"的代表者为议员。议员的任期为一年。通常大会期为每年一次，由"小波拉尔登"决定而召集之，临时大会，由"小波拉尔登"的决定，或"大波拉尔登"议员三分之一以上，或选举民三分之一以上的请求，而召集之。

大会从来每年由十一月下旬至十二月上旬举行约一个月，而一九三二年第七次会议后，决定改在六月举行。

"小波拉尔登"，酷似苏联的中央执行委员会，在"大波拉尔登"闭会中，执行国家最高机关的职权，只〈对〉"大波拉尔登"负责，其所掌管之事项如左：

　　1. 颁布法律、命令；

　　2. 统辖政府的高级机关；

　　3. 决定"小波拉尔登"干部会及政府事务范围；

　　4. 监督基本法律及"大波拉尔登"决议之实施。

　　"小波拉尔登"，通常每年春秋二季召集会议，临时会议则由"小波拉尔登"干部会的决定，或"小波拉尔登"三分之一以上委员的请求而召集之。

　　中央政府以下的行政系统，为"爱马克"、"贺旬"、"司蒙"、"巴克"、"阿尔班"五级。"爱马克"即过去外蒙"汗"之更改，如"车臣汗"改名为"享尔究爱马克"，"土谢图汗"改名为"希克多汗爱马克"是，"贺旬"亦即"旗"之改名。"阿尔班"为十户之集团，五"阿尔班"为一"巴克"，与我们之乡村组织系统相彷彿。其地方行政，采取自治制度性质，根据此制度而设立"波拉尔登"。"波拉尔登"各选举其机关执行委员，执行委员的任期一年，执委直接对其被选举出来的"波拉尔登"负责。

二　赤俄操纵下之外蒙政党

　　土木巴托尔所手创的人民革命党及其附属组织——革命青年团，为外蒙唯一无二的政党，其他各党皆不许存在。人民革命党在土木巴托尔领导之下，听从第三国际的指导，接受其指挥。他采取共产党的组织原则，奉行共产主义，名义上不直接称共产党的原因，只不过第三国际估计游牧经济的外蒙，还不够共产革命的资格，只能在国民革命的阶段。党内有共产党所组织的党团操纵一切，其作用以便贯彻第三国际的主张。党的高级干部，大都系留俄生，为布尔雪维克党员。人民革命党有代表出席第三国际会议，第三国际亦派有代表驻蒙指导党务，如第一任代表为喀尼亚夫，现任代表为克尔基斯人拉拔氏。

人民革命党虽受第三国际的指导和指挥，但还不是第三国际的正式团员，换句话说，并不为各国共产党为第三国际之一支部一样，他和第三国际的关系，正与俄〔我〕国国民党在联俄容共时对第三国际的关系相彷彿。

人民革命党的党员有正式党员与候补党员两种，在成为正式党员之前，须经过候补党员阶段，入党的条件与候补时间的长短，依人的职业成分而有不同，他划分为三类：

1. 无产阶级平民、兵卒；

2. 不使用他人劳力的畜牧者，家内手工业者及农民；

3. 以前贵族和官吏。

属于一、二两类的，须有正式党员二名的介绍保证，经过考核后，始能入党，一类的人候补期间为四个月，二类的人为八个月，属于第三类，须有在党三年以上的正式党员介绍保证，经过考核始能入党。其候补期间为一年，在候补期间，参加党的会议，只有发言权而无表决权。一九三一年八月二十五日，该党举行第八次党代会，决议的主要内容，约略如左：

A　关于政治的：

1. 特别保护平民的权利；

2. 党应指导国家的事务；

3. 改善各民族的关系……；

4. 应慎重与资本主义国家之交际，对于欲在政治上、经济上侵略蒙古的举动充分加以监视；

5. 应起草驿递制度改正案，开辟汽车交通路；

6. 改善国家的产业经济，与苏联增进亲善的关系；

7. 国家银行帮助平民从事生产；

8. 预防兽疫；

9. 改善模范农场；

10. 防止蒙俄经济关系的竞争。

B　关于组织的：

1. 与第三国际继续维持原来的关系，与各国共产党及东方弱小民族的国民革命运动发生密切的关系；

2. 设立二十四个方面委员会的（不详内容）；

3. 征求地方机关的意见，在一九三二年六月举行第九次大会以前，制成最合理的党纲及党则。

除人民革命党外，尚有革命青年团的组织。革命青年团为人民革命党的预备团体，亦即培养党的干部之学校。他附属于人民革命党而受其指挥，对于第三国际关系，与人民革命党对第三国际关系相同。

普通未满二十一岁的青年，可以入团，经过相当时期，按照规定手续，即可入党为正式党员。据一九三二年一月统计，团员约一万二千人，过去十二年间曾将六千团员送入人民革命党。

三　赤俄操纵下之外蒙文化

蒙古教育程度向来很低，人民通文字者极少，自"赤化"以后，蒙政府乃创办学校，注意教育的普及。

1　学校

库伦为蒙古文化教育的中心，公立的中学和实业学校不下数十所，专门学校计有教育学院、司法官养成所、簿记专门学校等四五校，以速成为主，成绩优秀的可抽派为官，并不限定毕业，另有工业专门学校，其学科为机械、制鞋、制鞍、裁缝、汽车等科，小学在全国计有一二三所，另外还设有预备留俄的党校。

2　学术委员会的设立

学术委员会为人民革命党所提倡创设，设立的目的，在集中学术界的人材，作深切的科学研究，借以提高文化教育，增进科学智识。一九三二年人民革命党开第八次大会，对学术委员会学务有如下的决定：

1. 扩张国立图书馆；

2. 为编辑爱马传（即省志），应搜集旧有地图以作参考并应实地调查；

3. 增加博物馆的动植物标本；

4. 编纂蒙古历史地图；

5. 扩张库伦测候所；

6. 增加能通华、满和法、英等国文字的翻译人员；

7. 研究矿、植物的测量，并作考古学的调查。

我们看了上面的决定，可知该会为外蒙学术研究的最高文化机关。

3　其他

蒙古正实行改革，拿拉丁字母来代替旧有蒙古字母。新出版的书籍，大都为蒙古字与拉丁字相间，可是机关通行的文件，仍旧用的蒙古文字。

教育部充满了俄国顾问，一切教育法规、计划均出自彼等手中，教科书的内容完全仿效俄国，因此，共产主义的思想笼罩了整个的文化教育机关。

在省会中心的地方，有图书馆、俱乐部的设置，在劳动者稠密的所在，设立有所谓"红屋"，这些都是文化教育的补助机关。

《边事研究》（月刊）

南京边事研究会

1936 年 3 卷 4 期

（冯丽丽　整理）

外蒙古现况概观

余汉华　撰

引端

蒙古与我国发生关系最早，其名称亦屡次变更，在夏称獯鬻，周称猃狁，秦汉称匈奴，唐称突厥，宋称契丹，至明初始定名为蒙古，清代及民国均沿用之。但在蒙古领域内，有大沙漠横亘中央，将蒙古分作两部，后遂以在大沙漠北者为外蒙古，在大沙漠以南者为内蒙古。但内蒙古暂措勿论，兹仅一考察在重大危机中之外蒙古现况而止。

我国极北边徼之外蒙古，在清初即确定为我国之领土。初，外蒙古喀尔喀部，为鞑靼大汗达延汗季子札赉尔封地。札赉尔之孙阿巴岱，到西藏谒达赖喇嘛，得其经典以归，自是部众即尊奉为汗，此乃土谢图汗之始。土谢图汗据有土拉河流域，而东偏克鲁伦河流域，则为车臣汗所辖，西偏之杭爱山脉区域，则为克〔札〕萨克图汗所有，当时称为喀尔喀三汗。清太宗天聪年间，平定察哈尔，遂遣使至外蒙古各部告捷，车臣汗乌珠穆沁等部，随即贡呈驼、马，以示通好。顺治三年苏尼特部腾机恩〔思〕叛，清廷即派豫亲王率军征讨，大败外蒙联军于欧克特山，翌年，喀尔喀部各汗奉表谢罪，复进贡驼、马。顺治十二年清廷以土谢图汗、车臣汗、札萨克图汗及三音诺颜部，均遣子弟到北京乞盟，遂设八札萨克以资摄理，自是外蒙古各部，多臣服中国。迨准噶尔部倡乱，喀尔喀部汗所辖领域，颇受一时之骚动，时清廷大举讨伐，转战数十年，至乾隆十九年准部叛乱完全戡定，而科布多与乌梁海各部，均次第并入中国版图。至此，外蒙古全部，遂归中国统辖，中国极北边徼，进至与俄属西伯利亚接境。

　　然而由思想、感情、利害所形成人与人之关系，随时变化，因之由人与人之关系所构成之政局，亦变化靡常。外蒙古元与关内诸省共在中央政府统治之下，正可自由善营其公私生活，但以少数野心蒙人之挑拨，致思想、感情、利害等关系，与中央政府发生龃龉，加以时机之凑合，遂不惜与异族携手，合车臣汗、土谢图汗、三音诺颜、札萨克图汗、科布多等五部，而组织伪蒙古共和国，并在迆西北边之唐努乌梁海一部，另组织伪唐努都温共和国，全外蒙古领域，遂裂为两个独立组织，各与中央政府不通声息，宁非可惋惜之一事！然此事不过如大家庭子弟，虽因一时意气冲突，析产外居，其后必复归家庭，度其团圆生活。刻下外蒙古对于中央，殆有类于此，将来必复归于中央政府统治之下，有可断言。兹因取材之便，仅将伪外蒙古共和国组织现状，即其自然、社会、文化及政治之现势，撮述概要，以供阅览。至于唐努乌梁海现况，容另文论述焉。

外蒙古之自然形势

A. 新行政经济区划

　　外蒙古东界黑龙江、辽宁、热河三省，南界察哈尔、绥远、宁夏、甘肃四省，西南界新疆，西北界俄属阿依拉德（Oirat）及哈加斯克（Hakassca）二自治州，北界俄属布利亚蒙古共和国（Boriat Mongolia Republic）及伊尔库次（Irkutsk）、叶尼塞斯克（Yeniseisk）二州。位于北纬四十一度二十九分至五十三度五十分，及东经八十五度三十五分至一百十九度十七分之间。东西宽三千四百十七公里，南北长二千零五十公里，面积四百七十七万九千四百七十一万方里，占中国总面积七分之一强。若除唐努乌梁海（即伪唐努都温共和国）面积四十九万六千六百五十方里外，所谓伪外蒙古共和国之面积计有四百二十八万二千八百二十一方里。

但自所谓伪外蒙古共和国组织产生后，从前旧有之行政区划及其名称，均经加以变更。如车臣汗改名汗肯特乌拉部，土谢图汗改名博克多汗乌拉部，三音诺颜改名齐齐尔里克满达尔乌拉部，札萨克图汗改名汗台希里乌拉部，科布多改名杜尔伯特部，各部之名称既改，其领域范围亦稍有变动。并于部（Amalk）之下，设有旗（Hosbun）、梭蒙（Somon）、巴格（Baga）、阿尔班（Arban）等区域。但部、旗地方区域，多沿旧制，梭蒙以下，则以蒙古包为单位，如十个蒙古包为阿尔班，五阿尔班为巴格，三巴格为梭蒙，各依其所辖区域大小，组织地方议会，处理地方事务。

迨一九三一年一月六日复于行政区划外，以外蒙古之经济状态为根据，划分五部为十三个经济区，即（一）东部区，（二）肯特区，（三）中央区，（四）农业区，（五）哥苏戈尔区，（六）后汗加伊区，（七）前汗加伊区，（八）萨浦滨区，（九）杜尔伯特区，（十）科布多区，（十一）阿尔他区，（十二）南戈壁区，（十三）东戈壁区是也。

B. 山脉、河流

伪外蒙古共和国即车臣汗、土谢图汗、三音诺颜、札萨克图汗、科布多等区域，位于高山峻岭之间，遂构成广大之平山高原。

在该高原之地面上，山脉错杂，除为科布多、札萨克图汗与乌梁海之界山之唐努鄂拉山脉不计外，尚有南阿尔泰山脉、杭爱山脉及肯特山脉。兹再分叙如次：

南阿尔泰山脉　阿尔泰山脉蜿蜒我国与中亚细亚之边境上，该山脉迤东北伸展，构成唐努鄂拉山脉及萨彦岭山脉，迤南自新疆东北走入科布多西南部，为南阿尔泰山脉，系外蒙古西南唯一大山脉。

杭爱山脉　阿尔泰山脉支脉之唐努鄂拉山脉，自东南走札、三两部，遂构成杭爱山脉。该山脉自西北而东南，由唐努鄂拉山至鄂尔浑河，连绵七百余里，平均高度，约达八千尺。其最高峰之鄂赤尔王峰，拔海一万二千呎〔尺〕，在乌里雅苏台城附近地方。

肯特山脉　唐努鄂拉山脉东北走土、车两部为肯特山脉。该山北部，富于森林，其最高处为色楞格河河源，拔海约八千二百尺。复东北横亘于鄂嫩河之北，为中俄之界山，再向东北出国境，与外兴安岭山脉相接。

其次，再叙外蒙古之河流。外蒙古河流较大者，有色楞格河、克鲁伦河、鄂嫩河、贴斯河、科布多河及匝盆河等，今分述如次：

色楞格河　俄领西伯利亚三大河流之一之叶尼塞河，发源于中国外蒙古境，东源曰色楞格河，西源曰乌鲁克木河。色楞格河长一千二百俄里，在外蒙境内者，约九百俄里，流灌面积约九十八万方里，为外蒙第一大河流。凡唐努山以东，肯特山以西，杭爱山以北之水皆汇之，流经土谢图汗、三音诺颜二部及唐努乌梁海东境。色楞格河向东北流至买卖城西，即与长约七百俄里、由西南流来之鄂尔浑河相汇合，再折向北流，水势洪大，出国境流入布利亚蒙古区域，注入贝加尔湖。

克鲁伦河与鄂嫩河　黑龙江之源有二，南源曰克鲁伦河，北源曰鄂嫩河。克鲁伦河发源肯特山东南之特勒尔即岭，东流横贯车臣汗全境，经鄂努呼北入黑龙江省区域，长约一千俄里，在外蒙境者约八百五十俄里。鄂嫩河源出肯特山之西支，东北流，沿蒙俄界之南，再折东北至阿勒呼特第三十界牌之西出国界，入俄领西伯利亚，与音果达河汇合流入黑龙江。

贴斯河　贴斯河源出于杭爱山、三沁达赖湖之西。沿杭爱山及唐努鄂拉山之南，曲折西流入科布多北境，而注入乌布沙湖，长约七百俄里。

科布多河　科布多河发源于南阿尔泰山之帖列克特山，东南流经科布多城北，注入哈喇乌苏湖。复自该湖东北流出，为川哈哩河，再东注于都尔夏湖，全长约五百俄里。

匝盆河　匝盆河发源于乌里雅苏台城东之杭爱山脉，向西南流经中校旗，再西北入札萨克图汗境，与坤桂河汇，又西北入科布多境，而注于爱里克诺尔湖，长约六百俄里。

此外，外蒙古境内，尚有多数湖泊。其著称者，在科布多有乌布沙湖（Ubsa-nor），长约一百俄里，宽七十五俄里，为外蒙古第二大湖。奇尔吉兹湖（Kirglz-nor），在科布多东部，长六十俄里，宽二十俄里，水性咸苦，不能作饮料。哈喇乌苏湖（Kara‑Usa Nor），在科布多城东北，长七十俄里，广二十俄里，为外蒙第三大湖。都尔夏泊（Durga Nor），在哈喇乌苏湖之东，南北长七十俄里，东西宽十五俄里，南部水苦咸，北部水色澄清可饮。据地质学说，科布多境内各湖泊，大率系古代内地大海之遗迹云。其余湖泊范围较小，兹姑从略。

C. 重要都市

外蒙古之重要都市，计有库伦、买卖城、赛尔乌得、乌里雅苏台、科布多、克鲁伦、乌得及叻林等地，但仅有库伦施行市制。兹分述如次：

库伦市　　库伦市在土拉河北，四面环山，中央低平，为伪外蒙古共和国之首都。该市分三区：一、宫殿区，在全市中央，为昔时活佛驻跸之地，有俄国领事馆、兵营、银行、教会等，并为外蒙古政府所在地。二、喇嘛区，在宫殿区西北，寺院极多，喇嘛群居于此，研究佛典。三、商业区，即买卖城，位宫殿区东南，为工业萃会之区。全市人口约五万，其内汉人一万五千，俄人三千，布利亚特人七百，藏人三百，蒙人三万一千。至于教育、文化方面，全市设有小学校二所，中学一所，大学一所，土官学校一所，及补习学校一所，并有新闻杂志若干种，电影院、戏院、无线电播音及其他设施，大都粗备，俨然有政教商业中心地之气象。

买卖城　　买卖城通称恰克图，位色楞格河东，距库伦四百八十里，当中俄交界孔道，为边陲重镇。该地俄蒙贸易极盛，占总贸易额百分之七八十，其贸易品，以砖茶、糖、棉花、生烟及毛巾为大宗，但对内地贸易，甚为微弱云。

赛尔乌得　　赛尔乌得在土谢图汗南部，系由张家口至库伦及由张家口至乌里雅苏台之孔道。商业以毛、皮、茶、布为大宗，张家口、归绥、库伦及乌里雅苏台之商人，咸来此地贸易云。

乌里雅苏台　　乌里雅苏台跨拉布干河北岸，为外蒙古第二大都会，从前定边左副将军曾驻节于此，为军事上、政治上之重镇。清光绪七年辟为商埠，俄商居此甚多，绥、晋商人，亦多在此设分号，以收买毛皮，刻成外蒙西部之商业中心区，居民约三千人云。

科布多　　科布多位于哈喇乌苏湖之西，布彦图河之东南，当苏俄与新疆交通之要冲，为外蒙西南边防之重镇。光绪七年辟为商埠，俄商在此交易甚盛，内地商贾以晋人为最多，但自外蒙独立后，大都歇业回家，其贸易品，以毛皮为大宗云。

克鲁伦　克鲁伦在克鲁伦河之南，为辽河董城遗址，今为车部盟地所在。自库伦至黑龙江之海拉尔，及南至察哈尔、北至俄属布利亚蒙古领成丹特之大道，均经过此间，故商业兴盛，为外蒙古东方边境之重镇。

乌得与叨林　乌得在车臣汗西南，当察、绥与车臣汗境之交界处，东南距张家口一千零七十里，西北距库伦一千零九十八里，为张库汽车路主要之驿站。由乌得向西北行约五百八十四里，即抵叨林，该地亦为张库汽车路主要之驿站，于交通上殊占重要地位焉。

D.　交通状况

外蒙古之交通，因尚未修筑铁路，故其联络内地及俄属西伯利亚之交通唯一工具，即系汽车路、马路等。兹将各路线之主要者，列叙如次：

一、张库线　由张家口至库伦，全长一千俄里，为内地与外蒙交通之主要路线。在外蒙古商品集散线上，仅次于恰克图线而占第二位。自张家口驼行，约三十昼夜可达库伦，若乘汽车行，则仅五六日耳。

二、库海线　由库伦经克鲁伦而达黑龙江省之海拉尔，全长一千一百三十俄里，乘驼、马行约二十七昼夜可达。

三、张克线　由张家口经多伦诺弓〔尔〕而至克鲁伦，全长九百六十俄里，乘驼、马行约三十昼夜可达。

四、张乌线　由张家口经绥远而至乌里雅苏台，全长一千六百俄里，乘驼、马行，约六七十日可达。

五、张多库线　由张家口经多伦而达库伦，此系小路，商业不发达。

六、库恰线　由库伦经哈拉、努克图、买卖城而至恰克图，全长三百七十俄里，驼行约二十昼夜可达。该线又可由恰克图而至布利亚蒙古共相〔和〕国首都上乌丁斯克，与西伯利亚铁路相接，而为俄蒙商业上最重要之路线，占外蒙古商业交通之第一位。

七、乌贝线　由乌里雅苏台至西伯利亚铁路库尔图克站（Kultuk）。全长五百八十哩，约十五日可达。

八、科比线　自科布多至俄领比斯克（Busk），全长八百六十俄里，约三十五日可达，俄商入蒙古者，悉由此路，故该线为苏俄与外蒙西部联络之干线。

九、克勃线　由克鲁伦经巴淋泊至西伯利亚铁路支线勃尔佳站（Borzila），长三百俄里，驼行十昼夜可达，为外蒙东部与俄属西伯利亚主要之通商路线。

十、乌库线　由乌里雅苏台至库伦，全长九百九十俄里，为外蒙中部之干线。

十一、乌科线　由乌里雅苏台至科布多，全长四百三十五俄里。

十二、科乌线　由科布多至乌兰达巴，长三百五十俄里，为苏俄通外蒙最西之道路。

十三、科沙线　由科布多至沙喇苏默，长三百三十俄里，为外蒙与阿尔泰联络之道路。惟峻岭高耸，行旅维艰。

十四、乌古线　由乌里雅苏台至新疆之古城，长八百俄里。

十五、乌唐线　由乌里雅苏台至唐努乌梁海，长六百俄里。

此外，为交通联络之工具者，尚有有线电报，自光绪八年以来，在外蒙各地，已架设七线，现并计划增架设三线。无线电报，亦渐发达，刻在平泉地、乌得等地，新设无线电报台十八所。航空邮政，亦次第发达，俄属伊尔库次克至库伦之航空邮件，已于一九二六年七月以后开始飞行。至于铁路，外蒙政府，刻正借俄款计划建筑云。

外蒙古之经济情态

A. 外蒙古之牧畜

牧畜系外蒙古之基本产业，蒙人百分之九十，皆从事于此。当夕阳微弱光线照射广漠之草原时，即可闻着起于此处彼处单调之牧笛声，与一群一群牲畜蹀躞之音，从远远之砂漠间四散飘来，于此足窥其牧畜业之盛况。

外蒙古饲养之牲畜，大抵以马、牛、羊、骆驼及山羊等为主。其游牧区域，可分为三部，北部为森林地带与草源〔原〕地带之混合区域，水草丰富，中部为沙漠之草原地带，细草丛生，土壤亦颇干燥，南部为沙漠区域，水草贫弱。以上各部，因气候水草湿燥丰啬之不同，而牲畜之繁殖，亦受其重大之影响。兹将外蒙古农商部兽疫局所调查各经济区域牲畜数额之统计，照列如次：

区　　别	一九三二年度牲畜数头
东部区	二，六一四，五五〇
肯特区	二，三四六，四二〇
中央区	二，五〇三，一七〇
农业区	一，一〇〇，五七〇
哥苏戈尔区	二，一四三，九二〇
后汗加伊区	三，四七五，六〇〇
前汗加伊区	二，五六五，一一〇
萨浦滨区	一，六〇八，〇一〇
杜尔伯特区	二，〇八〇，二五〇
哥布特〔科布多〕区	二，二〇五，二四〇
阿尔他区	一，〇八九，〇八〇
南戈壁区	一，〇三五，九八〇
东戈壁区	一，二八九，七七五

据上表而观，则知外蒙古牲畜繁殖状态，以北、中部比率为

高，而南部沙漠区为最低，此牲畜繁殖受自然环境影响所致耳。

　　然蒙人知识幼稚，对于兽疫，不知预防，故往往死亡枕藉。且牲畜无一定之房舍，露宿山中，经风霜雨雪所凌虐，又不知损失多少。加之饲养料不足，野兽贼害，故殊少发达。最近外蒙始注意发展牧畜业，计划改良，以促牲畜之繁殖，将来想有相当之进步焉。

B. 外蒙古之农业

　　从前蒙古人除营游牧生活外，殆不知农耕之事，故外蒙古之有农耕，实系由汉时遣内地人到此屯田及清代之开垦始。是以在外蒙从事农业者，汉人占绝对之多数，俄人及布利雅特人次之，蒙人占最少数，不过刻因外蒙政府之奖励，蒙人从事农业者，亦日见增加焉。

　　外蒙古之农业区域，大概在库伦一带，色楞格河流域，三音诺颜及科布多等地，耕地面积不过二万六千方里，约一万万余亩。至于从事农业者，可分四类：一、个人企业，系汉人经营之，颇带资本主义倾向，在库伦附近一带之地方。二、公共企业，属于寺院之经营。三、国营企业，由国立农场经营，在土拉河流域。四、中产以下之自耕农，散在色楞格河、鄂尔浑河沿岸。农业出品，大率以小麦、大麦、燕麦为大宗，农产品价额，每年约值六七百万元云。

　　最近外蒙政府，对于奖励农业之经营，颇形积极，其奖励政策，可括为下列各项：

　　一、对于得官民许可从事农事之蒙人，无代价给与耕地。

　　二、对蒙人从事农业者，不征收何等租税。

　　三、贷与耕具及种子。

　　四、限制汉人租借耕地。

五、调查耕地面积，劝督开垦，并研究改良农业方法。

其次，关于林业方面，外蒙政府亦开始注意。盖外蒙森林面积颇为广阔，其最繁盛之区有三：一、克鲁伦河沿岸，此一带森林，极为密茂，高六七丈之白杨，触目皆是，计绵亘河岸约三百二十余里，居民呼为森林城。二、为东偏内兴安岭一带，松、柏特多，高达十余丈，其面积约二倍于克鲁伦河畔之森林。三、为唐努乌梁海及科布多一带，松、柏、白杨、桦、桧等木，错杂蕃茂，其森林区域，较前二区尤为广大，惟多交通不便，采伐为艰，致大材委弃荒野为可惜耳。

C. 外蒙古之工业

外蒙古之工业，极为幼稚，自一九二四年以后，外蒙政府始拨出巨额补助费，设立几个基本工业工厂。然而对于工业品生产数量及工厂改良设施，均缺乏预算与统制，故进展殊鲜。兹将一九三〇年各工厂生产品价格及一九三一年一月底各工厂投下资本，并列如次：

工厂别	资本（元）	生产品价格（元）
一、那赖哈煤矿	八三，九九〇	八五，〇〇〇
二、材料工厂	一四九，九三五	五二，八六〇
三、制砖工厂	二五〇，〇九五	一七五，〇〇〇
四、机械工厂	四一四，一四〇	二五二，八八五
五、制皮工厂	八九二，三五〇	四九三，五〇〇
六、酒精工厂	一，五八六，五七〇	八一一，〇一五
共计	三，三七七，〇八〇	一，八七〇，二六〇

外蒙政府，对以上六个工厂，业再施行五年计划之整理，关于生产方法之改良，生产数量之增加，及工厂作业之效率促进，获有若干之成效焉。此外，在一九三一年至一九三五年间之五年

计划中，以利用外蒙各地之原料，设立下列各工厂，从事羊毛、皮革之制造工业。兹表示如次：

工厂别	资本（元）	总生产额		工人数
		元		
一、制绒工厂	八四八，〇〇〇	三八〇，〇〇〇	一〇〇，〇〇〇 米特尔	九〇
二、制绒毡工厂	三〇二，〇〇〇	六八五，〇〇〇	二五，〇〇〇 波特	一三〇
三、蒸气洗毛工厂	九九五，〇〇〇	二，三四六，〇〇〇	——	一一〇
四、皮革工厂	一，三二三，〇〇〇	一，八七〇，〇〇〇	九〇，〇〇〇	二〇〇
五、制靴工厂	一一六，〇〇〇	一，一五〇，〇〇〇	一〇〇，〇〇〇	一七〇
六、羊皮制造工厂	三三六，〇〇〇	四九二，〇〇〇	一五，〇〇〇件	一四〇
共　计	三，九二〇，〇〇〇	六，九二三，〇〇〇		八四〇

此外，一九二五年库伦曾建筑一个大发电所，至一九二九年该所所有电力增至五百启罗瓦特，一九三一年秋复增设第二发电所。观此，外蒙政府，刻正积极从事工业建设，于此可见一斑矣。

D.　外蒙古之商业

外蒙古刻正仿效苏俄，对于商业，实施政府统制方策，以成其经济之中央集权。但握此经济集权之实权者，乃系幕后活动之苏俄，此为国人所亟应特别注意者。本节仅拟将操纵外蒙古商业几个重要经济机关，略述其概要而止，至于外蒙商业详情，容专文论述之。

蒙古中央消费合作社　中央消费合作社，系外蒙政府统制各地商业之唯一机关。设〔该〕社系一九二一年设立，其目的在于直接贩卖外蒙古所生产之原料品及购买廉价物品销售各地，以图社会经济之发展。至于资本方面，受外蒙政府及蒙古银行之巨额资金融通及补助。刻下有职员六百人（其中蒙人占百分之四五，布利雅特人百分之十五，俄人百分之三十二，其他占百分之八），总社设于库伦，支社设于各重要都市。但该社所有贩卖原料及购买物品，大率为苏俄所垄断。如运售苏俄之原料，一九二四—二五年为百分之二十五，至一九二九—三〇年竟达百分之九十一。又如由苏俄购入之物品，一九二四—二五年为百分之二十三，至一九二九—三〇年竟占百分之七十二。观此，该社与苏俄贸易比率之涨进，实堪一惊，而中国内地及其他各国对外蒙贸易，遂不得不走入衰落之途境焉。

苏蒙贸易公司　苏俄对外蒙贸易机关，从前颇为复杂，迨一九二七年苏俄为独占外蒙贸易起见，将俄人在外蒙所设立之商务公司，除一二特殊商业机关外，均合并于苏蒙贸易公司，并与蒙古中央消费合作社互相联络，于是外蒙对内对外之贸易，乃为该两个商业机关全部垄断。该公司之资本，为百五十万留，总公司设于库伦，分公司设于莫斯科，并于外蒙各地，设立十六个原料批发所，二十个羊毛洗刷工厂云。

蒙古商业银行　蒙古商业银行，简称蒙古银行，系一九二四年设立，当时资本不过十七万五千元，其后资本屡次递加，迨一九三一年增至三百万元，总行设于库伦，支行遍设各中心都市。该行独占国内汇兑及发行纸币权，纸币面额，分一元、二元、五元、十元、二十元、五十元及一百元之七种。并发行银元、铜元，以助金融流通，银元分一角、二角、五角及一元四种，铜元分五分、二分、一分之三种，均由外蒙政府委托苏俄列宁格兰造币局所铸造。至于该行营业方面，不仅在商业、金融上发挥其巨大之势力，并羼入农业经济内面云。

此外，尚有苏俄在外蒙所设立之商业机构，如（一）苏俄航务公司，该公司在外蒙设立事务所，有蒙古运输公司之称。其主要营业，为转运苏俄各经济关系之货物，及在重要各地方，定期开驶汽车，运载货客云。（二）苏俄煤油公司，在库伦设营业所，从事贩卖汽油、柴油及其他油类，输入蒙古各地。

外蒙古与苏俄之商业关系既如此密切，于是苏俄商人次第侵蚀汉商之地盘，最近在外蒙之汉商，愈形凋落，商业关系，几至断绝。兹仅将一九二七年至一九二九年外蒙与中、俄之贸易数额，表列如次，以示汉商贸易衰落一斑：

年　别	外蒙对俄贸易额		外蒙对内地贸易额	
	输出（托）	输入（托）	输出（托）	输入（托）
一九二七年	四，〇〇〇	一六，九〇〇	二七，六〇〇	一二，〇八〇
一九二八年	七，一〇〇	二一，〇〇〇	二五，四〇〇	一〇，七八〇
一九二九年	二，三〇〇	二一，五〇〇	八，七〇〇	六〇〇

要之，外蒙古之商业，自宣布公营后，所有对内对外贸易，直接间接均为苏俄一手所操纵，汉商贸易固受濒于溃灭之打击，即其他各国对蒙贸易，亦愈形微弱焉。

外蒙古之民族与文化

A. 外蒙古之民族与人口

外蒙古各部居民，大抵可分为七种族，即喀尔喀族、杜尔伯特族、乌梁海族、札哈臣族、鄂列特族、明盖特族及康顿族是也。兹再分叙如次：

喀尔喀族　喀尔喀族，为外蒙古之主要民族。在十二世纪时，曾游牧于车臣汗之克鲁伦河流域北部，迨成吉思汗出现后，其民族遂次第向西南扩张，及于科布多区域。喀尔喀人，笃于守旧，固有文化亦较他族为高，其人口总数约五十万云。

　　杜尔伯特族　杜尔伯特族，占外蒙民族之次要地位，游牧于科布多河左岸及唐努鄂拉山脉一带，占有乌布沙湖及贴斯河下游之地。杜尔伯特人之容貌、性质、言语、服饰等，均与喀尔喀人有显著区别，多从事农业及工艺，宗教信仰薄弱，故所居地域，寺庙及喇嘛，均不多见，人口总数约四万。

　　乌梁海族　乌梁海族，又因其所居地方不同，分为唐努乌梁海及阿尔泰乌梁海两族。唐努乌梁海族，居于唐努乌梁海境内，占该部人口十分之八。阿尔泰乌梁海族，居于科布多河上〈游〉至布鲁滚河上游一带地方，操蒙语，与鄂列特人有种族上之关系，以牧畜为其主要生产云。

　　札哈臣族　札哈臣族，居住于阿尔泰山一带，共占二旗，为独立民族，人口总数约五千人。

　　鄂列特族　鄂列特族，又称额鲁特人，居住科布多城附近，占有一旗，共约三千人。

　　明盖特族　明盖特族，居住于科布多河及哈喇乌苏湖一带，共约二千人。

　　康顿族　康顿族居于科布多之奇尔吉兹湖西北，属于鞑靼种，崇信回教，现在与蒙人同化，操蒙语，信佛教，务农耕，共约千五百人。

　　以上，为外蒙古各民族情状之概要，兹再晋而观察外蒙古之人口状态。外蒙古之人口，因地理之广漠，且以言语、习惯之殊异，不许外人窥其底蕴，故虽经多次调查，均难确定其人口实在总额，但自一九二四年，外蒙政府始设置统计委员会，调查人口及牲畜之增减状况。兹据统计委员会之人口调查报告，以外蒙人口总数，在一九三〇年为七十六万人，大概近于事实。

　　但外蒙人口分布状态，照一九三一年新行政经济区域计算，则该七十六万人口，可得下列之分布比率，兹表示如次：

区　别	人口数（人）	面积（平方□）	一平方□之人口数（人）
一、东部区	七五，八〇〇	二〇二，九〇〇	〇·三六
二、肯特区	三六，八〇〇	七五，三〇〇	〇·四七
三、中央区	一一五，八〇〇	一四九，三〇〇	〇·七七
四、农业区	四一，九〇〇	六九，一〇〇	〇·六〇
五、哥苏戈尔区	六二，七〇〇	一〇七，二〇〇	〇·五八
六、后汗加伊区	八三，二〇〇	五七，四〇〇	一·四四
七、前汗加伊区	八〇，六〇〇	一〇七，七〇〇	〇·七四
八、萨浦滨区	五五，五〇〇	九五，二〇〇	〇·五八
九、杜尔伯特区	四四，八〇〇	八四，一〇〇	〇·五三
十、科布多区	四三，一〇〇	七七，九〇〇	〇·五五
十一、阿尔他区	三九，九〇〇	二〇七，一〇〇	〇·一九
十二、南戈壁区	三九，四〇〇	一五五，四〇〇	〇·二四
十三、东戈壁区	四〇，五〇〇	一六四，九〇〇	〇·二四
共　计	七六〇，〇〇〇	一，五五三，五〇〇	〇·四八

B. 外蒙古之教育一瞥

外蒙古教育，原极幼稚，嗣后又经清廷之摧残，不许蒙人学习汉文，并没收蒙古所有之文献，移置北京，于是大多数之蒙人，尽成为沙漠水草间一群一群浑浑噩噩之原始人，毕生为羊、马、骆驼之乳母与警察。迨民国成立后，始渐使蒙人学习汉文化，设立学校，一九二四年外蒙政府，始决定国民教育大纲，兹择要列如次：

一、凡国民无贫富之差别，一律有受教育之权利。

二、派遣学生赴国外留学。

三、研究文化教育之方法及其实施事项。

四、编印教科书及研究参考书。

五、设置翻译编纂委员会。

六、建筑校舍，改良印刷。

七、各外蒙民族，及布里雅特、察哈尔等民族，均有平等受教育之自由。

此种国民教育大纲实施以后，除派遣学生赴苏俄、德国、法国等国留学外，并于外蒙各地设立大学、中学、小学及其他专科学校。据一九三四年之调查，外蒙各地国民小学校，共五十九校，学生三千百二十五名，中学校五所，学生五百名，国民大学校一所，学生百数十名，此外尚有宣传学校、补习学校及士官学校，外蒙教育，遂渐有起色。因此，蒙人得受教育者，已较前增多，据一九二八年之调查，业有三万四千一百四十八人，占人口总数百分之五，最近当更有增进云。

C. 喇嘛在社会上政治上之势力

外蒙古之喇嘛，从前在社会上、政治上拥有绝大之威力。沙漠水草之间，驱逐羊、马、骆驼之蒙人，合十之际，如见世尊，故对于喇嘛，尊崇备至，视彼等为救世主，为人生安慰者，对于寺庙，倾家产布施，亦所习见，子弟以入寺庙作喇嘛为荣。此种现状，普遍外蒙各地，是以喇嘛势力，已深入蒙古社会内面，得蒙人之拥戴。至于政治方面，喇嘛向保有一种特权，即喇嘛犯罪，除受活佛所属寺院裁制外，不受普通法律之惩处，并不服兵役及纳税之义务，隐然自成一个政治势力。迨一九二一年蒙人拥活佛为首领，组织政府，于是喇嘛势力，更直接发挥于政治方面焉。

喇嘛在外蒙古政治上、社会上之势力与地位，既如是之煊赫与崇高，然而亦不能逃出盛极必衰之原则之外。盖外蒙古政府首领活佛既死，左派得势，反宗教喇嘛之风潮，一时涌起，于是喇嘛之势力，次第锐减，迨一九三〇年并实施反宗教运动之五年计划，以期消灭喇嘛之势力。外蒙政府，对付喇嘛办法，一、劝年长喇嘛，实行教义，不得接近妇女。二、对于青年喇嘛，讲演喇嘛种种黑幕，使之觉悟，尽速反俗，从事生产。三、严禁十八岁以下之青年入寺院充当喇嘛。四、凡喇嘛赴各地，须领照牌，不得自由行动，违者惩罚。此外，限制喇嘛所有牲畜，其超过定限于〔予〕没收，喇嘛所有土地，亦须纳税，禁止一切宗教书籍之流行，并对于民间，作扩大反宗教之宣传。因此，喇嘛在社会上之地位与势力，遂受一重大之打击，刻下喇嘛人数，次第减少，即系此种反映。兹将一九一七年至一九三二年喇嘛人数增减状况，表示如次：

年　　别	喇嘛数（人）	对人口总额之比率（％）
一九一七年	一一六，五七七	二一·四八
一九二四年	一一二，六七二	二○·六三
一九二五年	八六，六七一	一三·三九
一九二六年	九一，二六九	一三·三四
一九二七年	九二，三一○	一三·二一
一九二八年	九四，八五七	一三·三五
一九二九年	——	
一九三○年	一一○，○○○	一五·○九
一九三一年	九三，○○○	——
一九三二年	八二，○○○	——

观上表，可知喇嘛之势力，渐次衰减，若将一九一七年与一九三二年之喇嘛人数比较，相差竟达三万四千五百七十七人，十年之间，衰颓如是。此后外蒙政府如仍继续存在，则喇嘛人数，更在递减之列，实外蒙古社会上一个重大之变革事件，颇堪注意者。虽然，现在大多数蒙人间，对于喇嘛尚信仰弗替，其势力仍蟠据于社会内层，而得保持其微弱生命，非外蒙政府之力所一时得而消灭，是又不可不明了者也。

外蒙古之叛离与苏俄

A. 外蒙古叛离之经过

外蒙古自清代以来，即为我国漠北藩属，我国在该地设官统治，已历二百余年，惟治蒙政策，错谬滋多，敷衍因循，治绩毫无，加以强俄窥伺其侧，挑拨怂恿，致起贰心，最近遂有第一次、第二次之独立事件发生。兹略述外蒙变乱情形如次：

外蒙第一次之独立　帝俄经营远东政策，系以西伯利亚铁路为其侵略之重要工具，而外蒙古则邻接西伯利亚，且密迩该铁路，中国在外蒙古若有长足发展与军事建设，则西伯利亚各地及其铁路，均受无限之胁迫，帝俄南下政策，即有濒于倾覆之杞忧，因此，帝俄遂极力拉拢库伦活佛哲布尊丹巴，遣使游说，遗赠珍物，活佛意为所动，遂与帝俄勾结。清宣统三年武昌革命勃发，全国响应，未几清廷覆没，民国肇兴，正国民临时政府成立之际，外蒙即宣言独立，其宣言有云：今内地各省既皆相继独立，脱离满清，我蒙古为保护土地、宗教起见，亦应宣布独立，以期万全云云。旋由各盟王公推活佛哲布尊丹巴为蒙古独立国皇帝，于十月十九日即位，并驱逐官兵于外蒙古境外，自是外蒙与中央政府之关系，乃转入对立恶劣状态。

迨民国二年十一月五日中俄签订《中俄声明文件五款》，即俄国承认中国在外蒙古之宗主权，中国承认外蒙古之自治权等款。嗣于民国四年六月《中俄蒙协约》成立后，中央政府与外蒙之关系，算是糊涂一时。民国六年俄国发生激烈革命，帝制倒坏，苏维埃政府成立，全国陷于混战状态，活佛骤失凭依，罔知所措，遂召集全蒙王公会议，金主归政中央，取消自治。民国八年十一月七日活佛、王公等，上书总统，请愿取消自治，恢复旧制。总统徐世昌即准所请，并派徐树铮为西北筹边使，督办外蒙善后一切事宜，外蒙第一次独立运动，至是始告一结束。

外蒙第二次之独立　徐树铮既以西北筹边使督办外蒙善后事宜，自应积极经营边务，整理蒙政。乃徐树铮之真意殊不在此，其所率三师四混成旅之边防军，大多驻扎于京畿一带重要地方，以对抗直军，所留驻于外蒙者，乃其最少一部分，加之徐氏对于活佛、王公，遇事干涉，威势凌人，颇引起各王公之不满。在兵不足以遏乱，德不足以服众之情势下，外蒙活佛、王公，暗中又浮起叛离之念头。适民国九年七月直皖战争爆发，皖军败北，徐树铮褫职拿办，派陈毅继任西北筹边使，旋改库乌科唐镇抚使，兵弱匪炽，外蒙之叛变，乃时日间事耳。

民国十年二月白俄将领谢米诺夫，得日本之援助，欲据外蒙为其恢复帝政之根据地，乃乘外蒙中国注〔驻〕军力量之薄弱，遣部将恩琴，率俄、蒙兵匪四五千人，猛攻库伦，褚旅、高团，皆大溃败，陈毅只身逃赤塔，库伦遂陷落，自是外蒙各地，相继入白俄军人手中，外蒙顿成为谢米诺夫之独占舞台。

时赤军势力，已次第统一西伯利亚各地，对于白俄将领恩琴得日本之援助入据库伦，大为恐慌。同时蒙人，因不堪恩琴等之压迫〔迫〕，如苏基巴多尔等，赴俄求援。此时苏俄一面向中国政府抗议扶助白俄军队，一面与蒙人勾结，进兵外蒙边境。民国十年三月十八日俄蒙联军进占买卖城，七月五日攻陷库伦，十一日遂戴活佛为首领，组织伪外蒙古临时政府，自是外蒙古各地，次第为所统一。迨民国十三年五月廿日活佛死去，六月即宣布成立伪外蒙古共和国，十一月在库伦召集大国民会议，制定宪法，规定蒙古为独立共和国，一切权利，属于勤劳国民，至其统治权，由大国民会议及由该会议选出之政府执行之。于是外蒙古与中央政府之关系，至此又暂告断绝，实我国边境国防上一个最大不幸之事件焉。

要之，外蒙古自组织伪蒙古共和国后，其政治制度，悉仿照苏俄宪法组织，以对第三国际关系很深之国民党及革命青年团，操纵政府之一切行动。经济方面，亦施行所谓五年建设计划，以制造社会主义经济为准则。军事方面，亦由苏俄派遣将校训练，刻闻优秀之蒙军，其战斗效率，与苏俄赤军相较毫无逊色。其余一切社会设施，大都取法苏俄，此为国人应特别注意者也。

B. 外蒙古与苏俄

外蒙古与俄属西伯利亚，连接数千里，外蒙古政局之变化如何，动足影响西伯利亚之发展。苏俄对于西伯利亚刻正施行五年经济建设计划，尤不愿在日本窥伺下之外蒙古，离开苏俄之怀抱。故虽受中国政府之抗议与国际正义之谴责，仍须一意孤行，在外蒙古操纵傀儡政府，以维持苏俄在亚洲之优越。

俄国对外蒙古之经营，帝俄与苏俄如出一辙。当辛亥革命军兴，国民临时政府成立之时，帝俄即怂恿外蒙古活佛、王公宣布独立，并于民国元年十月二十一日俄派参赞官廓索维慈与库伦伪政府订立《俄蒙协约》，其内容要点：

（一）俄国政府，扶助蒙古保守现已成立之自治秩序，不准中国兵队入蒙古边境；（二）蒙古政府，准俄国人民及俄国商务，照旧在蒙古领土内享用此约所附专条内开各权利及特种权利；（三）蒙古政府，如须与他国订立新约，不经俄国允许，不得违背此协约之规定云云。帝俄与外蒙古擅订该协约后，并将该协约通告中国及日、英、法各国，北京政府接到此项通告后，即派外长陆徵祥与俄使交涉，至民国二年十一月五日始行签订《中俄协约》，该协约曾明白规定俄国承认中国在外蒙古之宗主权云云。然而帝俄虽正式承认外蒙古为中国领土，有不可侵越之神圣权利，而在他一方面，则仍与外蒙古王公勾结，伸其侵略之魔手，与曩昔无少异。

嗣帝俄崩坏，苏俄继之统治俄国，是时外蒙古王公已归政中央，愿服从中央统治。适直皖战争勃发，白俄将领谢米诺夫军队，得日本军事上之援助，攻占库伦。苏俄赤军以驱逐白党为借口，与伪蒙军联络击退库伦之白俄军队，遂怂恿外蒙国民党人，组织独立政府。同时与外蒙订立《俄蒙密约》（民国十年十一月五日），承认外蒙国民政府为蒙古唯一之合法政府，十二年二月二十日复缔第二次《俄蒙密约》，苏俄在外蒙取得土地、矿产、森林及商业方面一切之广泛权利。观此，苏俄亦效法帝俄，侵略我国边疆，胁进〔威胁〕我国领土之完整，为我国人所最痛愤而不能遗忘者。迨民国十三年五月三十一日《中俄协定》既告或〔成〕立，该协定第五条：苏联政府承认外蒙为完全中华民国之一部分，及尊重在该领土内中国之主权。又第四条：两缔约国政府声明，嗣后无论何方政府，不订立有损害对方缔约国主权及利益之条约及协定。该协定签订后，中俄国交即时恢复，苏俄此后自应遵守履行该协定之规定义务。然而苏俄对我国边疆各地，却缺乏履行《中俄协定》之诚意，其对外蒙古之侵略政策，仍无变动。

九一八事变以来，日本挟其飞机大炮政策，不顾国际正义公理，居然占据我国东北四省，刻下对外蒙古野心勃勃。苏俄恐其掌握中之外蒙古将为日本所强夺，于是不顾中国之领土主权，除与外蒙古政府作密切之勾结外，并于本年三月十二日〈于〉库伦与外蒙签订《俄蒙互助公约》草约，其侵害我国领土主权，莫此为甚。兹以该《互助公约》关系重大，特抄录全文如次：

　　苏联政府与蒙古人民共和国，现因两国友谊，自一九二一年蒙古人民共和国得赤军之助，将与侵占苏联领土军队互相联络之白卫军队逐出蒙古领土以来，始终不渝。且因两国俱愿维持远东和平，继续巩固两国现存友好关系，故已决定将一九三四年十一月二十七日即已存在之《绅士协定》，正式改订此项草约，规定以全力互相援助，以避免及防止武装攻击威胁，并于任何第三国攻击苏联或蒙古人民共和国时，彼此援助。为此目的，余等签订此项草约。

第一条　苏联或蒙古人民共和国之领土，如受第三国家或政府之攻击威胁，则苏联及蒙古人民共和国应立即共同考虑发生情形，并采用防卫及保全两国领土所必需之各种方法。

第二条　苏联及蒙古人民共和国政府，承认在缔约国之一国受军事攻击时，相互予以各种援助，包括军事在内。

第三条　苏联及蒙古人民共和国政府，认为缔约国中一国军队根据互助公约，为完成第一条或第二条之义务起见，屯驻另一缔约国内，至无此必要时，应立即退出，有如一九二五年苏联〈军〉队之退出蒙古人民共和国领土，此乃不言自明。

第四条　此草约共有两份，一用俄文，一用蒙古文，两仍〔者〕俱有同等效力。

此项草约，将于签字后发生效力，于此后十年内继续有效。

苏联全权代表　泰洛夫
蒙古共和国代表　阿穆尔
赓　登

俄蒙间签订该项互助公约后，并将该约抄本送交我国外部，四月七日我国即向苏俄提出第一次抗议，以苏俄擅与外蒙订立互助协约，系侵害我国主权，违反民国十三年《中俄协定》之规定，显系一种违法行为，中国政府，断难承认，并不受其拘束云云。苏俄接受我国抗议后，八日即答覆我国，关于领土主权各点，措词闪烁，并引十三年订立《奉俄协定》之际，谓中国无任何抗议，尤与事实不符，外部接到苏俄此次答覆后，即于十一日对俄提出第二次抗议，结果如何，尚未可预测云。

但最可怪者，即苏俄擅与外蒙缔订互助公约，系侵害中国领土主权，与远处海外之日本，有何关系？而日本却不避嫌疑，直以苏俄此举，系取得在外蒙之军事支配权，有危及日本所制造之傀儡"满洲国"之安全，欲取断然之对付手段，直属狂妄之极！然而我国边疆各地，刻成异族之争斗角逐场，不克保持主人翁之威严与权利，殊堪浩叹！

要之，帝俄与苏俄，对外蒙古之侵略工作，毫无轩轾。然而答覆我之抗议，一则曰尊重中国在外蒙古之领土主权，再则曰并无侵害中国在外蒙古之领土主权之意趣，但迹苏俄对外蒙古之行为，则无一不是与我领土主权有重大防〔妨〕害。积弱之中国，受外人揶揄至此，而莫敢如何，岂非国人之大耻也欤！

《边事研究》（月刊）

南京边事研究会

1936 年 3 卷 6 期

（李红权　整理）

外蒙古的现状

郭 威 白　撰

一

自日本占领我国东北四省后，她的大陆政策逐渐在那里加紧推进。华北问题的紧张并未消减，而内蒙的傀儡戏又在那里积极排演，这几日来，伪组织与外蒙贝尔湖边境冲突，又顿形严重。就她的大陆政策的演进看起来，这种事件方兴未艾，我们将来还不知有多少把戏可看呢。但她的对于华北与内蒙的侵略，其利害关系于中国较多，于别国较少。至于外蒙，那就情形不同，因为外蒙背后站着一个苏俄。本月十五日华盛顿美联电曾有这样报告："此间海陆军事专家，今日对于蒙古边境之冲突，较之意、阿冲突，尤为注意，认为如其范围扩大，对于美国将尤多影响。"在这种情形之下，外蒙殆已成为远东一个新的危险区域，因此，我们对于外蒙的现象不能不加以详细的了解。

二

外蒙古自清康熙年间即为中国国境的一部，但因为与俄境西比利亚接界，帝俄时代，俄国在这里占有一种超越的地位。民国成立时，帝俄利用时机卵冀〔翼〕外蒙曾宣布第一次独立。自一九一七年帝俄倾覆后，她在外蒙的这种超越地位也跟着销灭了。一九一九至一九二〇年西北筹边使徐树铮率兵收复外蒙，外蒙的独立于一九一九年十一月十六日取消了。当时外蒙的下议院因反对取消自主而被解散，此辈议员遂成为反对派的中心。当下议院解散之夕，蒙古革命派领袖秘密集议组织了一个以苏基巴多尔为首领的团体，这个团体，就成为日后蒙古革命人民党的前身。一九二〇年春，这个团体的几个领袖如苏基巴多尔、波杜和段曾等前往苏俄以求援助。

一九二〇年七月北京政变，安福系既倒，徐树铮不得不退出外蒙。徐氏既去，外蒙陷于混乱无主者数月。到了一九二一年二月白俄军人斯脱恩伯（Baron Ungern von Sternberg）遂乘机窃据。斯氏占据外蒙后，在库伦大肆屠杀，一面又以外蒙为根据地以攻击西比利亚。斯氏的皇朝哲学，他和白俄领袖的关系，与他所主张的"大蒙古主义"，都使他成为日本的一个很有用的工具，所以日本对于他常加以军火上和物质上的帮助。

同时，蒙古的革命活动分子和苏俄间的关系也日日密切起来。蒙古中部和北部间，这班党人活动甚力。一九二一年三月一日各党派间的代表聚会于苏俄境内嘉泰（Kiakhta）地方，正式组织了蒙古人民革命党。十二日以后便产生了一个临时政府，并起草了一个铲除外蒙封建主义的计划。三月十八日临时政府于中国军队手内夺得蒙古北部买卖城，仍旧把它叫做亚丹布喇，并且把它变为一个革命根据地。到了四月，党军和苏俄军队成立了一个联军，结果于六月上旬把威胁买卖城的斯脱恩伯的军队击退。

外蒙革命运动的势力既逐渐加强，又有苏俄的军力以为之助，于是有很多封建的贵族和高级喇嘛遂变而反对斯脱恩伯。蒙古西部某王于乌里雅苏台地方发动了一个政变，这就把斯氏与在科布多和新疆北部的白俄势力联合的企图打断了。七月五日蒙古和苏俄的联军攻克库伦，此后就肃清散在外蒙的白俄残队。在八月间斯氏本人被党军捕获而枪决了。到了一九二一年底，肃清工作都已完成，外蒙遂统一于蒙古人民政府之下，这个政府的领袖包括段曾和苏基巴多尔等。

一九二一年十一月五日苏俄和外蒙当局订立了一个协定，取消帝俄时代关于外蒙的一切条约，承认蒙古人民政府，并且成立了两方的外交关系。这个协定第三条规定双方保证在无论何方之领土内，不许有以反抗他方或倾覆其政府为目的的团体和个人存留，对于直接或间接反对各方政府的一切机关的输入或运输军械亦同样禁止。这个协定的意义是想维持外蒙的新政府和预防将来他国由外蒙侵略苏俄的任何企图。这样就把外蒙和第三国间的外交或领事关系的门都封闭了，这种情形是日本现时正想变换的。

这种情形经过了四年。一九二四年五月三十一日中国和苏俄成立了一个条约，在这个条约内苏俄承认外蒙为"中华民国全部之一份"，并且将苏俄一切军队由外蒙"实行完全撤退"——这个谎言在一九二五年也实行了。

三

外蒙人民政府成立的经过既如上述，现进而追述它的革命的过程。它的革命的过程可于它对于封建结构历次的改革中看出。在未革命以前的蒙古分为各种社会的、经济的和政治的阶级，这些阶级的区分差不多完全以牧业经济为标准。那些封建的统治分子分为王公、贵族、僧王、喇嘛和僧侣，以及免除封建役务的自由人，他们的数目占人口百分之二十六。其中教外的王公和贵族只占人口中百分之二，教内的则占百分之二十四。王公的权力和权利，以及由贵族中选举出来的地方官吏都是世袭的。那些佛教的统治的十三个王公以活佛为首领。至于那些免除封建役务的自由人可算做蒙古的资产阶级。

其余百分之七十四的人口中有百分之三十三是牧人，百分之二十四是喇嘛的奴隶，百分之十七是教外贵族的家奴。封建的贵族在法律上统治着一切牧区，因此他们便能够握有那些最好的草地。结果，牧人阶级只能得到那些更次的地，实际上，他们还附属于他们的各个地主。他们还可以被这个地主，转移到别个教外的地主，或者作为一件礼物献与喇嘛；他们是在他们的主人法律裁判之下的；并且要受他们的主人的横征暴敛。奴隶们的地位和牧人差不多，不过他们是属于那些占有全国第二大数目牲畜的佛教王公和喇嘛。在外蒙古，有十五万奴隶是直接归活佛所管辖。家奴是替他们的主人在帐幕中服贱役和畜牧牲口，是人口中最低和最贱的阶级。

此外，在革命以前，外蒙的整个封建经济是为世界市场的需求所支配。中国关内商人以外国洋行经纪人的地位以低价购取大宗牲畜而售以西方轻贱的工业品。

上面所述的牧人、奴隶、家奴所处的境遇就供给了反封建均田革命的燃料。但是这次革命是为一群还没有成熟，缺乏经验和没有适当预备的领袖所领导着，同时，外蒙的封建势力根深蒂固，加以它的工业落后，遂使彻底推翻封建制度的任何势力都遇着顽强的抵抗。此外，一九二一年革命所引起直接结果当中的一个是那时存在的资本分子所获得自由，这样便把从前停滞的资产阶级急速地增加起来。一九二一年所展开的新时代的矛盾特质可供以后革命所经过的各阶段的解释：左右派的斗争。结果右派于一九二八年失败；强制社会化的发展，此种企图于一九三二年前崩溃；自一九三二年以来退回至新经济政策。

第一阶段是由一九二一年至一九二八年，这个阶段的显著特质是逐渐的废除封建制度以及与受主张封建神权分子所拥护的正在长成的资产势力苦战。在一九二一到一九二五年中间曾固定地对着封建制度加以不断的攻击。从前对于牧人所征的运输税，一九二一年将这种税率减低，并且封建的贵族和喇嘛也要照样缴纳。同年十一月一日，把统治者活佛的权力在宪法上加以限制了。一九二二年初，距肃平第一次反影〔革〕命阴谋不久，把家奴们解放了。同年十二月肃平第二次反革命阴谋后，就颁布了一个向整个封建制度正面攻击的法令。这个法令废除了封建的贵族们在他们区域内的统治权，解放了牧人，并且一部分的取消了贵族对于牧人所征的各税。一九二三年的第三次反革命阴谋很困难的被平靖了，结果奴隶也解放了，并且取消了封建主义大本营夏宾部（Shabin Department，即管理奴隶事务者）对于奴隶所征取的各种封建式租赋。

这些年间当中还有一个特殊的情形就是资本家的发展在那里起首。据一九二四年的人口调查，百分之八六·五的牧人户口只有很少数的牲口，百分之六简直完全没有。那些自由人和上级牧人的情形就相反过来，他们积累了更多的牲口，并且起始为应付市场而生产，在实际资本主义条件之下佣雇工人。那些大的僧侣和王公家庭逐渐的迫于佣雇工人，虽然他们对于牧人，还保存有一些封建式的管辖权。在这种情形之下，有一半多贫穷牧人家庭除非向外佣工不能生存，便不得不暂时的或永久的在贵族、僧侣或资本家庭工作。他们或者替主人牧养牲畜以求食宿，或者制作羊毛以获取微资。这种贫穷牧人便这样的被剥削做奴隶和工人了。

在政治上还有更大的意义，因为这个直接影响于统治的机构，就是国家和党部的高级官吏的积敛财富。他们的高厚的薪俸，贪赃和盗取来的钱财，以及他们本来拥有牲畜项下的进款，就把很多高级官吏都变成商人、资本家和投机家了。因为这些人是新兴资产阶级中的活动领袖，他们便与主张封建神权的分子连合起来以谋夺取完全的政权。他们著名的政治领袖段曾把党部和政府的高级机关拿在手里就因为这个缘故，曾向中国输诚，企图倾覆当时政局。段曾这种主义在一九二四年八月蒙古人民革命党第三次大会中经过剧烈的斗争便被铲除，因此便又发生不制造资本家的问题。

一九二四年是外蒙革命第一阶段的转点。段曾主义既被击败，将后所要采取的政策——反抗资本主义发展的斗争——是很容易看得出来。这次胜利和五月二十日活佛之死把攻击封建主义所获得的结果凝结起来。到了六月外蒙宣布为共和国，最高的政权授之于人民大会（Great Huruldan），由这个大会选举政府。第一次人民大会于十一月开会，制定了宪法，这个宪法是仿照苏俄的，把封建的政治制度消灭了。封建的贵族、喇嘛、剥削劳工的人和营重利贷的人的政治上根本权利都被取消了。土地、矿产、森林和水利都收为国有。政教也分离了。并且宣告宗教于每个国民只发生私方面的关系。教外的贵族们的衔头和阶级特点以及王公们的统治权利都取消了。中国商号的债务也被勾除了。一切政权都授之于劳动人民，而由人民大会行使，由大会再选出一个政府；大会闭会时由三十个委员组成一个执行委员会，每年至少开会两次；其余时间则以执行委员会的常务委员五人及政府代行。地方的统治权，则由各城区的地方人民会议行使。对于封建政治制度的最后打击是一九二五年第二次人民大会所议决将夏宾部废除并且给予家奴阶级以完全的自由。

蒙古封建主义的政治制度虽然是这样的被推翻了，但是封建主义的经济基础和正在长成的资产阶级并没有因是而受到严重的影响。资本主义发展的程度在一九二四到一九二七年当中曾经达到了它的高峰。一九二八年的人口调查指示出占全人口百分之八十三的牧人阶级只拥有百分之四十五的牲口；从前的贵族、喇嘛和私人拥有者占全人口百分之十七，但他们却拥有百分之五十五的牲口。当一九二五年及其以后，封建资本的团体又重新建立起来了，并且很快的在党部和政府占有了比从前更强大的势力。在商业、运输和工业上，党内右派领袖采用了那些足以增强资本主义发展趋势的政策。和外国资本家的商号的联结扩大了，反对苏维埃的趋势出现了，反革命的阴谋也一套一套的出现。党内左派反对的势力在一九二七年开始固厚它的力量，又为右派所击破。但是这种反对势力却为牧人阶级正在增加的群众不安的情境所拥护，于是政治斗争遂进了一个广大反封建均田革命的状态。

在一九二八年六月第六次党的大会内，左派占有了大多数，但是却被右派所操纵，所以没有能够取得领导权。左派的领袖又为右派所放逐了，此后政治上一时充满了恐怖色彩。但是自第六次大会后，全体牧人阶级都起来拥护左派，统治的右派遂陷于孤立了。到了一九二八年底的第七次大会，右派领袖遂被打倒了。

在这次大会中议决了与苏俄发生更密切的经济关系，草拟了一个反封建的均田革命的纲领，并且设法限制资本事业的增长。新税法将一切加于贫穷家庭的征敛都废止了，将中产牧人们的租税也减轻着，把大部分负担转移到大的私人产业上。封建主义的经济基础因为没收从前贵族、高级喇嘛和旧日官吏的财产而受了直接的打击。上面那些人的七百二十九处产业于第一次进行中即被没收，其余在这一次还没有动的，在第二次也都没收了。这种将土地和牲畜没收及重新分配，由于贫穷和中产牧人和受雇工人这方面与从前教内外贵族们那方面间的阶级斗争严重化而收到实效。

把大的产业没收后分给穷苦牧人以土地和牲畜，因此发生一个更远的问题，就是规划有组织的方法利用这些生产工具使其获得

最好的利益。于是集产政策于一九二九就定下了，一九三〇年第
八次大会更加以确定，并且宣言社会化的建设的实现已经成为一
个实际的问题。在这个前提之下，一个立即全体集产运动就开始
了。他们开始不去组织那些刈草牧场或者烘酪等简单集产团体，
却做最高形式集产团体的企图。一九三一年十一月一日成立的五
万二千二百五十六个集产团体内，有百分之五·一是自治团体，
百分之七〇·四是劳动组合，只有百分之二十四是特种事业的简
单团体。因为运输制度和机械设备没有发展，对于这些集产团体
的组织和管理以及使团员了解集产意义下的责任的各种困难就不
能克服。

　　还有一种对于蒙古封建主义最大势力机关的经济基础的打击，
就是一九三〇年的反对寺院运动。那些喇嘛寺院所拥有的三百三
十万头牲畜当中，有二百四十万头被转送与贫穷和中等的牧人，
差不多一百万头给集产团体。此外更引诱小些的喇嘛还俗，还俗
后可给予他们一份喇嘛寺院的财产。因为这种引诱便有一万二千
贫苦喇嘛于一九三〇年离开寺院了。这种运动因为牧人阶级并没
有受到关于这种步骤的任何教育上的预备，没有把他们对于宗教
的信仰加以考虑，并且有时还没有得到他们的拥护和参加就强制
执行，差不多没有生什么效果。还有不少牧人完全站在喇嘛方面
去反对党和政府。

　　关于对内与对外贸易所犯的错误更为严重。国家管理对内贸易
和垄断对外贸易的政策，一九二八年以前，右派领袖当权，搁置
未行，一九二九年以后就强烈地施行了。虽然在与苏俄经济密切
连切〔系〕曾得到好处，尤其是使外蒙没有受到经济不景气的影
响，但是政治统制贸易的政策实在进行得太快。在新的贸易途径
还没有代替旧的以前，就把旧存的都毁灭了，货物向内地销流因
缺乏适当运输和没有分配中心点而感受非常困难，有很多区域内

人民开始经验缺乏货物的痛苦了。这种货物缺乏的恐慌严重的影响到牧人家庭，这实在是决定一九三二年新经济政策的一个最重要的主因。

四

一九三二年七月蒙古人民革命党中央委员会制定了一些有系统的方略，比较起来和苏俄一九二一至一九二八年的新经济政策差不多，蒙古集产团体大多数都由团员自动的解散了，按照他们原来所出牲畜数目收回了去。有些集产团体仍旧维持着作为简单的"生产社"，去做刈草、牧畜、运输、渔猎或耕种的集体事业。喇嘛寺院也可以收回一部分曾经被没收的牲畜，收回来后，可以保留、出售，或者租赁与个人或团体。税则是以收入做基础，对于牧人们就特别减低，使他们可以改良他们的牲畜和器具。对于牧人家庭的牲畜出产品、手工制造品等贸易所获到的利益则完全免税。于是私有制度又普遍的恢复了，但是对于一切受雇的劳工则强制雇主有一年的合同，其中规定工资、工作时间及其他条件。

对外贸易除了一些私人商店作为例外，仍旧操之于政府之手。因为合作分配机构还没有十分发展，所以容许商店或个人有权将货物分配于消费的牧人，将牲畜原料分配于经纪人，别种产品也许经营。私家商人也被允许有权利向政府的及合作社的商务机关照批发价格或零售价格直接购买出产品，并且在某种规程之下，给予以银行信用的方便。为奖励运输起见，又颁布了一些新法令，允许私家商店及个人建造他们自己的大车，出租运输牲口和其他设备，使用银行信用，在现存的法令之下雇佣工人，以及取得载运汽车。对于运输费抽收百分之五的捐以备为筑路费用。牧人们可以自由领取木料为造车之用。

此外对于手工业也加以奖励，私人家庭的用不着领照，小商店只收极少照费，大商店则额外收捐。私人经营煤矿及金矿的在某种规则之下也可允准。私人经营家可以享受一些政治上的权利——如商人们就有选举权。一般的说起来，这种新政策的大纲是想做基础，以些〔此〕便慢慢的走向非资本主义发展的路途而不是积极猛进的。

这种政纲自一九三二年起都确切的依照而没有动摇。结果，牲畜业出产品和农产品都有大量的增加，刚在发展的工业产品也是如此。在北部和西北部，农业因为使用苏俄的机械而工业化了，并且灌溉事业也建设了起来，改进牲畜产品的小规模工业也成立了。这〔各〕种重要的经济事业如银行，和对外贸易的独占等都在政府掌握；这对于限制资本主义的复兴，实在比一九二八年以前的时期更有效力。喇嘛在宗教上和经济上仍旧足以自存，但他们的数目是逐渐低减了，新的教育计划和网布的学校把他们在宗教上的地位减弱了，他们的经济活动也逐渐的受着限制。运输工具有着很快的进步，这是因为筑路和汽车工业首要的是载运汽车的构造增进的缘故。合作分配机关的扩大发展在一个健全的基础上，这种普遍的进步使多数牧人都愿意归附，这些牧人的不满于一九三二年曾威胁着新组织基础的。

五

照上面的情形看起来，外蒙是在苏俄侵略之下完全"赤化"了。它的苏化的程度比日本在东北几省日化的程度恐怕还要深刻些，而且所采用的方法也更聪明。即使苏俄在外蒙现时并未驻有军队，但是照过去事实讲，外蒙人民政府是苏俄军队帮助建造起来的，它的党的结构、政府的组织、宪法的内容，都是以苏俄为模型，此外更重要的就是它的经济和苏俄尤其发生更密切的联结。在这种情形之下，日本若向外蒙发展，苏俄未必肯甘心退让罢。外蒙古这个地方殆将不免为日俄的赤白二帝国主义角逐的战场了。

参照 T. A. Bisson：Outer Mongolia，Foreign Policy Report. Nov. 20，1935

《民族杂志》（月刊）
上海民族杂志社
1936 年 4 卷 3 期
（朱宪 整理）

安北设治局调查记

陈佑诚　撰

引言

　　乙亥之秋,九月二日,余与河东,奉命由绥远驻在地出发,调查绥西乌兰察布盟乌拉特三公旗、茂明安旗等蒙地,于九月十四日,北越乌拉山绝岭,横渡山阴沙漠,经柏山湾,十五日到达安北设治局。以该局原为乌兰察布盟乌拉特三公旗,及伊克昭盟之达拉特、杭锦等旗地之一部分,与蒙旗之关系极深。惟因人口过少,和其他条件不足,至今尚未改县,固与其他县治情形不同,然其本身确为边区富源所在。特留住两宿,从事普遍之调查。承该局长齐寿康氏之殷勤招待,并亲为领导远出城外拴马桩各矿区域视察,参观男女学校,填写各种调查表格,私衷感甚!爰于工作之暇,就所得现实材料,加以整理,并参考绥远省政府各种公报及报纸之记载,草成是篇,用献于留心边事同志之前。

第一章　总论

第一节　设治经过

清光绪二十九年后，析萨拉齐厅之大余太及达拉特、杭锦、乌拉特等蒙地，置五原厅抚民同知，加理事衔。至民国元年，各厅皆改县。十四年五月，析五原、固阳、包顾〔头〕三县各一部，设大余太设治局。十八年，曾一度改县。二十年，改大余太设治局为安北设治局。

第二节　土地面积

绥远各县局，土地面积，共约五十八万余方里。兹按本局区图分计：第一区，东西九十里，南北一百里，面积九千方里；第二区，东西一百二十里，南北八十里，面积九千六百方里；第三区，东西五十里，南北一百四十里，面积七千二百方里。故全面积约二万五千八百方里。

第三节　人口统计

全局计七千一百五〔百〕十一户，三万一千二百余口。以种族言之，汉人占十分之七，蒙人占十分之二，回人占十分之一。以性别言之，男一万六千六百四十九口，女一万四千五百五十一口，计男女三万一千二百口。以职业言之，农业一万五千四百六十七人，商业三百七十二人，工业四百一十八人，矿业一百零五人，牧业一千三百七十二人，渔业六十人，劳力六千零三十二人，医士七人，学生三百三十一人，教员二十九人，公务员一百四十二人，军警二百九十五人。余均无职业。

第四节　山脉大势

阴山山脉，由五原来，至什那干村入境，自西徂东，横亘局之中部，长一百九十里，东入固阳，成弧形，称大青山，亦曰后山。其高度五百八十尺，距城正北二十里。在城之东北二十里处，又曰白花彦山，其南枝西出，横障本局之南，包头之北，至西山嘴而止，曰乌拉山。其高度六百三十尺，距城东南六十里。余皆丘陵，无足称也。

第五节　河流分布

（一）黄河　自民复渠起，入本局之西南隅，东南流，经达拉渠口，至西山嘴。其在本境内，共长约五十里。又自惠德成以下，历本局百余里地间，河水枝分如织，形成无数浅滩，土人曰"波河"，行船时虞搁浅。

（二）五加河　自城之西北隅，大树圪钵附近，流入境内。过六分子桥，东南行，绕局之中部，成弧形，至红木图，折而南，经西水泉，接心滩，注乌梁素泊。又经卧羊台、长雅店、乌拉豪入黄河。在本局境内，全长约一百二三十里。其次，佘太河、乌尔图河，皆山沟细流也。

第六节　土质与气候

乌拉山与阴山北麓一带，已垦、未垦之地，皆含极丰富之有机物。阴山地层隆起，黄河所经，多黄土及砂壤，水流迂缓所在，即有瘀〔淤〕积之砂土，最称肥沃。又以境内蒙民，常逐水草之地，牧放牲畜，遂有大量腐草及畜粪贮积。此种土壤，无需施肥，可供多年之丰收。本局全境，以东部多粘土，西部多砂土。

绥远气候干燥，雨量甚微，为高原气候之特性。夏季温凉，冬季极冷。一年中，仅有五月至九月之百余日，温度超过摄氏十五度以上。农作物极受影响，每年只有一熟。本局夏田播种，多在清明、谷雨，秋田则在立夏以后。

第七节　物产概况

本局北枕大青山，南屏乌拉山，黄河、五加河交流境内，土质赖以肥沃。物产极富，农作物，大麦、莜麦、小麦、荞麦、谷子、糜子、膏〔高〕梁〔粱〕、麻子之类，应有尽有。至于动物、植物、矿产，种类繁多，不可胜计。其详细情形，除专章纪录外，兹就绥远省政府建设厅关于安北设治局物产调查统计，分别列表于后：

（一）农作物产量表

种类	年产数量	每石价值	产地	用途	销路	备考
大麦	二一六石	一二元	本局各地	食用		
小麦	六三八石	二四元	同上	同上		
莜麦	一〇八石	一四元	同上	同上		
荞麦	一四〇石	一二元	同上	同上		
谷子	三，四八〇石	一一元	同上	同上		
糜子	七，五六〇石	一二元	同上	同上		
高粱	七四〇石	一〇元	同上	同上		
麻子	一七二石	九元	同上	同上		
杂豆	八一六石	一五元	同上	同上		
黍子	一，〇六〇石	一二元	同上	同上		
葫麻	六〇石	一三元	同上	同上		
马铃薯	一四〇，〇〇〇石	一五角	同上	同上		每一百斤一元五角
其他						

（二）牲畜产量表

种类	产量	单位价值	产地	用途	销路	备考
马	一五〇匹	二〇元	本局各地	骑乘及载重		
牛	一，二〇〇头	一六元	同上	耕田及载重		
羊	三〇，〇〇〇只	四元	同上	食用		
青山羊	四，八〇〇只	七元	同上	制衣		盛产于大青山，应是野牲类
磐羊	一，二〇〇只	五元	同上	同上		同上
骡	八〇头	六〇元	同上	骑乘及载重		
驴	八〇〇头	八元	同上	同上		
猪	八，〇〇〇头	一二元	同上	食用		
鸡	一五，〇〇〇只	三角	同上	同上		应是家禽类
骆驼	二〇〇头	五〇元	同上	骑乘及载重		
其他						

（三）畜毛产量表

种类	年产数量	每百斤价值	产地	用途	销路	备考
羊毛	四〇〇，〇〇〇斤	二五元	本局各地	制毛线及毛织物	绥、包一带	
羊绒	六〇〇，〇〇〇斤	五〇元	同上	同上	同上	
牛毛	二四，〇〇〇斤	二元	同上	同上	同上	
驼毛	六，〇〇〇斤	三〇元	同上	同上	同上	
其他						

（四）林木产量表

种类	现有产量	每株价值	产地	用途	销路	备考
榆树	二〇株	二六元	本局各地	建屋制器	本局及外县	
柳树	四，〇〇〇株	二〇元	同上	同上	同上	
杨树	五，八〇〇株	一八元	同上	同上	同上	

种类	现有产量	每株价值	产地	用途	销路	备考
桦树	四，〇〇〇株	二二元	同上	同上	同上	
松树	三，〇〇〇株	二二元	同上	同上	同上	
柏树	八〇〇株	二八元	同上	同上	同上	
其他						

（五）矿物产量表

种类	产量	价值	产地	用途	销路	备考
煤炭	二，三八一吨	六元	营盘沟、西官井、拴马桩	燃烧		每吨之价
石棉	五〇，〇〇〇斤	六元	后口子	制避火物	天津	每百斤之价
水晶			什那干			发现后未开采
黑矾			什那干格沟			同上

（六）药材产量表

种类	产量	价值	产地	用途	销路	备考
党参	四〇〇斤	三元	乌拉山	配制药料	包头	每斤之价
黄蓍	八〇〇斤	三分	同上	同上	同上	每斤之价
甘草	二〇，〇〇〇斤	同上	同上	同上	同上	同上
大黄	三，〇〇〇斤	同上	同上	同上	同上	同上
柴胡	八〇〇斤	同上	同上	同上	同上	同上
其他						

（七）牲皮产量表

种类	产量	价值	产地	用途	销路	备考
牛皮	六，〇〇〇张	五元	本局各地	制皮箱	包头	每张之价
羊皮	二，〇〇〇张	二元	同上	同上	同上	同上

种类	产量	价值	产地	用途	销路	备考
青山羊皮	二〇〇张	六元	同上	制皮衣	同上	同上
狐皮	二〇〇张	三〇元	同上	同上	同上	同上
狼皮	四〇张	二四元	同上	同上	同上	同上
獾皮	二〇〇张	一元	同上	同上	同上	同上
扫雪	八七张	六〇元	同上	同上	同上	同上
狸皮	八〇张	四元	同上	同上	同上	同上

（八）水产产量表

种类	产量	价值	产地	用途	销路	备考
鲤鱼	六，〇〇〇斤	二角	本局各地	食用	包头	每斤之价
鲫鱼	二，四〇〇斤	一角	同上	同上	同上	同上
其他						

第二章　民政

第一节　行政机关名称及组织

本局设局长一人，总理全局事务。局以下设第一、第二两科，第一科设科长一人、科员三人，办理总务及省财政、民政事项；第二科设科长一人、科员三人，办理地方教育、建设、财政事宜；设承审员一人，办理民刑案件。

第二节　局属机关名称及组织

局属机关：保安处一，原于本年四月，奉省政府令，将旧有保卫团及公安局合并改编为保安处。设正、副处长各一人，总理全处事务。正处长由局长兼任，副处长由局长聘请富于军事学识者充之。警察队一，设巡官一人，长警三十人。保安队二，设队长、事务员各一人。度量卫〔衡〕检定所一，由局长委派主任一人，负责推动。民众教育馆一、教育会一、农会一，悉由局长〈派〉专人办理。

第三节　现有区乡之名称

本局原为三区，现并为二区。计第一区十一乡：大安乡、大庆乡、大有乡、佘仁乡、佘礼乡、佘智乡、佘信乡、佘元乡、佘亨乡、佘利乡、佘贞乡。第二区十三乡：大礼乡、大义乡、大兴乡、大化乡、太安乡、太庆乡、太佘乡、太吉乡、太有乡、太富乡、太平乡、太良乡、大佘乡。

第四节　五年禁烟计划

本局自奉令禁烟，即遵照规定，先行划定全境为五区，是为禁种区域，先后五年为期，因地而异。五年期满，完全禁绝。其次禁吸，先办登记，悉照省府规定办法，先由本局城区推行，俟有成效，再行普及推广至乡村。

附现任行政人员姓名、籍贯一览表

职别	姓名	年岁	籍贯	职务	备考
局长兼保安处长	齐寿康	三十一	绥远归绥	综理全局事宜	
第一科科长兼省财政主任	吴晚成	四十	本县	办理第一科行政及省财政事宜	
第二科科长兼教育主任	刘笃仁	三十五	山西祁县	办理第二科科务及教育、地方财政事宜	
承审员	赵克铣	五十一	山西平遥	署理司法	

职别	姓名	年岁	籍贯	职务	备考
总务兼民政主任	马振銮	四十	山西浑源	承办总务及民政事宜	
地方财政主任	金鬻勋	三十六	绥远安北	办理地方财政事宜	
建设主任	贾开祺	三十七	山西应县	办理地方建设事宜	
督学	张如春	二十九	山西浑源	督察教育事宜	
科员	文兆熊	三十一	绥远归绥	会计事宜	
科员	董璋	四十八	绥远安北	办理第二科文牍	
科员	王岱青	五十	湖北秭归	办理收发	
技士	孟宪文	二十七	山西高平	建设及农务	
书记长	李煜	三十三	绥远托县	第一科文书缮写	
事务员	赵丕谟	二十二	山西祁县	地方财政	
看守所长	郭维宁	二十八	山西文水	押放犯人	
书记					

第三章　财政

第一节　财政机关之名称及组织

本局于民国十八年，曾设立财政局。去年十月，奉令裁局并科，原有一切地方财政事务，归由第二科。设财务主任一，催款员四，缩小骈枝范围，专责办理。至于省财政事宜，另由第一科负责。

第二节　每年收入款项类别及总数

查每年征有牲畜捐、丈青摊款、粮赋附党费、警捐、学捐、驼捐附加学捐、商会附加警捐。每年计征牲畜捐洋，一万五千三百余元；丈青摊款洋，一万八千八百余元；附加党费洋，二千三百余元；警、学捐洋，一千余元；驼捐附加洋，二百二十元；商会附加警捐洋，二百一十一元二角。总计每年约可收洋，三万七千八百二十余元正。

第三节　财政收入之实例

每年财政收入，虽有一定之范围及额数，终不能逃出年岁丰或歉之自然律。在人力不能战胜自然变化之先，一切大有听命自然之势。所以无论国家款（解省款）、地方税（县支款），皆不能照一年一度之规定额而全数收足。国家款计分：田赋，按区征收，按地摊派；青苗款，一名丈青，于青苗成长之后，派员丈青而定，殊无绝对之标准；买契税与典契税，照每契每元之价值，抽收六分或三分，年出买卖不多，收入甚微；专款，专指某几区之肥沃垦区，所谓得天独厚或曾经人力绝大栽培之处，地厚渠深，出产丰饶，特别提高抽税，故名之曰专款。

其次县支款（地方款），如青苗捐、杂税等，名目虽多，而收入极其有限。良以地方小道，虽欲收刮，而无可刮之对象故也。

以上省县两种款税，根据该局二十三年度向省府财厅报告表册，都有详细之数字可稽，兹为便利参考起见，特照原表册，分录如次：

一、解省款（国家款）

（1）粮赋概况（田赋）表

应纳区域	每顷税率		征收办法	征收机关	解交机关	备考
白彦沟前明安	上地	二元	按征簿派员分赴各区、乡催花户自行完纳	设治局第一科省财政股	省政府财政厅	无论何项地亩，不分等则，每顷一律附加警、学捐二角。又每正款一元，附加县党部经费三角
	中地	一元				
	下地	四角				
大小鄂博	上地	一元五角	同上	同上	同上	按原升科地十一处，共应征洋四千二百八十八元七角。每年约收四成以上
	中地	一元				
	下地	六角				
乌兰板申	上地	二元	同上	同上	同上	
	中地	一元五角				
	下地	一元				
小佘太清理小佘太	上地	三元	同上	同上	同上	
	上次地	二元五角				
	中地	二元				
	中次地	八角				
	下地	六角				
佘太召大佘太	清水地	一元八角	同上	同上	同上	
	湿水地	一元四角				
	旱地	一元				
巴汉脑包	山地	一元	同上	同上	同上	

应纳区域	每顷税率		征收办法	征收机关	解交机关	备考
营盘湾	上地、上次地	二元	同上	同上	同上	
	中地	一元二角				
	中次地、下地	一元				
	下下地	四角				
莫林河	水、旱地	一元二角				

（2）青苗款（丈青）表

应丈区域	每顷税率	征收办法	征收机关	解交机关	备考
合少公中	上地 中地 下地 一元八角	夏间设治局会同包西水利局勘丈后，令各花户自行完纳	设治局第一科省财政股	省政府财政厅	无论何项地亩，概不分等，则每顷附加警捐二角，学捐二角，旅费二角。又每正款一元，附加县党部经费三角，按升科数共约四百九十七元五角（未收分文） 按二十二年丈青数共一千八百九十五元六角零三厘（已收五成以上）
乌梁素王幼女子	上地	一元二角			
	中地	八角			
	下地	六角			

续表

应丈区域	每顷税率		征收办法	征收机关	解交机关	备考
杭锦旗 达拉旗	上地	五元八分 二厘				
	中地	四元一角 五分八厘				
	下地	三元二角 三分四厘				
乌拉特	上地	五元五角 四分四厘				
	中地	四元五角 三分六厘				
三介〔公〕旗	下地	三元五角 二分八厘				

（3）买契与典契税表

税别	每元税率	征收办法	征收机关	解交机关	备考
买契	六分	派员稽催， 自行报税	设治局第一 科省财政股	省政府财政厅	省附加二分
典契	三分				

（4）专款表

应纳区域	每亩税率		征收办法	征收机关	解交机关	备考
小余太	水地	五元	派员勘丈后， 稽查花户完纳	设治局第一 科省财政股	省政府财政厅	共收二万三千七百五十元。设治局与乡公所共提五厘办公费印花一成
后套渠	水地	四元				
	旱地	三元 五角				

二、县支款（地方款）表

款别	捐率	征收机关及办法	全年收数	存放处	用途	备考
牲畜捐	大畜：牛、马、驼、骡，每头年征洋五角。小畜：羊，每年每头征洋五分。大小畜之羔犊等年以每两头作一头算	设治局派员调查数目后，令各花户交纳	计约一万五千余元	自去年十月一日起，裁局并科后，交由设治局保管	地方各机关经费	
青苗摊款	每丈青苗一顷，摊洋二十元，又粮一石	设治局按丈青苗亩数，派员稽催花户自行完纳	一万八千元	同上	同上	

（1）杂税（专指包商征收解省者）

（甲）屠宰税表

应征种类	正税	附税	附加一成捐	全年包价	备考
猪	每只洋四角	一角	五分	正款一千三百六十五元，附加一百三十六元五角	
牛	每只洋一元	一元	二角		
绵羊	每只洋三角	一角	四分		
山羊	每头洋三角	无	五分		

应征种类	正税	附税	附加一成捐	全年包价	备考
马	每头洋五角	无	五分		
骡	每头洋五角	无	五分		
驴	每头洋三角	无	三分		
驼	每头洋三角	无	三分		

（乙）屠兽检验费表

应征种类	正税	附税	附加一成捐	全年包价	备考
山羊	每头洋一角	无	无		
绵羊	每头洋二角二分	无	无		
驴	每头洋四角	无	无		
骡	每头洋四角五分	无	无	共二百元	
马	每头洋四角	无	无		
驼	每头洋四角五分	无	无		
牛	每头洋六角五分	无	无		

第四节　已经废除之苛捐杂税

自二十五年裁厘后不收的：

绥西盐斤食户捐

自二十三年十月一日起不收的：

口北蒙盐食户捐

油捐

斗捐公债

猪毛鬃捐

苗圃经费

蜈蚣坝路工捐

自二十三年十二月一日起不收的：

公债煤炭捐

煤炭捐

驮捐

货载捐

船筏护送费

船筏护送附征办公费

碱草船照费

自二十三年十二月一日起：

免收十七、十八两年粮租。

自二十三年十二月一日起：

印花税改由邮寄代办所，另售新印花税票。

第五节　财政支出之实例

照全局行政、公安、教育及其他各费，计每年支出总预算为三万九千五百二十二元二角，但二十三年度，在临时费项下，一次被核减达六千元，一切开支，除有定额者外，临时无论任何特别与必需之用途，毫无指拨之处，勉为支应，求在行政费项下极力撙节，用渡难关而已。兹照录该局二十三年度，呈报省府财厅之财政支出总预算表如后：

财政支出预算表

机关名称	每月预算数	每年度预算数	经费来源	备考
保卫团	九百九十一元	一万一千八百九十二元	地方牲畜捐及青苗款	
保卫团服装费	无	六百五十四元五分	同上	
保卫团弹药费	无	二百五十元	同上	
公安局	三百二十二元五角	三千八百七十元	随粮附征之警捐	不足时由青苗项下补支

机关名称	每月预算数	每年度预算数	经费来源	备考
第一区所	一百三十元	一千五百六十元	地方牲畜捐及青苗款	
第二区所	同上	同上	同上	
第二科	三百三十五元	四千〇二十元	同上	
度量衡检定所	四十元	四百八十元	同上	
行政警察	一百二十元	一千四百四十元	同上	
党部	一百七十五元	二千一百元	半数随粮附加，半数由地方开支	
第一小学校	二百元	二千四百元	同上	
第二小学校	三十元	三百六十元	同上	
第三小学校	三十元	三百六十元	同上	
第四小学校	三十元	三百六十元	同上	
第一女子小学校	一百元	一千二百元	同上	
第一民众学校	八十八元	一千〇五十六元	同上	
旅外学生津贴	无	五百元	同上	
教育会	五元	六十元	同上	
农会	五元	六十元	同上	
临时费	无	四千五百元〇一角五分	同上	
合计	二千八百〇一元五角	三万九千五百二十三元二角		

附记：

一、本治各机关，全年支出经费三万五千〇二十二元〇五分，临时费预算四千五百元零一角五分，总共三万九千五百二十二元二角。

一、本治上年临时费，为一万〇五百元〇一角五分，本年核减为四千五百元〇一角五分，计减少六千元。

一、所有本治经费，全年四千八百元，统由省款项下开支，不在此项。

第六节　田赋及租税状况

查本局赋租，共分两种：一、丈青租税，每年按照耕种青苗地，每顷征租洋三元七角八分；一、升科地，每年按照原有地，规定上、中、下三等，征收官租洋，上地每顷三元，中地每顷一元、八角、六角不等，下地每顷四角。兹附本局征收田赋概况表于后：

绥远省安北设治局征收田赋概况表

项别/区别 田赋名称	地亩顷数（顷亩）	正赋额（元）	附加额（元）	计算方法（元）	田赋总额（元）	地价	百分数
第一区 白彦沟官租上地	一·七九·八〇	三·五九六	·七一九	正款附加 ·〇二〇	四·三一五	八〇·〇〇〇	一·六〇〇
官租上次地	二·八〇·一〇	五·六〇二	一·一二〇	正款附加 ·〇二〇	六·七二二	八〇·〇〇〇	一·六〇〇
官租中地	六·六九·七〇	一〇·〇四五	二·六七九	正款附加 ·〇一五	一二·七二四	三〇·〇〇〇	五·〇〇〇
官租中次地	二三·〇七·六〇	二三·〇七六	九·二三〇	正款附加 ·〇一〇	三二·三〇六	二〇·〇〇〇	五·〇〇〇
官租下地	一八·〇六·四〇	七·二二六	七·二二六	正款附加 ·〇〇四	一四·四五二	二〇·〇〇〇	四·〇〇〇
大小鄂博官租上地	一六一·五三·九〇	二四二·三〇九	六四·六一六	正款附加 ·〇一五	三〇六·九二五	三〇·〇〇〇	五·〇〇〇
官租中地	一三一·三九·二〇	一三一·三九二	五二·五五七	正款附加 ·〇一〇	一八三·九四九	二〇·〇〇〇	五·〇〇〇
官租下地	一四〇·八四·四〇	八四·五〇六	五六·三三八	正款附加 ·〇〇六	一四〇·八四四	一〇·〇〇〇	六·〇〇〇
乌兰板申官租上地	三·八一·九〇	七·六三八	一·五〇八	正款附加 ·〇二〇	九·一六六	一〇〇〇·〇〇〇	二·〇〇〇
官租上次地	五·九三·八〇	一一·八七六	二·三七五	正款附加 ·〇二〇	一四·二五一	一〇〇·〇〇〇	二·〇〇〇

续表

项别 区别　田赋名称	地亩顷数 （顷亩）	正赋额 （元）	附加额 （元）	计算方法 （元）	田赋总额 （元）	地价	百分数
官租中地	一二一·五〇·九〇	一八二·二六三·五	四八·六〇四	正款附加·〇一五	二三〇·八六七·五	四〇·〇〇〇	三·七五〇
官租中次地	四六六·〇五·一〇	六九九·〇七六·五	一六·四二〇	正款附加·〇一五	八八五·四九六·五	四〇·〇〇〇	三·七五〇
官租下地	六三四·〇八·三〇	六三四·〇八三	二五三·六三三	正款附加·〇一〇	八八七·七一六	二〇·〇〇〇	五·〇〇〇
小佘太官租上水地	七·〇七·五〇	二一·二二五	二·八三〇	正款附加·〇三〇	二四·〇五五	一四〇·〇〇〇	一·二五〇
官租上次水地	一九·三·二〇	四七·五八〇	七·六一三	正款附加·〇二五	五五·一九三	二〇〇·〇〇〇	一·二五〇
官租中水地	七六·二八·五〇	一五二·五七〇	三〇·五一四	正款附加·〇二〇	一八三·〇八四	一〇〇·〇〇〇	二·〇〇〇
官租中次旱地	一八七·四三·五〇	一四九·九四八	七四·九七四	正款附加·〇〇八	二二四·九二二	三〇·〇〇〇	二·六六〇
官租下旱地	四〇八·四二·三〇	二四五·〇五四	一六三·三六九	正款附加·〇〇六	四〇八·四二三	一〇·〇〇〇	六·〇〇〇
佘太召官租清水上地	三九·二七·七〇	七〇·六九九	一五·七一一	正款附加·〇一八	八六·四一〇	三六〇·〇〇〇	〇·五〇〇
官租清水中地	三二·四二·五〇	五八·三六五	一二·九七	正款附加·〇一八	七一·三三五	三〇〇·〇〇〇	〇·六〇〇
官租清水下地	六九·四四·〇〇	一二四·九二	二七·七七六	正款附加·〇一八	一五二·七六八	二四〇·〇〇〇	〇·七五〇
官租混水上地	四·二八·九〇	六·〇〇五	一·七一六	正款附加·〇一四	七·七二一	三〇·〇〇〇	五·〇〇〇
官租混水中地	六·七四·六〇	九·四四四	二·六九八	正款附加·〇一四	一二·一四二	三〇·〇〇〇	五·〇〇〇
官租混水下地	五五·六二·四〇	七七·八七四	二二·二五〇	正款附加·〇一四	一〇〇·一二四	三〇·〇〇〇	五·〇〇〇
官租混水上次地	七·九七·五〇	一一·一六五	三·一九〇	正款附加·〇一四	一四·三五五	三〇·〇〇〇	五·〇〇〇

续表

区别＼项别	田赋名称	地亩顷数（顷亩）	正赋额（元）	附加额（元）	计算方法（元）	田赋总额（元）	地价	百分数
	官租旱上地	九・一六・七〇	九・一六七	三・六六七	正款附加・一・〇〇	一二・八三四	二〇・〇〇〇	五・〇〇〇
	官租旱中地	二四・二四・〇〇	二四・二四一	九・六九六	正款附加・一・〇〇	三三・九三七	二〇・〇〇〇	五・〇〇〇
	官租旱下地	七九・九二・五〇	七九・九二五	三一・九七〇	正款附加・一・〇〇	一二・八九五	二〇・〇〇〇	五・〇〇〇
	官租中水地	一・〇〇・〇〇	一・四〇〇		正款附加・一・〇一四		三〇・〇〇〇	五・〇〇〇
	官租中地	一・五三・二〇	一五・三二〇		正款附加・一・〇一〇		二〇・〇〇〇	五・〇〇〇
	巴汉恼包官租山上地	九九・五五・四〇	九九・五五四	三九・八二二	正款附加・一・〇一〇	一三九・三七六	二〇・〇〇〇	五・〇〇〇
	官租山中地	一〇九・九九・八〇	一〇九・九九八	四三・九九九	正款附加・一・〇一〇	一五三・九九七	二〇・〇〇〇	五・〇〇〇
	官租山下地	二二・五七・四〇	二二・五七四	九・〇三〇	正款附加・一・〇一〇	三一・六〇四	二〇・〇〇〇	五・〇〇〇
	前明安滩官租上地	三・〇五・七〇	六・一一四	一・二二二	正款附加・一・〇二〇	七・三三七	八〇・〇〇〇	一・六〇〇
	官租中地	二九・九五・四〇	四四・九三一	一一・九八二	正款附加・一・〇一五	五六・九一三	三〇・〇〇〇	五・〇〇〇
	官租上次地	三・三一・一〇	六・六二二	一・三四四	正款附加・一・〇二〇	七・九六六	三〇・〇〇〇	五・〇〇〇
	官租中次地	一六一・二四・一〇	一六一・二四一	六四・四九六	正款附加・一・〇一〇	二二五・七三七	二〇・〇〇〇	五・〇〇〇
	官租下地	五六二・〇八・〇〇	二二四・八三二	二二四・八三二	正款附加・一・〇〇四	四九九・六六四	一〇・〇〇〇	四・〇〇〇
	营盘召湾官租上地	一一・一四・三六	二二・二八七	四・四五七	正款附加・一・〇二〇	二六・七四四	八〇・〇〇〇	一・六〇〇
	官租上次地	〇・七一	・〇一四	・〇〇三	正款附加・一・〇二〇	・〇一七	八〇・〇〇〇	一・六〇〇

项别／区别	田赋名称	地亩顷数（顷亩）	正赋额（元）	附加额（元）	计算方法（元）	田赋总额（元）	地价	百分数
	官租中地	四·七一·五六	七·〇七三	一·八八六	正款附加·〇一五	八·九五九	三〇·〇〇〇	五·〇〇〇
	官租中次地	四九·四九·三〇	四九·四九三	一九·七九七	正款附加·〇一〇	六九·二九〇	二〇·〇〇〇	五·〇〇〇
	官租下地	五三·八五·二九	五三·八五二	二一·五四一	正款附加·〇一〇	七五·三九三	一〇·〇〇〇	五·〇〇〇
	官租下下地	九八·二三·六九	三九·二九五	三九·二九五	正款附加·〇〇四	七八·五九〇	一〇·〇〇〇	四·〇〇〇
	官租上地	四·〇三·三〇		六·〇四九五	正款附加		八〇·〇〇〇	一·六〇〇
	官租中地	五·六五·九〇		八·四八八五	正款附加		三〇·〇〇〇	五·〇〇〇
	官租中次地	一三·九五·一〇		一三·九五·一〇	正款附加		二〇·〇〇〇	五·〇〇〇
	官租下地	二五·一三四〇		二五·一三四〇	正款附加		一〇·〇〇〇	五·〇〇〇
	官租下下地	二·〇四·二〇		〇·八一六八	正款附加		一〇·〇〇〇	四·〇〇〇
	大佘太官租清水上地	二八·一八·九〇	五〇·七四〇	一一·二七六	正款附加·〇一八	六二·〇一六	三六〇·〇〇〇	〇·五〇〇
	官租清水中地	一六·一八·八〇	二九·一三八	六·四七五	正款附加·〇一八	三五·六一三	三〇〇·〇〇〇	〇·六〇〇
	官租清水下地	一九·三一·四〇	三四·七六五	七·七二六	正款附加·〇一八	四二·四九一	二四〇·〇〇〇	〇·七五〇
	官租混清上地	一〇·六五·二〇	一四·九一三	四·二六一	正款附加·〇一四	一九·一七四	三〇·〇〇〇	五·〇〇〇
	官租旱下地	三三·六五·九〇	三三·六五九	一三·四六四	正款附加·〇一〇	四七·一二三	二〇·〇〇〇	五·〇〇〇
	莫林河官租"上、中、下"地	一二二·二一·四〇	一四六·六五七	四八·八八六	正款附加·〇一二	一九五·五四三	二〇·〇〇〇	一·二〇〇

续表

项别 区别	田赋名称	地亩顷数 （顷亩）	正赋额 （元）	附加额 （元）	计算方法 （元）	田赋总额 （元）	地价	百分数
	大奴气沟官租上水地	三八·八〇	·七七六		正赋附加·〇二〇		八〇·〇〇〇	一·六〇〇
	官租上地	一三·九四·〇〇	一三·九四〇		正款附加·〇一〇		三〇·〇〇〇	三·三三〇
	官租中地	四三·一三·七〇	四三·一三七〇		正款附加·〇一〇		三〇·〇〇〇	三·三三〇
	官租下地	七四·一四·七〇	二九·六五八八		正款附加·〇〇四		二〇·〇〇〇	二·〇〇〇
	官租下下地	五·二〇	·〇二〇八		正款附加·〇〇四		一〇·〇〇〇	四·〇〇〇
	黑沙兔官租上地	四·八二·一〇	三·八五六八		正款附加·〇〇八		二〇·〇〇〇	四·〇〇〇
	官租上次地	二·九六·八〇	二·三七四四		正款附加·〇〇八		二〇·〇〇〇	四·〇〇〇
	官租中地	三·九七·八〇	二·三八六八		正款附加·〇〇六		二〇·〇〇〇	四·〇〇〇
	官租中次地	一·〇九·〇四〇	六·五四二四		正款附加·〇〇六		一〇·〇〇〇	六·〇〇〇
	官租下地	一一·三二·四〇	四·五二九六		正款附加·〇〇四		一〇·〇〇〇	四·〇〇〇
	合少公中官租"上、中、下"水地	一五一·五九·五〇	二七二·八七八	六〇·六四〇	正款附加·〇一八	三三三·五一八	一〇〇·〇〇〇	一·八〇〇
第二区	乌良素官租上水地	一五·七八·五〇	一八·九四二	六·三一四	正款附加·〇一二	二五·二五六	一〇〇·〇〇〇	一·二〇〇
	官租中水地	二一·〇三·八〇	一六·八三〇	八·四一五	正款附加·〇〇八	二五·二四五	一〇〇·〇〇〇	〇·八〇〇
	官租下水地	四三·〇四·九〇	二五·八二九	一七·二二〇	正款附加·〇〇八	四三·〇四九	一〇〇·〇〇〇	〇·八〇〇

续表

项别／区别 田赋名称	地亩顷数（顷亩）	正赋额（元）	附加额（元）	计算方法（元）	田赋总额（元）	地价	百分数
王幼女子官租上水地	二六·一六·二〇	三一·三九四	一〇·四六五	正款附加·〇一二	四一·八五九	一〇〇·〇〇〇	一·二〇〇
官租中水地	三六·三二·〇〇	二九·〇五六	一四·五二八	正款附加·〇〇八	四三·五八四	一〇〇·〇〇〇	〇·八〇〇〇
官租下水地	一六八·五六·七〇	一〇一·一四〇	六七·四二七	正款附加·〇〇六	一六八·五六七	一〇〇·〇〇〇	〇·六〇〇
达拉特旗长济塔布渠官租上、中、下则地	一·九八七·七八·九九	三·五七八·〇二二	七五·一一六	正款附加·〇一八	四·三七三·一三八	一〇〇·〇〇〇	一·八〇〇
宿亥滩官租上水地	八·四五〇	一一·八三〇		正款附加·〇一四		一〇〇·〇〇〇	一·四〇〇
官租中水地	五二·一二〇	五·二一二〇		正款附加·〇一〇		一〇〇·〇〇〇	一〇·〇〇〇
官租下水地	三·〇四·二八〇	二四·三四二四		正款附加·〇〇八		一〇〇·〇〇〇	〇·八〇〇〇
官租上地	一·一三·八七〇	四·五五四八		正款附加·〇〇四		三〇·〇〇〇	一·三〇〇
官租上次地	七·九七·七五〇	二·三九二五		正款附加·〇〇三		三〇·〇〇〇	一·〇〇〇
官租中地	·四〇·〇〇〇	·八〇〇〇		正款附加·〇〇二		三〇·〇〇〇	〇·七〇〇
毛利特拉亥官租下水地	·四一·八八〇	三·三五〇四		正款附加·〇〇八		一〇〇·〇〇〇	〇·八〇〇
中滩官租中水地	·三〇·五一〇	四·五七六五		正款附加·〇一五		一〇〇·〇〇〇	一·五〇〇
官租下水地	·五三·五九〇	五·三五九〇		正款附加·〇一〇		一〇〇·〇〇〇	一·〇〇〇
秦一滩官租上水地	·二一·八四〇	二·六二〇八		正款附加·〇一二		一〇〇·〇〇〇	一·二〇〇

续表

项别／区别 田赋名称	地亩顷数（顷亩）	正赋额（元）	附加额（元）	计算方法（元）	田赋总额（元）	地价	百分数
官租中水地	·一六·五二〇	一·三二一六		正款附加·〇〇八		一〇〇·〇〇〇	〇·八〇〇
官租下水地	七·九九·八〇	四·七九八八		正款附加·〇〇六		一〇〇·〇〇〇	〇·六〇〇
达拉特旗丈青上地	八〇八·五六·九〇	三·七三五·五八五	三二三·四二八三七三·五五九	正款附加·〇二二	四·四三二·五七二	一〇〇·〇〇〇	五·〇〇〇
丈青上次地	三八·二三·〇〇	一四四·五〇九	一四·四五一	正款附加·〇一八	一七四·二五二	一〇〇·〇〇〇	四·〇〇〇
丈青中地	四〇四·七五·五〇	一·五二九·九七四	一六一·九〇二一五二·九九七	正款附加·〇一八	一·八四四·八七三	一〇〇·〇〇〇	四·〇〇〇
丈青中次地	一六八·四四·六〇	四九五·二三〇	六七·三七八四九·五二三	正款附加·〇一四	六一二·一三一	一〇〇·〇〇〇	三·五〇〇
乌拉特旗丈青上上地	五九八·八一·六〇	二·五一五·〇二七	二三九·五二六五〇三·〇〇五	正款附加·〇二〇	三·二五七·五五八	一五〇·〇〇〇	五·〇〇〇
丈青上地	四七二·五六·一〇	一·九八四·七五六	一八九·〇二四三六·九五一	正款附加·〇二〇	二·五七〇·七三一	一五〇·〇〇〇	五·〇〇〇
丈青中地	三三四·五七·二〇	一·一一二四·一六二	一三三·八二九二二四·八三二	正款附加·〇一六	一·四八二·八二三	一五〇·〇〇〇	四·〇〇〇

项别\区别	田赋名称	地亩顷数（顷亩）	正赋额（元）	附加额（元）	计算方法（元）	田赋总额（元）	地价	百分数
	丈青下地	二七0·八一·一0	六八二·四四三	一0八·三二四 一三六·四八九	正款附加·0一二	九二七·二五六	一五0·000	三·五00
	丈青上地	·八四·九0	二·八五0	·三四0·五七0	正款附加·0一六	三·七六0	一五0·000	四·000
	丈青中地	一·0九·三0	二·七五三	·四三七·五五一	正款附加·0一二	三·七四一	一五0·000	三·五00
	丈青下地	五0·一九·六0	一0五·四一二	二0·0七八 二一·0八二	正款附加·0一0	一四六·五七二	一五0·000	二·一00
	杭锦旗丈青各则地	九一六·三四·00	一·九五六·二五二	三六六·五三六 一九五·六二六	正款附加	二·五一八·四一五	一00·000	四·000
	合计	一·0六九九·九五·一0	二二·六四一·七四0	六·三四九·六三九（元）		二八·九九一·三七九（元）		

附记

一、本表所列丈青地系额征数，其每年应征丈青数，依每年实丈青苗多寡，按亩征收。

一、杭锦旗地原系由五原县划分到治，其额征地亩等则，本治无案可稽。

一、达拉特旗长济塔布等渠地、莫林河地、合少公中地等，均依原升科册内载，不分等则。

一、本表所列各则地亩，名称数目系截至二十三年十一月底，本局有案各册计算。

第四章　司法

第一节　司法行政机关之组织

本局司法，原由局长兼理，现由绥远高等法院，按照法定章程，遴派承审员一人，就局内设立承审处，将原有一切司法方面事务，完全划归专责办理。承审员下设佐理员一人，经费开支，除按规定办理外，另有司法经费。因地方经费有限，尚未成立监狱，仅看守所一处。

第二节　汉蒙诉讼事件

在本局行政范围以内，发生蒙汉诉讼，向由本局司法承审处依法办理。蒙人与蒙人诉讼，则准由各归该主管旗办理，本局司法承审处向不过问。蒙旗对于本局之诉讼事件，先由该某旗直接咨呈本省最高地方司法机关办理。省县对于蒙旗诉讼事件，常依其管辖，从属地主义，或咨请该某旗办理。

第三节　应征司法经费之实例

司法经费，表面上似乎完全独立，因为在全局整个行政经费项下，根本找不出这笔规定来。司法承审处，依局之存在而存在，其所征司法经费，当系用作承审员之生活费而无疑，于此充分表现司法之不健全，人民之法益毫无保障。长此下去，恐不但蒙汉诉讼事件发生问题已也。兹照录司法经费表如后：

应征司法经费表

名称	征收方法	征收数目	备考
审判费（讼费）	按诉讼价值计算	十元以下，四角五分； 十元以上，二十五元以下，九角； 二十五元以上，五十元以下，二元二角五分； 五十元以上，七十五元以下，三元三角； 七十五元以上，百元以下，四元五角； 百元以上，二百元以下，九元； 二百元以上，每百元加三元。	例如因婚姻继承等起诉讼者，征收四元五角，如声请声明者，征收一元五角
钞录费	按字数计算	每百字一角	
送达费	按里计算	五十里以内一角，五十里以外，一百里以内二角	例如当日不能往返，地方加食宿费四角
民、刑事状纸费	由本局代售	每份六角 每份三角	

第五章　军事

第一节　军事机关之组织

本局原有保卫团、公安局，分别担任城、区、乡之保安责任。保卫团共两个分队，每分队辖三班，每班十二人。总计实有：官佐六员，士兵、伕八十六名。总团长由局长兼，副总团长为张拱宸。其次公安局，在前各县公安局长，均归省公安管理处节制；局长由公安管理处委派；警士训练，由公安管理处通盘筹划，依照内政部各种法令，切实进行。本局有官佐三员，警兵二十三名，枪械十只，马匹共十三，局长由本局长兼任。本年四月，奉省政府令，保卫团与公安局合并组织，改编为其他①一保安处，以局长兼处长，直隶省府保安处。内部保安队，即原来之保安团，枪共七十六枝，并加重军事训练。

第二节　现有兵力

区别	类别	数目	备考
处名	保安处	共三队	
处长	齐寿康		
副处长	张拱宸		
官佐		六员	
士兵		八十六名	
乘马		七十五匹	马匹均系官兵自己所买
步枪		六十一枝	
子弹		六百一十粒	
其他			

第三节　军队之训练

保安处除副处长为军事专家外，并聘教练员一人，由保安总处委派。对于士兵，悉照保安总处之规定，分政治、军事两种。

（一）军事训练课目

骑步兵操典摘要

野外勤务摘要

射击教范摘要

筑垒教范摘要

制式教练

---

① 原文如此。——整理者注

战斗教练

土工作业

武术

（二）政治训练课目

党义浅说

政治常识

外交大势

第四节　军队之配备

为彻底肃清匪患，保卫地方计，爰特根据总处旧有规定，分为战时防区配备、平时防区配备两种：

（一）战时防区配备　业由处长斟酌情形，划定第某区某等地带为警备区域，并筑碉堡，用备匪患发生，可以分别扼要防堵，以期不致扰害地方。

（二）平时防区配备　根据保安总处之规定，就各重要区、乡，分驻保安队伍，担任防守，警备地方。此种队伍，并可随时换防，期能互相呼应，将来调动，不致对于某一地之情形生疏，或匪患发生，而临事仓惶。

第五节　碉堡政策

绥远各县，面积广袤，户口稀少。村镇距离，动辄数十里。各村居民至数十家者绝少，遇有匪警，自卫无力。自傅作义氏来绥后，即以"扶植乡村，建筑碉堡"为要政之一。以为碉堡之设：（一）食粮牲畜，均可囤积堡内，匪来无所掠。（二）户口集中，可以兴办学校。（三）人力集中，可以举办乡村建设。（四）良民团居，便于稽查，宵小不易混迹。

各县建筑碉堡，须采地势冲要，人口在百户以上各村庄，先行筑起，零落村庄，则于适当地点，联合共筑，以备不虞。

建堡以征工制为原则，必须之款，由县府担保，依法定手续，随时向县内商号借垫。工事设计，悉由省府派员指导办理。

基于上述各节，本局自二十一年起，至现在为止，亦已完成以下数处碉堡：

第一区：扒子补隆

桥湾

大庆乡

第六节　经费概数

保安处，原系保卫团及公安局改编而成。保卫团之经费，月为九百九十一元，年共一万一千八百九十二元。又服装费，年共六百五十四元〇五分，弹药费，年共二百五十元，总计为一万二千七百九十六元〇五分。公安局经费，月为三百二十二元五角，年共三千八百七十元。第一、第二两区公所，各月费为一百三十元，年共一千五百六十元，总计为六千九百九十元正。以上两种经费合计，年共一万九千七百八十六元〇五分正。现两机关既已合并为一，其经费自是减少。惟恨当初未能详问及此，推其大致，虽不及原两机关所需经费之大，但绝不在一万以内。

第七节　驻军调查

现有驻军，为晋绥军七十师部之第四零三团第三营。内有一连，分驻中公旗之黑沙图，其组织为现行陆军制，固无特殊差别也。营长曹席珍。大小枪共二百五十枝。饷项来源，由七十师直接筹拨，与驻在地无关。但此种驻军，在七十师方面，随时调动，非固定也。

第六章 教育

第一节 教育股之组织

二十三年春间，奉令将教育局裁并，改设教育股，隶本局第二科，设主任、督学各一人，秉承局长意旨，共同计划推进教育事宜。现任主任刘笃仁，北平师范大学生。督学张如春，办事尚称努力。刻设图书部，便利学生购买教育图书及用具。

第二节 公立小学

佘太小学　校址在佘太镇关帝庙内。宽宏适宜，为全局小学冠。系民国十四年三月设立。全校学生计共一百二十一人，分初级五班，高级二班，教职员七人。月支经费一百六十元。设备、图书，亦至简陋。

佘太女子初级小学　校址在佘太大营盘街。民国二十年二月创立。校长王秀然女士。学生七十六名，初级四班。教职员三人，月支经费七十八元。设备简单，校舍不敷应用。

扒子补隆初级小学　校址在第二区之扒子补隆，位包五汽车路中枢，通邮政、电话，距城一百五十里。原为耶苏教牧师费夷河创办之培英小学堂，始于清光绪三十年。民国二十年九月，改归县立第二小学，校址、教员均借自教会。二十四年，改易今名，校长赵国治。现并增设女子班。学生共七十二名，分初级四班，及女子初级一班。教职员共三人，月支经费四十八元。现已重建新校舍于教堂之外，并民复渠绕于前，榆杨荫蔽，洵读书住〔佳〕处。

贾全湾初级小学　校址在第一区佘仁卿〔乡〕贾全湾村，县立第三小学之改称，距城九十里。民国十四年创办。校长秦戎。现有学生六十二名，分初级四班。教职员三人，其中一为义务职。月支经费三十八元。全校赁租民房，极其简陋。

马盖图初级小学　校址在第二区大礼卿〔乡〕之格尔脑包村，距城九十里，第四小学之改称。二十一年七月创立。校长王德善。学生四十二名，分初级两班。校长兼教员一人。月支经费二十六元。现正筹建新校舍。

第三节　乡立初级小学

本局各乡，从未设立乡村小学。读书声传者，惟数私塾已耳。连年天灾人祸，居民衣食为艰，学校至是难办。二十四年春，厉行设立乡村小学，现在已有十处。

第四节　民众教育馆

民国二十二年十二月，就佘太镇三官庙前，创立阅报所。是年由财政局长张某，兼筹备民众教育馆事，竟将一笔专款，悉入私囊。三间茅屋，两载未克成功。嗣该张某因舞弊逃去，至今不获归案，民众教育馆，遂亦因以废。向者月支经费五十元，多为负责人所滥费，现定经费为每月十六元三角，惟以馆址未定，馆务停顿，所支经费仅供书报费耳。

第五节　小学教师

全局教师，共二十八人，多延自外县，计师范大学毕业者一人，大学预科及专科毕业者三人，旧制师范毕业者七人，中学毕业者三人，师范毕业者二人，中学师范肄业者八人，高小毕业者四人。年龄最大者三十九岁，最小者二十岁，平均三十岁。薪俸：月薪公立小学校长十八元至二十四元，教员十八至二十元，乡立小学校长、教员均十二元。工作：每周授课二十小时至二十四小时，兼管训育，十分忙碌。生活：早起晚睡，辛勤备至。衣均国布制服，朴素整洁，所食惟糜米、白面，极为刻苦。薪金虽不积欠，然亦难于按月发给。吾人平心而论，较之内地过教学生涯者，实不啻天壤也。

第六节　小学生

年龄：最大者为十八岁，最小者七岁，平均十二岁。资质：近山地者笨，居后套者聪颖，愈小愈佳，愈长愈顽。体格：普通均壮健，善骑马、泅水，且耐风寒。习惯：多喝冷水，吃零食，冷则衣裘，热则赤体，不知卫生，懒于洗濯。年事稍大，多成病弱。勤惰：懒怠为普通天性，屡教不听，屡训不悛，衣服、书籍，不知整理。其家境清苦者，较为勤勉，成绩亦较好，殆亦环境有以使之然欤。

第七节　小学课程概况

初级每周教学时间，国语约占十分之三，算术约占十分之二，其余公民、常识、劳作、美术、体育、音乐等科，共占十分之五。高级加授社会、自然、卫生，而国语、算学时间，较初级略减。上午有朝会、课间操，课外作业，并定有习字、日记。教科书采用商务印书馆复兴教科书。教学方法，多用启发式自学辅导，现亦参用设计教学法及注入式。

第八节　小学教育概况

训育目标，遵照中华民国教育宗旨，及中国小学公民训练目标和纲要，并参照各该校校训、级训，分别训管之。实施方法：奖励的，言语鼓励、物质奖赏、记功等三种；惩戒的，静默、自省、记过等三种，依照日常生活，予以实际训练。惟各该生之家庭教育不良，懒惰性成，公德心弱，矫正极为困难，有时亦采取体罚也。

第九节　小学毕业生概况

初级毕业者，历年无多，高级毕业者，为数更少，公立佘太小学高级，仅毕业两班，共十人。升学者，约十分之三，余多留家帮工务农，或充牛犋中司账先生。教育前途，殊极限制也。

第十节　学龄儿童

兹据最近调查，学龄儿童总数为三千九百一十六名。第一区，二千一百八十三名，第二区，一千七百三十三名。入学儿童总数为五百六十九名（男生四百九十名，女生七十九名，公立小学三百七十三名，乡立小学一百九十六名）。失学儿童总数为三千三百四十七名。

第十一节　教育经费

按二十四年度地方预算，规定全局教育经费为四千四百零九元（公立小学为四千零一十三元，民众教育馆经费为一百九十六元，旅外学生津贴为二百元）。此外由各乡筹拨，乡立小学经费为二千四百九十六元（每乡全年一百九十二元，兹全部以十三乡合计如上数。现有乡立小学十处，全年共支一千九百二十元，其余五百七十元，或补助公立小学，或储存作筹增乡立小学之用）。总计全年教育经费为六千九百○五元，占去全局地方行政经费百分之二五。至于公立小学经费之来源，由设治局第二科财务股，从地方公款项下拨给。

第十二节　教育公产

民国十八年，曾由前设治局长邱文彬，向垦务第五分局挂领柴喇嘛地方，共学田七十八顷，地价大洋七千余元。后经郑前局长恒武，将地包租于三义堂，遂由包价内交付三千余元。齐局长乐山任内，交付约千余元，共计前后交去四千余元，尚欠二千七百元。而学田迄被五加河淹没，收获毫无，地价未清，垦局时在催讨中，诚憾事也。

第七章　交通

第一节　道路

甲、汽车道　已成汽车道，由安北城迤西，至黑沙图为止，计长二百六十里，全为蒙古乌盟乌拉特中公旗及西公旗之一部分草地，尚无多大坡坎。其由安北城迤东至包头为止，计长二百四十里，亦系坦途。总计由包头直达黑沙图止，全长约有五百余里之汽车道。因绥西护路司令部，在黑沙图及安北城内，均各驻军队一连，保护商路，故随时往来，均驶汽车，尤以黑沙图现当特税关系，不时载送商人，未尝一日断车。未成之汽车路，由安北本城起，东至固阳止，计长二百余里，又由安北城起，至五原县止，计长一百八十里。

乙、陆运大道　由包头至安北，长约二百五十里。其道自包头起，向西北行经后湾、毛鬼神窑子至公忽洞，又由公忽洞起，始北行入乌拉山，经沙坝子、万兴功、五座茅庵、老爷庙圪钵，以至台梁（或西行经拍汗图而入哈德门沟，经台店湾、南官井，以至台梁。北路途程较短，山路较少。西路至哈德门沟，则乱石塞途，并多曲折，故普通取道北路者为多），经乌拉忽洞，以达安北。

由安北至五原，路长约一百八十里。其道有南北二路，北路经福合西、呼拉豹淖、倒老忽洞、六分子等处。南路经东三分子、四柜、板日等处。两路所经，多属草原，地势平坦。北路自倒老忽洞起，可西北行，以至乌兰脑包，又北入乌补勒口子，通外蒙。自安北经乌兰脑包，以至乌补勒口子，路程约二百一二十里。

固安大道，自固阳西行，经胡隆村窑子、吕碾户村、川行店，而达安北，计长约二百五十里。行经大青山后，虽稍崎岖，而可以通车驼。

丙、水道　黄河流经境内西南隅，惟以途程较短，虽有往包、宁间之民船，其在本局境内，殊少停泊之处。

第二节　邮政

本局为邮寄代办所，归包头邮局管辖，距包头计程二百四十里，逐日昼夜兼程班，骑马传递，现改用自行车。可以小款汇兑，每月平均约二百元，邮票每月至多可卖六七十元，分平、快信及挂号三种，附设在电报局内，由局专人负责。

第三节　电局名称及所在地

民国四年，前北京政府时代，主管交通机关，为便利出入外蒙商人计，于大佘太镇（现安北设治局所在）设立电报支局，归现在张家口热察绥蒙电政管理局直辖。支局无局长，由业务长兼主任，行政报务均归其负责办理。内部职员分报务员、事务员、工头三项，报务员办理收发往来电报，其任用、升调、奖惩之权，操之交通部电政司。事务员办理文书、会计册报、庶务各事，多以局长为进退，本局无事务员，由局长自办。工头负整理机器、巡修杆线之责，去留之权，亦操诸交通部电政司。本局往来电报，系由包头局接转。局内应用材料，均由交通部上海电料储转处配发应用。报务清简，现时每月收入不及百元。局支经费，以收入项下开支，不敷极巨，本局欠薪，尚有十八年未完尾数。现任局长为上海人，钱姓，本局民四开办，即已来此，曾一度调张家口，阅二年，又调回安北，年已六十余，与吾人见面时，备道苦衷，因边地匪患，有时性命难保，此老可称久于江湖，对于无论工商学界，以及所谓九流三教，都一一客气诚挚待之，能于此地苦守二十余年者，实非易事，殊足令人钦尚。本局应用机器，为莫尔斯漫机，计二部，报费价目，无论省内外，明码每字一角，密码每字二角，加急三角，官电减半收费。

第四节　长途电话

自民国十五年起，交通部为便利通讯，与乎发达业务起见，令全国有线电局，均附设长途电话。其办法，不另设局，不另架杆设线，即于各有线电报局内，按〔安〕设长途电话机。安北电报局奉命后，亦按照规定办理，设电话生一人，利用电报线路，转达电话。惟本城人口稀少，商务不振，每月通话，不过三五次而已，收入有限之极。每次通话，以五分钟计算话费，逾五分钟者，逐次递加。其价目计：通五原每次八角，通临河二元，通北平五元八角，通包头一元一角，通归绥二元，通大同三元一角，通滂江五元八角，通多伦六元一角，余不赘及。

第五节　乡村电话（省办长途电话）

民国十八年，绥远省政府，将绥远电信队，改组为绥远电信局，直属于建设厅。置局长一人，职员四人，电务员六人，工务生四人。先后设分局十二处，分卡九处。各卡设工务长，专管巡修杆线各种事务。所用线路，或借用交通部电报局线，或为绥省府自行修置者。安北直至最近齐局长主政后，乃积极装设，先是西公旗，送电线杆一千余根，不足，又由局出资向西公旗乌拉山购置，计长丈五尺之杆，自去乌拉山运，定五角大洋一根，现尚在陆续装修中。据齐氏云，拟于短期内，装至西山嘴。

第六节　现有无线电台及将来修筑之适宜地点

本局无无线电台，仅有收音机一架，附设在设治局内。将来应设之适宜地点，据局员报称，城内以从前陆运所驻，已经废圮之营盘地址，城外在东门二里许，昔日陆军操练场，两处均可设立。

第八章　商业

第一节　商店种类及资本数目

本局当乌拉山之北，为偏僻之区，交通不便，商业极不发达，尤以外蒙商路断决〔绝〕后，较大商店因以停业，影响于设治前途者，亦重且大也。全治店铺，仅有杂货店四十余家。计米、粮、布、草业，店铺著名者：永丰厚，开设已六七年，资本约二千余元；中兴玉，开设已二十二年，资本约八九百元；复成源，开设已五年，资本约千余元；西顺长，开设十二三年；义和号六年，永远昌十一年，资本均在三四百元左右。肉铺业共有八九家，资本最高三百元，最低一百余元，普通二百元上下。中药行只有天德恒一家，资本约七八百元。客栈一家，资本二百元，留人小店七八家，车马店四五家，其资本最高一百元，最低五十元，普通八十元。此外尚有复顺长、玉德祥等号，资本一二百之谱，开设未久。至糖、盐、油、葱、蒜等杂货小店，无不俱备。

第二节　营业状况

本局四十余家店铺，全年营业总值，约在三十万左右。大宗货品，由包头运来者，如行唐布、纸烟、生烟、煤油、糖等物，本地出产者，如烧酒、胡麻油、糜米、白面等物，皆销售于区乡村镇间。

其销售数与价值，计：行唐布每年约三千五百匹，每匹二元五角，值洋八千七百余元。纸烟二十箱，如仙岛牌每箱五万枝，售一百元，值洋二千元。生烟三十笔，每笔一百八十包，售六十五元，值洋二千元。煤油二百听，每听六元，值洋一千二百元。糖五十包，每包一百八十斤，售价三十二元，值洋一千六百元。烧酒二万斤，每斤售三角，值洋六千元。葫麻油三万斤，每斤二角，值洋六千元。糜米一万石，每石三百斤，售二十元，值洋二十万元。白面二千石，每石二百四十斤，售价十八元五角，值洋三万七千元。肉店业，全年约值一万八千元。中药行药业，全年约二三千元。余不计。

附全年营业状况表

物品种类	年销数量	单位价值	价值总数	备考
行唐布	三千五百匹	每匹二元五角	八千七百余元	
纸烟	二十箱	每箱一百元	二千元	
生烟	三十笔	每笔六十五元	二千元	
煤油	二百听	每听六元	一千二百元	
糖	五十包	每包三十二元	一千六百元	
烧酒	二万斤	每斤三角	六千元	
葫麻油	三万斤	每斤二角	六千元	
糜米	一万石	每石二十元	二十万元	
白面	二千石	每石十八元	三万七千元	
肉食品			一万八千元	
药业			二三千元	
总计			三十余万元	

第三节 货物运输方法

本局距包头，全长二百四十里，商人转运货物多以马、驼、牛等牲畜力量，由包头运货至安北，需时两日，但尝〔常〕在三日四日之间，比较困难。雇驼运货，每百斤一元八角。至于乡村间，转运亦以马、驼、牛是赖，惟其规模不大，仅有小贩一车两马而已。

第四节 店伙之待遇

四十余家店铺，共有店伙一百六十余人，供膳宿。薪金最大者，每年五十元，最小者，每年十元，普通每年二十元至三十元，三年一结账。如营业发达，店伙亦可分红利。学徒以三年为期，仅由店铺供给膳宿，不支薪金。有多数店家，纯由自己经营，雇店伙者极少。为节省经济起见，苟非生意发达，须向乡村间扩大时，绝不另雇店伙也。

第五节 货币流通情形

本局无金融机关。通行货币，有现洋、平市旧银票（每元抵现洋仅四角）、平市旧铜元票（每五十三枚抵现洋一角）、平市新银元票兑换券（以现洋周使无折扣）、平市新铜元票（每四十枚抵现洋一角）、垦业银号银元票等，均以现洋使用。以上现银元票约占全局货币十分之二；平市旧钞，约占十分之二；平市兑换券，约占十分之三·七；垦业银票，约占十分之二；天津之中国、交通两行票，约占十分之〇·三。

汇兑情形，除邮局极少数之汇兑外，一般商人，往来包头营业，或运牲畜、皮毛赴包，或由包头运货返局，当节省支出，减少危险计，尝〔常〕是两方拨兑，并不经过汇兑手续，实亦无处可兑。

第六节　度量衡

本局通用之尺，计有三种：一为津尺，每尺之长合三四·一生的米突，成衣业使用之；一为京尺（北平尺），每尺合三二八·〇生的米突，布业使用之；一为木匠尺，每尺合三一·〇生的米突，杂物业、泥木匠及普通住户使用之。现已根据实业部颁布度量衡推广公尺使用范围，以求划一。量器有官斗一种，每斗大豆净重有二十七斤八两，面粉二十斤，糜米重三十斤，小米重亦三十斤。公秤一种，各业及民间，均以此为标准，每斤单位，原以十六两为一斤之老秤，现已改用十三两五钱重之新制市秤矣。

第七节　营业税与牌照费

为维持商务计，本局各店铺有商会之组织。又为减轻负担、节省糜〔靡〕费计，其组织极简单。现规定各商店，每全年共纳营业税三百六十元，由商会代征代缴；其次为烟酒牌照费，分甲种每年十六元，乙种每年八元，丙种每年四元，丁种每年二元，另有附加三成在外。

第九章　工业

第一节　工业概况

本局地界蒙旗之间，尚系由游牧时期，过渡到农业时期，工业极形幼稚，各种小工业，如缝纫、打铁、木作、磨坊、马鞍店、银器店、铜器店等，规模极小。此种工业，全系应地方之必需。

新式工业，目前无有。所可述者，厥为数家制毯业与毛织业而已，但现在已极衰落。铁工业共有三十多家，年销总额，计洋约二千元。木作业二家，年销总额，计洋七百六十余元。因全境人口无多，一切尚待积极整理。

第二节 毛制工业

栽绒毯为唯一工业，年出二千四百方尺，每尺售价一元五角，工作粗简，较包头、绥远所出者，相差远甚。毛毯年出四千八百方尺，每尺售价二角。绒毛毡，亦年出四千八百方尺，每尺售价三角。毛口袋，年出二百根，每根售洋一元五角。皮衣年出三百件，每件售价七元。皮革年出五百余斤，每斤售价一元。上述物品均销售本地，而绒毛毡与皮衣，完全由养羊之家自己制作，并无工厂，兹推定其概数如是耳。

第三节 制毯工业

制毯业，本局共有太平乡、太庆乡、太余乡三厂。

太平乡厂址开设在打拉兔村，厂主王振东，绥远本地人，于二十一年三月开工，其固定与流动资本共为四百元，完全手工制造，并无机器。工人有男工八名，每日规定工资为五角。工作时间，早上七时起，下午六时止。出品粗实。原料绒毛采自本地，颜料购自省会。年产量约一千七百方尺。批发价格，每尺一元八角，零售每尺二元。一般买作床铺陈设，或马褥、椅垫、地毯之用。

太庆乡厂址在扒子补隆村，厂主为谭福来，绥远本地人，二十一年五月开工，其固定与流动资本共有二百元。男工五名，完全手工，无机器，规定每人每日工资四角。工作时间，早上六时起，下午六时止。年出五百方尺，每尺售价，批发一元六角，零售一元八角。

太余乡厂址在隆泰村，厂主刘凤林，绥远本地人，二十一年八月开工，固定与流动资本，共为二百元。男工五名，规定每日每人工资三角五分，工作时间，早六时起，晚七时止。年产六百方尺，批发价每尺一元五角，零售一元八角。

上述三厂毯业，均系养羊之户，雇工营业，购主须先期定织。

第四节　木铁工业

本局木工业，共有二家，有工匠八人，资本共计约五百元，每年出产桌、椅、棺、柜、门窗等器具二千二百余件，约值洋七百六十余元。

铁工业三家，有工匠十一人，其资本总额约计九百余元，年出镰、钉、勺、锄、锹等器具一千二百七十余件，值洋二千元。

木铁工匠，每日工作，恒在十小时以上，生活粗简，每人每日工资，普通二角五分至三角。

此外有成衣局二家，代人缝做衣服，论件数计工资，长衫每件大洋七角、五角不等，短衣三四角。至于铜工、银工各有二家，出品有限，仅能维持其生活而已。麻绳工、鞋工各家资本，不过数十元至百元不等，无足称也。

第十章　矿业

第一节　矿物种类及分布

煤矿　煤分烟煤与无烟煤两种：拴马桩、乌兰忽洞产无烟煤，矿区面积各约一百四十方里。西官井、东官井、营盘湾、什那干等地均产烟煤，矿区面积，每处在一百六十方里至一百八十方里之间。矿质优良，可用以炼焦炭，及供铁路工厂燃烧锅炉之用。

境内阴山山脉，东西横亘，计长一百九十余里，其蕴藏矿产，至为丰富。

石棉　此矿现已发现者有两处，一在局之东一百四十里之后口子，逼近第二区之昆独仑沟，矿区面积有一千余亩，地为西公旗所有；一在局之西北五十余里，什那干村之查思太山，矿区面积亦有一千余亩，地为东公旗所有。后口子之石棉，现有人私采。

水晶　第一区之什那干地方，出产水晶，早已被人发见，但不知其产量如何，无人提议开采，货弃于地，良为可惜。齐局长对此，亦甚重视，但以煤矿一项，尚不能尽量开采，开采水晶，一时尚谈不到。

绿筍　矿产地亦在东公旗地之查思太山中，从前曾被人私采，后设法制止，现仍保存原有状况，行政上之管辖范围，在本局第一区。

黑矾　产于什那干格少沟，尚未开采。

第二节　年产量之估计及其他

烟煤与无烟煤，在本局全境以内，就现状观察，无烟煤每年产量约在六百万斤，烟煤每年产量约三千万斤，合计三千六百万斤。普通在产区批发价格，每五百斤卖洋一元，其每年采量之总价值，在十万二千元之谱。又据《建设季刊》估计，年产煤二，八三一吨，每吨以六元计，烟煤与无烟煤，合共约二千万斤，总值约四万元。

石棉现在被人私采者，年约二万斤，全运包头，转运天津销售，用以制避火物。又据《建设季刊》调查估计，每年被私采者有五万斤。其次什那干地，并未开采。

第三节　现在正式开矿情形

本局境内，现有济民煤厂与漠南煤厂，均在局北十余里之北山内拴马桩附近。由安北商人试采，全用土法人工挖拓。资本均不过千元。各有工人五六人，每月产量平均约十万斤，分销五原县及本地住户。

漠南公司分厂，在局之东九十里贾全湾地方，有工人八九人，每月产量平均约二十万斤，亦分销五原及安北本城。按漠南公司，为商办股份性质，民国四年孔庚任绥西镇守使时所举办，在本局以内之活动资本约二千元。

第四节　运输困难与开采方法之错误

现在之运输方法，完全赖马车、牛车，或人推之三脚独轮车，运量既有限，而道路又困难。在厂前批发，每五百斤值洋一元者，运至五原以后，每一元只能买一百五六十斤矣，而五原、安北相距不过二百余里。因价钱转贵，影响销路极大。

笔者与齐局长在拴马桩视察煤窑时，谈及运输问题，据谓现正招集股份，每股五十元，集十余股，买一辆载重汽车，专供运输煤炭之用。运输便利，则价钱低，用户多，销场加大，产量亦因之而提高。先拟从煤矿下手，渐及于其他各矿，作连索〔锁〕之开发，则不难蒸蒸日上，入于发达之途矣。惟因本省建设厅规定在先，凡置载重大汽车一辆，须年纳公路建设捐八十元。现已呈请省府，令建设厅豁免，待批准后，即可收集股份，买车试办，否则仍沿用旧法旧物运输，仍难望其发达也。

开采方法，全系旧式或土法开采，随便就山开窑，由一二工人在洞内用铁锹挖之，洞内燃油灯，工人因呼吸困难，再加以挖法之不彻底，仅在矿层随便取出一层，如遇水深，或煤层发见隔膜，遂停止挖掘，在矿山之旁，另行择地开窑工作。且旧式矿工鉴别能力有限，稍有特别之处，即无由认识，随便放弃，结果煤产量有十分，费劲力量挖出三分四分，即以为矿量尽矣，苟能改变方法，用新式机器开采，收效之宏，可以预卜，但此种办法，终非本局之力所能办到耳。

第十一章　垦殖

第一节　垦殖之过去与现在

本局境内已垦之地，有西公旗报垦之噶鲁台地、佘太召地、王幼女子地，中公旗报垦之大佘太地、小佘太地，东公旗报垦之乌兰以力更地，达拉特旗之永租地，及达拉特旗之四成正地、四成补地、长塔等渠地，杭锦旗报垦之河套西巴噶地，并少数之旧垦杭旗粮地。

查本局所有各蒙旗报垦地，先后于前清光绪三十二年，及民国十四年、十五年、十六年、十七年、十九年，办理报垦手续，而中间如达拉特旗之四成正地，因庚子教案赔款，所欠甚巨，几经筹偿，尚余尾数银十七万两之多，其时绥远将军信恪、山西巡抚岑春煊、西盟垦务督办贻谷，会同筹设垦务公司，规定官商各出股本银六万，不敷之数，由山西省筹拨。遂由达拉特旗指报濒临黄河生熟地二千顷，抵银十四万两，由贻谷派员查勘，归公丈放。因报垦之前，地为土默特旗与达拉特公有，时属萨拉齐厅，嗣经钦差大臣绍祺调解，以六成归土默特旗，四成归达拉特旗，而达拉特旗者，因以名四成地，又以开渠工费不足，由达拉特旗再补报净地一千三百余顷，遂又改地名曰四成正地与四成补地。

第二节　垦地类别及顷数

（一）噶鲁台地，全数计四百八十余顷。光绪三十二年报垦，现已完全丈放。地当本局之西北隅，地权属西公旗。

（二）四成正地、四成补地，全数计二千六百四十余顷，光绪末年报垦，现已完全丈放。地在本局与五原县之间，属本局者约二千顷，地权属达拉特旗。原系因庚子教案赔款内抵押而放。

（三）小佘太地，全数计一千顷，民国十四年报垦，地在本局与固阳之间，地权属中公旗。已放者七百余顷，未放者三百余顷。

（四）乌兰以力更地，全数计三千三百余顷。民国十五年报垦，地在局境之西北，先是由东公旗单独报垦，中、西两公旗，以地为三公旗共有，不能单独报垦，加以阻止，几经垦局派员调解无效，嗣劝令一律尽三旗各有数目报垦，终以借口界址不明，仍在停止荒弃之中。

（五）佘太召地，全数计一千零五十顷，内有水地一百余顷，民国十六年报垦，地当噶鲁台地之偏东南，为本局境内最优之地。已放者三百一十八顷九十余亩，未放者七百三十二顷三亩余，地权属佘太召所有。

（六）大佘太地，全数计八十顷，民国十七年报垦，地当小佘太地之偏西南，当经垦务第三分局丈放后，仍由中公旗领回私垦。

（七）王幼女子地，全数二百五十余顷。民国十九年报垦，地当佘太召之偏东南，已放者二百零一顷余，未放者四十七顷余。

（八）八道官渠之永租地，全数计二千顷，又通济、长济、塔布诸渠，三百零七顷。

以上各项之地亩总计：如噶鲁台地、佘太召地、王幼女子地、大佘太地、小佘太地，以及四成正地、四成补地、长塔等渠地，原报垦地一万零八百零八顷，已放者□①千四百余顷，未放者四千

---

① 按前后文，此处缺字应为"六"。——整理者注

三百余顷。合永租地及河套西巴噶、杭旗粮地计，其已放地，约七千六百余顷以上，二十年度升科到四千七百三十余顷。

附垦地顷数与旗属调查表

地名	旗别	原报地数	已放地数	未放地数	升科地数	备考
大努气沟	东公旗	二百四十余顷	一十三顷	二百二十六顷	无	
佘太召地	西公旗	一千零五十顷	三百十八顷	七百十九顷	无	
合硕中公地	杭锦旗	一百五十余顷	全数放	无	一百五十余顷	
大佘太地	中公旗	一百十余顷	一百十二顷	无	一百十二顷	
王幼女子地	西公旗	二百五十顷	二百二十九顷	十四顷余	无	
乌良素地	西公旗	一百余顷	七十六顷	十九顷	无	
黑沙图地	西公旗	一百五十顷	二十二顷余	一百二十七顷	无	
乌兰板申地	东公旗	九百余顷	无	无	无	
大小鄂博地	东公旗	一千三百顷	无			
清理小佘太地	中公旗	一千零五十顷	六百九十八顷	四百八十八顷	六百零九顷	
长塔加寺渠地	达拉特旗	二千顷	四十二顷余			民国十七年报垦，十八年开丈
莫林河地	中公旗	三百顷	一百二十二顷			
合计		七千七百余顷	一千五百余顷	一千四百余顷	八百余顷	

第三节　屯垦与移民

吾国垦务，只绥远有垦务总局。前清而后，每况愈下，益以时局杌隉，垦殖事业，几濒停顿，殆及蒙古地方自治政务委员会成立，索性禁止放垦，此种办法，是否影响国计民生，兹不具论。

民国二十年冬，绥晋当局组织垦务计划委员会，决定兵垦、民垦、蒙垦三种办法，分别推行。其中绥区屯垦队，于二十一年开始在五原、安北一带，选地试垦，陆军第四百零九团，及四百一十九团，选定本局第二区，五加河套内，太良乡之长济渠，与通济渠附近。

屯垦部队，系就原有地方，另行分划区乡，土地分配如四百一十九团第九连，拨种通兴堂净地一百顷，名占元乡。第十连与十一连，拨种沙灌庙召地二百顷，名敬生乡，以其营长之名名之地也。四百零九团之第一、三、四连合种新公中净地三百一十三顷二十亩零三分七厘，名负暄乡。第九、十连，合种沙河渠、西红〈柳〉圪坦地一百六十八顷五十三亩三分，沙河渠东南牛犋地二十五顷零一亩四分，共计一百九十三顷五十四亩七分，名乐善乡与子厚乡。四百零九团第二及十一、十二连，合种南牛犋一百七十六顷七十六亩四分，六分子三十二顷九十一亩四分，共计三百零九顷六十七亩八分，名觉民乡。第五、六、七、八连，合种白头、王又吉地一百八十顷，增盛茂、刘硕圪堵二百三十一顷三十三亩一分，共计四百一十一顷三十五亩一分，名折桂乡、白头、王又吉。

附本局屯垦部队之土地分配调查表

地名	部队名称	屯垦地数	备考
占元乡	四一九团九连	一百顷	原为通兴堂
敬生乡	四一九团十、十一连	二百顷	原为沙灌召庙地
负暄乡	四○九团一、三、四连	三百十三顷余	原为新公中
乐善乡 子厚乡	四○九团九、十连	一百九十三顷余	原为沙河渠、西红柳圪坦及东南牛犋
觉民乡	四○九团二、十一、十二连	三百零九顷余	原为南牛犋、六分子等地
折桂乡 白头、王又吉	四○九团五、六、七、八连	四百一十一顷余	原为白头、王又吉、增盛茂、刘硕圪堵等地
总计		一千五百二十四顷	

　　查绥西屯垦举办之初，石华严等电太原绥靖公署有："……拙见所及，咸以为试办屯垦，为此间当务之急，年来内战不息，失业军人，以及老弱残疾，触目皆是。苟能从事屯垦，俾军人有所归宿，则不特能增加社会生产，并可减轻人民负担，且此间萑苻未靖，屯垦以后，实边可期，而附近居民，亦可借屯垦部队，作生活之保障，一举数善，利莫大焉……"吾人读此电，实觉尽情尽理也。今石为屯垦坐办，并屯垦成绩，据一二两年报告书，颇有可观，甚愿能做到名符其实，尤以附近居民，借屯垦部队，作生活之保障一层，要能切实表现，言行合一。

　　本局之太庆乡、太余乡，有山东移民。先是民国十四年，山东乡耆王鸿一等，发起由山东移民七百五十户，至后套经营开垦，当时就临河、五原分布开来，并计划建设仁、义、礼、智、孝、悌、忠、信新村八个。然是十年于兹，鲜有成效。其原因固多，要不外缺乏组织，移民未经相当训练，分子良莠不齐，步趋不一致，年来土匪扰害，毫无自卫能力，移民垦殖，流于营业式，渠道管理不周，庄户浇水，毫无次序，缺中心领导，以致着着失败，今虽幸存，然已煞费苦心矣！（按本局之太庆乡、太余乡，昔固五原地也。）

　　此外有东三省移民，及原居留于归绥县之朝鲜人，男女计三十余口，在西山嘴一带垦殖。其人无论男女，均极勤勉俭朴，暇时并为其他汉人庄户作工。地方当局为顾全国家令誉计，特别对韩人，蠲免不少捐税。凡汉人庄户应出者，韩人则免之，并予以生活上安全之保障。

第十二章　农业

第一节　农业之开始

本局原为乌兰察布盟、乌拉特三公旗，及伊克昭盟杭锦、达拉特旗地。清道光、咸丰年间，山西之河曲、保德，陕西之府谷、神木等处人民，始来垦荒。当时由地商分向各该旗王公，包租土地，然后分租给农民，租时定有年限，到时归还，惟在达拉特旗主权范围以内者，多为永租地，租时立有契约，永远租种。自光绪末年，逐次放垦，农民始取得所有权，然至现在仍有大地主，拥有耕地百余顷者共五六家，五百余顷者二家，独立经营农业，招佃种地，有所谓新牧公司，普通二三十顷者极多。

第二节　土壤与耕种面积

第一区之西北、西南及西部，有渠水灌溉，多黄土及黑土，东南多黄土及砂土，南部多砂土，北部多黄黑砂土。第二区之南东部多红黄土，南西部多黄土，以红黄土为最肥。全局以黄土居多，土质微砂，生长性最良，种小麦、豆子、麻子、高粱为最宜。

耕地面积，较五原、临河多数倍。凡可耕之地，大部均已垦殖，未耕之地极少。但调查其确实数字，甚不容易，即以垦殖论，有已放而未耕种者，有私自耕种而未报垦者；以地亩升科论，有升科而废弃者，或私垦而未升科者。二十年度据国民政府主计处《统计月报》发表，本局耕地面积为一千零四十顷。内中水田六百顷，旱田四百四十顷。同年度据《绥远省通志馆调查报告》，本局耕地面积，总数为四千三百一十顷。当二十二年度，《山西省包临段经济调查报告书》谓："据调查队调查所得，最近实际耕种之地，约一万四千顷。"以全局总面积二万五千八百方里核计，耕地所占仅十分之一耳。

惟此次据该局在余等农业调查表内，关于公私耕地面积填谓："本治所辖地方，原属蒙旗蒙地，经历年开垦，迄今所耕种者，约计二百四十五万六千四百六十公亩。"上开数字，是否系该局实地调查结果，吾人不得而知，姑照原文录出。

第三节　农民数及其种类

全境农民：自耕农二千三百八十六户，佃耕农则为数四千三百零四户。以其人口总数估计，约在二万二千以上。第一区自耕农占百分之十，佃农占百分之五十，雇农百分之四十。第二区自耕农占百分之六十，半自耕农百分之二十，佃农百分之十，雇农极少。

第四节　农民耕地分配及其所占社会之地位

农民于土地之分配情形，除已报归垦务开放之地，准由人民择定承买，悉照垦局规定办理，表面上比较公允，不过地面丈量以后，农民绝无便宜可得，总之比内地农田稍为宽松而已。其余属蒙旗私垦者，完全规定年限租给较大农民，然后转租与第二佃农，多半分粮。

一般农户除遇天灾水旱，应为例外，平常出产，都称富裕。又以地方偏僻，交通不便，工商事业，俱不发达，其能维持社会局面者，厥为农业，以故农民在本地占社会之重要地位。

第五节　农作物之种类及年产量

（一）食用作物　本局之主要农产，以糜子、小麦、莜麦、豌豆、高粱为大宗，荞麦、黑豆、谷子、黍子次之，因气候干燥，雨水稀少，颇宜于糜子作物。

（二）特用作物　亚麻（即胡麻），本局境内盛产之，专供榨油、燃灯及烹调之用。近日用途更广，据一般研究结果，谓此麻可使胶凝而成为有弹性之物质，以代橡皮之用，饰以颜色，可作毡毯，而利陈设，并可作防水器及制造油墨，其用之大，于此可见。吾人为道听途说而得，愿有工业专家，利用斯土产出之有价值之作物，从事试验。

（三）菜蔬类　主要菜蔬，以马铃薯（俗称山药蛋）为首位，为一般人日用必需品。芋头亦产，惟不及马铃薯产量之大。其次白菜、韭菜、芹菜、菠菜、萝卜、黄瓜、茄子、扁豆、蕃椒、西胡芦、西瓜等，无一不产，且最普通，就中以白菜栽种者为多。蔓菁出产亦夥，扒子补隆有果树。

至于农作物之年产量，据绥建设厅之调查：大麦二百一十六石，小麦六百三十八石，莜麦一百零八石，荞麦一百四十石，谷子三千四百八十石，糜子七千五百六十石，高粱七百四十石，麻子一百七十二石，杂豆八百十六石，黍子一千零六石，胡麻六十石，马铃薯一十万斤。此为二十一年度之情形也。

然而此次该局给吾人所填报者，悉用公斤为单位，尚不知其何所根据，特照录如次："每年约产糜子三十九万一千四百三十万一千零六十公斤，小麦九万九千七百七十二万一千五百六十五公斤，豌豆一万零七百万三千六百三十公斤，高粱一万九千二百万三千六百零六公斤，谷子三万五千一百□十七万六千七百五十一公斤，莜麦二万九千七百五十五万五千零四十一公斤，黑豆三千一百六十二万八百四十一公斤，胡麻六千六百七十五万七千四百九十二公斤。"

第六节　耕耘与施肥

本局边地初辟，一切苟简，加以气候严寒，而农民春来秋去，流动不定，农村因以零散。耕耘方面，好地每年犁、耙各一次，耘二次，亦有犁一次、耘三次者；次地每年犁、耙、耘各一次，亦有隔年犁一次者，最次地每年耘一次，或隔数年不耘不耙者。同时因地广人稀之故，地耕数年，则休息一年，是为轮种。其法大致第一年种大小麦，第二年种糜、谷、莜麦等，第三年种豆、麦、高粱等，第四年种其他杂粮。如此周而复始，以舒地力，早成习惯，是亦适应环境之办法也。

凡新垦一地，自应规定耕耘次数，耕耘深浅，及施肥种类、分量，逐年试验，到一定程度，决定地力，预期收获量之多寡。同时为促进土壤分化作用，杀灭害虫卵子、蛹儿，则须厉行秋耕。为增加土壤含水能力，必增加耕耘次数。至于增加土壤中之腐植〔殖〕质，亦可利用天然肥料，与压青等办法。乃一般农民，根本不知施肥，在本局西南部，靠后套一带，常有不耕而播种、不耘而收获者，往往凭渠水浇过一次，就根本不管，收后秋耕，更属罕见。总之，乱用土地，不惜地力，为垦殖之最大毛病。考之一般农作物所用肥料，不外大粪与牛、马、羊粪之类。大粪用于菜地，牛、马、羊粪用于粮地，其终年不施肥料，任其自生自长者，要亦所在多有。

第七节　播种及收获

选种为播种前必经之手续，苟种子不良，影响收获至大。惟一般农民之选种方法，甚为简单。就经验与习惯，择其禾穗颗粒壮实肥大者，用作种子而已。届播种期，先将种子酒浸，谓可以免去虫害。亦有适用筛选者，但极不普遍。关于盐水比重选，温汤浸种法，多不甚明了。

播种时期，大凡小麦、豌豆俱在清明前；蚕豆、大麻、亚麻则在谷雨前后；黄豆、高粱、马铃薯、莜麦在立夏前后；谷子（小米）则须在立夏以前；黍子、黑豆，均在小满前后；荞麦则在芒种以前。

收获时期，大麦、小麦、豌豆，均在立秋前后；黄豆、高粱、蚕豆、马铃薯、荞麦、糜子、黍、莜麦、大麻、菜蔬，则在白露前后，黑豆在白露、秋分之间。

至于每亩收获量，上等地大麦一石五斗，小麦、小米、糜子、大麻，均可收获一石，豌豆七斗，莜麦、荞麦六斗，亚麻五斗。下等地大麦二斗，小米一斗五升，荞麦一斗八升，小米、豌豆、糜子、大麻，均可收获三斗，莜麦二斗，亚麻则一斗。此收获量之大概情形也。

第八节　农具之类别

"工欲善其事，必先利其器！"乃一定不易之原则，故农具之良窳，影响耕作之前途甚大。现在科学发达，机械日益精良，利用有效，必增加生产无疑。惟农具之旧式，中国各地，皆甚为普遍，非独绥远为然。而安北局促一隅，一切尚未初见规模，农具更谈不到，其今之所习用者，如东犁、西犁、东铧、西铧、耙、锹之属，或来自包头，或出于宁夏，惟求具备形式，可以耕种而已矣。兹试一就现状，择其大者要者，表列如下：

安北农具调查表

种类	价格	产地	备考
东犁	六七元	包头或山西	系铁质犁辕
西犁	八九元	宁夏	系木质犁辕，较东犁大，宜于开荒
东铧	二角	包头或山西	

续表

种类	价格	产地	备考
西铧	一元	宁夏	铧尖系熟铁质，可以修理，较东铧大
犁耳	五角	包头或山西	又名犁镜
耙	六七元	包头或山西	
石辊子	五六元	本局流烟圪坝	有来自宁夏平罗县
砘子	一元五角	本局流烟圪坝	有来自宁夏平罗县
磨	十三四元	包头或宁夏	
碾子	三四十元	包头或宁夏	
铁锹	一元	本局或包头	

第九节　租佃制度

（一）地主　以地质与佃农，仅纳地牌钱及田赋，各项摊款则归于贷地之农民。每顷上地，租贷洋二百元左右，中地每顷租贷洋一百余元，下地每顷租贷洋七八十元。除地牌钱以外，地主每顷将有百余元之盈余。

（二）自耕农　此等农民有地一二顷至三四顷，除纳地牌钱及田赋以外，凡县局之摊派，社上（即庙中之区自治会）之一切公费，皆须负担，其数目无定，一年一次或两次，每亩摊票洋四五角，谷草五六斤而已。

（三）小农　此等农民，本身有地不过数十亩至一顷不等。地牌钱、田赋、摊派皆须负担。因此力不能胜，每多营养牲畜或另种园子，此为本局之最普遍者。

（四）佃农　此等农民，本身根本无地，向地主租地耕种，须先订立合同，租期三五年，七八年，或二三十年，概由双方临时订定。租价有银计者，亦有以粮计者，租银最好地每亩七元，平常每亩二三元，分春秋两季缴纳。至于押租之有无，均须在合同内订明。大致期限过长者，须缴押租，时间短者则否，粮租亦名"分花"，视地之肥瘠而定。最好地四六分粮，田主得四成，租户留六成（均以十分计之），中地有对分者，十分之中，田主、租户各五成，下地二八分与三七分两种，即十分之中，田主得二得三，租户留八留七。如遇荒歉，年入不足，可缓俟丰年再行补给之。此都普遍之情形也。但社村摊派，仍由租户负担。

（五）雇农　此等农民，本身无地，且无力佃耕，常就佃农或小农为之耕作，每年得劳积金五六十元、二三十元不等，纯视其技术而定，因系工人性质，村社摊派，均不负担。

第十节　田地之价值

西北一带，地广人稀，尤以本局尚系开发未久之区，田地价格，低廉特甚，决不能与内地各省之地相比。土地之良或劣，纯以渠水之灌溉能否便利为决定之标准，雨量稀少，田亩灌溉，全赖渠水，有水可灌，便是肥田，无水即是石田矣！因之最好土地，每顷不过三四十元，其旱地之最劣者，每顷不过一二十元。而放垦押荒价，最多每顷不过二百元，最低亦仅二十元，如欲变成可耕之地，势须另行加数倍于荒价之挖渠费，其地乃可得耕，故可耕地荒价，实又不能与荒价一例而论。

第十一节　农民生活

农民以衣食住行而论，极其粗陋。夏秋多穿土布，冬春则衣羊裘。食物以糜为主，小麦、高粱、山秧（马铃薯）等物副之。居家多土房，少瓦屋，仅蔽风雨。行则以足或马骡代之。既不讲求卫生，复无可靠之医药，疾病死亡，向无所谓。娱乐完全无有，仅丰收时酬谢龙王、谷神，村中人有集聚之可能，演唱社戏一天已耳。

第十三章　牧畜

第一节　牧畜业状况

在表面看，本治地当后套，或以为垦地必多，农事普遍，从事牧畜者少。其实乌拉山之北麓，阴山之南麓，及本治腹地，几无处不草地，蒙古包历历可见，比较上论，汉人多于蒙人，但垦地因就水渠低洼地之关系，极为零落，仅能占全治面积十分之一二，余皆为牧地。虽无有组织之牧畜公司，而蒙人专司牧畜之情形，动辄牧畜千数百头，殊与公司之经营，相去未远。并一般农家，通常亦喜饲养牲畜，借供肉食、乳食及力役之用。

第二节　主要牲畜之概述

历年居民，以牧畜为业者，获利颇厚，故业农者，亦多以之为主要副业。现全境第一区蒙、汉人，合共有羊八万余头，蒙人占三分之二而弱，汉人占三分之一而强。牛二千余头，蒙、汉各半，骆驼一千余头，全为蒙人所有。其次骡、驴、马三种合计共约六七千头，亦蒙、汉各半。其中马占十分之七，驴约十分之一，骡占十分之二。猪三千六百余只，全为汉人所有。第二区蒙、汉人共有羊五万余头，汉人占三万余头，蒙人占一万余头。牛约七百余头，蒙人占四百余头，汉人占三百余头。马四百余匹，驴三千余头，猪四千余只，汉人占绝对多数。各农家均喜鸡与豚，畜养者亦极普遍。牲畜价格，山羊每头三元至四元，绵羊五元至六元，牛四十元，驴十四元，马三十元，骡六十元，骆驼五十元，猪十五元。牛除自用外，尚有少数运销包头、五原两县，羊则专销于包头，年约万余头。习惯留羔售老，以资孳生。并以小佘太、高头梁、西水道、乌森太各处，水草最优。全境地势较高，空气新鲜，牲畜瘟疫极少。

第三节　绒毛皮张之产销

全境年产绒毛约四万余斤，绵羊毛五万余斤，山羊毛三万余斤，牛毛五千余斤，驼毛二千五百余斤。平均价格：羊绒每斤现洋三角，绵羊毛二角半，山羊毛二角，驼毛五角半，除本地自用少许外，历年均由皮毛商收买，运往包头及河北省天津、邢台各地洋商，转销海外，作新的原料。

年产绵羊皮七千余张，绵羊羔皮五千余张，山羊羔皮二千余张，山羊皮八千余张，牛皮一百余张，狼皮四五十张，狐皮二百余张。平均价格：绵羊皮每张现洋一元，山羊皮八角，绵羊羔皮每张现洋一元，山羊羔皮六角，牛皮每张五元，狼皮十元，狐皮十五元。除自用少许外，仍由皮毛商运往包头及河北邢台、天津各地，售与洋商，转销海外。

第四节　牧畜方法

牧畜方法至为简单。普通羊以五百为一群，牛以五十为一群，马以一百为一群，骆驼以五十为一群。每群以一二人牧放之，逐水草而牧，牧场一月一易，早出晚归，饮水则由牧者驱至水次饮之。平时无圈，入冬垒石作围墙，高二尺余，聊成范围，用蔽风雪。惟上无覆盖，仍不免于雪之积压耳。牛、羊可同牧，而马则须另放。通常羊一千头，约须草地二十余方里，始可放牧自如。牛、羊、马每年一产，骆驼每二年一产。牧草除普通自然青草外，一般农家则辅以谷草、糜穄、青燕麦。羊每头每日吃草约二斤，牛十五斤，马十斤，驼十二斤。总之，北地乃天然之牧场，地势高亢，水草丰饶，天气凉爽，固不独安北为然也。

第五节　牲畜之主要疾病

本局位于绥远之西北部，完全在蒙境范围以内，除部分之农垦地外，余应为牧畜繁盛之区，尤以蒙民之衣食住行，几皆仰给牲畜之一身。惟对于兽医一科，不但向乏研究，简直可以说不知道，偶有治法，均系根据经验，以是错误百出，损失极大。有时求之于喇嘛祈禳而已。兹将牲畜之主要疾病，分述于后，用供兽医学者之参考：

（一）兽疫　牛之流行性感冒。病初起咳嗽，无显著之发热，食欲不振，口内多粘液，此病发生于严寒之期，因牛体力衰弱缺乏抵抗能力，病四五日，即无救而死，传染极速，往往病牛甚多。其次羊痘，病形发热，羊之头部、四肢、胸腹各处，毛少部分，发现红疹，初一二日，食欲不振，越五六日，水泡膨大，恶臭逼人，轻者经三周而愈，重者即不治而死，此病本羊类固有之热性传染症也。

（二）牛虻　此为一种寄生虫，夏季产卵，常孵化于牛之背、腰、肩等处。凡染此病之牛，经宰割后，牛皮多穿孔，即牛虻寄生所致也。故损失皮张之价值极大。又有马虻，常于春秋两季，择马之膊、膝、管为马之口舌能够舐噬之部位而下卵焉，孵化成幼虫后，蠕动表皮，使马感觉痛养〔痒〕，以口舌舐之，因以吞虫入腹，得寄生于胃内，泄出毒素，侵害消化，发生营养不良，遂酿成脓疡，亦有寄生于子肠者，亦与牛虻无异，会发生意外损失。羊之肠虫，寄生于羊之肠管内，藏之粘膜下，多者堆积至无孔隙，呈瘤状，若葡萄之密垂，大小如蚕豆，初发之时，羊即下痢，致令体质渐成衰弱而死。惟此寄生于羊肠之虫，多见于绵羊，而山羊则甚少。

（三）普通病　普通疾病，以消化器病为最多。夏季之腹痛、寒季之冻伤，尤以在寒季时，以饲料缺乏，体力衰弱之故，常致发生四肢各部浮肿为主征之冻伤，因而致死者，正复不少。其次飞节内肿、管骨瘤等，亦为马类常有之症。

第十四章　水利

第一节　渠道概况

河套公有各大干渠，在本境内者，曰通济、长济、塔布、民复。其自五加河流出之支渠，曰公中渠、长五壕渠、拴驹子渠、五分子渠，以及红门兔村等渠。其自黄河决口引水之私有各小干渠（一称人民自修渠），曰达拉渠，即合硕中公渠；杭盖渠，即杭锦贝子渠；吴祥渠；王留子壕，其引用山洪及泉水以灌地者，曰东西水道渠、南水泉。

第二节　四大干渠素描

（一）通济渠　原名老郭河，于清同治八年开挖。自黄河起，东北行，经德厚成、白家地、燕安和桥一段，长约八九十里，原系郭敏修、史老虎、万太公、李逵元四家合开，故又谓四大股。又东北行，经板旦村而东入长济渠，长约三四十里，系郭敏修独开，谓之五股。全渠共长一百四十里。初开时，仅宽一丈八尺，归公后，其宽改为三丈余，深四尺，中段宽二丈余，深三尺余，梢宽二丈，深二尺余。主要支渠，凡二十余道，大约长自一千丈至二千丈不等。年久失修，浇地仅七百余亩。但本渠上游及渠口，均在五原境内。在本局境者，概为支渠，如三合长渠，即宝尔汗渠；公产渠，即六分子渠；合不太河，即短辫河，和滕渠及其他渠等。

（二）长济渠　原名长胜渠，系地商侯应奎所开，成于咸丰七年，光绪二十九年，渠口淤塞，另开渠口，直冲河流，水势仍畅。贻谷在任内，报效归公，改名曰长济。渠口在通济渠口下二里，此渠上游在五原境，下游在安北境。自渠口东行，经东土城、徐海滩，至吉尔曼太，入安北境，又经万太公、东槐木、大有公，在恒德永渠桥之西，歧为二支：一支折向东北，经塔拉补隆、小厂汗淖，至依肯补隆之东南，小厂汗淖之东北，与通济渠之中梢及南梢（即短鲜河）会于三岔口，并入五加河，是名北梢；一支向东行，经二小圪旦、二道堰子，至戌亥淖北，亦入五加河，是为南梢（即德恒永退水渠）。渠长一万九千六百二十八丈，计合一百九十里（或云一百三十里），溉达拉特永租地二百一十二顷，又与通济、塔布二渠，共溉四成补地一千四百二十顷。渠口宽三丈四尺，深七尺，中段有宽至五丈者，深四尺至六尺不等，渠梢宽三丈，深二三尺。渠口填坝，长约五丈，宽五尺，以红柳、黄土砌成。上游二十里无湾曲，两岸多筑丁坝，以防水之冲刷。自西槐木以下，坝身因地势之高下而曲折极大，决口堪虞，其支渠亦有二十余道，或存或废，要亦视干渠之通畅与否为转移耳。

（三）塔布渠　原名塔布河，塔布乃由蒙语"五"字之译音而得也。因地为地商樊之喜等五家合股开凿而成，故又名五大股，原系道光二十三年河水冲决而成，略加人工，为后套诸渠之粗范。渠口有新旧二口，现在长济渠口下四里。此渠上游在五原境，下游在安北境。自渠口起，东行经马厂地、同兴堂，至十顶帐房，出五原境，入安北境。又东行经苏达圪旦、三亥淖，过塔布卵独、葛蛇桥，歧为二支，并东行，经上下打拉兔（一作达拉图），至柴喇嘛庙、翟邦树，及君兔等村之东南，并入于五加河，以注于乌梁素海子，计长一万七千五百九十二丈，合九十七里半（或云长一百二十里），溉达拉特永租地五十顷，渠口宽三丈，深二三尺，梢宽二丈，深一尺。支渠凡二十余道，干渠渠身尚称完好，惟因不知修浚，而淤塞之地，亦复不少，如能全部修浚通畅后，可浇粮地至少八百余顷，永租地五百余顷。

（四）民复渠　原名扒子补隆教堂渠，俗名洋人渠。庚子，因耶稣教堂向达拉特旗索要赔款，地遂归该堂，乃开渠溉地。民国十九年，当局向教堂给价赎回归公，始改今名。渠长五十里，宽二丈，深四尺。自黄河起西北行，经布袋口子、教堂堡、义和魁、西河畔等处，会塔布渠南梢，入于五加河，注于乌梁素河〔海〕子。支渠四五，其可名者，曰瓦窑圪卜西岔渠，曰塔尔河、柴喇嘛河。其灌溉多为塔布渠所及，故水利不甚大，将来如能兴修，使与塔布渠联成一气，则可浇地四百余顷。

第三节　支渠记略

（一）达拉渠　在民复渠之南，渠长约四十里，灌合硕中公达拉特旗〈地〉，计百余顷，故又名合硕中公渠。

（二）杭盖渠　在达拉渠之南，渠长约二十里，灌盐淖一带杭盖地，计五十余顷，又称杭锦贝子渠。

（三）吴祥渠　在佘太召地偏东南，王幼女子地一带，渠长约二十里，灌地计五十余顷，距黄河极远，引用山泉。

（四）王留子壕　在西山嘴一带，渠长约二十里，灌地计千余顷。

（五）东西水道渠　此渠所引之水，系本城之北之山溪水，其长凡五十里，经佘太召、二合公、三分子、七分子、八分子、头分子，及西水道等处。溉田用水，分为二类：夏秋二季浇者曰洪水，全年随时可浇者曰清水，全渠共浇地二百余顷，原系佘太召各大小地户所开。

（六）南水泉　渠长十余里，灌地十余顷。

附支渠情况一览表

渠名	别名	所在地	长度 （里）	平均深度 （尺）	平均宽度 （丈）	灌溉面积 （顷）	备考
达拉渠	合硕中公渠	合硕中公 达旗地	四〇	二	二	一〇〇	引用黄 河水
杭盖渠	杭锦贝子渠	盐淖一 带杭盖地	二〇	一	二	五〇	
吴祥渠		王幼女子 地一带	二〇	一	二	五〇	
王留子壕		西山嘴 一带	二〇	五	六	一，〇〇〇	
东西水 道渠		余太召地 一带	二〇			二〇〇	引用 山泉
南水泉					一〇	一〇	

第四节　各渠引水退水与用水

各渠引水，都根据经验各有一定方法，渠口不直接河身，而系背流东向，俟河水经过回流一次入渠者，曰倒漾水，可免淤填之弊，但遇河水暴涨时，仍不免于闭塞。就水流屈曲成套之处开口，徐徐引河水入渠者，曰套水，但以黄河之水，迁徙无常，渠口不能永远适用，且河水低落，引套必至困难。其次有用迎水坝迎阻水流，使拥挤入渠者，不过用坝阻水，虽合于科学，而筑坝淤河，殊属困难，坝后流缓沙沉，易成淤滩。上述三种方法，总之利弊兼而有之，惟管理修浚为何如耳。现长济渠因水位太低，即设迎水坝，然舍此亦无他法可资利用矣。

退水问题，后套各大渠，多靠乌加河（五加河，黄河故道）为尾闾，亦不啻为各渠之总干。各渠自有退水道者甚少，然五加河近年亦多半淤塞，下游简直淤断，不复与黄河通。如期退水不发生问题，而又迅捷无害，非积极修浚五加河不为功。

各渠用水办法，向来都有争执，因河水之涨落，皆有一定季节，青苗缺水则死，故浇水之先后，关系于收获甚巨，故常有私自放水，或筑坝闸激水，破坏渠工，妨碍他人利益者，层出不鲜。故包西各渠有水利暂行章程，以资规范，俾昭公允。其条有十，要义如下：

一、各渠浇水办法，以使各本渠民户得享平均之水利为原则。

二、各渠向系平口，各民户不得筑闸筑坝，倘非有闸坝不能激水浇地者，必须事先察看水势，商允请准，且以不妨碍他人水利为限度。

三、各渠浇使春、热、伏、秋、冬等水，应分别按照向章习惯，口轮梢，梢轮口，依次轮灌，不得紊乱。

四、各渠浇水，须先尽青苗地灌溉，俟浇毕，方准依次轮浇其他未种地亩。

五、各渠渠水有余，照旧例彼此代浇，收互助之益，不得逾越，但绝对禁止私擅卖放。

六、各民户使水，须依一定之次序及日期，不得逾越，或私自开放渠口。

关于河水高涨季节，普通年分六期，计曰春水、桃花水、热水、伏水、秋水、冬水。其高涨时期之久暂，约如下表：

河水高涨季节时间久暂表

河水类别	高涨季节	高涨天数			备考
		最长	中常	最短	
春水	清明节	十天	七天	三天	
桃花水	谷雨前后	十五天	十天	七天	
热水	立夏前后	三十天	十五天	十天	
伏水	夏至至立秋	四十五天	三十天	二十天	
秋水	立秋至霜降	六十天	四十天	三十天	
冬水	立冬前后	十天	六天	四天	

水以伏水为最佳，每年伏汛用水浇地，至秋将余水放出收冻，次年地气一开，酥如鸡粪，不用犁耕，仅犁耙一次。此类地可播种麦籽、莜麦、豌豆等，工力省而获利多，农民争租之，其租价最昂；秋水亦可浇地收冻，惟水质较伏水为次，可播种糜谷、高粱、葫麻、黍子、菜蔬、豌豆、扁豆等；桃花水可种糜谷；热水可种小麦、山药（马铃薯）、菜蔬等；至于春水，多无人肯用，因水质带碱性之故；冬水亦然，惟冬水上结厚冰，用以拉渠，则胜于修挖。以上为河水功用之大略也。

第十五章　林业

第一节　林业概况

本局西南部，渠道纵横，土地肥沃，造林植树，极其相宜，近十年间有扒子补隆、背水道、打拉兔村一带，耶稣教堂及一般民户，颇致力于植树，成效尚属不恶，计活榆、杨等树，在六七顷地亩以上。现城内亦由建设科设有苗圃，植树得活者，已有二三千株，惟多属榆、杨。境内大半童山濯濯，木材极少，木料价格极昂，阴山一带，亦一树不见。其西南部在局辖范围以内者，有乌拉山一部天然林木，乃主权在西公旗。甚至本局建设电杆，亦须以重价向该旗札萨克商买，民众建筑屋舍，亦以之为依赖，需要亦多，而该旗蒙民，亦有私伐偷卖者。因之林木之损失，影响森林之培植者极大。兹试就与本局有关之乌拉山天然林木，作一简要之叙述。

第二节　天然森林之现状

乌拉山亦阴山山脉之一支，由包头、固阳交界处，引至安北设治局属区以内，另生支干，直向西行，至西山嘴为止，西山嘴固本治之辖区也。在此区之行政、土地、人民，要而言之，乃本治之权力范围所在也。独以蒙旗至今仍为一特殊组织，似已根深蒂固，不能骤改其积习，更以种族不同，设治虽久，亦不过因应顺导而已。由是而庞大之森林区，其权利固在放弃之列。查乌拉山之全面积，南北数十里，东西百余里，虽外视林木稀少，如至山里，则满目苍翠，固不乏栋梁之材也。其森林面积，当在数千方里，本属乌拉特三公旗所共有，三旗之官民，可以砍伐，此外任何人不能窃伐。有看山之人，非但不能窃伐，即出入山中，如无蒙人引导，亦须受干涉。

据安北齐局长称，年前山西太原之经济考察团，至包西调查各种经济情况，事先曾向西公旗札萨克商妥，入乌拉山考察森林，即来安北约齐局长入山，乃去大坝口，殊知看山不许入内，谓尚未奉得札萨克命令，乃退回安北，嗣虽再度商妥，得入山中，但所经之地，决非森林极盛之区也。处处随看山人而走，结果皆不免失望。其原因蒙人深恐外人知其中林木之茂，计议往伐，乃以假意导往林木极少之区，局外人固不知也。实际即西公旗札萨克之狡狯处，但亦无可如何，考查〔察〕者徒呼负负而已。

吾人此次调查，得幸由西公旗衙署北行，入柏树湾，直穿中沟，越乌拉山绝岭，自上午十时入山，下午四时出山，共行约六小时，在马上不易通过，因概系林木遮道，乃下马步行。在此短时期中，所见树木，不下十余种，尤以松、柏、榆、杨为最多。嗣闻于安北设治局长，仍非树木极多极大之处，于此可以想见乌拉山林木之为如何矣。

惟蒙人对于森林，只知砍伐，不知培植，且习染汉化最深者，往往私伐大木，用以售诸汉商，运销包头。近者西公旗札萨克石王亦有此类事情，不问林木之前途何如，每年春季，遇有汉商往请去山伐木者，即可交大洋四十元至六十元不等，由王下一命令，给予砍伐之权，听其砍伐出售，至年满为止，乃一般汉商，唯利是图，其毁损有用之木材，年来固不可以数计矣。

第三节　造林计划

绥远省建设厅，为遵照部令，实行造林起见，曾先后开辟第一、第二、第三造林区域。因绥远气候寒冷，为适合环境计，对于极耐风寒，不择地力之黄榆、美洋槐、侧柏、梓、黑槐、椿、楸、黄金松、合欢松、三角枫等，尽量试种，近年已有相当成绩，而安北、固阳、武川三县，为绥区第三造林区域，近在武川设有苗圃一处，其计划之要点，略如下述：

（A）面积：每苗圃一处暂定为一百亩。

（B）区划：插条育苗面积四十亩，播种暨床替面积五十亩，试验区面积十亩。

（C）育苗：插条育苗，按三年生出山，每亩平均可育成苗木五十株。第四年春四十亩面积，可出苗木二十万株。播种育苗，播种床替，计需四年出山，即五年春，除试验区外，每亩可出苗木六十株。五十亩计可出苗三十万株。总计可出苗五十万株。

（D）树种：以适于本区内造林地气候性质之白杨、青杨、柳树、榆树等数种，为主林种。其他于本区森林带相近之树种，分别试种，以作将来之取舍。

（E）组织：每苗圃置技士一人，助手一人，司事一人。

（F）经费：

一、临时费　每苗圃办公室及林役等室，建筑费一千元，苗圃设置费洋一千元，购置费洋五百元，圃地拟占用国有地亩，未计地价，共需临时费洋二千五百元。

二、经常费　技士按月支洋六十元，助手月支洋三十元，司事

月支洋二十元，工头二人，月各支洋十二元，林役七人，月共支
洋五十六元，办公费洋二十五元，调查费洋三十元，每月支洋二
百四十五元，全年共支洋二千九百四十元。

三、作业费　计每苗圃一百亩，每年每亩，平均须作业费洋十
五元，共计全年需作业费洋一千五百元。

第四节　天然森林之副产物

所谓天然森林，固指乌拉山而言也。其中之主要副产物，乃药
材与野畜两种，药材以甘草为最多，他如柴胡、苁蓉、黄耆、党
参，靡不应有尽有，所在皆是。其次在乌拉山著名者，厥为青山
羊，皮毛最贵，轻而暖，大有驾狐皮而上之趋势。出产虽多，惟
不易猎取，一件袍料，在绥省本地，亦须三四十元，始能买得好
的。但除青山羊而外，药材方面在本局第一、二两区，皆盛产者，
据本局调查，第一区第二、三、八、九等乡，及第二区之第二、
三、七等乡暨西山嘴一带，盛产甘草，大黄产于第一区第一、二、
三等乡，锁阳产于第二、五、六、七等乡，柴胡产于第二区第三、
四等乡，苁蓉产于第一区第三乡，党参亦产于第一区第三乡，山
豆根产于第一区第五、六、七、八等乡。

又据《绥远建〈设〉厅调查安北物产报告》及《包临经济调
查报告》，则安北各种药材之年产量应为：甘草十三万余斤，锁阳
三万余斤，柴胡五千斤，苁蓉四千六百斤，大黄四千斤，黄芪二
千斤，山豆根一千二百斤，党参九百斤。其实情形与绥省府之各
县出产药材调查表，数字大致相同，无甚出入，惟与吾人总论章
内所采用之建设厅对于安北物产统计表，相差较大，今特并存。
据吾人经验，在现阶段之边县调查，绝对非短时间能将此种农家
副业、零碎收获，集成精确之统计数字也。上述各种药材，皆运
包头，转销于河北安国县。

第十六章 社会

第一节 种族之分布

治内居民，以汉人为最多，蒙、回次之，他如法、比、荷之天主教徒，及韩国入籍者又次之。汉族村民以山西省之河曲、代县人居第一位，河北、山东人占极少数，分居第一、二两区及城区经商。天主教徒在城区及乡村如扒子补隆、贾全村各地，均设堂传教，韩国人则在西山嘴一带种地，男女约三十余人，尚称相安。蒙民皆居离城较远之草地。

第二节 宗教述要

本治田野初辟，蒙、汉杂居，更以地当后套，庚子以前，即有天主教之势力深入其间，因是习尚不同，信仰各殊，宗教亦自异。蒙族信奉佛教（喇嘛教）由来已久，而其信仰之笃厚坚深普遍，稍为留意边事者，皆悉知也。道教信奉者多汉人，但极有数，从不多见，亦无所谓势力。回教（清真教）则多过道教数倍，信奉者数十户，教徒约百余人。此外教堂数处，信徒最多，从而有操纵我社会、教育、经济各项之权力者，惟天主教。信奉者亦为多数无知识汉民庄户，贪图便宜，而堕其彀中。原因河套一带膏腴之地，在很久以前，即由彼辈以贱价租得，然后以重值租于教徒，且为引诱一般入教，便其麻醉计，教外之人，概不能租其地而种。因其拥有广大之土地，收获丰富，一般粮价，可以操纵，无形左右地方经济权力。再一方面，边省财力不裕，边省各种建设，皆无力推行，教育事业，自亦不能例外，教堂于是代我而教之，发聋振聩，减少文盲，改善习惯，功固足多，然一般子弟，自受神道麻醉以后，只知有教，而不知有国，其损失究为何如也。况教徒间偶有纷争，教堂皆可干涉，影响地方行政权力，尤为不可忽略之事，允为国人所宜警惕者也。

第三节　礼俗纪实

凡礼俗之普通者，厥为婚、丧、葬、祭。但本局属境以内，汉、蒙、回，各有其不同之礼俗，繁复杂异，如非身临其境，长期深切体验，不能备述无遗。兹姑从吾人悉知之点，历记如后，用备参考：

一、婚姻　普通婚姻，不择贤淑，惟求门户崇实。但寒素之家，虽有淑女，亦不能高攀望族，限于习成贵不亲贱之恶俗，有以致之。至于嫁娶之仪节，汉、蒙、回有待媒妁者，有自由者，有以卜卦定之者，当婚姻议定之后，须用金银、布帛、砖茶、黄酿、哈达为质聘，以杜悔婚。

汉族婚礼　换帖以后，定期纳采、下茶，是日须交聘金，通常由七十元至一百元不等。娶时择吉选周堂，忌降日，娶日既定，为新郎、新妇备净室，是为洞房。娶之日，婿家备燔肉、煮肉各一方，馒首、米糕各五十至一百枚致女家，名曰"离娘面"，衣一袭曰"催装"，择女眷中娴礼而命相无妨者一人乘轿，男子二人乘车，伴郎偕婿乘轿，鼓乐火把前导，前往女家，谓之"亲迎"。同时男家花堂，或覆棚帐，或翼围屏，均视其环境贫富而定。庭中置桌，上设天地神位，前置斗，中盛五谷，斗沿边粘五色纸，下置剪、尺、戥、镜等物，左右列花烛，新郎簪金花，披红绢。新妇轿至门，轿口向喜神平置之，仆役燃爆竹，嫔相持五谷、枣、核桃、制钱，口诵吉庆语，向新妇撒之，谓之"撒帐"。婿之母或姊妹捧面人、冰糖、脂粉，撒〔撒〕轿帘，取糖纳妇口中，并为之施脂粉，谓之"点粉"。一人持红布或毡，布地上，择女眷中非孝服、怀孕者二人，扶新妇出轿，沿红布上行，至花堂，行拜天地礼，毕，新妇入喜房，嫔相为易笄而钗。虽严寒，必撕窗纸，谓之"透空气"。坐少顷，新郎偕新妇拜祖先，祭灶神，谒姑嫜亲戚，即夕合卺。洞房床上，设喜神、灯烛、香炉（北方多炕无床，故可设此），夫妇相对坐，整晚不宿，谓之"守喜神"。

结褵之次日，婿偕新妇至岳家，拜见祖先、岳父母，岳家设馔款之，晚偕归，三日又往，夕又偕归，谓之"归宁"。新妇三日入厨下切面（北方食面者多，食米者少），曰"试刀"，家人争尝之，以觇妇工之优劣焉。至九日，岳家设馔宴婿及女，并请媒妁，名曰"唤九"。至弥月，召女回家住一月，名曰"住对月"。

续娶女人与初婚同。再醮则由男家备谷一斗，中藏首饰，置神位前。妇夕至，婿焚香，偕妇三叩首，令妇自斗中摸索得之，以为笑乐。此其与初嫁不同之点也。

上述汉族婚仪，乃普通新习尚，又与内地不相出入者，惟是一般人民，能按是俗一一举办者，在本局边远之区，殊不多见，不过大多数人，咸依此为准绳，要亦繁简异势，贫富殊形耳。

蒙族婚礼　蒙人多早婚，女子由二三岁至四五岁时，即须订婚，其婚姻概依父母及媒妁之言而定。凡十六岁以上之男子，未成婚者绝少，女子较男子恒长二三岁至四五岁不等。聘礼由双方商定，以马二匹、牛二头、羊二十头为最普通。婚约既成，女父和其近亲，访于男家，入室礼佛。佛前供羊头、牛乳、绢、布等物，由男家设宴款待。及到合卺之日，由喇嘛选定吉期，在附近另设一帐（即蒙古包），由新郎家派人迎迓新妇，新妇家族及戚友，鹄候作圆形，立幕前，作拒迎之状，嗣新妇出，即乘马绕幕三匝（但开拓地方，亦有如汉人新妇乘轿者，不过未能多见），乃引导急趋至新郎家。近邻及双方戚友，皆来与宴，并赠新妇以物。于是先见翁姑，次礼佛像、拜灶，喇嘛唪经，新郎父母答亲戚礼，新郎亦礼新妇之亲戚。礼成，设盛宴款客，有连续至七八日者。其休妻、离婚、纳妾、妍夫，乃经常之事，任何人毫不之怪。离婚无一定形式，若出自夫意，径达其意于妻家，妻即无条件而大归，若出自女子，则女家当还其聘礼之一部。离婚以后，或娶或嫁，悉听各人自由。普通一般男子有〈家〉室后，可以随便外遇，不容妇人置喙，正妻以外，得自由纳妾，惟家政仍归正妻处理，其妾不能过问。

回族婚礼　悉依宗教之规定，必须媒妁三人、掌教一人，方能开议。男女主婚人同意，握手为信，不立婚帖，纳采、下茶，与汉族略同。不亲迎，不用鼓乐。新妇下轿，由新妇之兄弟，抱之入洞房，不见亲友，阿訇（掌教）来，诵经赞圣，即夕，新郎入洞房，以八句原根（阿文）询新妇，新妇一一如礼答之，否则不能成夫妇。次日男家戚友及新妇母族，均备礼贺喜，男家设宴款之，郎妇姻娅，握手为礼，不跪拜也。

按之经典，每人得娶四妻，今则一夫一妻为多矣。若娶次妻，节仪、其热闹之状，固不如第一妻也。如占脱辐而离婚，女子须过一百三十日，始得再嫁。偶尔反目，即不离异，亦须独居一百三十日，始得再与其夫同居，此从俗也。

二、丧葬　汉、蒙、回各族之婚姻仪节不同，丧葬亦异，故仍有分别记述之必要。

汉族丧葬礼　普通人死后，自含殓及葬，则分为接三、讽经、开吊、出殡、圆坟数阶级，礼之繁简，视贫富而定，然其大致与内地固无分别也。所不同者，入殓以后，家属大功以上男女，兴在背上书"昊天罔极"四字；接三，家属丧服随道士哭城隍庙，乡村哭五道庙，口呼亡人，使归，谓之"叫夜"，亦曰"告庙"；出殡归来，门前事先设盆水刀板，投钱水中，置饼板上，孝子脱丧服弃麻，自墙头置院内，奏刀切饼，食少许，自水中捞钱始入，乃行返主安神礼。

蒙族之丧葬礼 人死后，请喇嘛念经，中资之家，请喇嘛一人，在家或在庙，以念满四十九日为率；贵族有产阶级，可以请喇嘛念经至百日，或断续念经至三年。无论丧老丧少，家中人在四十九日以内，不剃头，百日以内，不参加娱乐，并随时表示出不乐意之态度。葬分三种：最普通者为野葬，葬前由喇嘛指定地点，用大车，或其他牛、马将赤裸之死尸载出遗去，三天以后，再行派人往视，如未经野兽剥食，即判定其人有过，再请喇嘛加念改罪经卷，以为祈禳；其次为火葬，多行之喇嘛和贵族阶级，当其死后，除照例念经外，将死尸烧毁，以其余烬，用罐盛着，送往五台山圣地灵塔贮藏，或藏之旗内大庙中；其三为土葬，人死后，纳之于棺，其法盖仿之汉人也，但除少数之王公外，并不通行。

回族丧葬礼 凡人病重将死时，即请阿訇诵经忏悔，亡后复请阿訇诵经，以樟脑、麝香、红花和水沐浴尸体，取白布二三匹，层层包裹，置公用棺中，棺形长方，类木柜，平时置礼拜寺内。墓所亦公用，葬无昭穆，以死亡之先后，递次穴圹，亡后即葬，不得逾三日，送葬无鼓乐、冥器之属，以八人或十六人舁棺，葬后三、五、七日，各请阿訇诵经、祈福，是日亲友备奠仪、羊酒、香楮来吊，一如汉俗之开吊焉。死者衣服忌子孙服用，佳者送阿訇，次者施之贫人。富厚之家，有施多量财产于礼拜寺，为亡人祈冥福者，贫人亦量力为之。同时如系亲丧，为子者须于每晨日将出，黄昏日将没时，必赴所亲墓侧，向日跪拜，行接送日光之礼，二年半乃止。现此风已不大盛行矣。

三、祭祀 岁时风俗，汉人于春夏秋冬四季，皆有其一定之习尚，其详细情形，应是同于内地。回族每周有礼拜，蒙人于每年五月初三日，全旗分别举行祭鄂博，同时附带开盛大之集会。

四、娱乐　本局偏居边鄙，一般民众，惟有岁时季节，照例迎神赛会，借供娱乐而已，神庙所在，每年择期演剧酬神，远近争趋之。青年男女，皆于是时盛装来游，然为期亦不过二三日而已。他如赌博，要亦所在多有。蒙人则有赛马、摔跤等惯技，亦乃高尚娱乐之一。其次人民自山西来者，无论男女，都能哼几句梆子腔，蒙人则有蒙古歌曲，偶于旅行中在草地牧群所在之地闻之，其声咿唔抑扬，亦至怡情悦性，引为慰藉也。

第四节　生活状况

人民生活，各地不同，居高原者，多游牧为业，蕃殖牲畜，以济日用。但逐渐开拓之地，从事农业者，皆能与内地同样作普通职业，无论男女，多勤劳耐苦，欲望不奢，日常生活，殊极简单。衣则粗布及土产皮毛革制；食则糜、麦、荞、山药、炒米、牛羊肉、乳酪；住则平顶土房、毳幕；行则徒步或骑马。居家简朴，不尚奢华，普通每人月需三四元而足，加之地广人稀，纵有金钱，亦无所用。医药卫生，毫不讲求。因是人民之智识，极其落后，尤以蒙人喜于闭关自守，无进取之心。兹就衣食住行、医药卫生，叙述大要如后：

一、服饰　服装形式，汉、蒙各有不同，颜色亦因地而异。汉人因系直、鲁、晋等省移来者，服式及颜色，都与内地相去不远，但较内地，尤为简朴。为适应环境，抵御严寒计，除服普通土织粗细布帛外，并服无面羊裘，间有着丝织物者，俱系由内地贩运而来；帽则普通多用毡帽，有精粗、男女之别，近来一般富裕青年，多喜用呢帽，大多数民众，仍用狐、羊皮等物所制之风帽，靴则多用毡做成者。蒙人服饰，则无论男女，均着长统〔筒〕旗袍，无襟无扣，长过〔距〕足部一尺有余，通常均束一布带。其衣料富者绢帛，贫者棉布，冬用棉衣、皮裘，夏服宽衣大袖，是为便服。官服与前清礼服大同小异，惟色尚红黄或绿。男子腰间系以烟袋、餐刀、燧石等物，或长袍不束带，外加皮棉背心等类，剃头结辫。又多手捻佛珠，项系佛像，足着牛皮翻底靴。妇女则蓄辫二条，分垂左右，饰以珊瑚、珍珠，或磁料、璎珞等物，以示美观，耳悬银环，手套钏镯，若已嫁者，则束发辫为一，头戴珊瑚镶银板，用别处女，又常有绿布罩头者，其发不常理。女子概为天足，亦着牛皮翻底靴。男衣女服，无论丝绸布帛，概不洗濯修补，食后揩污，衣襟拂器，愈油腻愈显示富有，至污垢烂毁时，遂弃而制新。其次为喇嘛服，多因等级而异，呼图克图之帽，多呢制，上尖下阔，或以黄色缎类为之；普通帽式有清制之大红缨帽，衣服内穿长领及背心，外缠红黄色之布或哔叽数丈，交缚上体，光头皮履，终年赤膊。衣服亦不洗濯，全身油腻，视为通常。

　　二、饮食　本局普通一般人，以食糜米为主，莜麦、荞麦亦日常所需，惟白面价格稍昂，非一般人日常所能食也。菜蔬有白菜、青菜、茄子、葱、韭、山药等类，尤以山药出产多，食之者普遍。肉类有羊肉、牛肉、猪肉，以羊肉为普通，中下人家，几无餐无之。至于蒙人之饮食，不外炒米、奶食、盐茶、酪浆等物。早餐食炒米，饮茶，晚吃面，富者日食面饭一次，贫者亦仍食炒米、砖茶，数日间乃食面一次。夏秋之季，牛乳多时，则取牛乳和茶饮之，平常亦无乳可饮，甚至于在待客时，始有乳食及肉食。同时以蒙人崇信佛教，相戒不食鱼鳖，且视蛇为神，据云：如有汉人在其境内杀蛇者，必群起而攻之。

　　其次为燃料。居民炊爨之燃料，因地各别。凡靠近乌拉山山麓附近之住户，即可入山任意采木柴，灶中生火，昼夜不断；城区人民，二分之一以上燃栓马桩所出之煤，余为城外庄户迁入居住者，烧各种粮食草杆及牛、马、羊粪。蒙人除最少部分靠阴山以北者，有草野天然产生之刺草、老虎球作燃料外，余则终年燃烧牛、马、羊粪，但粪之火力极雄，有胜于木炭。

三、居住　本境地广人稀，行三五十里始见一村，约十余家或二三十家不等。房屋之建筑，颇类河北、山东等省之乡村，磊〔垒〕墙叠土，成前低后高之一种土屋。室内入深由九尺至十尺，起架高十二尺至十五尺，寝处以炕，系砖石和土为之，宽七八尺，长可及丈，常是三面连墙，另有孔道，通火灶，灶内生火，则一炕皆暖，塞外苦寒，亦适应环境之一办法也。近山住户，多凿崖为窑，虽光线较暗，冬温夏凉，于木材缺乏之区，未使非权宜之计。蒙人因尚系部落性质，逐水草而居，其住房尤为简陋，普通皆散处于草地，以幕为庐，古人所谓"穹幕"，今人所呼"蒙古包"是也。其状如军用之帐篷，而周顶均圆，其建置法，则先就平地画一直径两丈五尺之圆圈，四周插柱十余根，上以小木杆交叉纵横架搁，使相衔接，然后覆以牛皮、厚毯，以大绳束之。其幕之四周，皆不通风，只正南开一小户，以便出入，顶中放一小孔，以为通风出烟之路。包内铺以地毯，小户每于包之中心，置火炉及干粪，入户后，向左转，系客房，客来必先至此休息，误入他处，则认为失礼，有时必受非难。向右转，系火房，食品多储于此，包内妇女，即以此为休息之所。包之北部（上方），全系寝卧处，男女杂卧，不以为怪。包之左上方供佛，通常置一木柜，柜前复设小凳，作为陈设供品之所，每有人不知误坐，家人必立即唾之，以为有辱佛及其家人也。且直接走佛前过亦不可能，过必以头朝之。包内无几案桌凳，人皆席地而坐，此即普通之蒙古包，迁移较易。同时又有固定之蒙古包，周围多以砖砌成，上以苇草制幕，移动困难，坚固则远过于普通之蒙古包，但惟寺院或兼事耕种之蒙古人有之，盖仿自于一般汉商也。

四、旅行　边区交通困难，行旅不便，乃环境所限，平常如非极大庄户之家，并无大车可用，不徒步以行，即乘马代之，有时亦以驼为代步之用，惟驼用之于载重物，乃极普遍盛行之事，此种行路间问题之解决，独以蒙人为然。

五、疾病　无论汉、蒙人民，对于卫生，毫无常识，衣食住行，皆不讲求，因是秽污不堪，幸皆陶醉于自然界中，患病之人，亦极有数，但发生疫病，无医院及防疫机关，家人偶尔患病，必先作宗教法事，驱逐病魔，或施衣施粥，以求积福延寿。

《蒙藏月报》

南京蒙藏委员会

1936 年 4 卷 5、6 期，5 卷 1—3 期、5、6 期，

6 卷 1—3 期，1937 年 6 卷 4—6 期，7 卷 1、2 期

（朱宪　李红权　整理）

乌兰察布盟四子王旗旅行记

郝重新　撰

本文作者系乌盟人，所有记载均属确实，阅者注意。

编者识

我自从西公旗各处游行完毕后，就转回包头停三日。原计由包头乘汽车至固阳，再雇轿车或马至东公旗，哪知事实与理想不合，只得复至绥远，由绥远乘克利汽车至武川（即可镇），由武川当日就向东北乌兰花而行，当日（七月廿九）即抵该处。不过由绥远到此，路中有段最难行的路，即是绥远北二十华里处之蜈蚣坝，闻此坝在民国十五年曾为冯玉祥军队重新修理过云。上下坝共有十余华里，沿此道有电话杆，并沿边有石叠成之巨墙，上面有一鄂博，系昔日蒙人所造，并钉有一木牌，上写"行人车马缓行"，系新绥汽车公司钉的。除此外，下坝有二个石牌，行车太速，未及详密。由坝下至武川，全路巨石零乱，汽车极不易行。旋入至乌兰花的路中，全路毫无难行处，虽有土丘及凹沟，却平易极安。在乌兰花停一日，第二日就至小草地之四子王府，我即住在四子王旗的衙门蒙古包内。我在这次路中恰有一个发现，于题有密切的关系，不防〔妨〕于未谈四子王旗前，谈述如下，并以次谈及四子部落。

A 乌兰察布盟之由来

乌兰察布盟者，系一河流之名，此河发源于大青山（阴山）北麓，其流向北，亦因地环山脉而源高之故，流所经过的地名叫做乌湖克图，在绥远省北（大青山山脉），距绥远省城九十华里处，在武川（可镇）向东北起至乌兰花之大路东十二华里处，为（乌盟）各旗盟集会之地。因此一般人久而久之容易以之为总称，即以为乌兰察布盟之名。按，乌兰，蒙语系"红"，察布系"箭头"之意。乌兰察布盟共有六旗，今包括武川（可镇）、固阳、安北、五原、临河；四子部落居东部，乌兰花在东北，偏西向北为哈尔哈右翼旗，即达尔汗旗，又西为茂明安旗，其西北为乌拉特中公旗，其中公旗之东南为乌拉特东公旗，其西南部横跨乌拉山，南北皆为乌拉特前旗（即西公旗），兹分述如下。

B 四子部落之沿革

四子部落（亦称四子王旗），此旗系元太祖成吉斯汗之弟哈布图哈萨尔十五世孙诺延秦〔泰〕与其兄昆都伦岱清，游牧于呼伦贝尔湖。生有子四人，长曰憎格，号墨尔根和硕齐；仲曰索诺木，号称达尔汗台吉；叔曰鄂木布，号布库台吉；季曰伊尔札布，号称墨尔根台吉，其时迁此，各自私分游牧而居，所以称其部为四子部落。在清天聪时，四子相卒〔率〕来朝（即清），从征有功，崇德元年，以鄂木布为札萨克，赐号达尔汗卓里克图（意为勇敢将军），使其统率所部；同治六年，封郡王，世袭罔替。占域地二十，牧地名曰锡拉汗淖尔。其四子部落之札萨克所住地叫做乌兰额尔济，即今日之四子王旗是也。

C 四子王旗旗界及面积

四子王旗旗界，东至什吉冈图山之北三十华里，接锡林郭勒盟之苏呢特右翼旗旗界；西至巴彦鄂博（即白彦脑包），距四子王旗旗公署一百零五华里，接土默特旗北界；南至伊柯塞尔拜寺山北，距四子王旗一百四十华里处，接察哈尔镶红旗之牧场界；北至沙巴克图丘陵，距四子王旗一百华里处，接外蒙古之土谢图汗部左翼中旗旗界（即梅力更王旗地）；东北至额尔柯图鄂博，距旗公署一百六十五华里处，亦接外蒙古之土谢图汗部左翼中旗；西南至察汗合少（即镶白旗），距旗公署二百华里，直达察哈尔镶蓝旗北界；东南至额尔柯图鄂博，距旗公署一百六十五华里，连接察哈尔之正黄旗西界；西北至查尔泰山，距旗公署一百二十华里处，接外蒙古之土谢图汗部，左翼中旗［中旗］旗界。

四子部王旗全旗面积，述之如下。东西二百三十五华里，南北百五十华里。由东北至西南，三百六十华里，再由东南至西北为三百十余华里。今武川县（可镇）东北经乌兰花之黄羊头处，皆属垦地，除此以外，皆系草地，所称草地者，是"荒地未垦"之意，原来四子王旗南及西南，均至武川县新垦地。总之，四子王旗面积，除曾经报垦隶属武川县而外，大概现在未垦地，约有二千一百余华里（此土地数目据民国十九年的乌、伊两盟十二旗调查时，由四子王旗甲浪张盖之旗土册上参阅的）。四子王旗，僻处塞外，土地宽广，人民稀少，虽说已开垦数千顷地，而今还是一片荒凉之区，真是可称做"荒草平沙地，万里少人烟"，亦可说为上古的社会，又可说是一个最良的畜牧区域。本旗已开垦地，有一千三百六十余平方里，占全旗土地三分之一以上，而本旗人民务农者，不过百分之二三而已。

D　四子王旗之山脉及气候、土质

1. 四子王旗境内多山脉，其重要并藏有矿产者，分述于下。四子王旗东北有什吉冈图山，煤矿极多，尚未开采，因此处蒙人迷信之故，不愿采掘。惟本山设〔没〕有什么森林，亦无巨石林峰。除此山外，有汤山、鹊山、察济里敏坡，均系丘陵，没有什么特产，惟有产硝盐最多，每每于水流所经，自然由太阳洒〔晒〕成如块冰似的结晶块，石硝亦最多，当地猎夫，往往用为制土炮的火药，其效力不亚于由化学方法所制成的火药。此外还有鄂尔克图鄂博、察汗天都尔山、齐克活尔齐山、十一台山、哈集都克山、阿善呼都克山、察奇勒达克山、札明呼都克山、杂谟音野烈活贴山、搭崩乌鲁姑伊把拉山、托托山、托鲁达山、沙巴克图山等，皆在本旗之东北境。

2. 四子王旗气候及土质：四子王旗地处大青山（阴山）山脉以北，空气干燥，雨量稀少，夏季酷热，冬季严寒，而春秋两季，气候变化尤甚：春季气温，当二月间，在华氏表二十二度；三月间，三十四五度；四五月间，在四十八九度。秋季气温，当八月间，在华氏表七十六七度左右；九月间，六十一二度；十月间，四十三四度。惟春季雷发声后及秋季当白露节，气候忽暖忽寒，日间气温升高，日暮则有时降至冰点。夏季亦仅有两月有半，昼间气温，由华氏表六十三四度，渐升至八十一二度，有时亦升至八十九度；惟午暖夜寒，昼夜间温度相差，约在华氏表六十度，其寒暖变化，不测如此，惟在接近民地处，其气候渐有日趋温暖之现象。至旗内之土质，为全部黄土和沙及花岗岩质构成的，北部多沙，南部各地，均有耕种者。此四子王旗气候和土质的大概也。

E　四子王旗交通

1. 台站大道　蒙旗交通，原设有台站道路，此台站为十六世纪时元太祖成吉斯汗西征中央亚细亚及欧洲所设之驿道，相传至今，称台站焉。在四子王旗境者，属于张家口台站。张家口外台站，共有十八，自张家口起西北行，六十华里，至察汗托罗盖；又五十华里，至布尔甲素（即不尔哈素合）；又六十华里，至哈柳图，也叫做"海流兔"；又四十华里，至鄂拉呼都克；又七十华里，至魁素图（一叫做魁斯图）；又六十华〈里〉，至札葛苏（一叫做查哈苏）；又五十华里，至明爱（一叫做绵盖）；又五十华里，至察察尔图（一叫做察集尔）；又六十华里，至沁岱（一叫做钦代），以上九站，皆在察哈尔境。又从这沁岱起，八十华里，至乌兰哈达；又七十华里，至本巴图（一名十台）。接此两站路，经过汉乌拉山，又经陶林县属之土圪乳、土城子、麻呢沟，更西北行，经思格山西南、镶红大庙东北之间，又西北行，乃入于四子旗境。又七十华里，经阴山北山麓，逾察汗夫都尔山、乌兰伊尔哈河、活允活布鲁图（一名十二台）；又五十华里，至乌兰呼都克（或作鄂伦呼图克，即十三台）；又七十华里，至察汗呼都克；又四十华里，至锡拉木伦（或作锡喇穆伦），而十二台至十四台三站，皆在沙漠及南锡拉木伦河东；又八十华里，逾锡里木伦河，至鄂兰呼都克（或［作］叫做乌兰琥图克），入达尔汗旗境；又六十华里，逾一山，至比嘎井、火拉素乌素井、哎克乌苏井、东大乌苏井、阿火个乌苏井、克克明落井、啊乌乌苏井、内旦乌苏井、图哥利哥乌苏井、乌兰托拉海乌苏井、享格科司井，惟蒙地之所谓井，与内地之村落无异。故旅行蒙古，只当问其蒙古包与井，不当问其村落。还有一个条件，即是熟习蒙语，若不懂蒙语，就有译员，亦极难深入蒙古民间，详细考察，此点国人应须明了。其次是蒙地狗为最凶，旅行者必要有相当的抵抗能力，否则可以说不值其一爪。本人在四子王旗曾有二次被咬，幸当时有人，得免重伤。我并非过言蒙地狗之厉害，因蒙古人以此动物，保全家口及牲畜，故每有异乡人至，其主人不止狗，而且更不准至者重击，或至者有损害其狗，即以杀人之罪论之，此亦国人应知。

2. 脑包　所称脑包者，垒石为丘，蒙古俗名叫脑包，或作呶包，皆系译音。蒙古之有脑包，所以识道里，志远近，别方位，并作各旗界限之标识。此脑包或在高山，或在平地，或附近有井，或无井，要皆视为重要之地区。故脑包是有用的，而且有意义的。兹将脑包略述一述，并时带将四子王旗的脑包，也述一下。其在旗境已垦地内之鄂博无伦〔论〕已，即当旗之西北境，有俄落得鄂博，附近有个庙，并有井，此脑包为表示有水及村落。又在西北有俄落可鄂博、哈土特鄂博、桥哈桃鄂博、白印鄂博、察汗鄂博，与外蒙古接界处，有啊尔七格鄂博、哈达图鄂博、阿一各斯鄂博、达拉察汗鄂博、西上鄂博、西拉真胡尔鄂博等，名目紧〔繁〕多，不能备举。此鄂博皆为表认远近，及旗界而设的。此外四子王府之西有合少鄂博，此为一旗人民所共尊，而且每三年有一次祭祀大典礼，此为表示其一部落之人民所忠实尊信的。鄂博〔的〕之意义极广，本人所知如此，略述之，以为研究蒙旗地理之向导。

F　四子王旗旗制组织及职官姓名

关于四子王旗旗制组织，略同前述乌拉特前旗。凡是盟长以下，皆以"诺彦"为首。蒙古行政，以札萨克为单位，亦为一旗之长，由王公〈中〉任命之。所以由旗联成盟，盟者非会盟于某处，而是合许多（合少）旗而成盟，盟有盟长、副盟长等，为其长官，并执行本盟政事。前清统属于理藩部，民国以来，废理藩部后，则统属于蒙藏院，而今则由蒙藏委员会管辖之。现在四子王旗之组织，札萨克一人，札萨克以下有协理台吉二人、合少申克气①一人，并有梅领②、章京等职，其下则有若干佐领分理旗事。每一佐领有孔独一员以佐之。又设催领五六人。佐领数目，各旗均不一样，视地区之大小、人民之众寡而定。然佐领创设之初，均有定额，今则乌兰〈察〉布盟六旗，统计佐领六十二人。其初编制，每一个佐领，辖户一百有五十，或者五十，佐领以下，每十家设什长一人，若满六个佐领以上，又设章京一人。十佐领以上，则设二个佐领。今则为每一佐领所辖有不及三四十户者，此以蒙古气候、环境、地理种种限制及女子之生殖力薄弱，而承祧又只以一子，如有多子，必皆作喇嘛等原因，致使蒙古人口日渐减少，佐领所辖之口数亦日渐减少也。四子王旗内各职员，就事务而言，则协理台吉（即图斯拉格齐），辅佐札萨克，总理一切旗务，甲克气与札楞（或叫作札兰），办理军务，章京管理监狱，和硕梅令，管理赋闲职员，各苏目章盖暨孔独，则处理各苏目民事，笔帖式办理文书，此类职员皆办理四子王旗府邸事务。其办理地方事务者，则有地方梅令，札兰亦管理军务，伊科达，管理村落。伊科达以下有达喇家，管理传达户口等事。以下哈巴、包衣达等名目，均在私邸办理杂务。此种组织，即为各蒙旗行政组织之概况。兹就四子部落旗而言，则札萨克亲王一人为世袭职，札萨〈克〉以下重要职官，有协理台吉二人、札克齐一员、梅林二员、参领四人，亦世职。佐领二十员、骁骑校二十员，比〔此〕外亦

---

① 下文又称为札克齐。——整理者注
② 下文又称为梅令、梅林。——整理者注

有名誉职，助理旗务，均无薪金，在王府办公时，火食由王府供给，在旗公署办公时，亦由旗公署供给。其现今职官名氏：1. 亲王札萨克，名潘德恭札布；2. 图斯拉齐（协理台吉）有二人，一名札巴拉，又一名德旺恭德；3. 合少札克齐，名拉楞什色；4. 梅令有二，一名拉什荼噶尔，一名铁鄂不勒；5. 参领四人，一名硕津密都尔，一名巴林沁，一名巴吉布茂，一名巴图瓦沁尔。各佐领及骁骑校姓氏不明，不备述。以上职官姓名，是本人在四子王旗旗公署内办公室客厅墙上所挂的职员录录来的，并皆由蒙文译成，错误之处，在所不免。

G　保卫之设施

四子部落旗，有游击队二百余名，分驻于各要塞地区，其驻扎王府及旗公署各有护卫军五十名，皆有齐全之新式枪械，子弹亦充足。前述之十六台站道之重要处各驻有一排人，在乌兰花北，小草地畔，连接民地处，亦分驻于汉人村落里，因此地原系四子王旗地之故，每至冬季，此项游击队必至，沿村落驻守，以防地方之土匪扰乱。兵士亦同西公旗一样，皆无饷，男丁除老幼及喇嘛外，皆有当兵的义务，及其服务时期，以十六岁起，四十五岁止，按月轮替，服务日，火食由旗公署供给之。其训练之方式，以骑术为主，追击、冲风、赛跑、套物、骑拾物，以及其他种种骑术，此外向有摔跤、拔河、套马等等。总之，注重骑射，不重视新式操典，如射击教范以及战略图解等，亦概不采用。以上为四子王旗军事的设施，其他小村落中，私人保家之枪械亦不少，差不多每户有男丁者必有一枝。

H　财政及垦殖水利

1. 四子王旗旗内财政之来源，亦与以前所述的西公旗略同，收入口税。此外，亦有地租税，约占百分之九十。每年地租税约一万三千三百余元，其次是水草银，每年约一百余元，收支由旗王总理，不足时，设法弥补。此四子王旗之收入之梗概也。

2. 垦殖及水利，四子王旗，地处塞外，水草丰美，名山巨川，清净皎明，实为一天赋之区。惟今日情况，该旗适应环境，施行报地放垦等农业之事，为内蒙各旗树先声。原计四子王旗，全土为二万一千三百二十四顷有余，现在已放垦者，二万六〈百〉余顷，未开垦者，七百二十三顷，其报垦及放垦现在均归武川县县政府管理，旗之北部皆为牧畜区域，所谓草地是也。虽然现在放垦之地为全旗十分之九以上，而该旗人民从事于农耕者仍无几，盖以四子王旗内，无大河流，虽有乌兰不浪格河及阿拉布巨恩、白属不谷拉河等，却无水利之可言，就中乌兰不浪格河（即乌盟之源名）发源于大青山（阴山）山脉之北麓，直流入外蒙古之土谢图汗部左翼中旗境内，亦无大效用，其沿岸居民虽用以灌溉田亩，亦不过为灌溉该旗旗民所种植之毒物的鸦片烟田而已。总之，四子王旗的河流，不但没有利益，而且有害，此为该旗垦地及水利之概略也。由上二点观之，垦地已放者为全旗十分之九以上，而全旗境内河流又无水利，而有为害之处，更加以四子王旗人民，至今尚不更改其上古游牧社会生活，长此以往，不但没有日常生活，且进而退落于无益社会国家，沦为流落飘零、游手好闲者矣。此为其目前之大问题，关心蒙事者，应有相当之设计才是。

I 教育及工商业

四子王旗教育与文化均落后，又加以人民闭塞，向不求进步，曾闻该旗设立之私塾，除讲授从前中国的《孟子》、《论语》，及《百家姓》等书外，尚有蒙文，并没有什么学校名称，不过最近蒙政会教育处拟在旗王府，设立初级两所，又现今所有旧式私塾，极为幼稚。但是在这里，随将蒙古之语言文字，略谈于下：

1. 语言　蒙古语言乃乌拉尔阿尔泰语系之一，分为三种，即哈拉哈语、哈尔哈语（指外蒙而言）及加尔满克说拍拉底语三种，今内蒙古语言为全属于哈拉哈语。其音底濡滞，其语音略同日本、朝鲜。

2. 文字　在成吉斯汗时，已使用西藏喇嘛巴斯八创造之新字，共五十〈字〉头，每一字头计有七音，共字母百有零五，互相缀联而成文，其写法，返倒而直下右行，称托忒字，今全蒙使用之，惟以不知注重教育，故蒙语虽各地皆通，而蒙文则大多数人民不能认识。喇嘛所诵之经卷，又多用藏文，故蒙文实有日趋退化之势，至于通晓汉文者亦有之，其他识外国文字者，更属凤毛麟角。

3. 商业　蒙民不知懋迁，除天然牧畜之外，寻常多以收获之羊毛、马匹、驼绒作价，以为往来交换贸易之资。换言之，即以此种物件交换日常生活所需要之用具、食器、布匹、绢帛等运自内地之货物。其为此种贸易之商人，多系晋、鲁、冀各省人。此种商人以牛车及骆驼运载新货周游蒙境，易其所产牛、羊、马、驼，闻此种贸易，获利颇丰。

4. 工业　该旗手工业，甚为简易，所产之物，亦则粗鲁，其操作范围，不外以羊毛、驼、牛、马皮等，羊毛制造毛布、毛毡、毛毯、［毛毡］、绒毡数种。［以］又将牛乳制造奶油、奶豆腐、奶果子、奶饼、奶皮子、奶渣子、奶白油、黄油、奶灌〔罐〕头等等，惟此种食品，完全蒙人食用，若用新科学方式，施以消毒、练〔炼〕制，运销于外路，不特为四子王旗之一利源，亦是边地特产之一。可惜人民知识低落，又加交通不便，弃之边陲，实为可惜。

J 习俗及宗教

四子王旗习俗及宗教，亦同各蒙旗一样。故因宗教的普通，而人民之信仰力非常［力］之大，所以每每有因信仰力之深，有蒙人不劳数千里而拜佛敬神者。又以信仰喇嘛过甚，故一切礼俗，尚存固有的。此为游牧民族宗教的特色。

1. 服制　该旗人民衣服与其他各旗相同，有官服、便服之别。官服与前清礼服大概同，不过略有相差处；便服则比较汉服，稍形宽阔。贫民皆用布匹，富者用绢帛。冬季则棉衣或皮裘，男子多以布带束腰，叫做腰带，系以烟袋、餐刀、燧石、鼻烟壶袋等物。亦有长袍不束腰带者，外加背心，类皆剃发结辫。又多手捻佛珠，颈项系佛像，足着牛皮翻底靴。妇女则蓄辫或挽结垂于脑后及耳左右，饰以珊瑚、珍珠、璎珞、玛瑙等物，以为美饰品，两耳则垂以银环，手带手镯，以上所述为处女。若已嫁者，则将发辫挽一结，垂于脑后，头戴珊瑚、银花板，以别于处女。男女衣服，均采自由色，王府不加干涉。又因其日以牧畜为业，故跨马起沙，实属内地所不及。此该旗服饰之概况。

2. 礼俗　亦同前述的西公旗一样，婚礼、葬礼、相见礼等是也。

3. 习尚　蒙人崇拜佛教最深。一般人，口常念讽经，以求佛默佑。四季念经，以冀除罪灾、卜吉凶，其次为召庙跳神（即近代之所谓跃舞是也），以镇妖气。又如祭鄂博时，幼童骑裸体马比赛，有力青年们举行摔跤，女子更有参加跑马，而不摔跤者。在蒙古，女子能力极强，比男子能力高，此其娱乐之一端。马在四子王旗境内，不下数万匹。骼高、耐寒、力足，皮毛皆有天然之色，是不亚于阿伯马。竞马时由群马中撰〔选〕其优者，以善乘者控策竞走，每程不等三五十华里，先至者得上选，并在乘马时不用鞍鞯等物，大概蒙人五六岁儿童即能乘马，至十岁且能乘无鞍之马驰于无际旷野，故多精骑术。此不特四子王一旗为然，各旗亦莫不如是也。

以上所述的善骑者，终日驰行不倦，而以妇人为尤甚。其次角力亦多，于祭礼，或树立旗界牌施行之。角力者（即最近上海全运会参加之摔跤），系负力而斗，以推倒对手于地为胜，胜者获奖。此种鼓励一般人民运动，提倡民族体骼〔格〕，为各蒙旗常见。

K 牧畜

牧畜，在蒙古是惟一的生命线，不特四子王旗为然。在四子王旗，人民全赖牧畜为生。其牧畜种类及多寡，是不容易统计了，大概本旗北部以牧畜为生者极多，而接近农耕地之处则甚少，即有，亦无几家。当本人亲至旗北六里处，则见蒙古帐林立，遍野牛羊，牧畜者所牧养为牛、羊、马、驼等，每户多者千头，少者数百头不等，最贫者亦有二三十头。在此区内，凡男女不论贫富，皆终日跨马驰行，殆无无马者，此亦该旗之异点也。总之，四子王旗，余旅行殆遍，其他四旗，余亦曾经过，对于各该旗之特点乃其他种种，并详加考察，此四旗旅行记续行披露，以饷阅者。

《边事研究》（月刊）

南京边事研究会

1936 年 4 卷 6 期，1937 年 5 卷 2 期

（张敬钰 整理）

位居亚洲高原之外蒙现状

郎教溢　译

　　吾国壤土日蹙，国势阽危，至斯极矣。然追原其始，外蒙独立，首树先声。日本之睥睨满蒙，横行东亚，亦惟借口于防赤东渐，居然以东方安定力自诩，虽属阴谋诡计，别有所属，但苏蒙苟不互相勾结，外蒙断不敢离我独立，既可为东北屏障，复使邻人失进占之口实。即数年来英美各国亦断不至放任日本演成今日尾大不掉之形势，此吾人追维厉阶，痛恨作俑，对于研究中国问题前，所不能忽视外蒙之情形也。兹者，苏俄潜植势力于外蒙，早已根深蒂固。而日人复欲染指绥、宁以为对垒，见我国长城南北，概成异域。痛定思痛，尤使吾人追念外蒙得失关系之重大。本篇具载八月十二日日文上海《每日新闻》，文虽简短，然对于外蒙之现状，除军事以外，包罗无遗，爰取译出，以飨读者。

　　"蒙古人民共和国"面积庞大，山脉横断其间。其北方以伸张于大亚细亚高原之广阔草原构成，全境面积凡一，五〇〇，〇〇〇平方粁。人口约九，〇〇〇，〇〇〇人，大部分为哈尔哈族蒙古人。人民主业为游牧的牧畜业，西、北两部有少数人民从事农业，规模甚小，其农耕地域不过约四百万阿尔（Hectare），所产谷物仅敷国内需要百分之二十五，其余均赖由国外输入。今将其境内职业分述如次。

一　牧畜

牧畜为外蒙人民之主业，以国民每人所有畜类之数量言，蒙古实占世界之第一位，据一九三五年调查，外蒙所有畜类数目如左：

骆驼	五五七，〇〇〇头
牛	二，三五一，〇〇〇头
马	一，七七〇，〇〇〇头
羊及山羊	一七，六九四，〇〇〇头

就本业之将来言，若依照适当之指导开发且无天灾——外蒙往往因严寒及多量积雪致多数畜类冻死——或流行病等灾厄，则每年可有七八％进展之希望。至国家援助方法，如干草刈割——夏季删去牧草以备冬季畜类之食粮——之组织，防寒畜舍之组织，均甚必要。依照此等方法，对于蒙古畜业之将来，可期极大之发展。现在其牧畜业除一小部低量试验的国营外，其余承认个人自由经营，每户所有畜类平均为一一二头。

二　狩猎

狩猎业仅在外蒙边境盛行，其主要猎获物毛皮之年产量如次：

栗鼠	一二〇，〇〇〇只——一八〇，〇〇〇
狐	五，〇〇〇只——二五，〇〇〇
狼	一二，〇〇〇只——一五，〇〇〇
其他	一，五〇〇，〇〇〇只——二，〇四五，〇〇〇

上列各种中，除少数国内加工品外，全部均系输出境外，其大部分多输入中国。

三　工业

外蒙之工业极为幼稚，除小手工业式、半手工业式外，截至近年，尚未见何等新兴工业发展。一九三四年蒙古政府得苏联技术的援助，在库伦设立工业同盟，始着手于工业开发。其计划内容如左：

皮革工场每年生产额	大皮三〇，〇〇〇枚，小皮二〇〇，〇〇〇枚
制靴工场每年生产额	蒙古靴九〇，〇〇〇双，长靴七〇，〇〇〇双
制绒工场每年生产额	罗纱一〇〇，〇〇〇米

此外，尚有羊毛制防寒套工场、羽毛制防寒靴工场以及其他小制产工场。

上述工业同盟为蒙古最大机械的设施，其从业劳动者数一，三〇〇人，内八〇％以上为蒙古人。又一九三三年在外蒙西北部哈特非尔之蒸汽洗毛工场，已开始作每年二，五〇〇吨之洗毛工作，该工场约有工人三百服务，大部分均蒙古人。

四　矿业

蒙古之矿产，至今尚无调查。煤炭散在境内各处，已有小规模之采掘。其中拿莱哈——距乌廊巴特不远——炭坑近年复有机械的设施，每年约出产煤七〇，〇〇〇吨，以供给工业同盟及市民之需用（按该炭坑为外蒙现在稼行炭坑[①]中最有名者，埋藏炭量约三万万布度。——日文译音）。

---

① 原文如此。——整理者注

五　交通

外蒙交通，殊形简陋，如运输上不可少之铁道，亦未敷设。其境内河流可通轮船航行者，有色楞格及鄂尔浑两河——色楞格河经俄领流入贝加尔湖，鄂尔浑河为色楞格河之支流——北境之库苏古泊湖，拔海五，三二○呎，为蒙古最大之湖水，现亦已通轮船航行。全蒙主要交通运输路，悉在陆上。运输机关，有组织的汽车仅占一小部分，多数仍假骆驼、牛车之力。

六　商业

境内商业有国营及私营消费组合（蒙古中央消费组合）。外国贸易为独占的国营。输出品有牲畜、肉、羊毛、骆驼毛、兽肠（主要者为羊肠）、牛油、兽脂、山羊毛及山羊柔毛，其他畜产物、狩猎物等。输入地主要为苏俄与中国，输入品如谷物、茶、绵、丝织物、砂糖、果子、香烟、洋火、石油类、汽车、金属制品等。

此外，蒙古各种经济状况，自一九二一年人民革命以来，已渐强化。换言之，一九二一年革命后，蒙古始解除外国债务之桎梏，就中苦于奴隶的债务之蒙古人，渐脱离中国及俄国高利贷之手而获解救。自外国掠夺的债务及自封建的榨取解放之蒙古境内，遂开始急速的经济发展。例如一九一九年境内畜类数不过一千三百万头，至一九三五年已增加至二千三百万头。又政府为调节一部富裕工商业之租税，对于经济的中层下层级与以援助。国内文化与此等工商业之发达并行，亦臻进步。近年中小学校网既已扩充，现在境内之医疗网亦见增进。

蒙古自一九二一年对抗巴伦翁格冷军全蒙民族发生人民革命，

已解放过去殖民地的从属地位。即照一九二一年最初组织之蒙古人民政府请求，俄罗斯社会主义联邦苏维埃共和国政府当时占据蒙古，并出动扫荡欲进攻苏领之自卫军残党。境内自卫军削平后，蒙古遂建设独立国政府。其最初犹系以喇嘛活佛哲布尊丹巴呼图克图为首领之喇嘛政体，及一九二四年哲布尊丹巴死后，遂改为人民共和国矣。

一九二四年十一月召集第一次国民议会，制定宪法，照宪法规定蒙古政府之形态如次：

国家的共和国政体，不置大总统为元首，全主权在大国民议会及其选任之政府。

又该宪法规定地方、中央选举大国民议会为国家最高统治之机关（每三年召集会议一次），大国民议会闭会中为小国民议会（每年召集会议一次），小国民议会闭会中为小国民议会干部及政府。本年三月十二日与苏俄签订相互援助议定书，该议定书回避抑制战争之威胁，有使"蒙古人民共和国"强化之效果。

二五、九、九

《边事研究》（月刊）
南京边事研究会
1936 年 4 卷 6 期
（侯超　整理）

外蒙古的现状

作者不详

一　蒙古的地势

　　蒙古为海拔平均千米的大高原，面积三百十四万平方粁，约大于满洲三倍，哥比大沙漠的西北称为外蒙古，东南则称为内蒙古。蒙古人在十三世纪初头，成吉思汗席卷欧亚大陆的时候，是非常勇猛果敢的，但自从由西藏流入喇嘛教以后，人民狂热的信仰它，民族性便极端的退化，人口也从一千万激减为二百万，像近代史上所说一样，有民族灭亡的倾向。

　　蒙古气候干燥，灌溉极感不便，土壤内盐分甚多，野草繁茂，故他们的生活为宿命的从事于畜牧或游牧，但追逐水草的游牧生活，不单无计划之可言，而且连要征服某种自然的暴威的企图也没有，竟成为怯懦的民族。

　　他们的一切生活，都是以家畜类为代表的，常吃的为羊肉和羊乳，果子、酒类等亦以羊乳为原料，而鞋、外套、天幕等都是以羊毛、羊皮作成的，因之，他们的应酬上也是用"你家里的家畜好吗？""谢谢你，还好，你家的牧草怎样？"等问答。他们受喇嘛教支配的影响甚深，生活的一切，都极其迷信，牧畜样式全部都很原始的。因为不会贮蓄枯草，到冬天牧羊饿死的甚多，作为他们唯一的财产的家畜数如下：

	内外蒙古合计	满洲兴安省附近
骆驼	二七五，〇〇〇头	九，〇〇〇头
马	一，四〇〇，〇〇〇	一八〇，〇〇〇
牛	一，五五〇，〇〇〇	一七〇，〇〇〇
羊	一〇，七〇〇，〇〇〇	一，六〇〇，〇〇〇
豚	九五九，七七五（注）	二，四〇〇

（注）内蒙古方面是根据一九三三年南京实业部发表的统计

兴安省的一部、西部内蒙古、热河省大部、察哈尔、绥远两省的南半部、外蒙首府库伦附近等，农业显著发达，每年"侵入"内蒙的汉族农民为数甚巨。然而，从畜牧业看来，则无甚可说。又金、银、铜、铁、石炭的埋藏量甚多，堪称富饶之地。但因迷信宗教，不愿采掘土地，所以，矿业上受到非常的障碍。

虽然说的是近代蒙古，但其封建的身份制度还很强烈的存在，此种制度在外蒙古虽已废除，但其残滓，尤其在经济的基础上还未能充分的废弃。

贵族与奴隶，可以二对八的比例来划分：贵族分为王公、贝勒、贝子的爵位，以至有世袭权的塔囊、台吉等一般的贵族，与以喇嘛教构成的特别贵族二者。奴隶是由家奴及平民而成的，家奴是平民的奴隶，也可以说是奴隶的奴隶。贵族与平民是绝对不能通婚，只成为买卖或抵押的对象。平民到底有如何的身份呢？大体上有负担税金、兵役、徭役等的义务，同时有就若干官职的权利。

在这昏迷蒙昧之中，竟透出新时代的光辉来：其一是外蒙古的民众对封建制度宣战，和向非资本主义的方向迈进；其二是以内蒙古的德王为中心的高度的自治运动。对于此种动向，我们非求彻底的理解不可。

二　外蒙共和国的成立

一九二四年十一月，制定了现在的蒙古国民共和国的宪法。在其权利宣言中，规定一切权利属于劳动人民，废止封建的教政，土地、矿富〔产〕、森林、湖川以至其他一切的资源都归为国有，同时废弃一九二一年以前的外债，宣言宗教为各个人间的私事，断然的废止王侯、贵族的称号及特权，政治的最高实权属于大国民会议，闭会期中由中央执行委员会行使。政府隶属于最高执行机关。大国民会议的议员，是照比例的选举法而选出的。

外蒙的宪法，其基调上差不多与苏联一致。这决不是偶然的，该国的指导部队蒙古国民革命党，在其诞生之日，即直接的受第三国际的影响。一九二一年三月，在恰克图创立的党，一开头便以社会主义为纲领。

一九二二年，统一外蒙。二十四年，采用上述那样的划期的宪法，改首都库伦为赤色勇士都，刚踏出外蒙社会主义化的第一步，而封建的残余、新资本主义要素的成长，竟意外的强盛。王侯、贵族的称号、特权等虽被废止，但其经济基础还没有完全的排除。又加上日趋贫穷的劳动大众的不平，新政权遂招来第一次的危机。

以坚专为首领，而要修正党的右翼的指导的反对派，在一九二七年十一月的大国民会议时，一败涂地。到第二年十——十二月第七届党大会以后，才开始支配党的大势。

他们为着拥护外蒙的非资本主义的发展，打算更强固的与苏联提携，同时对于喇嘛财产的处分、农业生产者组合的设立等，都采用左翼的政策。于是一九二九年七月发布喇嘛征伐令，九月十五日起，有的利用贵族、喇嘛的家畜与土地，并发布创立哥尔贺徐（集体农场）的训令。这形势，到了一九三〇年二——四月的第八届党大会，遂树立了蒙古社会主义建设五年（一九三一——三五）计划。

	产业建设费（对国家全部预算）	文化事业费（同上）
一九二八年	一，六二三（一〇·三％）	二，八二〇（一七·九）
一九二九年	三，三六八（一六·九）	四，五九二（二三·一）
一九三〇年	三，九一五（二一·九）	六，八〇三（二五·三）
一九三一年	七，八五〇（二七·七）	七，四九八（二六·五）

这是苏联五年计划的成功所刺激而成的结果，现代蒙古的经济状况，像五年计划所期待的一样。

缺乏急激发展的前提条件，例如，要按照这计划把当时农牧家总数十六万五千户之内（贫农七万九千户、中农七万三千户），在一九三五年中两省合计九万一千户，即全体的五五％哥尔贺徐化，但蒙古的事情是"只有最原始的单纯的集团的牧草的刈入、共同牧畜组合等是有可能的"。

左翼的偏向和克服右翼的倾向同时的萌芽出来。

一九三〇年六月，寺院所有家畜三百三十万头中，约二百万头为国家所有，并且把它编入哥尔贺徐。这方策，不单不能使哥尔贺徐发展，反而使狂热的信仰者及劳动大众，从革命政权的阵营，送到喇嘛、布尔乔亚那方面去。

尤其，一九三一年全部禁止个人商业，把外国贸易归为政府的独占，这是左翼的最大偏向，因为没有替代旧商业关系的新制度的准备，国内商品的流动便告停止。

结果，一九三二年五月，在西部诸地，以旧贵族、喇嘛为中心，勃发了二十余次的叛乱，现政权又逢到第二次的危机。

鉴于叛乱勃发的状势，一九三二年七月举行的蒙古国民革命党的普列拿姆（Prenam），是彻底的批判了"不切于蒙古的经济的、农业的实情的方策，与漠视商业上的特殊性"的左翼的偏向，蒙古国民共和国的现阶段，是"以布尔乔亚民主主义革命，反帝国主义，反封建主义为目标的共和国"。规定渐进的移行于非资本主义的发展之途，切实的克服谬误，断行清党，四万二千的党员中减少了一万二千。在国内可以有个人的商业，为了商品的流通，运输业上承认个人的权利，已经没收了的寺院的财产再归为寺院所有。实行废止一部分的哥尔贺徐，依行政手续而停止及宗教的措置，协同组合的解散或存续，一任于组合员的自由意志。

以上政策的根本改变，是和苏联采用新经济政策差不多。再度容许封建的、布尔乔亚的要素的存在。对于将来及现政权的基础，不会给与何等的影响吗？蒙古国民共和国第三次的危机，事实上在这里潜伏着。

三　当面问题

在苏俄卵翼之下的外蒙政府，它的当面任务是产业建设，强化赤军及确立教化教育，它们以为只有这样才能够克复第三次的危机。

在全体文盲大众间，启蒙运动的速度甚为缓慢，此点是当然的。一九三〇年九月，青年同盟实行扑灭文盲的文化行军，三一年废止了复杂的旧阿拉伯型文字，采用了拉丁文字。但那也是，党员中能够读书的只占四〇％，然而他们对这一方面特别注目，这从国家的预算中，下〔上〕列的文化事业费渐次提高这一点看来，可以知道。

产业建设费也如上述一样的被重视，但现在的工业是以轻工业为主，制革、金属制品、炼瓦制造等虽为中心，但其生产额亦甚少，包含主要产业的牧畜的蒙古的全经济，可以说是依存于苏联，即最近的外蒙贸易，差不多为苏联所独占。反之，在苏联的外国

贸易中，外蒙是次于英、德的第三位的交易国。一九三四年一月
到十月，两国贸易额是表示如下的数字：

从苏联到外蒙	四〇，〇二〇（千留）
从外蒙到苏联	一二，〇八六

一九三四年末，缔结两国间的通商条约，故今后两者的关系当
更紧密。

外蒙国民赤军在第七次党大会反对派胜利以后，改称为国民革
命军，受苏联赤军将校的近代训练，成绩优秀者便入士官学校，
更高的高等教育便入莫斯科的陆军大学。

外蒙赤军，主要的是由骑兵部队而成，政治教育方面与苏联赤
军同样，不但需要从幼时便熟习骑马，并且素质方面亦需要合乎
理想的。其兵备大概如下：

（一）首府库伦是拥有一个军团（三师团，七三四四名）、战
车八辆、飞机八架、多数装甲自动车、飞行场二个、化学兵器工
厂二个的军备。

（二）桑贝子有联队一个、骑兵约一千名、山炮六门、大型野
炮三门，兵十五名连轻机关枪，每小队（三十六名）有重机关枪
一架。

（三）乌哥姆尔，散比斯的第一支队，骑兵五百、野炮一八。

（四）哥尔芬巴印，散比斯的第二支队，骑兵五百。

（五）耽斯克，散比斯第三支队，骑兵约六百、炮兵一个
大队。

据一个报纸所载，在一九三四年度，有步兵一万八千人、大炮
四十二门、高射炮七门、轻机关枪二百四十架、重机关枪百三十
架、飞行机十二架、坦克车十八辆云。在同地的苏维埃飞行场，
驻屯空军一中队。但三四年春以来，由外蒙政府之手，扩张到有

收容能力二百台上下的飞行场。

（摘录一九三五年十二月二十八——九日《时事新报》）

《新中华》（半月刊）

上海新中华杂志社

1936 年 4 卷 6 期

（张爱麾　整理）

察北的现状

方　晦　撰

一　导言

近日喧腾于报纸上最令人担忧的消息，便是察北、绥东的一再紧张，岌岌可危了，从报纸上我们可以看到伪匪军的积极配置调动，屡次进扰，在不久的将来，便要来个大的变动。

我们知道现在察北和绥东的被扰，并不是偶然的，实是某国满蒙政策表现中的一步，盖满蒙政策早已成了它灭亡朝鲜后的国策，时时刻刻在伺机发动，所以于世界经济恐慌声中，首先攫得东三省与热河，巩固它的侵略根据地，又继续进占了多伦、沽源。因为所谓满蒙，不仅限于东北，并包有宁、察、绥等旧蒙古之地，所以在取得东四省后，即移兵察北，而进窥绥、宁，同时在侵占的地方引出一般傀儡，以作其障眼法。这样不断的逐步进展，以求其满蒙政策之完成。

我们知道某国的目的不仅限于实现其满蒙政策，同时还要以此防御苏联，盖自沈变以后，某苏两国的冲突日趋尖锐，各自积极配置队伍，策划战线，在某国的计划是要将张家口、多伦、索伦、呼伦四个地方作成它的军事根据地，设一旦战事爆发，便可以用最高的速度进攻库伦，直捣贝加尔湖，纵分西伯利亚为二，使苏联不得逞进。而苏联便针对着这个军事策略，积极在外蒙南部从事防御设施，不但可以使某国进窥库伦受到阻力，并且还可以粉碎它的整个满蒙政策。某国知道这一着的利害，所以又极力地将战线延长起来，从察北一直向西展开，经绥远、宁夏而至甘肃、青海的北部，这样对苏便成了大包围的形势，可以不再受到压制。

某国的进窥察、绥，不止是要完成其满蒙政策，实在还有防御其最大敌人的作用，在这双层意义之下，而察、绥以至宁、青的失陷，都不过是时间迟早的问题。现在察北的不属我有，并不是某国侵略的停止。我们应当速筹固边之道，否则国难将与日俱深，而领土却将与日缩小了，笔者生为察人，爰就所知察北现状，略述一二，以供关心国事者之参考。

二　察北的沿革

察哈尔本蒙古语，到民国后仍然沿用着，前几年政府曾一度拟议改为"朔宁"省，但后来没有实行。

察哈尔省由三大部组织而成，一是北部的锡林郭勒盟，一是中部的察哈尔部，其一便是南部的十县。民国初年，北部的锡林郭勒盟隶属于内蒙古；中部的察哈尔部是和现在绥东的兴和、陶林、集宁、丰镇、凉城等五县合称察哈尔特别区；南部的十县属直隶省，称口北十县。民十七年，北伐成功，全国统一，将锡林郭勒盟、察哈尔部（将兴和、陶林、集宁、凉城、丰镇等五县划归绥远）与直隶之口北十县，合成今日之察省，面积八十三万方里，人口三百余万。从地图上看，察哈尔有那么大一块土地，但实则大部荒芜无人，如锡林郭勒盟和察哈尔两部即是，较好的地方仅有南部十县，而这十县在直隶省时，原以硗薄闻名的，现在就以这十个县来担负着一省的政费，支持着一省的门面，至于锡林郭勒盟和察哈尔部，今已成了特殊区域，便是现所谓的察北。

察北在古代历史上便久已为边患最多的地方，周时的猃狁、汉代的匈奴、唐代的突厥、宋朝的契丹，都曾经占据其地，及至元朝兴起，统一了中国，便在察北置了上都、兴和二路，统于中央，明代又改称插汉，至清初康熙时平定喀尔喀之后，于其地设置哲里木盟、昭乌达盟、卓索图盟、锡林郭勒盟、伊克昭盟、乌兰察布盟等六盟。锡林郭勒盟，凡分乌珠穆沁部、浩齐特部、阿巴噶部、阿巴哈纳耳部、苏尼特部等五部，监〔盟〕有盟长，部有札萨克以统其行政之权，锡林郭勒盟现在名义上的盟长是索王，大权则完全操于副监〔盟〕长兼乌珠穆沁部的札萨克德王手中。

锡林郭勒盟南部的察哈尔部，本是元朝的后裔占据着，传到林丹汉时，为清所灭，其子孔果尔额哲率其部下受清册封，康熙时改建正红、正黄、正蓝、正白、镶红、镶黄、镶蓝、镶白等八旗，每旗设一总管，处理行政事宜，上设一察哈尔都统，统治八旗的行政。民国以来，汉人移殖渐多，蒙人也多汉化，遂将旗改设县治，现已设立的有商都、康保、宝昌、沽源、张北、多伦等六县，与崇礼、尚义、化德等三设治局。

三　察北的失陷

热河继三省失陷后，多伦、沽源便随着热河而丧失，李守信的军队驻在这里，去冬更进一步侵占察北六县，开始侵扰绥东，当时因华北正酝酿着某种自治，某方认为只要自治成功，察、绥便可唾手可得，遂又中止侵绥。那时察北已无中国军队，只有几个保安队维持治安，各县长也都撤换了。今年春，某方又要求以长城为界，伪军驻扎于大境门，后经双方一再折冲，伪军仍退回张北，但并限制中国军队不许越过汉诺尔坝，从此察北六县便形成了一种特殊区域。

今年一月，卓世海改八旗为察哈尔盟，在张北设立盟政府，自任盟长，定年号为成吉思汗纪元七三〇年。其后德王在嘉卜寺（化德）成立了"内蒙防共自治军政府"，察哈尔盟就归并其中，包悦卿、李守信、卓世海等分任军、师长等伪职，积极扩充军队，准备侵扰绥境，从此整个察北便实在完全丧失了。

四 察北的现状

（一）军事方面 察北的军队完全统属于伪"内蒙防共自治军政府"的参谋部，这个部长名义上是由李守信担任，握实权的却另有人在，主要的部队，计有伪内蒙古第一军李守信部，比较着最整齐，有三千多人，枪械也齐全，现驻于宝昌等地，便是此次进犯绥东的主力军；有伪内蒙古第二军宝德勒额部，约二千余人，是新近包悦卿从热河招募来的，纪律最坏，枪械也不齐全；有伪边防自治军于子谦部，共五六百人，枪械二三百枝，完全是察省旧日的土匪改编成的；有伪西北防共军王道一部，共二千多人，纪律很坏，并且都有鸦片瘾，这次进犯绥东阳高，被绥远军打的落花流水，王道一同被枪决，余众归由王英统率，现伪方最感觉兵力单薄，积极扩充军额，已开始向各县征集，每乡要七八人之多，人民甚苦，无法应付。

（二）政治方面 行政的最高机关便是所谓那个"军政府"，设在化德（伪方现改称德方〔化〕），设主席一人为云王，副主席二人为沙王、索王，形式上握大权的是总裁德王，其下辖有察哈尔盟和德化市，察哈尔盟长是卓世海，德化市长是李守信，各县县长多由土豪把持。察北本是荒凉之区，已开垦的地，近年又大半荒芜，这样层层的政治组织，其政费的来源，除了仰仗伪满洲国的纸币接济外，便是极力增加人民的负担，增立许多新奇的税名，同时对外实行经济封锁政策，食盐、马匹出口，多受到了很大的限制，因而百物昂贵，金融紊乱，人民生计，无法维持。

（三）教育方面　察北本无教育之可言，过去仅有察省政府强迫设立的几处小学，学童又很寥寥，出外就学的几乎无人，自伪组织成立，凡出外求学的，除了觅具铺保以外，来往还得受很严厉的检察，防范的十分严厉。至对内教育，完全禁用中国教科书，通令必读四书，由一般教师自撰教材，民族观念、爱国思想，一点不能有，教师完全是一些高小毕业的学生，他们时时防备着人家的监察，迎合着人家的心理去作，这是多么可怜而又可叹的事呢！

（四）社会方面　凡人口、枪枝，以至牛、羊、鸡、犬，完全登记。强迫各县成立俱乐部，内部设置各种赌具，因之倾家荡产的人很多，伪官方在里面抽取很大数额的税，此外娼妓很多，吸毒不受一点限制，实行烟、赌、妓灭亡中国人种政策。农民因别种农产不获利，纷纷种植鸦片，伪官方因之征收很大的税收，所以最极力奖励种植鸦片。近来伪满银行又拟投资七十万繁荣察北，这样将来繁荣之后，恐怕察北人民已经一个不生存了！

五　结语

现在察北人民已经步东北与冀东同胞的后尘，走入了地狱之门，如此下去，而察南、绥东、宁夏、青海，也将要先后步察北的后尘。希望我们的政府及负守土责任的地方长官，起而抗拒，勿使敌人再侵进一步，勿使我们的领土再削去一寸。同时我们全国民众，一致起来准备武装抵抗，免受敌人铁蹄的践踏！

十一月六日

《西北论衡》（月刊）
北平西北论衡社
1936 年 4 卷 8 期
（张婷　整理）

察绥杂记

子 青 撰

察、绥僻居西北，山岭丛错，风沙障天，素称贫脊〔瘠〕，加之连年天灾，迭遭匪患，与鸦片之流毒日深，生气毫无。然人民生活简单，诚朴耐劳，故能不避艰苦，努力上进，各省当局亦能积极建设，开辟公路，设立工厂，不遗余力，数年之后当可有一翻〔番〕新的气象，兹将其生计状况及一般习俗缕述如左，以作关心边事之参考。

一、生活 农产品因气候不适，地质松软，出产绝少。牧畜业固守旧习，不知改良，毛质、皮质均极粗劣，货价甚微，且昧于保护，每年因瘟灾霜雪死亡者，几占半数，故人民生活率多贫乏简陋。加以鸦片充斥，十人九吸，金钱外溢，怠于操作，尤为致贫之机。居室为极简陋茅草小房，大富之家仅以彩色涂其炕壁而已。至其饮食，普通食料，日常多为荞麦、莜麦、小米（即谷）、山药（土豆子）等物，中等以上人家间食麦面，而机器面绝少。肉类以羊、牛、猪、鸡为最普遍，但一般农民，平日亦鲜有食者，迨至新年佳节，始稍备以作馔肴。蔬菜以葱、蒜、萝葡、山药粉为最普遍，察哈尔之荜辣（注音）蘑菇，绥包之黄河鲤鱼，又为特产，其他如山珍海味至为稀少，甚至为中等人家毕生所未见者。衣着多系土布、羊皮，如粗洋布、市布则均来自津、沪，自平绥通车以后，洋货充斥，渐趋奢靡，人造丝、花布、俄国标等一变而为普通衣料，土布已摈出市场无人闻问，羊皮袄因气候关系，尚能挣扎，较之前数年亦见微弱矣。但穿着绸缎、丝织品者实百无一二。婚丧之时，亲友亦互相庆吊，其所持礼物，普通不过二角钱，最多亦不过四五角而已。间亦有用整羊者，多系联合数人而为之。婚丧之家，无论贫富，率多用鼓乐，以嗦呐（小形啦〔喇〕叭）吹各种戏曲及时调，酷肖神似，实为他省所无者。辞岁，户前各堆置大炭（煤），燃烧竟夜不息，谓之烧宏运。娶新妇者三日内，任人入室瞻视，不加避忌，此亦奇俗也。新年庆贺，饯行，接风，亲朋宴会，与各地无异，但馈送均甚简单，主人款客亦极潦草，人民生活之贫乏，亦可概见矣。

　　二、妇女习俗　察、绥妇女语音虽略有不同，而躯干高大，体魄壮健，尚无二致，这大概是受气候的关系。但她们仍保守着惨酷的金莲，使它不能自由发展，所以操作方面，远不及南江女子，这是最可惜的。我们也曾见到有很多的妇女，和男子一样的去耕田，管理牧畜，驱羊载驼，待人和蔼诚朴，作事非常勤劳，遇有客人，留饭问茶，毫无一点奸滑气质的，那便〈是〉蒙古妇女了。察、绥妇女对于儿女多取严格制度，常常与儿女以过分的责罚和苛教，因此多养成畏缩的习惯，使儿童无胆量和别人竞争，惧怕一切权威，失去了创造兴趣与自主的能力，或者造成反叛的心理。因为他们在幼年时处处服从，等到年龄稍长，便会公然的反叛，与一切威权也许都生发同样的心理，结果处处不与人合作，任性自为，察、绥两省之土匪如毛，这也是最大的一个原因。她们的脑海与逊清时代毫无变更，她们是被动的，她们认为治理家庭与生育儿女，和服从丈夫是应该的，作贤妻良母是她们合理的天职。她们一切委曲和不能解决的事项，全都诿之于神，所以察、绥两省奸杀事件是很少见的。她们与内地一般妇女都是一样的慕虚荣，好修饰，自洋货充斥，她们衣服也变成了红的，花的，鲜艳的，质料虽有不同，对于时髦的趋向则无轩轾，因之截发、天足的，日见其多，同时各娱乐场亦增加了坐位，她们嘴唇上亦常常有纸烟的痕迹，乡村的还是用驴子、牛车来代步，城市的完全变成了人力车的雇主。她们对于婚姻完全听从父母之命，自由恋爱还是认为不道德，就是女学生，也都是羞答答的见着男人不肯把头抬，但食色性也，也须〔许〕多幽昧事情，随时演出，便作了有闲阶级的谈话资料。

三、牧畜业　察、绥原以牧畜为第二生命，数千年来游牧生活既成习惯，且富经验，在全国在世界，谈到牧畜，亦必首推察、绥。但我们实际调查，横断东西，只有一望无垠的沙漠和草原，从见不到大部的牧群。我们又据实业部统计调查表来看，察、绥牧畜数目字且逊于他省，察、绥牧畜业之低落，尤足使人惊疑。探其症结，约有以下数端：（1）天灾与人祸——每年寒期过长，夏季雨水无度，天道反常。即以江南而论，南京从不降雪，年来则连绵不止。大沽口被冰封锁，会使轮船失踪。长江失险，黄河决口，几尽全国之力犹未能抑止。察、绥地居高原，素称苦寒，缺乏河流，雨水汛澜，为灾之烈，概可想见。再加年来国家不靖，军阀专咨〔恣〕，土匪跳梁，备遭蹂躏。谈到骑兵，却注意到塞北，军队赶来一群，土匪劫去一伙，犹如秋风扫落叶，不净不止，似此竭泽而渔，牧畜业从何谈起。（2）兽疫流行——人民对于牧畜，一任其自生自长，遇雨不设遮避，遇雪复任其积压掩埋，冷暖失调不匀，瘟疫自易于流行。夫牧畜事业，先使畜类生存，方能谈到繁殖，然后再研究改良，所以根本设法防止兽疫，正是发展牧畜的先决条件。现在姑无论用科学方法来抑止兽疫，即通常应有之设备，亦付缺如，是以每当兽疫流行，任其倒毙，全年损失何可数计。（3）狼祸——阴山之狼，可称罕有，因其残杀牧畜，食料肥美，所以体质高大，性极凶悍，见者寒战肉麻，可称为塞上奇祸。据土人云，每年牧畜，被狼残食者，几占百分之三十五，土人误于迷信，反奉之为神兽，猎取杀食，概所不计，此诚牧畜之横灾，兽类之奇祸也。（4）畜种不良——畜种不良，繁殖慢，管理难，质品亦恶劣不良，所以改良牧畜，必须尽先改良畜种，予以分别配合，不使混杂相处，则繁殖、管理、饲养以及产品等等方可渐臻佳境。察、绥农民，智识锢闭，株守成习，听其自然，已如前述，因此现有各项牲畜，都是混杂不堪、品质不良的。（5）饲料不足——农民对于牧畜，不知预先储蓄饲料，自春徂冬，均驱之于原野，任其自食自饮，所谓秋高马自肥也。迨至冬春草衰，或被冰雪积压时，则牲畜无所得食，因而饿毙者不知凡几，其残余者，已赢〔羸〕瘦不堪，畜类所遭之危运如此，牧畜事业宜乎其微。总以上数点，察、绥牧畜业之衰退，不为无故，现在各当局亦甚注意及此，竭力提倡，察哈尔省设有张家口种畜场，绥远萨县设有新农试验牧畜部，然而大厦将倾，一木焉支，杯水车薪，匆能济事，肺病第三期察、绥事业，实足令人不堪言喻。

四、工商业　人民多不习商业，大都因无充实经济力量和贸易常识。工业以地毯、皮货、毛毡、毛布等为大宗，他如木石、麻絮等手工业间亦有之，但零星散漫为数无多，此工业之不发达，商业自然落后，兹就现有者，杂述如下：

（一）商业

（1）地毯——所谓裁绒毯者是也，以线作经纬，用色毛线丛集经纬之间，与制牙刷业者略相似，按照图样，作成兽禽花木，人物山水，极为精妙，而以包头产者为最佳，绥远次之，张家口为尤次，每英尺价洋约一元五六角不等，毛分春秋，线讲松密，此则非内行人所〔不〕能知也。近平、津多用机器线制成，光泽美丽，式样新奇，尤非包、绥所能望项背也。现毛价飞涨，业此者多赔累不堪，大有江河日下之势，若不急图改革，必至一蹶不起，诚为可惜。

（2）皮货业——以张家口制者为最佳，洁白柔韧，轻暖绝伦，所谓北古〔□〕筒者是也。每当春秋之际，溪边水渚洗晒皮件者，触目皆是，光背赤足辗转于泥水之中，旁观者谓其深得天然之乐，而不知操作者之困惫欲死也。硝晒之后，制成各式裘料，运销国内外，向为出口大宗，今则外销停滞，国内受经济影响，无人过问，危运临头，一落千丈。其他粗糙皮件如老羊皮袄、皮被等项，因北方风寒，价又奇贱，尚能维持。

（3）蛋业——鸡蛋亦为西北特产之一，居西北农民生计重要地位，因地寒水浅，农作物所得极微，致有一夫千亩不得温饱之概，处在广大的原野之中，遂联想到养鸡之道，故蛋业极为发达，鸡亦奇贱，凡至西北者类能知之。近受外商敌抵，出口日微，据业之者谈：民十五以前出口总数约占百分之八十，近则不及十分之一，故价格低落，养鸡者亦日见其少，加以匪患连年，鸡种几断，所产亦极微矣。

（4）其他　毛布〔毛毡〕创自近年，料虽精良，制法粗劣，故不为一般人所注意，且只限绥远一隅，出货极鲜，现虽设有较大之工厂，仍难与舶来品抗冲，恐亦不易发达。次如毛毡，分黑白两种，温厚坚韧，以之铺地、铺床，最为适宜，其精良者，亦整洁可爱，惜国人不甚注意，乏人提倡，明珠暗投，物亦有不幸也。再次如毡鞋、毡帽等项，益无商业之价值矣。察、绥工业如斯，商业亦因风变色，日渐衰颓，外来商品，因农民生计艰难，无力购买，均不甚畅旺，只图维持现状而矣。

（五）评论　年来开发西北的声浪，充破耳鼓，以述者所知，察、绥农民生计，牧畜、工商业衰落如斯，甘、陕、宁、青，形成鲁卫之政，无甚差别，言开发当预计其利之所在，言振兴当知其症之所结，今调查西北之书籍，连篇累读〔牍〕，牧畜如何众多，土地如何广大，可移民若干，可牧畜若干，对于土住农民生计毫未计及，对于农作物之产量亦未打算，一夫耕四千亩，数口之家，未必即得温饱，王英有田数十万亩，人称老财，若以国币计算，罄其所有不过六七万元而已，农作物产量之低微可想而喻。以现有之人口，分配可耕种之土地，则所余者甚微，至于牧畜、造林，因原野广大，固可兴办，但一时之间未必能容多人。汉赵充国曾移民十万于今之五原，上下二千年，以现在汉蒙合计，总计人口不及十五万而已，且均凋零不堪，症结所在，实有探讨之价值，倡言开发者应注意及之。

《新蒙古》（月刊）

北平新蒙古月刊社

1936 年 5 卷 1 期

（李红菊　整理）

察绥的分析

胡守恒　撰

一　察、绥的人口问题

人口是立国三大要素之一，而人口之多寡，直接有影响于国家民族之强弱，尤其是在这列强侵略最急烈的时候，人口较多的民族，可以同化及吞并人口较少的民族，这是自然的道理，如印度、朝鲜、安南的沦亡，是个良好的证明。我们来看看欧美诸强，一刻不停地在提倡生育，兴办卫生事业，又因科学昌明，医学亦随之而进步，他们为的是求人口的增加，据过去百年内的调查，美国增加十倍，英国三倍，日本也是三倍，俄国是四倍，德国二倍半，法国也有四分之一，是以图强种富国，永远能维持他们民族的生命。然回顾我察、绥人口，实在是使得我们的惭愧和害怕。现在我把最近调查的结果，与清初人口的比较，列表于后，就可明白二省人口的增减情形：

察哈尔旗盟人口的比较数

盟旗别	清初人口	现在人口	减少数目
察哈尔八旗	四六，五〇〇	二三，三四六	二三，一五四
锡林果勒盟	八六，二五〇	三六，八〇〇	四九，四五〇
总计	一三二，七五〇	六〇，一四六	六二，六〇四

绥远盟旗人口清初与现在之比较

盟旗别	清初人口	现在人口	增减数
乌兰察布盟	三九，〇〇〇	四三，七五〇	增四，七五〇
伊克昭盟	二〇六，五〇〇	九三，一三三	减一一三，三六七
土默特旗	四五，〇〇〇	六〇，四三六	增一五，四三六
总计	二九〇，五〇〇	一九七，三一九	减九三，一八一

从上面二表观之，可知清初二省人口合计，凡四二三，二五〇人，但在这二百年之中，竟减了一五五，七八五人，在这很短时间内，就减少了这么惊人的数目，常此以往，真令人不寒而栗！但推究它的原因，就是中了满清政府的毒药，因为满清深怕蒙古民族的繁荣，为谋永远防止他们反动计，就利用喇嘛教来柔化蒙民，愚弄蒙民，奖励蒙民做喇嘛，以加速他们人口的减少。此外由于蒙民的智识幼稚，生活恶劣，不知改善卫生设备，更不知提倡医学，受外人的同化和侵略，诸如此类，都是其人口减少的原因。

现在二省人口的稀少，真是罕闻的。察省面积为八十万方里，而人口不过一百九十多万，平均每方里二人强。绥远面积为一百二十万方里，而人口二百二十多万，平均每方里不到二人。今后我们欲求二省人口的增加，唯有希望在这新旧交替的齿轮，不断地向前推地〔进〕，而我蒙藏委会当局，亦应负起责任来。第一步整顿喇嘛，因现在的喇嘛，本身也感到弊病百出，甚有诋其荼毒过于马啡雅片，洪水猛兽，而希望早日除根。其次为提倡教化，利用文化力量，来改良和兴办卫生事业，防止外人的侵入，则蒙民前途，庶几其有豸乎！

二　察、绥的特种矿产

察、绥的矿产特丰，且种类甚繁，号称为内蒙的富源。在绥省者，如归绥与兴和的石墨，固阳与集宁的云母，武川县、白云鄂博和固阳县公义明村的铁，和大青山的煤，都是非常著名的。在察省者，如延庆大沙岭的金子，龙关与宣化烟筒山的铁，宣化王家楼的硫磺。但二省的特种矿，首推天然碱（通俗名称），或天然曹达，或炭酸钠（科学名称），其分子式为 Na_2CO_3，这是一种非金属的重要矿物。

天然碱的用途　如制面食、造玻璃、洗衣服、染颜色、制照相药品。察、绥人民用来洗涤羊毛，造纸张，生铁翻砂，石油之精制和软水之制造，此外如氰化纳与铬酸钠等化学品，莫不以天然碱为基本原料。

天然碱在二省的分布区域及产量　现在世界上产天然碱的地区很少，以北美、埃及和非洲南部为最著，但产量不多。在我察、绥二省者，不特产区广大，且碱质精良，惜不知用最新式的方法去提制，故不能和洋碱相比，且产量亦少。现将二省的著名产区，和每年产量分述之。

在察省者　其最著名的产区凡四：（一）依克达汗诺；（二）巴格达汗诺，以上两诺，面积约三十方里；（三）科多多诺，面积约四十八方里；（四）乌木克诺，面积约七十方里。上面四区的产量，在民国十五年以前，每年可产七百余万斤，但近年来，因为洋碱充斥市场，故销路日蹙，产量渐少，年产不过一百万斤，最近二三年来，不过五十万斤。

在绥省者　本省著名的产区，亦可分为四处，尤以伊克昭盟鄂托克旗为最，兹条述于后。

（一）伊克昭盟鄂托克旗　本旗内产区可分为十余处，试举其重要而碱质最佳之数区于下：

a. 察汗淖　又名碱湖，其周围约二十余里，碱质甚佳，每年可出净碱达一百万斤。

b. 小钠林淖　周围约十里，位于旗府东北八十里，碱质甚佳。

c. 大钠林淖　周围十二里，位于旗府东北七十里，碱亦甚精良。

以上两淖，年可出净碱五十四万斤。

d. 哈吗太淖　周约十五里，在旗府东约二十里，全年可出质精之净碱达五十余万斤。

（二）伊克昭盟乌审旗　可客淖为其代表，产量不多。

（三）伊克昭盟杭锦旗　固尔班稻图池（固尔班，蒙语"三"之意，当黄河南岸，三池相连）。

（四）丰镇县第二区大海滩之岱海泊　即古之葫芦海，又说为诸闻泽，北魏之旋鸿，南北长二十里，东西宽七十里，每年产碱约一万四千斤。

天然曹达（天然碱）生在湖内，每年秋后湖水结冰，天然碱即附结于冰下，为白色之结晶体，蒙人击冰以取之。就原料方面说，确是一种大的富源，已无疑义；但依营业方面说，因范围日形缩小，天然淘汰，大有今衰昔盛之感。今后补救的方法，在积极方面，宜培植基础，利用原料，推广销路；在消极方面，改良制造，减轻成本，最好派国内矿学家、地质学家和研究碱业专家，前往调查测量，以为改良设计的张本。

三　察、绥人民的家庭经济生活

说到现在察、绥蒙民的家庭经济，可以说窘迫到极点。他们在清代三百年间，过的是太平日子，但一到民国前后，历次均为兵匪骚扰，连年亢旱，和国际经济的恐慌，影响于皮毛价格的低落；同时因政教制度的腐蚀和剥削，现在一般中产阶级以上者，已有破产的危机。至于一般无产者，那更窘迫得不堪言喻，自亦无从估计。他们的家庭经济，可分为纯农、半耕农、纯游牧三大区来说。

一、纯农区　本区人民的家庭经济，是依各家庭耕地面积的大小、牲畜的多寡为转移，现在假定一家有八口，三个是壮男，从事于耕种，其余老幼管理家事，养育牲口，其家庭经济的状况如下：

（甲）主要产业　耕地十五"天地"（此为计算土地之单位，每天地值七十元），牲口，牛四、驴二、马一，以上合计大洋约一千三百元。

（乙）收入　粟七"天地"，得二十八石，约值三百元，高粱三"天地"，约得十二石，值八十四元，荞麦二天地，约得六石，值银五十元，其他如杂谷、蔬菜等值百元，以上共收入五百三十四元。

（丙）支出　主要食料，约二百八十元。其他如衣料、种子、租税、雇工、敬神、念经、房屋修理，及农具补充、燃料等费，约二百元。以上共计支出四百八十元。

收支相抵，尚余五十四元。

二、半耕牧区　设一家有七口，二男耕种，余则管养牲畜，其家庭经济状况如下：

a. 产业　其财产设有耕地数"天地"，蒙古包二，约一百五十元。家具、农具，约值一百二十元。牧畜，牛二十头、羊三十、马五，以上合计约一千一百元。

b. 收入

一、牧畜　牛，设产六头，除死亡外，可得四头，每头二十元计之，共得八十元。羊，年产十头，除死亡外，可成长六七头，其羊毛、皮及羊，价值二十元。马，倘若年产一头，长大后可值三十元。

二、农产物　最主要者，为糜子，年得八九石，除消费七石半外，其余交换布匹、食盐，但所余量甚微。共计收入约一百三十元。

c. 支出

一、食料　其主要食品，均能自给，但其他嗜好品，及副食品等之消费颇不小。如烧酒、糖、茶砖、烟草、小麦粉、麻油、糕饼、蔬菜等，约值三十四元。

二、衣料　布匹、靴、帽子、丝、装饰品，约二十七元。

三、家具及农具补充费，王府赋税等，约三十元。共计支出凡九十一元正。

收支相抵，尚余三十九元。

三、纯牧区　本区农民完全以畜牧为生，如锡林果勒盟各旗，现在假定一家有八口，除小孩二口外，其余均能牧畜，其家庭经济状况如下：

a. 产业

一、财产　蒙古包（蒙古居住之所）四个，每包值八十元。其他如一身应用家具、牛车等，约值三百五十元。

二、牧畜　牛，四十头，马，八十头，羊，一百头，约值二千八百多元。以上共计三千一百五十元。

b. 收入　牛，约一百三十元，马，约一百二十元，羊，约五十元，共计约三百元。

c. 支出

一、食料　主食品亦能自给，其余消耗品、副食品、嗜好品，如烟、烧酒、茶砖、砂糖、豆麦面、麻油等，约值五十元。

二、衣料　布料、靴、装饰品等，约值六十元。

三、家具补充、蒙古包、车辆修缮、王府赋税等，约八十元。以上共计支出一百九十元。

前面所述，不过是少数中小资产阶级经济生活的概况，和大略的估计，但近年来，因为无产游民、匪盗充斥社会，加之王府的收〔搜〕括〔刮〕和剥削，所以他们现在的经济生活，真是每况愈下，值得我们寒心的！

四　察、绥的农牧

a. 二省的农业

现在二省的农业，还没有脱离初民时代的风度，刚由畜牧时代，进到农业时代。在畜牧时代，生活、居住没有一定，全赖天然的草原，以畜养牲口。现在已有一部分进到农业生活，首先从事于开垦，但初时因为蒙人畜牧的自由生活，习以为常，不愿开垦耕种。清初顺治年间，虽曾奖励垦荒，但只限于本部各州县卫所，尚未顾及塞外游牧区域。至于二省的垦务，可分为四期。

一、初垦时期　清康熙八年（1669）时，以国家承平日久，生齿日繁，遂谕令宗室、官员、兵丁，"有自愿耕种口外荒地，由其都统资送，按丁拨给"。此仅限于宗室、官员、兵丁。至康熙十四年（1675），察部据义州造叛，后清兵讨平，乃移其八旗兵分驻于大同、宣化外，与各牧厂壤地相错，以制压其势，将兵化为农，这是中华民族寓兵于农之良策，其主要目的在防止山西、陕西、外蒙百姓的造反，并可以节省国家的经费。雍正元年，复颁诏令，命督抚以下的官吏，加以劝导，督促人民开垦，旷土随他们相度相宜，自垦自报，并于是年设总理大臣，专司口外报粮编审。乾隆十五年，并丰镇、宁县为丰镇理事通判厅，管理边外官地，及察哈尔正黄西半旗、正红一旗，蒙古与人民交涉事务，属山西大同府。乾隆三十二年，准太仆寺牧厂空地，招民开垦。三十四年，丰镇、宁县二镇，报垦一千五百五十五顷七十亩（《清通典》卷一）。三十九年，丰、宁二庙，报垦二万一千五百五十五顷（《清通典》卷三）。

本期中二省垦务，似乎突飞猛进，惜政府只许开垦空暇地区，不许侵入蒙古游牧界内，以维蒙民生计，免生冲突。但口外空地有限，日久大感供不应求，而移入者，源源不绝，于是私垦的风气大开。如光绪八年六月，谦喜等奏称："卷查口外旗群空闲官荒牧厂，早经奸民私垦，日盛一日，游牧地方，亦多为席卷蚕食，然阡陌相连，既成熟地，而呈报升科，终多隐匿……据旗群各总管的报告，本属游牧界或越界私垦者，实不乏其人……这般田户人民乘隙偷垦，已成习惯。"

二、盛垦时期　清光绪二十八年，设有垦务督办大臣。六年间，左右两翼地方，共清丈约二万六千余顷（《绥远概况·第四编》第一页），考其略情，查得大臣奴才督办蒙旗垦务，设总局于归化。是年五月初一日开办，其丰镇、宁县，系办察省右翼垦务，旧有押荒局，设于丰镇，嗣因宁远厅所属之镶红、镶蓝两旗，距丰较远，遂于是年十月二十日，另立宁远分局，至左翼垦务，系奴才贻谷会同奴才奎顺、奴才魁福等举办的。兹将奴才贻谷等奏文，录其大意于下："……右翼垦地规章，以三百六十弓为一亩，每亩收押荒银二钱，及办公费一钱，其升科正项，无论系王公马厂及各旗垦地，每亩均征银一分四。又升科年限分为已垦、未垦。已垦之地，于收缴押荒的第二年升科，新放未垦之地，则于缴纳押荒后，试垦三年，再行升科，并征解升科粮银，应需倾熔火耗解费，每亩准予加收银二厘一毫，以示限止……"

自光绪二十八年到三十四年中间有七八年之久，实为本区垦务极盛的黄金时代，垦者日增，因垦区日广，原有各厅辖区过广，所谓鞭长难及，因此于二十九年，改宁远通判为抚民同知，并于右翼地方增置兴和、陶林二厅，统隶山西归绥道。

三、停办时期　光绪三十四年，奴才贻谷因误杀丹不尔，而被参逮出差。本来此系常事，照理再聘一位贤德之才去继任便是，但清政府对于"人"、"事"分不开，致影响于垦务停顿。现在我们还感到党国诸公们，对于"人"、"事"依然不能分清，致数十年来，其影响于国家行政、财政、教育、交通、铁道等各机关，不能向前进展者甚大。

四、复兴时期　民国二年，曾改设以往七厅为七县，分隶于晋、直二省，三年置察哈尔特别区，设兴和道，辖此七县，四年设垦务总局，办理一身垦务事宜，大局底定，人心稍安，领户踊跃，成绩甚佳，先后成立商都、实〔宝〕昌、集宁、康保四设治局，不久即改县，这是垦务的复兴时期。本期中实行二种制度。

（一）旱地制　因为土质不良，不能年年耕种，或每隔一年耕种一次。

（二）游牧制　实行旱田制的结果，因到处耕种，不能固定于一处，游牧制亦由是而形成。

察、绥二省垦务，就最近观察，可以说已入停顿事期，实言之伤心。

至于二省的农产物，兹录其主要者如下：

（一）农艺作物　糜米、莜麦、大麦、小麦、大豆、莞豆、葫芦、蚕豆、高粱、马铃薯、玉米等。其他如红柳、织萁及药材等，亦颇不少，但林产不丰。

（二）园艺作物　其所产各种水果、蔬菜，和北方各省大概相同。

b. 二省的牧业

察、绥二省，除了一部分农田水利而外，其主要的生产，便是牧畜。观二省面积，有二百万方里之大，但牧区已占大半，气候不如外蒙之瞬息万变，尤以阴山山脉以南地区，空气湿润，温度平均，因此牧草茂盛，人民以游牧为生，逐水草而居。自张家口、丰县至包头一带以北，阴山以南之区，牧畜业最盛，又为羊毛著名的产区，每年由张家口、归绥出口者，约千余万斤，牲口有十余万头之多。外国人，到处设立收庄，以低价收买羊毛、皮革，制成毛织物、皮革用具，再倾销于中国各处。这种利权外溢，实属惋惜。

一般的畜牧法　因为本区教育不发达，交通不便，文化落后，[民生] 人民知识幼稚，不知用最新式的科学方法，从事于畜牧。他们现在的畜牧方法，确非常简单，通常以马一百五十头为一群，骆驼和牛一百头为一群，羊五百头为一群，牛、羊可同牧，但驼、马则不可，每群以十五六人管理之，随水草以饲养，收〔以〕一般的计算，牛百头羊二千头，须要五十平方里草地，普通每三四十日，更易牧场一次，牲口早出晚归，饮水由近旁寻觅泉水，倘若没有时，则驱牲口到井旁吸喝之。平时毫无设备，但一到冬天，则用粪土堆积，砌成围墙，高约二尺余，以防风雪，冬季牲口食料，全系干草，如晒草、谷草、青莜麦等。羊每头每日食干草约二斤，牛约十五斤，马十斤，骆驼十二斤。

牧畜产额　内蒙土地广阔，牧草特盛，气候干燥，实为天然的牧区，已如上述。直到现在，察、绥多数蒙民，依然都以游牧为生，不知从事于屯垦，并且他们的思想幼稚，虽得天然地利，但不知改进，不能善用，以致畜牧业不能发达。兹将二省每年牧畜的产额略述之：

a. 察省　沽源、多伦、商都、达里岗崖等一带，为全国著名的产马区，年产约四十四万五千头，量与质皆推全国第一。其他，牛年产约三十二万五千头，羊约七十七万五千头，骆驼一千五百头。

b. 绥远　据民十四年统计，全省年产牛三十三万五千余头，羊约七十九万八千余头。

每年屠宰消费者，牛、羊一百零三万五千余头，驴六万头，马九万三千头，骡三万七千头。

但据民二十二年统计，全省产牛二十七万四千九百二十五头，羊一百八十九万八千一百头，马九万三千二百头，驴六万零五百七十七头，骡三万七千二百七十八头。

从以上的产量观之，已属令人骇闻。今后苟能利用科学的方法、大量的资本，组织畜牧公司，则西北牧场当如总理所言，不难进而为供世界肉食的出产地，取南美澳大利、阿根廷而代之。

畜牧繁殖及价格

a. 马　牝马年产一头，或三年二头。普通每头值洋五六十元，稍佳者百元以上，最佳者售之内地，在千金以上，生长三年即成，牧马的利益，实可想而知。

b. 牛　牝牛年产一头，至少五年三头。每头市价约二三十元，牡牛的价值比牝牛为高，每头约值四五十元，至六七十元。

c. 羊　羊的繁殖性最快，一年二胎，或二年三胎，即按绥远的考查，每年至少一胎。以绵羊价格计之，每头值洋六元，每头二年后即可得本利十八元。羊一头每年可剪羊毛四斤，值洋一元六角，三头计之，可得四元八角，再加上十八元，则合计为二十二元八角。

五　察、绥二省的交通

A. 察省的交通

一、铁路　已成者，不过平绥一线，自河北丰台向北西偏入察境，经过延庆、怀来、涿鹿、宣化、张家口，至怀安，再向西偏南，出省境而终于包头。清光绪二十一年时，袁世凯奏请由关内外各铁路余利下提款开办之，首先请外人修筑，但测量的结果，外人报告，由南口至张家口一段，地势危急而崎岖，实难建筑。后聘国人詹天佑先生为总工程司，卒于光绪三十三年八月完成。

本路由南口至门头沟一段，运输殊为困难，最大的机车头，能运二百六十吨，较次不过能运八十吨，有时为避免危险起见，通常用二个机车。上坡时，机头在列车前挽曳，下坡时则在列车后面推，这是本路的特色。

二、汽车路　本省最重要的公路凡六，即张库、张多、张平、宣蔚、宣化、赤沽是也，今分述于后：

a. 张库路　本路由张垣西北行，直达库伦，中经张北、四里崩、二连、乌得、叨林等要站，约二千八百里。乌得为内外之交界点，在察省内者，有一千四百里。本路对于察省的金融事业，实有密切的关系。民七年前，张家口一地收入，每月达三百万，少则二百万，因有此汽车路之故，商人专做内外蒙的商业。至民十六年以后，外蒙被俄"赤化"，一切的经济事业，完全操在俄人手里，全为俄人统制，张库路不准通行，现在张家口每月收入不过一〇五万，虽然九一八以后，此路又通，但已非昔比。要知商业所至，即政治所到之处，外人侵略，必先用通商，希望我政府诸公，注意张库路的通商，否则将来的察省，恐非我人所有。

b. 张多路 由张北向东北延伸，经过延候二台、别列、大梁等站，以达多伦，全长约五百八十里。从别列至多伦，尚有一线，较原线长七十里，因为这段正线，在夏季不能通行。多伦本为北方军事中心，惜已失陷。

c. 张平路 由张垣至平绥铁路，入居庸关，直达北平西直门，经过宣化、怀来、延庆、昌平等站，全长约三百八十五里，因为铁路崎岖，行车困难，且路濒洋河，常有水灾之虞。由张家口至宣化一段，为省府通宣蔚、宣赤等线的枢纽，异常重要。

d. 宣赤路 本路由宣化向东延伸，经过赵小堡、龙关县等站，直抵赤城，全长为一百八十里。由宣化至锁阳关八十里间，尚可通车，由锁阳关至龙关县一段，尚须加工修辟。龙关至赤城一段中，经剪子岭，路长三十里，可以通车。剪子县〔岭〕至赤城县，则尚待修理。本来此路为国防要道，并且龙关铁矿素质极佳，所以修治此线，实在是刻不容迟的。

e. 宣蔚路 从宣化向西南方面延伸，入壶流谷中，全长约二百四十里，中间经过深井堡、化稍营、北水泉、代王庙等要站，终于宣蔚县城，沿途物产丰富，如宣蔚的煤，尤为著名。本路于民国十八、十九年间，曾修过一次，后来达宣蔚而即行停止，直至民二十二年冬季，始将全路完成。但大多为草原，略可通车，沿途经过五虎山、十八盘山，路甚险急，大概都已修理，惟桑、洋两河，泛滥无常，修筑永久桥梁，实为察省财力所不许，现在不过有浮桥，但非常危险，势难持久。

f. 赤沽路 本路由赤城北行，过白河流域，北经云州堡、三山堡、独石口，出长城，以达沽源，全长有一百五十里，但通行殊感困难也。

上面六条基线，共计四千三百三十五里，但在本省内者，不过二千八百四十余里，因为张库、张平均出省境，除此六干线外，尚有支线十六，论其价值，与各干线等，兹列表以明之：

路名	起点及终点	全长	通车的程度
省沽	省府大境至沽源	二百里	由大境门至太平庄，略可通车
张沽	由张北至沽源	一百九十里	可以通车
沽多	沽源至多伦	二百四十里	可以通车
张宝	张多路之延候至实〔宝〕昌	一百六十里	可以通车
张康	张库路之保平村至康保	一百六十里	可以通车
张商	张库路之庙滩站至商都	二百三十里	可以通车
沽商	沽源至商都	四百二十里	可以通车
张柴	张北至柴沟堡	二百四十五里	目前不可通车
化柴	宣蔚路之化销营至柴沟堡	一百二十里	其后半段，略可通车
阳化	阳原至化稍营	八十五里	可以通车
蔚阳	蔚县至阳原	一百二十里	不可通车
西花	宣蔚路之西合营至下花园站	一百七十里	勉强通车
赤沙	赤城至沙城车站	一百五十里	可以通车
永矾	永宁堡至矾山堡	一百零六里	略可通车
张贝	张库路漭江站至贝子庙	一千余里	可以通车
张百	张库路四里崩站至百灵庙	一千零五十里	勉强通车
商兴	商都至兴和	一百八十里	便于通车
商柴	商都至商柴路集宁	一百八十里	通车如意

B. 绥远的交通概况

一、铁路

本省铁道已成者，仅胜得口至包头一线。光绪三十三年，自总工程司詹天佑升为总办后，建议提用关外铁路及京张余利，以修筑二线，一由张家口至库伦，一由张家口至绥远归化，此时鉴于张绥路较短，故决意先筑。宣统元年九月兴工，中间因为经济缺乏，材料不足，停顿数次，至民国九年一月，始通至平地泉。是年九月，交〈通部〉叶恭绰出掌部务，严行督办，至十二月全线通车。

二、汽车路

a. 绥兴路　由归绥起，东经凉城，入苏木、丰镇、隆盛庄等站，以达兴和县之路。归绥至凉城二百八十里，凉城至丰镇一百四十里，丰镇至隆盛庄八十里，隆盛庄至兴和八十里，计全长五百八十里。现在只由丰镇至兴和长约一百六十里，正修筑中，余尚未动工哩！

b. 绥百路　本路由归绥起，经武川至百灵庙，于民十九年完成，全长为一百十四公里。本路殊多不便通车之处，尤以蜈蚣坝一段，坡度弯曲，车辆往返，非常危险，当局曾有另辟新路的计划，但迄未见诸事实。

c. 隆武路　本路由丰镇县属之隆盛庄起，西北行，经集宁、白道梁、桃林县、乌兰花，至武川县城。全路长度五百六十里，且均系砂砾质，备筑甚易，惟乌沟底沟一段二十里，山路崎岖，工程浩大。现在除武川至乌兰花一段一百二十里已经通车外，其余尚未开辟。

d. 包宁路　本路为民十四年冯玉祥军筑成，由包头西经乱水泉子、西山嘴、兴隆长（即五原具）、临河县、乌拉河、西磴口、石嘴子、平罗，以达宁夏。全长约一千二百八十里，但是全系土质，近年来失修，除乌拉山一段可通车外，其余均不能行车。因为积土不平，或流沙塞途，较为困难，但现在已通车无阻。

e. 绥新路　由绥远至新疆，全路分内外二线。内线（即南道）以包头为起点，经五原、宁夏、皋兰、哈密而达迪化，但孙〔盛〕主席世才不准通至塔城。计全长凡一千六百余里，是为驿道，取给较便，但道甚崎岖。外线（即为北道）由绥远城，过大青山，循百灵庙，经内蒙达尔罕旗，过戈壁、奇台而抵迪化，是为商道，平坦易行，给养困难。从前由绥至新，若用驼运，则需时二月半。自民二十三年八月通车以来，只需十四日可达。这是商办的，设绥新汽车公司，资本有三十余万。嗣后新疆内部纷争，哈密一带已不能通车。最近新省虽已平靖，但因特种背景，尚不能恢复交通，中央力量还是不能统制该省。

此外二省的电政、邮政、水利等，均非常幼稚，从略。

六 察、绥的教育概况

现在二省，强邻环视，楚歌四起，欲谋挽救狂澜，当以开通蒙民智识为当务之急。兹就二省教育概况，略述于后，希热心边疆教育者指正。

A. 察省的教育

本省教育，除各县中小学教育外，尚有蒙旗教育，为易于明了起见，将本省教育概况，分中等教育、初等教育及蒙旗教育三点来说。

a. 中等教育　全省中学计有省中二，省男师二，省立女师二，省立职业学校二，及私立中学二，合计为十所，统计教职员总数二百零一人，学生总数一千四百零二人，月支经费约二万二千二百八十四元。由此可知，察省中等教育的不能发达，尤其是值得我们寒心的，就是不患其贫，独忧其不均，不能普及到全体，仅偏于南部一隅，口外连一普通中学都没有。这种偏枯的现象，虽然由于地理、历史、环境上的关系，但亦不能不注意及之。

虽说本省的职业教育，比较有基础，考其原有省立专校改为现在的张北畜牧科职业学校，但名实不符。此外尚有省立职业学校，亦比较有点基础，然办理诸多支节，推敲其原因，实由于设科广泛，校舍狭小，经费不能集中，设备过简。察北乃一天然的畜牧区，故畜牧等职业教育，尤宜特别注意。

　　b. 初等教育　本省教育中心，为张家口及宣化两市，而各县初等教育，亦多集中于县市。现在教育当局，有鉴于此，提倡改良，及取缔私塾，和推进义务教育，各县应设立若干中心小学，及幼稚园，以图发扬推广，普及全县。

　　现在全省小学校，约有一千八百余所，小学生总计有一万余，其中除张家口有完全小学六处，女子高小二处，初级小学有一百三十余所，延庆有县立、乡立小学凡一百八十余所，怀来有男女高小九处，蔚县有小学九处，余未详。

　　c. 蒙旗教育的概况　本省蒙古旗盟的组织，原分为八旗、牧群、锡林果勒盟及十二旗群，共有蒙民不过十余万人，除十二旗盟，设有初小十处，高小二处外，锡盟尚无学校。

　　民国五年，察省蒙汉教育事务所提倡设蒙旗小学，以蒙旗总管充当校董，各小学设校长一人，兼充正教员。又因各旗蒙民散居四处，故为之筹备膳宿及书籍，至是年九月间才开学。校舍大都是借用各旗总管的衙门，每校有学生二十三人，每年经费为八百元，此为八旗小学设立经过。嗣后又设立牧群小学，及庙〔镶〕白、正黄二旗成立第一、第二两高小，凡各旗国民小学毕业者，皆可升高小肄业。总计蒙旗有高初级小学凡十二处，有学生三百六十人。

　　蒙旗教育筹备已久，约有十六七年，总计毕业人数不过六百八十余，毕业后，再升入内地中学者，那真是凤毛麟角。查已由内地大学毕业者，不过二人。现在内地大学肄业者，有四人，中学毕业者，有三十余人，高小毕业者，有百余人，其余均不可靠。至于蒙旗教育不发达的原因如下：第一由于学校经费支绌，第二由于蒙民生计窘困，第三学生出路极少。

B. 绥远的教育

本省教育的落后，实与察省相伯仲。全省有十六县，二治局，二盟，十三旗，计有省立中学二，省立师范三，省立职业学校一及中山书院，学生有一千三百名。小学校则有九百处，总计小学生有三万多。各校设备简陋，学生稀少，幼稚情况，实可以想见。兹将本省各县教育，及各盟旗教育概况，分述于后。

a. 各县教育　现在只将教育最普及的几县，提出来谈谈，以资参考。

（一）归绥　为本省交通、政治、经济、教育的中心，住户有四万七千余，而人口总数有二十五万之多。据民二十一年本省教育厅调查报告，全县中学有二，即私立正风中学，及旗立土默特中学。正风校每年有公费一万二千元，土默特中学则不过三千元。各校学生都在百人以上。

（二）丰镇　全县人口有二十五万四千三百三十五人，学龄儿童有三万二千五百四十八人。中学校未设立，仅有县立小学二十处，高小十处，女高小五处，初小有五处，乡区小学有二百零一处。教员待遇每月八元至二十四元，入学儿童总数五千八百三十七人，尚有失学儿童二万七千零七十一人。全年教育经费，尚不足三万二千元。

（三）东胜县　本县人口有三万一千五百五十四人，学龄儿童有一千七百人，但县内只有高、初小学各一处，人数有五十九名（皆为男同学）。教师三四人，每人月薪初级十元，高级二十元。现在失学儿童，有一千六百三十一人，若以百分比例计之，则占学龄儿童总数百分之九十七，较以上各县则更为落伍。

b. 各盟旗教育　各盟旗教育，较之各县，那简直有霄壤之别。现在略举数盟旗教育状况如下：

（一）乌拉特三旗　三旗各设有两级小学一处，在包头境内，学费由田租七千元，若欲尽量实施及开发，则不怕经济无着，惜办教育者非其人，任其废弛，一蹶不振，良可痛惜。

（二）准噶尔旗　本旗内有同仁小学一处，有男生八十名，女生二名，皆系蒙人儿童。全校学生各分为四级，其科目除讲授英语、蒙文外，皆与普通小学相同，所用课本，都是商务印书馆出版的。内有教职员五人，以一人为主任。学生系官费，每月津贴三元半。

（三）土默特旗　本旗有小学五所。第一小学，全年经费有三百二十元，第二、三、四、五各校，每年经费各有三百元，另外还有第一中学附属高级小学一处，全年经费有四千三百六十元。其余八旗中间有私塾讲授蒙文，但并无学校名称，教授者大多是失业的商人。

七　总结

从上面看来，现在的察、绥，真是处在千钧一发、生死存亡的关键。外有强邻觊觎，东接伪满，受日人极度的威迫利诱，北面则与俄人铁蹄下染着赤色的外蒙相接，所以现在的察、绥，已在赤、白二大帝国主义者虎视之下，度过着流离失所的生活。日、俄两国，对于蒙古的王公和蒙古的青年，用尽狡猾欺诈的手段，极尽诱惑拉拢的能事。去年德王一度热烈地要求独立自治，实由于日、俄从中唆使，至其内部则已如上述。地广人稀，且逐年减少。矿产虽丰，而蕴藏地下，不能开发。农村经济破产，是由于农牧业的不发达，交通不便，水利不兴，难怪乎教育不发达，蒙民头脑简单。

今后救急之法，唯有希望当局诸公，重视察、绥，对症下药。

首先要唤醒我们蒙古的同胞，认清帝国主义是残忍的，可恶的，不讲公理的，同时开通蒙民的知识，联络民族的感情，使蒙人明了蒙汉在历史上有不可分性的关系，并昭示以总理革命的本旨。我们在这国难严重的当儿，惟"群策群力"，"精诚团结"，协力来巩固国防，挺起胸膛，向前干，这才是我蒙汉民族的新生路。其次便是移民殖边，屯垦荒地，利用科学改良牧畜方法，或教之耕种，以安民生，提倡教育，团结民心，以裕民力，修筑公路，以利民行。

最后我们要认清，一个国家民族的兴起，都是从艰难困苦中得来的，例如欧洲的土耳其和我蒙古同样是游牧为生的民族，十八世纪时，人称之谓"近东病夫"，大战之后，大有亡国灭种的惨象，全国上下，感到忍无可忍，振臂一呼，震撼了东欧，轰动了世界，经过三年的流血奋斗，竟把危危欲绝的祖国救了出来！同志们起来吧！邻国的胜利辉光，照示着我们，凡我全国民众，下最大的决心，尽量来充实，尽量来准备，从那未来的、轰轰烈烈的、悲壮的二次大战的血肉的飞溅中，夺回我们的失地，恢复我们中华民族数千年的光辉来！

《黄埔月刊》
南京中央陆军军官学校黄埔月刊社
1936 年 5 卷 3、4 期
（朱宪　整理）

蒙古知识及移住指南

胡一声　撰

一　蒙古的地理

蒙古是由广漠无垠的平野、大山脉、大沙漠而成的国土，为昔之世界英雄成吉斯汗生长的地方。大沙漠之南叫做内蒙古，大沙漠以北叫做外蒙古。

内蒙古原分热河、察哈尔、绥远三省，位于我国本部十八省的北面，当蒙古高原的尾闾，东界辽宁，北接外蒙，西邻宁夏，南与河北、山西、陕西、甘肃四省土壤相接。热河位于东三省之西部，南接河北。察哈尔为汉蒙接触地，是北平的拱卫。绥远位于晋省北部，归绥、绥远二城，犄角为守，形势天成。

蒙古的气候，因各地方而不同。大概夏天非常热，酷热时，日光直射，温度恒升至九十至百度之间；冬天非常冷，严寒时，温度降至零下三四十度。春秋二季较短，差不多夏天一过，转眼便到了冬天。雨量及雪都少，只有狂风飒飒，其猛烈非内地之所谓暴风所可比拟。

热河广约五十八万方里，住民约六百五十九万余。察哈尔广八十三万方里，人口约一百九十九万余。绥远广一百十七万方里，住民约二百十二万。人口的密度非常稀薄，其半数以上都是汉族同胞。

二 蒙古的政治

蒙古自元朝正式和汉土相合以来，即为中国的藩属。民国成立，五族共和，蒙古更在国际法上成为中华民国不可分的国土，蒙古人民亦即是中华民国公民。

蒙古自实施省制之后，即由国民政府直接统治，蒙古王公担当实际的政治责任。惟王公也并不是蒙古王之谓，他们多兼任札萨克，是一族的旗长，曾受清朝之封赠，而授以王公的爵位。

蒙古是行盟旗制度，旗盟原是蒙古王公的领土区划的单位，内蒙四十九旗，外蒙八十七旗。旗札萨克大抵是世袭，若无后嗣的，由闲散王公，或台吉等之中简任之。旗之下有协理台吉、管旗章京等官职。旗之上有盟，内蒙古分成六盟，外蒙古分成四盟。闲散王公是没有一定的领土，只被授以名誉职的封爵而已。旗之下设有土地局，主要的是卖土地给汉人开垦，而收取其租地钱，以为王府的重要财源。这些开垦地叫做开放地带，和纯蒙部落有别，旗内蒙古人，将其收得物的若干，纳贡于王府。

对于旗内蒙古人的政治，由蒙古王公掌握，开放地带的行政事宜，则由县政府直接管理，蒙汉人间的诉讼纠纷事件，则规定由王府与县府双方会商处理之。旗管内无汉籍官吏之时，则由附近的县长管理之。

蒙古王公中，通晓世界大势、富有国家观念的固不少，但头脑比较简单的也有。又蒙古王府有营务处和军队式的蒙古兵，其数大抵由二三十名至一二百名，各要地另有国军驻屯。

三　蒙古的教育

蒙古人对于教育，不甚注重，这是因为他们以牧畜为本业，各家或各部落的距离远隔，很难有集团的教育设备之故。

在各旗的王府里，为教育旗内官吏的子弟起见，大抵都延有教师。儿童于七八岁时入学，约于五六个月之间，教以蒙文字母，其次教以日常事务的名词或单语，接着使读公文，并教以关于古英雄的歌谣俚谚，更进而教以汉字等，顺序施行。总计蒙古人中之识蒙古文字的，三百人至五百人中，止有一二人，其教育不普及有如是者。喇嘛僧虽受有名的僧侣教育，但其程度亦极幼稚。在大喇嘛庙里，能读西藏文字的僧侣，懂其文义的，千人中没有几人，即能读能写自己之蒙古文字的也很少，他们诵经时，多靠强记。

蒙古语和汉语不同，与满语有相仿处，其字母共一百余个。汉籍之译成蒙文者不多，只有《成吉斯汗传》、《蒙古律令》、《小学精华》等十四五种至二十种之谱而已。又蒙地的印刷术等也至不发达，使蒙人无从受近代文化之良好浸润！最近蒙古人间也颇有热心教育者，于各王府中多有成立新式学校，振兴教育，翻译汉籍，可惜因各王府的财政困难，难望急速进步耳。

四　蒙古的宗教

蒙古南部已有外人设立之基督教、天主教等，信徒以汉人为多，西部蒙古有回回教徒，其他蒙古全体都信奉喇嘛教。又索伦人间有一种叫做萨满的迷信。蒙古人对于喇嘛教的信仰心极强，当年以剽悍勇猛著称的民族，现都因喇嘛教的关系，变成非常温顺了。关于一切婚丧祸福的事情，没有不从喇嘛教的教义的。喇嘛教活佛的势力与王府的权力相埒，甚且过之。

喇嘛教是佛教的一种，西历纪元六百四十年唐太宗时代，印度佛教传入西藏，与密教等混合而成为喇嘛教。喇嘛二字是"无上"的意思，为大僧正之尊称。西历一千七百年之际，蒙古人攻入西藏以后，喇嘛教始传播于蒙古各地。

喇嘛教与佛教，同样以使人解脱苦海、依归于佛的本体为教旨的，不为恶孽，修积善事，忍耐苦行，以超脱俗界。念佛以偿罪孽，信灵魂不灭，说因果之理。然而，传至今日，喇嘛教也未免有诸种无稽迷信相伴而来了。它不仅奉祀阿弥陀佛、释迦牟尼、观音，甚至弥勒、菩萨、千手观音、罗汉等，也都信奉。

喇嘛教能有今日这样盛大的势力，可以说是历代中国中央政府对之特别优待的结果。因汉族素来对于任何宗教都予以一切方便，助其发展，从未使用如其他帝国主义之宗教政策，实行文化侵略也。

喇嘛庙即是喇嘛寺，王府附近必有之，每旗之内也必有大小几个。每庙最少有几十个僧侣，大喇嘛庙甚至有僧侣二千人的。奉天的皇寺、北京的菩提寺，都是喇嘛庙之大者，至今尚巍然独存。

五　喇嘛僧的生活

喇嘛庙的建筑，大部分是西藏式的，此外也有中国式的，其庄严壮丽，远非蒙古人所居的矮陋家屋所能比。如东蒙古的集宁庙，本堂、副寺、住宅等共有八百所之多。大抵本堂是由黏土或炼瓦等筑成的三四阶层的工程，经数百年的风雨侵蚀而不坏。喇嘛僧住于住宅之中，每日朝夕必参集本堂，击鼓鸣钟，玩弄乐器，在热闹的奏乐中，高唱经文。寺的建筑和修葺，除王府出资若干外，多实行募捐。

　　因为喇嘛僧大抵是人家之次男以下所充当，故儿童于十二三岁时即剃发入寺。庙中班级分明，诵习经文之外，复令其操采薪、洒扫及其他杂役之劳，而且他们的生活费还要由本家全部送来。他们很喜欢做僧侣，纵使他们分了家、不能为僧侣的，也很愿供给僧侣以费用。一个人成了喇嘛僧之后，可以随意为治疗、吊祭等事而飘游四方，但大部分的时间则多归到自分的住屋里以闲谈终日。因为像这样的每日衣食无缺、不事生产的僧徒，不知几十万人，故蒙古人的产业乃进步迟滞，而且他们是禁止杀生及携带妻室的，故蒙古民族乃渐次柔弱化，而人口也一天天有减退的趋势，此实大可注意及改良的问题也。

　　僧侣之中有许多阶级，他们如不得活佛之令，则不能自由行动。在西藏的达赖、班禅两喇嘛，和在外蒙古库伦及多伦诺尔的叫做佛爷喇嘛的最高僧，都是活佛。此外在叫做大喇嘛的阶级以下，因各职掌不同而分种种阶级。札萨克喇嘛是势力最大的，他是掌握政教大权而兼有活佛和蒙古王的地位的。

　　佛爷喇嘛及各庙的佛喇嘛，都不是普通的僧侣所出世而成，他是在活佛圆寂的时候，预言将来在某地点用怎样怎样的条件转生的，在活佛没有预言死去时，由其他的活佛所指示的也有，所谓圣童发见，由其自己说是什么什么活佛转生而来的也有，更有能言先代活佛所做的事以造成活佛的地位的。

六　蒙古的风俗

　　蒙古人是有朴直诚实可亲的性质，粗野淡泊，天真毕现，超然于生存竞争之外而无利害的观念。他们因常被马贼恶党等所骚扰，故畏惧与外来人相遇。有时他们很谦恭地招待客人进其家中的，亦无非欲讨人之好，借以避免他人起不良之心而已。

王府的职员们，穿的是纯粹清朝时代的制服、官服，至今尚有蓄辫发的遗风，普通一般人都穿我国旧式服装，以色调浓重的为最合意。蒙古人必束腰带，外出时必戴帽，没有帽子，则以巾包头。手里持佛珠，颈上吊佛像，腰带上挂着烟管（俗称呼烟袋）及食事用的小刀、箸、火石、烟草等，并多携着二尺长的马鞭。冬天穿的衣服多是家畜的皮，贫乏的人不能穿绸缎，但赤、青、浅黄的绵布是常穿的。

蒙古人的食物，因地不同，大抵汉化较深的内蒙古农牧地方，多用牛乳、茶、羊肉、小米等，所食青菜，以韭、葱、茄、瓜等为多。纯粹游牧生活的蒙古人是不食青菜的，因为他们是常饮"吃青草的牛羊"的乳汁之故，也没有特别的疾病。同时他们又以属于粟类的一种炒米加入牛乳，使成乳酸而食之。

反之，内蒙古地方也不很多食肉，不时虽屠羊而食，但杀羊〔牛〕宰马之事却极少。牛马非在重要的大祭时不杀，意外死了的牛马肉也不食，只将其切成小块而贮藏之。蒙古人也同国内乡间的农民一样，家畜是其重要的财产。

蒙古人见了鹿、兔、野兔、雉鸡等鸟兽，必捕而食之。索伦地方大山中住着的人民，连牧畜业也不懂，年中只捕野兽为食粮。

大抵纯粹的蒙古人，不但不知道农作和栽种青菜，并且也讨厌牧畜的麻烦，因而他们的燃料等，也是焚烧家畜的干粪。羊粪的火力最强，铁工业的地方也有以羊粪代石炭的。以次为牛粪、马粪、骆驼粪等，夏间收集起来，堆如山积，利用天日晒干，取为燃料。在沙漠地方，少牛粪的则焚灌木，开拓了的地方，则长年皆以高粱秆为燃料。

蒙古人住的蒙古包，有转移式的，也有固定式的，至在开放地带则有和汉人的家屋一样的土造家。蒙古包是直径约一间至二间，高约十四五尺的圆形的天幕家屋，要迁徙的时候，连家并一切用器，以二三辆木车积载而行，非常简单。因为他们也有了几千年来的经验，故蒙古包中夏有凉爽的苇帘以取凉，冬则以羊毛或毛毡为外廓以保暖。又土造的王府中，也有客厅、应接室等很风雅的设备。

蒙古人是早婚的，男子多在十六岁即娶妻室，他们的婚姻，完全由亲属和媒介者间决定，男女本人不能预知。娶妻大抵都是女方的岁数较长男方，因为年长的能好好的照顾家畜之故。他们定婚之后，由男方赠送聘礼，女方接受之。仪式是在佛坛前礼拜，由近邻的人或亲戚等集合前来大开祝宴，招乐师，大张筵席，有的继续至七八日之久。至其主要的食品，也不过是牛马的肉罢了。

他们的丧葬仪式是很有趣的。邻接汉族居住的蒙古人，人死之后和汉人一样，纳于棺，埋于土中。其余仍沿袭着古来的风习，是把尸体运至原野，弃于山顶或谷底，任其曝露风雨，禽兽啄食，据说弃后三日，尸体还在那里留着，则认为不吉，必请喇嘛僧念经追悼。富贵之家，则在父母死了之后，多请喇嘛僧前来念经超渡，举行火葬，俟其烧完，捡拾白骨，由大喇嘛僧取来，捣成碎粉，混以麦粉，调制而作成饼，然后又以种种仪式，或纳于灵塔之中，或送至山西五台山灵地。

角力是蒙古社会最热烈的娱乐和竞技，一年一度的鄂博祭时必盛大举行。又蒙古人无论男女都是非常精于马术的，其乘马时的巧妙神速，决非我们所能想像。

喇嘛僧等极长于舞蹈，他们一面舞蹈，一面高唱唯一的民族英雄成吉斯汗征服世界时的雄壮军歌，殊令人兴奋欲狂。这歌与胡弓或风琴等合奏时，是最好的蒙古情调，其音律的正确也是可以和近代文明的乐器合奏的，这是他们唯一的娱乐品。

七　蒙古人的疾病

蒙古人的卫生思想是很缺乏，也少有医疗机关。用草根木皮治病的事实是有的，但吉凶祸福都以为佛意所出，自然，疾病也归之于迷信，病重之时，认为是前世的因果，束手待死。因此小儿的死亡率很高，瘦弱者势必夭折而被淘汰，只有自然健康的才得生存。妇女因体质较弱，在自然淘汰上多遭厄运，以致形成男多于女之现象。同时女子因乘马过激而流产的也很多，这也是人口繁殖率减退的一个原因。

蒙人多患各种传染病、皮肤病、眼病等，因不清洁而来的疾病固很多，头病、胃病也不少。开放地带，间有一二汉药店，余付缺如，如有人带药入蒙，必大受居民欢迎。近来日人多有以此为买好蒙古同胞者，愿当局深切注意及之。

八　蒙古的社会状态

中等以上的蒙古人一夫多妻的不少，王公等大半有许多妻妾。女子的权力却较一般男子还强，在家庭中，正妻的势力很大，可以指挥妾媵如奴婢。彼等于早起之时，用碗取少量的水漱口，水少的地方，则不漱。男女都以放牧为职务，把家畜放出去后，时时监视，一日回家吃饭两顿，余则嗜饮茶，耽杂谈，如斯过日。

男子在昔时常忙于兵役，现在有时虽被王府或喇嘛庙叫去服役，但不是经常的工作。女子司理一切家事，集积牛粪，榨取朝夕所饮的牛乳和制奶豆腐、牛油、酸乳等，而不做缝纫等事。

蒙古人和汉人差不多，新年三节必举行鄂博祭，很是热闹。至于水旱灾难的祈祷，及祖先的祭祀之时，则由喇嘛僧举行法事。

蒙古人有王及王族、喇嘛、庶民等社会阶级之分，王族之贫乏者，有降为台吉而至于最下的职务。

一般的庶民阶级被称为黑人，有的是昔时奴隶的子孙，有的是土生的汉人。因为他们有的还过着原始人似的共同生活，故于人与人之间的互助心也很浓厚，寡妇孤儿，每由同族中人予以照顾。如有人到旗内偷牛盗马而被发见，则把罪人扣手扣足置于牢屋之中，但亦不使之做何等劳役，食物由狱中供给。罪人的妻室，每日可以到牢中为其丈夫照料一切，期满即行释放。

九　兵制与财政

蒙古的军制是取效从前之汉满八旗的军制所编成，十八岁以上的男子，皆有终身军役的义务。兵器由各人自办，仅给予一定的耕牧地以为代价。在此种制度的组织上，有叫做佐领的头目，统领兵卒百五十人，中五十名为常备兵。因旗之大小，故兵额有多寡，由二三佐领至五十佐领的都有，总领为札萨克。现在的王府，只有数十名乃至百名内外的蒙古兵，作为常备兵训练着，其中握着机关枪，施行新式训练，不能轻视的兵队也有。如达赖罕旗，有五百名常备兵，其任务除防备马贼外，还要保卫王府与土民。又各部落有屯垦式的兵备，青年们留心铳炮，在必要的场合，尽力报国，但大抵用的是土枪，并未施以军事教育和训练，只是他们的射击法颇为精巧，也很爱惜弹药。

蒙古王府的财政，因封爵的高下及领土的大小，自来即不一定，大约每年由中央政府给予二百圆乃至二千圆的俸禄，并征收旗内蒙人的家畜，及移住汉人的地租等。蒙古人有牛五头、羊二十头以上的，每年须纳羊一头于王府，有羊四十头以上者纳两头。向汉人征收的地租，每亩年额约五角六分。税率各旗不同，如达赖罕王，每年有十五万头羊子那末多的收入。开放地较多的王府，每年收入有达至二三十万元〔圆〕之多，但小王府的收入，每年不满一千头羊的也有。

王府的主要支出，是王家的生活费、臣僚的俸给及武器购入等。在前清时，王府之最大支出为每年一回的北京参观费，因在参观时须对皇帝作多多的进贡也，现时则无此消费了。

十　蒙古的牧畜业

蒙古的牧畜事业，因其墨守旧法，没有什么改良，而且兽毛、兽皮的采取和干燥方法等，也仍如原始时代一样，故前途极为黯淡。家畜的种类，在纯蒙人地带多牛、马和羊，外蒙古多骆驼，驴、骡不很多。任何蒙人都饲养着警犬、豚和鸡等，在农作地方较多。

畜牧的方法，大抵昼间放牧于屋外，夜间则赶回用树枝等栅成的围栏中，以防马贼的抢盗和狼的吞噬。一匹狼在一晚中是能咬杀一二头牛或十几头羊的。春、夏、秋三季间，把家畜成群地放饲于有水草的河川沿泽附近，无水的地方，则因时而汲井水。冬时，因谷间或低地都吹有积雪，水草被其淹没，只好放家畜于山巅，使之食残存的牧草及雪间的枯草。他们自己则追随于家畜之后，移家于向日的山腰。有些地方，于夏季时即刈存若干冬季的牧草，但许多蒙人都不这样作。因此，青草多时的夏天，牛、马、羊是很肥壮，一到冬天便瘦骨嶙嶙，若连枯草都没有的地方，则家畜饿死的也很多。

畜种无论牝牡，均选择其体格强壮及繁殖力优良，至畜种之遗传和禀性如何，则没有关心。除了种畜之外，羊生后五个月，牛、马生后二三岁时，以小刀切破其阴囊，取出其睾丸。取睾丸时，并没有经消毒和洗涤的方法，任其自然痊愈而已！对于畜类的交尾，也不施以考究之方法，牛、马于四月至六月，羊于十月至十一月，在放牧之中，任其自行生殖。畜类的生殖力对于食物的加减大有关系，大抵牝马百头每年可以繁殖三十头至五十头，牝牛百头每年可繁殖四十头至七十头，牝羊百头可繁殖四十头至八十头。

这里恐怕有人会这样问的：蒙古人饲养那末多的家畜，各家的家畜不怕互相混杂而时起争执吗？这样的事是没有的。因为各家的牛马等，都刻有自家的烙印。至于羊等，虽牧放在一起，但归时却会各自成群，跟其原主归来，纵有一时错了，混入他家，它看了周围的环境不同，也自会即刻跑回来的。

蒙古的马，极耐寒暑，因体力强大，冬时尚能食枯草而过活。牛的体质有重至五六百斤的，性颇温驯。羊为蒙人主要食品，皮可制衣，毛可织毡幕，故饲之者甚众。每一头羊，年可剪毛一斤乃至二斤之多。骆驼专供驮载及旅行之用，它一度饲食之后，可以由三日至五日间不食一物，是能积重行远的沙漠船，为大陆旅行之重宝。

兽皮以羊皮为最多，有山羊皮和绵羊皮二种。其次为牛皮，每张重十五斤内外，品质很好，长城附近所产的，水洗晒干之后，坚韧而有光泽。羊毛有春毛和秋毛两种，大抵以过冬之后所刈下的价最高。骆驼毛为外蒙边境多产之主要输出品，每年经张家口输出者达五十万斤之多。

十一　蒙古的农业

因为蒙古人以畜牧为本业而不营农业，故在蒙古之最先从事农业的为汉人，时至今日，在开放地带，蒙汉同胞都能从事于农业了。蒙古的农地价值，并不较东三省各地为劣，与内地气候风土固多不同，但蒙古有适合蒙古的农作物，耕种是很可以的。据说因为风土关系，有些植物于第一年下种，待至第二年后却生长得非常良好，故谓蒙古不宜于农业之地是错误的。纯农作业地方的蒙古人之中，多种可用做炒米的粟，他们下种之后，不从事除草，也不施肥料，而生产物也并不劣。倘能加以科学讲求，其成绩是不可限量的。开放地带的汉人，种植谷、高粱、麦、大豆、大麻子、小麻子、瓜、葱等类。

十二　蒙古的矿工狩渔业

蒙古的地下埋藏着多少矿物呢？这是尚在未知之中。没有山，连一个石都没有的地方，也埋藏矿物很多。如现在由兴安岭至外蒙古之地，是许多矿物被采掘着的。察哈尔镶白旗的金厂沟、西翁牛特旗的江花沟、喀喇沁旗的东转山子金矿等，每日都可以出产黄金二十两左右。而喀尔沁旗的承平银矿，年产额六七千斤之多。喀尔沁旗四道沟附近也有铜山，而全蒙古还有煤矿十数处之外。

西乌珠穆沁的盐湖和天然苏达是有名的。由盐湖采取了的盐，经行商之手供给于全蒙古各地。蒙古地下是很多天然苏达，夏天很多突出地面，色白可爱，小山周围的低温地等处，冬天结晶了的苏达，积至二三寸厚。把苏达收来，加以精制，输出于中国各内地，获利甚丰。玻璃山山麓的苏达，组织公司，由四郑铁道搬至四平街，分散各处。

蒙古人非常好酒，故蒙古的工业以烧酒酿造业为最盛。只东蒙古方面，酒酿造额亦年达七八千万斤之多。近来日本人亦在林西经营酿造业。营斯业者，差不多全属汉族同胞，行商多将酒捣以多量的水分，以欺骗蒙古同胞，此种不诚实的行为是该限制的。此外，以羊毛或其他兽毛织毡、皮革工业、大豆或胡麻的榨油业、苏达、制粉、砖瓦、缸钵、石材、木材、锻冶业等都颇不少，全由汉族同胞经营。

　　蒙古无海，故居民只在河川沼湖中捕鱼，鱼以鳖、鳗、鲋、鲤等为多。蒙古人大体都不喜食鱼，更不食鳖，故鱼类颇为繁殖。又捕渔之法也很幼稚，只在池沼等岸边搜捕而已。

　　鹿、狼、野兔、野羊、雉及其他种种之鸟兽很多，常见开放地带的兔子，跳跃于道旁。因为蒙人巧于骑马和射击，故狩猎是昔年盛行的□术之一。现时除索伦之外，蒙人是不以狩猎为生活的。野兔之类只用犬和棍棒等即可狩而食之。昔年，蒙古有敕裁狩猎、盟内狩猎、全旗狩猎、全部落狩猎等等，大都现已废止，只部落狩猎还常常举行罢了。

十三　蒙古的商业

　　蒙古人从前顶轻视商业，故商权全由汉人掌握，货物全由汉人供给。游牧地方的贸易，大抵是物物交换，间也使用银块、通货、市帖子等，以及由王府制定的度量衡。开放地带当然是使用中国的通货，蒙人中也有以汉人商店所发行的市帖子作交易的。度量衡是极不完全，狡狯的商人常多作弊。

　　主要的输入品是绵布、茶、烧酒、石油、小麦粉、烟草、家具、什器、佛像、佛具、马装等，近来日货进入很多，宜充分注意。蒙古的输出品是牛、马、羊等兽皮及毛、乳油、盐、苏达、木材等，均由中国人作仲人。每年秋冬之时，在一定的市场中开市交易，但对内供给和对外的输出，则全靠汉族的行商。

　　行商人等，多以喇嘛庙法会时所参集的蒙人为贸易对手，平常则行走于喇嘛庙或蒙古部落之间。他们每年于二三月间由乡里出发，在郑家屯、张家口等市场上采办物品，用牛车积载，直至十月、十一月为止，行商于蒙古各部落之间，举行物物交换。受取了的兽毛、兽皮等，复以牛车满载而归，到原市场上售卖，得款而回乡里。他们每年在乡里间居住的时间仅有二三个月，十年、二十年间长在蒙古地方忍饥耐苦的经营，子孙交代，世世如斯！大行商有以数十辆牛车，运载货物、天幕、食器及其他生活必需品，辗转各地。

行商人的根据地，大抵入外蒙古的是归化城、张家口、多伦诺尔、赤峰、乌丹城等地，入内蒙古是郑家屯、小库伦、洮南等地。他们既选择珍奇的商品，投蒙人之所好，又有挂账赊欠之类，以求推销。这种挂账赊欠的办法，常带高利贷兼营的意思，高抬价格，高利剥削。俟明年再来之时，如果不能完清本利的话，则以相当的品物作利息，像借债一样。

十四　蒙古的交通

汉人居住的开拓地带，道路稍好，纯蒙人居住的地方，尚没有特别用人工开辟的道路，行路时，除跟着多人所通行的地方走去之外，简直没有办法。湿地的道路，荒荆野棘，遍地马迹和窟窿，车辙之迹，深如小沟，常使人马没胫难行，甚有沉没马体于泥泞中而不能提起的。沙地的道路则有阔至一二里之大，使人莫知所向！幸得市场到市场、王府到王府的道路，因行人较多，足迹自很分明，走起来不致迷津耳。旅行的人，普通乘马，近来由国内之往蒙古大都会的，也间有铁道和汽车之类。纯蒙地带没有电信和邮局，如有信件，只好专人送传，汉人居住的市场，或大部落中，也有邮筒等设备了。

大部分的地方均以牛车、马车为交通器具，于路道不良之地，有以五六头牛或马曳一货车的。交通时期以冬季冻结时为优，夏天雨季时极不易走。夏天行起来，须时五日或一周间的，冬天约三四日便可到达，因此，故蒙古的货物多于冬期搬运。

十五　蒙古旅行和马贼

在蒙古旅行常有马贼的危险，故势必与多数人同行为安全，又须带通译或指路人和护卫兵等。单独旅行者，须在铁道的终点等待，俟得同行者后，又加以通译、马夫、护卫兵等，即成为十人或二十人的一团。马贼常袭少数人的旅行者，对数十人一团的团体旅行是不很敢出来的。因为马贼要想包围袭击多数人的旅行团，则其自己也不能不有相当多的人数，同时他们又恐怕旅行团与官宪有何关系。但护卫兵、巡警等决不是完全可靠，有的于马贼未到之前，即争先逃遁了。旅行者如持有武器，单身时却常因被劫武器而受害，故纵带有武器，事先万不可泄露。

旅行者究竟乘车、乘马，或步行，都须预先决定。徒步旅行是十二分困难的。乘马多由自买，不必要时，再行出卖。马车有数人共乘的大车，一人单乘的轿车或小车，开放地带有汉人的一轮车，此外有载货的牛车。用马车时有两种方法，一种是雇一个马夫，自购车体和挽马，一种是向马车店租借长期旅行，却以前一种方法为合算。又有雇一辆牛车载货，人却乘于货上的，也有在方便的地方步行的，惟在沙漠地方或兴安岭附近，则不能不乘马或骆驼。

一日的行程，马车约行六十华里至八十华里，普通由早上二三点出发，下午三四点投宿。乘马每日可以走一百里至一百五十里的，须以不过急为好。

开放地带有汉人所开的马车宿店可供住宿，在土造的土炕上，汉蒙同胞杂寝一起，纯蒙地带则须到蒙古包中求宿。在汉人的宿店里，大抵由宿店供给食料，由客人自作饮食，以高粱饭、粟饭等为多，面食亦有，在外蒙古只有羊肉、牛肉，而无谷物和野菜的，故旅行的人最好是自己携带米和罐头、食品之类，不时煮而食之。又须看地方关系，不能不带三五日的食用水的。

十六　对蒙古应有之新觉悟

我国边疆地域，尽为他人所垂涎，东三省被占，尚未收回，而内蒙又烽烟遍地，故我国有志青年，实不能不投笔而起，以国家的观念和牺牲的精神，以保全国土和援救蒙古同胞了。惟我人之入蒙古，无论其所操何业，均须诚心诚意，事事与蒙古同胞通力合作，宣传民族主义，团结民族力量，对于一般奸商痞棍之欺诈剥削，应彻底除掉，方能冶汉蒙为一炉，以共御外侮。

至于有志青年之入蒙古者，最先得要抱着为国为民的信念和坚忍不拔的志向，盖在那里须常受种种风土、气候等许多痛苦，决没有如住在国内繁荣都市那末舒服。在那里无论经营任何事业，都不能在短期间内即衣锦荣旋，只有尽可能的努力和牺牲及经过长久的年月，才可以真实的救自己，救国家，救同胞。若徒抱着一攫千金的美梦到蒙古去，那准定失望而结果一无所成的。

近年以来，外国人之潜入蒙古作种种工作者，踵趾相接，其调查研究，无微不至，而我国人自己反无此种用心，此真大可哀者，此后愿国人其速猛醒，奋起直追，以国家民族之存亡为前提，更生蒙古，尚不为晚。

关于改良蒙古产业之方案，有数事须注意的，兹简述如次：

Ａ、农业　蒙古的农业经营，将来是大有希望的，反对论者谓蒙古因水利不便，水田的面积较小，农业无甚效果云云，这都是错的观念。盖在蒙古垦殖，可视质地而行，适宜米麦的可植米麦，否则蒙古是有蒙古所特有的农作物的，如莜麦、荞麦等。譬如近年来，日人在东蒙古地方大事耕作，据闻四平街、郑家屯等地已无荒地，各农场的收获，由四五十石至三百石之多云云。足见如果以新方法去蒙古作农业经营，前途正未可限量。

农作物除米之外，尚有马铃薯、大豆、高粱、粟、大麻子等，都是生产很高的物品，尽可大事栽培。又蒙古的地价很便宜，较国内有更多之利益，资本可不须很大。

B、蒙古的牧畜业　改进蒙古的牧畜业，必须耐苦忍劳，经过五年或十年的长时间才可见功。在政府方面，宜未雨绸缪，对此国家资源所在之蒙古地方，亟设国家机关，聘专门人材，指导人民如何选择畜种，如何饲养家畜，如何剪毛制毡，以求一切生产之大量增加，借开国家富源。

C、工业和矿业　蒙古工业的发展，今后亦未可限量。如蒙古人最爱的烧酒酿造业，及制革工业、毛织工业等，倘能以新法改良，必能大大发展。至于煤矿等之多，殆不可数计，为日人所最垂涎。国人可以集资经营，并先辟交通。

D、植林事业　柳、松、白杨树是最适宜于蒙古的气候风土的，其木材的用途很多，可做建筑材料，可做矿山的坑木，可为铁道的枕木，并可作火柴根……等，如有人前去种植，将来定可收到厚益。

其他如作行商，或经营土地之买卖、或经营贷款、当店、卖药等，无不如意，只在人之努力而已。

《蒙藏月报》

南京蒙藏委员会

1936 年 5 卷 5 期

（朱宪　整理）

外蒙人民共和国之今昔

崔中石　撰

一　引言

"蒙古人民共和国"的存在，已是铁一般的事实；"满洲事变"以来，她进一步的成了日苏两国的缓冲地带。在蒙满边境起了纠纷后，使这个对外沉寂已久的外蒙，又喧腾在人们的耳目中，她内部所秘藏的现状和存在的史略，实为外人所急需了解的，左边所记，就是关于这些的一点爪鳞。

二　外蒙是一块怎样的地方

从地理的知识，我们知道：蒙古是一块平均高出海面九百六十公尺到一千二百八十公尺的大高原，面积一，六一二，九一二方公里，辖六部，一〇五旗，四六佐领，东界黑龙江，南界戈壁沙漠与察哈尔、绥远、宁夏和甘肃的一隅毗连，西界新疆，北界苏俄西伯利亚的后贝加尔、伊尔库次克、叶尼塞斯克、多木斯克四省，全境水利、气候、生物、矿产的情况，约如左表：

水　利	气　候	生　物	矿　产	商业与都会	语　言
色楞格河为外蒙第一大河，可资灌溉，惟轮船不能驶行	沙漠中雨量仅二吋，漠北库伦一带，雨量七吋，大陆性气候最显著	沙漠金属矿土，漠北水草浓秀，为天然之牧场，牧畜以马、牛、羊、骆驼四者为主，农业不发达	矿产不显	库伦为外蒙首都，当中俄二国之要冲；乌里雅苏台为外蒙第二都会，商业多系实物交换	蒙古语

　　所谓居民，有蒙古人、土耳其人、汉人及少数苏维埃人四种。当十二世纪，成吉斯汗帝卷括亚欧大陆的时候，他们（蒙古人）都异常勇敢，又善行走，西人称他们的兵力，为"上帝之鞭"，实是古来最英武的民族，自元世祖尊西僧八思巴为国师，令全国人皆信奉由西藏传来的喇嘛教，民族性从此便逐渐麻痹退化了，人口也由当日的一千万，激减成三二百万左右。全境人口据可靠的调查，约六八三，九六一人，如以蒙古人民共和国的政治领域分布，当如下表：

汗部	男		女	总数	男女百分比	
	世俗	喇嘛僧			男	女
土谢图汗	五七，一三一	六，一九二	八四，五八九	一六九，九二一	五〇·二	四九·八
车臣汗	四〇，五五五	一九，五三五	六三，六一八	一二三，五〇八	四八·五	五一·五
三音诺颜汗	八三，八六九	二三，五七七	一〇一，三五三	二〇八，六一九	五一·四	四八·六
扎萨克图汗	四六，六一四	一三，〇四六	五七，二九八	一一六，九五八	五三·〇	四七·〇

续表

汗部	男		女	总数	男女百分比	
	世俗	喇嘛僧			男	女
唐努乌梁海	二○，七四二	五，五九六	二四，七六八	五一，一○四	五一·五	四八·五
科布多汗	五，二五七	一，六五五	六，九三九	一三，八五五	五○·○	五○·○
计	二五三，七八九	九一，六○一	三三，八五八			

注：全人口中，牧民占八五％，王侯贵族二％，僧侣一三％。

蒙古因着气候干燥，灌溉不便，土壤含着过多的盐分，及野草的繁茂，所以他们的生活，还多半停滞在游牧时代，他们多集一家于形同覆锅的"蒙古包"中，集若干"蒙古包"于某"自然地带"，便成了一个部落，各族的言语、习惯〔惯〕，都大致相同。衣服食物，悉取之于牛羊身上，他们的财富也就是以牛羊数来做代表，全数据多方调查如左：

牛	一，七二五，四五一头	一，六七○，○○○	一，○七八，四○七
骆驼	三六五，八二四	三八四，○○○	二二八，六四○
马	一，八四○，八一七	一，五八○，○○○	一，一五○，五一一
绵羊及山羊	二，五○○，八○八	一二，三○○，○○○	七，一八八，○○五
计	一五，四三二，九○○	一五，八三四，○○○	九，六四五，五六三

注：首见《中国西北部之经济》，中见《十日□支那》，末见俄人 Maiski 著《外蒙之牧畜》。

除了牧畜业以外，在东三省兴安岭附近，及库伦左右，也有农业的存在，近来工商业亦颇有相当进展。在农业方面，蒙古的土著，多不喜欢经营，总计播种面积四万亩中，蒙民只占了三分之一。又农业中，中国人借地经营的方式，多系资本主义的生产，无论耕耘或收获，均借赁银劳动者，生产物则当为商品，贩到市场去出卖。蒙古土著农民的耕种法，多半是极原始的形式。至地下埋藏的矿产，以金矿为最富，在库伦之北，恰克图之南，额尔尼王与马贝子两旗境内，产地有二十一处，开采的约有十五个地段。蒙古又因为交通不便，所以她的社会脱不了封建的色彩，现在虽然因着时代的进步，废弃了这种制度，但其残滓仍显然的存在；这是在清初喀尔喀诸部内附了，其酋长受清帝册封为亲王，和喇嘛推崇的根源。其中最显著的，是他们以二对八的比率，分为贵族和奴隶，在贵族里面，又分为王公、贝勒、贝子的爵位，及享有这些爵位的世袭权的塔〈布〉襄〔囊〕、台吉等普通的贵族，与喇嘛教构成的特别贵族二种，他们在这般迷濛中，一面受着苏俄"十月革命"成功后，边境邻地的享有文化及经济的自由，和为自治的共和国家的影响，一面受着俄国东进政策，及中国忽视边地的结果。蒙古王公、喇嘛，遂于宣统三年六月，借会盟为名，招集四盟密议独立了。这个独立的已往和演变，也应有明了的必要。

三 外蒙共和国成立之已往和现在

十五世纪以来，俄国因侵略西伯利亚而东向发展的关系，不久即与我国有《尼布楚条约》和《恰克图条约》的签定，便开始了帝俄在外蒙的侵略；嗣后《天津条约》、《伊犁条约》及《北京条约》更予俄人在外蒙一种权利。当二十世纪开始之时，蒙古活佛、王公受着俄人的诱利，尤其是莫斯科的商业界，特别高揭着俄蒙交欢的旗帜。在我国革命未成立前，蒙古以会盟结果的名义，派杭达多尔济亲王、车林齐密特达喇嘛，赴俄京请求以实力援助他们所要做的举动，俄允许以军事上及财政上之接济后，驻北京公使便转向我施出抗议的手段，外长萨善诺夫在他们的国会上，为这件事更有如下的演说：

> 外蒙古之情形与中国迥异，乃一天然之独立区域，然蒙古欲完全独立，既无一统御之人，又乏资力且少军队，如任其自然，则必为中国所征服，再入其版图，为俄国利益计，岂忍坐视？我国民对蒙方针有二：一则不以一切举动为然，一则亟欲取之为被保护国，此二者皆趋于极端，其不以向外蒙活动为然者，即不欲问东方活动，是直限制我国家之命运，其欲取之为被保护国者，又易使各国知吾有吞并亚洲之野心，亦非得策，以余意见，宜采取二派似〔以〕折衷之，使中国不驻兵，不殖民，不干涉其政治，以为调停之条件，近来中国坚欲独自解决外蒙之事，而排除我国在外蒙之势，吾人决不因此而中道废止。

这种演说，不啻即决定了俄国对外蒙之政策：（一）使蒙古人自己管辖。（二）禁止我国军队侵入。（三）蒙古土地限制我国人之殖民，遇有危害时，则力加保护。时我外务部当即请活佛哲布尊丹巴停止与俄方求援的举动，蒙古所有要求，可通融议措，哲佛虽允，无奈已成事实了。不几日俄兵便络绎东来，迨武汉革命的消息传出，俄蒙军队已布置妥当，宣言独立了，哲佛自称"日光"，年号"共戴"，做起大蒙古帝国的皇帝。民国三年，我国始遣毕桂芳，陈箓等与俄蒙代表会议于恰克图，历时十月，经我再三让步，方缔结了中、俄、蒙三方条约，大要是这样：（一）外蒙承认中国之宗主权，并允即将独立取消。（二）中国承认外蒙之自治权，及与各国关于自治外蒙工商条约之专权。（三）驻库大员及佐理专员，得驻扎库、乌、科、恰，惟以后经外蒙承认，得另行添设。在外蒙取消独立改行自治后，我乃颁布了官制，派陈箓做第一任的驻库大员，其后陈毅继之，深得蒙民的称许。嗣后俄国革命成功了，白党谢米诺夫等退至西伯利亚，便利用了布利雅特蒙古人，成立一个"蒙古帝国"。外蒙王公、喇嘛自觉前途危险，便请撤消自治，外蒙乃得为我之完全领土。可是这种归权中央的举动，不到年余，便又撤回了，这是受着两种外力所造成：（一）中央误命了徐树铮，在外蒙的自治撤消后，徐树铮被任为边防督办，设督署于库伦，而徐氏是一个矜才使气，急功近利的分子，治理蒙古，气焰逼人。一面更贪念着内地军阀的争斗，外蒙自活佛以下，无不深痛。（二）是日本积极的注意外蒙，使活佛、王公生心向外。不过那时的独立，是完全操在谢米诺夫部将恩琴等的手里，有一部分青年与之起了冲突，便投奔赤俄，在赤俄的指导下，又组织了一个"蒙古国民党"，成立政府于恰克图，和库伦对峙。这一派不久（即一九二〇年）更借了苏维埃讨伐叛党的口号，便把蒙古统一了，彼等根据阶级斗争之原则，及列宁之计划，发出宣言，诏告人民。到了一九二一年的三月，蒙古国民党全体代表大会，议决了实现社会主义的纲领；十一月五日便开始成立了一个正式的蒙古独立共和国。一九二二年扫荡了国内的反革党，一九二四年十一月的党大会，更制定了"蒙古共和国的宪法"，发出权利宣言，奠定了现在的蒙古人民共和国的基础。

蒙古共和国之最高权力机关为"大呼拉尔丹"，当该会议闭会时，则最高实权由"小呼拉尔丹"行使，政府即隶属于这个最高的执行会。大呼拉尔丹的会员，由比例选举法举出，任期一年。各地政府，亦在当地分会之下。国府以下的行政组织，有"汗"、"旗"、"索木"、"亚儿巴"四级，"亚儿巴"则为行政上基本单位。现在的国府是经一九三〇年的左倾运动，和一九三二年的改革时期，政府的组织和阁僚均有几多的变过〔迁〕；同时将存在的两党，做一次清党运动，合并成一个"国民革命党"。一九三五年三月，呼拉尔丹议会，任命左列阁僚：

一、国务总理兼外长	庚登	二、第一副总理	邹伊巴尔山
三、第二副总理	地弥图	四、陆军部长	德米特
五、牧畜农务部长	图布真	六、教育部长	蒙霍
七、工商部长	威微倍多	八、司法部长	准图伊希
九、内防处长	那萨莱		

他们所以演变成现在的局面，是有内在的因素和步骤的，也是极值得注意的。一九二四年的权利宣言，首先规定一切权利均属于劳动人民；王公、贵族、官吏、封爵的一切特别权利，悉被取消，喇嘛及剥夺他人利用他人工作为生之国民，皆无选举权，以前帮助革命之王公贵族等，政府发表相当之命令，恢复之，同时认土地、财源、森林及河流等尽为国有，且废弃一九二一年前政府的所有外债，及私人对于外国企业和商人之债务，遂宣言宗教为各个人本身之私事，决然废止，另更将首都库伦改名乌兰巴图鲁（赤色英雄城）。实足表示出走向社会主义的第一步。到了一九二五年第二届国民大会时，封建制度的取消，始有很大的进步；但余剩的残滓，是仍然的存在，王公贵族的称号和特权，虽已废止，但其经济的基础并未完全消灭。不久更在政府中取得相当权势，实行一种趋向资本主义发展之政策，且竭力欲与苏俄断决关系，这样对新政府，便酿成了第一次的危机。一九二八年十月——十二月的大呼拉尔丹会议，原有的这一派，始重行获得支配大权，该派曾高声疾呼该党之右倾危险，他们的口号：（一）遵守人民大会之根本决议。（二）反对党内之分裂。主张与苏俄作强固的提携，实现反封建之农业革命。将王公、喇嘛所有之牲畜没收其大部，分配于贫民阶级。并设农业生产合作社等。因为贫民既获得了牲畜与土地，但缺乏有组织之方法利用，便采用了"集体主义"。到了一九三〇年的党大会，更树立了蒙古社会主义建设的五年计划（一九三一——三五），六月将寺院所有的家畜三百三十万

头中，约二百万头收为国有，编入集体农场内，翌年全地面禁止个人商业，而置诸政府的独占下，可是这种集体主义，实施在游牧的民族上，不久就是一个惊异的失望。第一，因为蒙古的经济情势，还缺乏五年计划所期待的发展的前提条件；第二，没收牲畜编入集体农场的政策，反将比较没有坚固信心的勤劳大众，由革命政权的阵中，驱到喇嘛和布尔乔亚方面；第三，政府对外贸易之专有，使蒙古与苏俄之经济关系，虽日见密切，而同时蒙古在内地之途径，便渐告断绝，使蒙古所不能自产之物品，发生恐慌；第四，代替旧商业关系的新制度，未曾准备，国内的商品流动，即时就停止了，蒙古社会因着这四种关系，使国内经济和专卖公司都宣告破产，牲畜的数目，减少七百万头。于是一九三二年的党大会上，便对于这种不合蒙古的经济农业实情之方策，以及忽视商业上之特殊性，加以彻底的批评，规定"蒙古共和国"的现阶段："是一个布尔乔亚的，民治的，反封建的，反帝国主义的共和国；并且以逐渐转向非资本主义的生产为基础。"因此恢复了私人所有权，许可了国内的个人商业，废止了一部分的集体农场；各种专卖权，也大加限制。现在只有手工业、工会和中央合作社，是唯一独占转出贸易的机关，对于私人所有者的金融上的帮助，业经扩大！对于贫穷所有者的租税，也减少了。结果经济情形，立见进步，而所失去的牲畜在第二年便恢复了，这便是所谓"一九三二的改革"。

四　外蒙之国防与当前之事件

　　蒙古共和国的军备和训练情形，因为时局的关系，却成了外人所急于了解的一件事，大概在训练方面，苏俄为其代理人，凡年至十八岁的男子，均须受军事训练半年！成绩优秀者，令其入军官学校，高等教育，则在莫斯科陆军大学，平均每一连的蒙古军，约有苏俄将校一名，作为指挥官，全部军队以骑兵为主，在军备方面，据多方调查，大体如左：

一、库伦：驻军团（三师团，七三四四名），飞机场一，格纳库一列（每格纳库可容飞机两三架），装甲汽车二十辆，坦克车十余辆，高射炮二十门，化学兵器厂二处。飞〔苏〕俄骑、炮、机关枪混成兵一万八千名，炮四门，高射炮四门，重机关枪一百三十架，轻机关枪二百四十架，战车八辆，装甲车十八辆。（另外消息，该地的军用飞机场内原屯驻空军一中队，一九三四年春以来，由蒙古政府之手，更加扩张增加了容纳二百架的收容力。）

二、克鲁伦：蒙军一联队，骑兵约一千名，山炮六门，大型野炮二门，兵十五名付有轻机关枪，另各小队（一队三十六人）均有重机关枪一架。乌古木尔（译音）的第一支队，有骑兵五百，野炮八尊。戈尔芝班的第二支队，有骑兵五百。唐斯库的第三支队，有骑兵、炮兵一大队，苏俄在该地的，据说有飞机一百架，克鲁伦何〔河〕左岸，车臣汗飞行场，约有三十架的爆击队。此外由有库伦屯驻的赤军开入炮兵旅团（有六英寸炮四门，三英寸炮四门，载重汽车二十辆），最近距克鲁伦六俄里地方的新飞机场亦已完成了。又附近于满蒙国境之地，将设置军戍地，以此地为中心，在伪满和内蒙北境，设骑兵队和汽车队的巡逻兵。

三、达木赛克：本年七月中因海拉尔事件，满蒙间发生纠纷，达木赛克到达了赤军三师，其编制为骑兵一团，炮兵一团，最近更有该地屯驻的赤军第一师移驻于多鲁伊克扫斯克，又七月中在京的林戈方面，增派骑兵一团，和战斗队一营。

四、买卖城：有兵营七，军需工场二，还有飞行场、"格纳库"和陆军学校。

五、乌里雅苏台：对于独立派遣军，有赤军经理部。

六、西部国境地方：有苏俄正规军、指挥官二千二百名，分驻于乌灵撒布至海西多鲁台之间，戈尔芬巴音、霍伦地斯之间，有屯驻十处，另乌戈木尔有兵五百名，野炮廿门，坦克车五辆。

军备情况同样是我们急需明了的，且促进我们注意外蒙的就是"蒙满纠纷"之双方言论，这是一件最堪究研的事；因为我不但告诉我们目前的事实，同时也宣布了她的将来。当"满洲里会议"决裂后，满方发表一种备忘录，最后的一段是：

今后我们将认她为一个危险而神秘的联邦；且解决双方间问题的机会，因会议的破裂而失去。我们决定独立按着我们自己的意思，来解决目前纠纷，和将来要发生的问题。

而苏俄的《真理报》对之作评论是：

蒙古共和国之"人民革命党"，与劳苦大众，必须准备排击日军阀第四次侵略工作……

如果认华北局势的展开，是表示蒙古最近几年里，还能保持和平，不受影响，此实大谬："蒙古共和国"之蒙日帝国主义乘诞，已非自昨日始也。

该报于回溯谢米诺夫、恩琴及徐树铮等，在日本帝国主义怂恿之下，先后三次侵入外蒙之后说：

日本大陆政策之一，即在侵夺"蒙古共和国"，及尚未并入满洲国之"内蒙"，此项工作对于日本已非一种问题，而为目前之实院〔际〕任务矣。此项问题，如能适当解决，则日帝国主义，必能利用"蒙古共和国"之领土与资源，弓开两面，向中国及苏俄进攻。

五　结论

总之"蒙古人民共和国"一般的情况，是约如上述。她的严重性，我们可从双方的评论中看出。为我国之领土，在各方面也都是凿凿有据。这个共和国，今后我们不该有所愿忘，去否认她，而是进一步去分析了解这个事实。在她内部的情况上说，今后的外蒙，内部是无大问题了，她可离开外力，独自生存，我们也希望她走上这条路，懂得利害关系，与我们合作而及早归来。不过在她对外的关系上说，确是随着远东不安之妖云，而不能当此的平安发展，近来日本在兴安省之活动，如组织蒙军，设立蒙古军校，建筑军用飞机场及在华北察东数县之占领，与苏俄在外蒙军备之扩充，远东火药库的爆炸，决不是很远的事了。这样外蒙定不期的做了一个争奋〔斗〕的战场，在此我们希望我们能做民族解放的前锋，唤起一切被压迫的民族，及数百年来同患难共休戚之同怀兄弟，一致向我们的压迫者进攻。相信奋斗的后面，就是生存之故乡，外蒙的前途，也就随着而解决了。

一九三五年十二月廿三日脱稿于沪蒙藏专校

《国防论坛》

上海国防周刊社

1936 年 5 卷 6 期

（朱宪　整理）

中国北部边疆的外廓诸国

胡一声　撰

一　外廓地域的西伯利亚

中国边疆问题发生的原因很多，接壤诸地的复杂也是引起边疆问题的重要因素之一，故我敢对于中国北部边疆接壤的诸外国作一个概说。

最先要说的是占着中国北部最广大的外廓线的苏联领有的西伯利亚，包围蒙古及新疆的外廓的西伯利亚，其开始由帝俄政府表面支配的时期是一五八一年。那时哥萨克兵的首领齐莫非维夫，沿伊尔吉思河，占领鞑靼河的首都伊思格尔，把它献给俄帝，是为西伯利亚归俄的开始。伊思格尔的俄国名为西比尔，其卒被指为称呼全西伯利亚的原因及其经纬，留待后面说明之。

在中国，较这更遥远的古代，为《三国志》、《后汉书》上之所谓"东胡之别支，依鲜卑山"，即是指蒙古族为鲜卑的名称。鲜卑这名词在类似音的关系上，被更广泛地转用为今日总称《西伯利亚》的名词了。同时表现西伯利亚的中国语的音表文字也种类颇多，由"朔方备乘"上称之为锡伯利始，其他如所谓锡伯，西比里亚，细密里亚，悉比厘阿，西比里阿，西卑利亚，悉毕尔，西伯利，悉比厘等，实不胜枚举。但今日则完全以西伯利亚为决定的名称了。但无论任何一个，都与原鲜卑的转音不同了。除现在的外蒙以外，苏领的伊尔库次克地域的西伯利亚，作为鲜卑旧土，而把西伯利亚和鲜卑认为在沿革上有直接的同一性的关系，是不容有多大的疑问的。

鲜卑族的发展及灭亡的过程，概观之，可分别为三种：其一是入了中国本部而完全汉化的；其二是在现今蒙古新疆及其邻接的西伯利亚的，比较的固定保存着其本来的血统；其三是进入西伯利亚奥地而渐次欧化了的。

作成边疆地域的外廓的西伯利亚诸地方，即布里雅特蒙古、爱拉特自治州、加萨克共和国、基尔基思共和国等，其人口的过半数，都以蒙古、土耳其，尤以蒙古为主体的，以下作个别纪述之。

二　鲜卑族的汉化

关于汉化了的鲜卑族是没有特别叙述的必要的，兹只将中国本部与此等边疆民族自古以来，如何交涉同化的史迹，摘录梁启超氏的《论国家思想》中的一览表以为参考：

国名	国祖	国都	现在地	兴起年代	灭亡年代
燕	慕容皝	邺	河南省彰德	西纪三三七	西纪三七〇
代	拓拔猗卢	盛乐	山西省大同	三〇九	三七六
后燕	慕容垂	中山	河北省定县	三八三	四〇八
西燕	慕容冲	长子	山西省潞州	三八四	三九四
西秦	乞伏乾归	苑川	甘肃省巩昌	三八五	四三一
南燕	慕容德	广固	山东省青州	三九八	四一〇
南凉	秃发偄檀	廉	青海西宁	四〇二	四一四
后魏	拓拔珪	平城	山西省大同	三八六	五六四

此中之慕容氏，从三国时代既入辽西，是最早受中夏之文化洗

礼的，拓拔氏受中夏文化的洗礼较迟，但因其创业最久，由魏晋至南朝时代，受中国文化之沐浴约三百年，即从西纪三八六年至五五七年都受中国文化的浸染。

因此，鲜卑人之接触汉族，即受汉化，改鲜卑姓而用汉姓的不少，在魏朝中叶之后，此一带的鲜卑族已与汉族同化了。古来有不少英主是抱着《书经》所载的所谓"无怠无荒，四夷来王"的理想的，这就是把别族同化的意思。但吾国人素抱和平宽大的王道思想，对于外来民族，自然同化，从未以威武的统治力强迫他民族完全汉化，比如明朝方孔炤氏所著的《全疆〔边〕略记》十二卷所说，我汉人的边疆观念从来是以五族融和为基础的，故在某种场合，汉族的势力虽远震四夷，兵力及于北漠西荒，但在政治的统治上乃至文化的同化上，都有固定的普及范围，常以北至大同、宣府；东北至辽东；西北至陕西延绥、甘肃宁夏；西至蜀；西南至云贵、两广，及其他全国海边而已。至其他属藩诸地，则以称臣奉贡，表示承认中原为宗主国则已足，从未曾如后来之帝国主义诸国以强夺其土地，奴隶其人民，以亡人种族为政策也。但我国这种政策，却留下了今日边疆扰攘的大问题，诚可太息！

三　布里雅特蒙古共和国

中国边疆的外廓诸国中，其接触部面之最广大的，是包括西伯利亚地方全部的苏维埃联邦。但其中与外蒙古接壤的地域，由东部开始至贝加尔湖以南，挟着蒙古境地的，则是布里雅特蒙古共和国，正确言之，是布里雅特蒙古自治社会主义苏维埃共和国。

自治社会主义共和国，虽然同名为共和国，但与联邦加盟的共和国，例如俄罗斯社会主义联邦苏维埃共和国、乌克兰社会主义共和国、外高加索社会主义联邦苏维埃共和国等，在国家根本法上是全然不同的。中国边疆的接壤国究竟属于何者呢？这是要注意的。即是乌克兰等共和国在苏联宪法上所规定的全联邦所保留或所独占的权限外，是可以各自单独行使其主权的独立共和国；反之，自治共和国是没有作为国家的独立性的，不过在苏维埃式共和国类似的组织之下，享有比较广泛的自治权而已。恰如德国的宪法上规定着各邦应采用共和国制一样，例如普鲁士的宪法，劈头就这样规定："普鲁士是共和政体的德意志之一邦。"但因各邦已不是独立共和国，故如今日的通称一样，德国已不是联邦的国家。准此，则外蒙及新疆的外廓的苏俄属领，是与俄罗斯社会主义联邦共和国同体的。虽然亦冠以"苏维埃联邦"之名，但实质上则纯然是其组成分子之一。如布里雅特蒙古自治共和国，及后述的哈萨克自治共和国、基尔吉斯自治共和国等，只享有比较高度的苏维埃式的自治权为止，实质上殆是母体共和制的行政区划，或不过是地方自治团体的性质罢了。此一点，对于中国边疆的微妙的关系上，是要特别注意的地方。盖此等自治共和国是苏联所用的外交政策的助手，是有其对于敌人的攻击时作障壁的作用的。

布里雅特共和国在一九二二年时是作为行政管辖区之一而被设立的，一九二三年升格而为自治共和国了。

布里雅特人也就是蒙古人的一支族，其生活式样与蒙古人完全相似，从事农业的还比较的少，多在大草原上营游牧生活。近来渐渐有从游牧生活转移而为定住农民生活的倾向，但大半依然还是游牧民族。其巧于牧畜，长于狩猎，一切与蒙古人相同。

从宗教上来说，或从容貌上说，布里雅特人决不是俄罗斯人。他们多数是佛教信徒，一方面有比较少数的是黄教徒。在人类学上说来，他们是可归入混血人种部门的，故要表示其一定的型模是不可能的。但将其肉体及容貌上的特征看来，是肩幅开广，体格短小精悍，颊骨高，鼻扁平。

布里雅特人的中心栖息区域，是萨贝加尔地方，其开始被俄人征服是十七世纪末（清初）的事。其对教育尚不普及，渐渐入于苏维埃化的过程是当然的。至其原来的文化系统，也可以从其有识之士所有的由西藏语翻译过来的蒙古语书物中，作一般的推定。

布里雅特蒙古自治共和国是俄罗斯社会主义联邦苏维埃共和国的一个组成分子，但其主要的人种要素是以亚细亚为基调的。

布里雅特蒙古的首都，本来是贝加尔湖东南、西伯利亚铁道沿线的上乌丁斯克，但最近又移至近贝加尔湖的西南隅的临安加拉河的伊尔库次克了。伊尔库次克是俄国革命纷乱时反革命派所据的中心，一九二〇年二月，白军首领哥尔查克将军被军法会议宣判枪决，即在此地。

由南向北流注于贝加尔湖的色楞格河是外蒙和苏联的自然的连系。但苏联还加以人工的连系，强化了两地域的关系，其一是由上乌丁斯克，沿此河至外蒙边境的恰克图，复经买卖城，而至外蒙首府库伦的汽车交通。其他一个是由伊尔库次克起点，经上乌丁斯克至库伦的航空路的开设。把这样便利的交通来和由张家口至库伦的断续行驶的中国方面的张库长途汽车比较，实在有天壤之别。目下某方正积极在这些交通线上建筑军用道路和飞机场，益使我国对边疆问题感到重大的困难。

四　远东地方及爱拉特

接布里雅特蒙古自治共和国之东，由外蒙东北境，延亘于东三省北境的地域，彼称为"极东地方"，即是俄罗斯社会主义联邦苏维埃共和国的一行政管辖区。这里，在苏俄革命后，曾为远东共和国之所在。

远东共和国是于一九二一年以"赤塔"为中心势力所在地而成立的，其疆域有阿墨尔州、沿海州、札秤加尔州，但至一九二三年归并于苏维埃联邦了。

由远东地方及布里雅特蒙古回视西蒙古或新疆的西邻地域，此等地域也是俄罗斯社会主义共和国的领土，但其中之在唐努乌梁海的西邻，外蒙古西北境的爱拉特自治州，和与西蒙古及新疆省接邻的加萨克自治社会主义共和国，及更与此相接的包括由巴勒喀什湖，及新疆省境一带地域的基尔吉思自治社会主义苏维埃共和国，有加以特别说明的必要。

爱拉特自治州的人口中，半为俄罗斯人，而此俄罗斯人口，自一七六一年以来，因与本部俄罗斯的为政者阶级的派别不同，尤其是宗教上的压迫，而向此方面逃来者的子孙不少。以此等俄罗斯人及爱拉特人为主体的这地域，是不失为苏维埃共和国之一异彩的。

旧帝制俄罗斯的住民之开始向此方面移殖是入了十九世起〔纪〕之后的事。但其在政府统制之下作有组织的积极进行，乃是一八七四至一八七九年间的事。就是说，帝俄的东渐政策，约在中日战争前二十年间，始次第展开。

爱拉特的语源是不明了的，爱拉特自治州的住民中，除俄罗斯人外，所余的是各种的土耳其族、蒙古族，及少数的基尔吉斯族。故所谓爱拉特人，要不过是土耳其人和蒙古人的混血种而已，这结语怕不会错吧？

当成吉斯汗大张其势力于东西欧亚的时代，此地曾非常简单的未经一战即在其统治下合流，而且其酋长加拉吉拉哥曾被重用，担当蒙古军一方面的统帅。到了十五世纪，统治此地的蒙人反变为被统治者，经过猛烈的斗争之后，爱拉特族乃把西蒙古的大部分置于其支配之下。但至十六世纪末，爱拉特族的势力渐衰，蒙古族再恢复其优越的地位。

以上是蒙古族和爱拉特的相互关系，但其后爱拉特族又为准噶尔族所蹂躏。惟准噶尔族于十八世纪时又为清朝的势力所征服，有许多人跟基尔吉斯人逃入俄境。

这样，故今日爱拉特自治州地方的原来土民常常与异种族间发生纠纷。而且因为土民对俄罗斯人的关系，远不如对蒙古人或基尔吉斯人的接近，故苏维埃政权成立后，在此地设立自治州，设法使俄籍农民与山间的爱拉特人减少纠纷。

五　加萨克自治社会主义共和国

加萨克自治社会主义苏维埃共和国，同是组织俄罗斯社会主义苏维埃共和国之一，其面积之大，等于德意志、法兰西、西班牙，及意大利四国之合计。

加萨克自治社会主义共和国，与我国之蒙古西部及新疆毗连，边境地域的山岳地带及中央部之广阔的草原、沙漠，在文化的进展上具有种种地理的困难，故古往今来尚未能脱出极原始的游牧生活。十九世纪中叶，帝俄对此地域确定了其统治权，纯然是战略关系。

此地一九二六年的人口约六百五十万，其中六二％为加萨克人，一九·七％为俄罗斯人，一三·二％为乌克赖那人，三·三％为乌智班克人，一·八％为加拉加尔帕克人。把这些人种分析综合起来，可以说总人口的百分之三十二·九是俄罗斯系统的移住者。

占全人口中十分之六成余的加萨克族，是基尔吉斯族的一分派。原来基尔吉斯的名目是俄人所呼的，他们自己称为加萨克，加萨克的意思是"骑手"之谓。所谓"哥萨克兵"，是俄罗斯人所借用的。因此，故种族名的基尔吉斯、加萨克，和俄国人转用观念的"哥萨克"，是不能不加以严密的区分的。

　　寻求加萨克人种族的渊源，可以说他们是由土耳其人而出的。在体格上是与蒙古人相似，在语言上是与鞑靼人相混淆的。他们的特征是黑发，较长的体格，小而黑的眼睛，扁平的鼻，高颊骨。他们的宗教不用说是回回教，但也不一定是严格遵奉的。

　　他们的生活，原来是以游牧为主，但渐次习惯于定住农业了。最近加萨克自治共和国的耕地面积，计有十分之二在加萨克人手中经营。

六　基尔吉斯自治社会主义共和国

　　基尔吉斯自治社会主义共和国的主要构成分子，是基尔吉斯人。大体上说来，他们也是以游牧为生，在其生活样式并习惯上，极与蒙古人相近似。现在基尔吉斯人最多的地域是新疆省叶尔羌的南部，及由喀什噶尔以北包括阿克苏的地域。而俄属之基尔吉斯共和国，恰与新疆的基尔吉斯族栖息地域接境，是人种上的同一地带。此地原属中国，于一八六四年（同治三年）因《伊犁条约》割让于俄罗新〔斯〕，故此地与前项所述的爱拉特、加萨克等的场合相同，成为边疆问题的复杂性之一要因。

　　根据一九二六年的人口调查，在基尔吉斯共和国中占最有支配力的多数人口的是加拉基尔吉斯人，约占百分之六六·六，其他各族的成分都不很多，乌智班克旗〔族〕约占百分之一，俄罗斯人占百分之一二，乌克赖那人占百分之六·四。

　　加拉基尔吉斯族和加萨克基尔吉斯族，都是蒙古鞑靼尔系的土耳其族，其所以被称为加拉基尔吉斯之故，盖因接头语的"加拉"是黑的意思，是对彼等游牧民族所特有的一种颜色而称呼的。

基尔吉斯族之移住于此等边疆的山间地带，是十三世纪的前后，在其盛极一时之际，曾占领过叶尼塞河上流地域和贝加尔湖地方。在蒙古史上，称当时的基尔吉斯人为布尔特。

这样，一时曾向外蒙的北部发展的基尔吉斯（加拉基尔吉斯）族，到了十七世纪也过〔遇〕了俄罗斯人或加萨克基尔吉斯人退回到天山、帕米尔地带，即前记的新疆省，及现在的基尔吉斯共和国的地域上来。

现今的基尔吉斯共和国的地方，是一八六四年被俄罗斯□并吞，置于帝俄政府支配之下，而成为土耳其斯坦州之一部的。此后，在一九一七年俄国大革命后，土耳其斯坦共和国成立，加拉基尔吉斯地方也包在一起，但至一九二四年时，土耳其斯坦共和国解体，乃被创设为加拉基尔吉斯自治州，其后又于一九二六年成立为今日之共和国。

七 土尔克社会主义共和国

关于与蒙古及新疆邻接的苏俄领域，在大体上已说完了，但最后作为一种变相的组织的，有土尔克社会主义苏维埃共和国，此共和国是组成苏维埃联邦的七共和国之一，但把话题拉长到这一共和国来，恰使我们的边疆问题更加复杂化，有由苏俄和中国的问题发展至阿富汗、印度、西藏的相互关系的意味。

盖即从其位置上来说，土尔克共和国是占有俄罗斯中央亚细亚之一角的，北与基尔吉斯共和国，南与阿富汗，东与新疆之喀什噶尔接境，而且人种也是属于阿富汗的一种。

土尔克共和国是于一九二四年所创立的，一九二六年时的人口为八十二万七千人强，其中土尔克人占百分之七四·六，乌智班克人百分之二一·二，其他为少数之基尔吉斯人、加萨克人、土

耳其人、阿剌伯人、及犹太人。原来此地的人口是很多的，因在
一九一七年苏俄革命时逃亡于阿富汗者甚多，故人口减少很多。

宗教在大体上是回回教，但这也与加萨克的场合一样，可以说
没有严格的信者。

以上是对苏联与中国疆边接壤地各构成作一巡视。这些构成的
出现，不是单纯的自然发生的现象，而是由苏联的亚细亚政策所
编制的。盖苏联的经济政策是极有弹性的，此处的社会组织也是
斟酌独特的文化和民族政策而巧妙应用的。

八　苏俄的东方民族对策

苏俄的东方民族对策，是与行政上的新构造关联着的。划数百
启罗米突的国境线以为新的民族国家构造的存在，这方策较之旧
俄时代的专制，实在是有隔世之感。把这些构造作坚固的结合，
是可以作为苏联保障其亚细亚政策之根据地的，此等新构成的出
现，在苏联外交政策的运用上及对于日、英等攻击的障壁上，是
有其特殊的意义的。

苏联所属的亚细亚，无论任何部分都依照苏联的国家基本法，
受那与欧俄完全同一型的政治的并社会的根本法所支配，且受同
一型的行政机关所统治，而在经济上、行政上，建筑起平等权的
基础。

苏俄在其民族政策的见地上，使西伯利亚各特殊种族之间发生
极好的交通和联系，排除一切民族的企视，而鼓励各民族间的通
婚。使其血统互相混合，制造一种西伯利亚国民。我们检讨其由
贝加尔湖的东西至帕米尔地带的新领土的构造时，得到这样的结
论是极自然的。

然而这在苏联的立场上说来，当然是结合各地住民的民族意识

的布尔希维克的民族政策。譬如基尔吉斯族的游牧地区的基尔吉斯共和国，爱拉特游牧地区之爱拉特自治州，其他如布里雅特蒙古共和国、加萨克斯坦共和国、土尔克共和国，一切都可以说是照此原则实现的。

苏联为达成其民族政策起见，先从各个民族的社会及文化的关系上，切离其周围束缚，更打开统制各民族的困难之门，借着其本身的斗争之力，以根据社会主义所创设的机关，再作坚固的联结。

中国边疆的西伯利亚诸国的情形大致有如上述，从这里我们可以得到许多对于边疆问题的实际知识吧，愿国人不要忽略才好。

一九三六·六·十五

《蒙藏月报》

南京蒙藏委员会

1936 年 5 卷 6 期，6 卷 1 期

（李红权　整理）

绥远轮廓素描

余汉华　撰

引言

自九一八事变以来，远东政局发生剧烈之变化，遂形成远东各国间一种不可名状之严重情势。此种严重情势，从满洲波及热河、察哈尔，并延及平、津，目前为内蒙古一部之绥远，又有受此种严重情形影响之虞。因此，国人对于在华北占重要地位，而且在严重情势中之绥远现况，不可不有一个简单明白之概念。兹拟晋而介绍一二如次。

绥远原系匈奴牧地。汉时置定襄、云中二郡。后魏建都盛乐城，置云州，统辖盛乐、云中等郡。隋置定襄郡。唐置大都护府。五代入辽，置丰州天德军。元置大同路。明筑玉林（杀虎口西北）、云州（归化西南）等城。清季设归绥道，管辖九厅。民国二年，分设县治，改称特别区域。十七年，遂正式设置行省。其省政府组织，与内地各行省相同。

绥远地据阴山，东界察哈尔，北界外蒙古土谢图汗、三音诺颜二部，西南界宁夏，南界陕、晋，共辖十八县局、乌伊二盟、土默特旗及绥东右翼四旗，总计面积一百十二万三千余方里。现已设县治者，约占五十三万七千余方里。各盟旗之牧畜地，约五十八万七千方里。惟气候严寒，全年平均温度在摄氏表十度左右。阴山以南，气候较温和，阴山以北，即寒冷异常云。

绥远山脉，系以阴山山脉为主，东西横贯境内，凡千余里。阴山山脉西端接贺兰山，向东转为郎〔狼〕山，即古狼居胥山。再向东北弯曲为乌拉山，系古之阳山，秦汉曾在此设围〔固〕阳塞，以资扼守。该山东西约二百四十里，山中秦汉遗迹颇多。又东至归化城北三十五里，为翁滚山，又名大青山。再东则为伊玛图山，向绥境东端入察哈尔境。惟以阴山之名最著，故以上诸山，统称阴山山脉。

绥远之河流，系以黄河为主，因黄河自宁夏流入绥境，成一大弯曲，并分为南北二流，北流向西北，汇合腾格里泊之水，转东北流至乌兰恼包，再东南流，潴为乌梁素海子，复向西南流，与东来之南流相汇合，东南折入长城，但在南流与北流之间，凿有河渠，用以灌溉，水利甲于各区，故当地有"黄河百害，惟富一套"之谚。此外，尚有大黑河、沧头河、乌兰木伦河、西拉乌苏河、西兰木伦河等河流，流域甚短，灌溉之利亦甚少。

绥远盟旗之现况

绥远境内盟旗之组织，肇始于明末，至清代乃先后完成盟旗之编制，旗有扎萨克，盟有盟长，但以旗为统辖单位。札萨克为一旗之最高长官，盟长为各旗王公推举之领袖，以便对外及召集会议。目前盟长之威权不似昔日之盛，各旗军政大权，均操诸各旗札萨克王公之手，各旗王公，均为世袭职，仍保持昔日封建制度。兹将各盟旗分布区域及其统辖王公姓名，表列如次。

乌兰察布盟六旗

旗别	统辖王公	分布区域
四子部落旗	潘德恭札布	武川县
达尔罕旗（喀尔喀右翼旗）	扎,拣扎,布	武川
茂明安旗	莫特凌清忽尔瓦罗	固阳县
东公旗（乌拉特后旗）	额尔克色庆扎木巴拉	固阳
中公旗（乌拉特中旗）	林庆僧格	五原
西公旗（乌拉特前旗）	石拉布多尔济	安北

伊克昭盟七旗（即鄂尔多斯部）

旗别	统辖王公	分布区域
准噶尔旗（左翼前旗）	博彦巴达尔呼	托克托
郡王旗（左翼中旗）	图布新济尔噶勒	东胜
达拉特旗（左翼后旗）	康达多尔济	包头
杭锦旗（右翼后旗）	阿拉坦鄂齐尔	临河
鄂托克旗（右翼中旗）	噶勒罗减勒玛旺扎勒扎木苏	陶乐
乌审旗（右翼前旗）	特固斯阿木固郎	东胜
扎萨克旗（右翼前末旗）	鄂齐尔呼雅克图	东胜

土默特部一〔二〕旗

旗别	统辖王公	分布区域
土默特议〔部〕左右二旗	荣祥	归绥、萨拉齐、和林格尔、托克托、清水河、包头、武川

绥东右翼四旗

旗别	统辖王公	分布区域
正红旗	鄂斯克济勒格尔	丰镇、集宁
正黄旗	达密凌苏龙	丰镇、集宁、兴和
镶蓝旗	孟克鄂齐尔	凉城、集宁
镶红旗	巴拉贡扎布	凉城、陶林

上表所列，系绥远境内各盟旗分布概况。查土默特部及绥东右翼四旗内，汉、蒙关系，甚为密切，种族界限，殆趋泯灭，惟伊、乌两盟，土地寥阔，且处于荒寒之地，汉人移居该境尚少，故尚未十分同化耳。

内蒙各盟旗，因各自为政，不相统属，致进步殊鲜，中央为增进蒙族利益及政治知识起见，并基于绥境蒙古各王公及青年知识分子之恳切要求分盟自治，遂准另设绥境蒙古各盟旗地方自治政务委员会，专处理伊、乌各盟旗政务，而与百灵庙蒙古地方自治政务委员会脱离关系，于本年一月二十五日由国府明令派沙克都尔扎布等二十一人为绥境蒙政会委员，并指定沙克都尔扎布为委员长，又派阎锡山为绥境蒙政会指导长官，会址设于伊金霍洛。

绥远之重要城市

自远东严重情势波及绥东以来，绥局骤形紧张，且绥东各县，为绥远精华所萃，城市林立，极占重要地位。本节即拟对于绥东各城市，分别叙述如次。

归绥　归绥为绥远省会，位大黑河北，有新旧二城。旧城曰归化，系明万历中忠顺夫人三娘子所筑，周二里，商业萃荟，素称繁盛，城内设有民、财、建、教四厅及公安局等机关。新城曰绥远，在旧城东北，系清乾隆四年所建，周围二十丈，从前绥远将军及都统均驻于此，惟商务不及归化城之盛。至新勘商埠，则在两城间，计面积三十九方里，民国三年开放。归绥为关内与蒙人交易萃荟之所，商贾云集，货物山积，与张家口、包头共称内蒙三大市场。

集宁　集宁亦称平地泉，原系塞外一荒村，嗣以平绥铁路经此，市廛顿盛，民国十一年遂设置集宁县。此地与察西之商都，遥相对峙，又有汽车路北通滂江以达库伦，形势极为险要，故为绥东军事中心之地。且以该地交通便利，商货云集，其繁盛仅次于归绥、包头。

丰镇　丰镇即汉魏时代之云中郡，清季为口外大厅之一，与多伦同称重镇，自昔即为汉胡争夺之军事要区。此地自平绥〔绥〕铁路通车以来，南由得胜口可抵山西之大同，北西经集宁、归化、包头，再循汽车路，可达宁夏，交通便利，故商业亦称兴盛。

陶林　陶林位于平绥铁路三官营之北，绥东右翼正黄旗与乌盟四子王旗之间，与察西之嘉卜寺（即化德县）遥相对峙，在今日绥东局势紧张之际，亦颇占重要地位。

和林格尔　和林格尔位本省东南，西北距归绥百二十里，南距杀虎口百里，为汉代定襄郡地，并有魏之盛乐郡及明之云川卫、玉林卫遗迹，乃古昔争夺要地，目前颇形萧条。

凉城　凉城位于归绥东南，当长城杀虎口外，为晋、绥孔道。城筑于北魏时代，商肆亦盛。城东北之大海泊，以产盐著称于世。

兴和　兴和原名二道河，位于绥远东南端，邻接察西，距张北百八十里，有汽车路，西通丰镇，东到察境柴沟堡，市肆亦颇繁盛，所属白脑包地方，以产石炭著名。

包头　包头位于本省中央，为水陆交通之要冲。盖此地一方为平绥铁路之终点，一方又为包、宁、兰汽车路之起点。且黄河自宁夏流入绥境，屈曲漫流，最便航运。故舟车辐辏，商贾云集，新疆、青海、甘肃之毛皮、食盐等货物，均由舟运至此，再由火车运销归化、张家口、平津等地，又本省西部农产物，亦均运此交易，故包头为内蒙三大市场之一。城距黄河北岸约五里，极坚固，夙称西北要塞。商号则聚于前后两街，多属平津及西北诸地客商。

此外，尚有五原、东胜、萨拉齐、武川、临河等城市，亦为蒙人交易要区，兹以行文之便，姑从简略。

绥远之民族与文化

绥远之民族，系以汉、蒙两族为主，间有回、藏两族，然为数极少。绥远之蒙族，殆由鞑靼族演变而来。鞑靼族在十一世纪末散布于外蒙肯特山之四周，迨十三世纪有成吉思汗出，征服欧亚，建树元朝，其后浸衰，为明太祖朱元璋驱逐出塞，遗族仍窜踞漠北。成吉思汗十五世孙巴图蒙克，自称达延汗，明嘉靖年间，因族属繁殖，遂遣其次子阿勒坦，率左翼三万人，游牧土默特及河套各地，由此日浸日盛，遂形成今日之绥远蒙古民族。汉民族移居绥远各地，为时甚早，大都为晋、陕、冀、鲁、豫各省之人，然其移殖最盛之时，都在清季、民初期间。

汉、蒙两民族移殖绥远之情形既如上述，汉民族移殖时期虽后于蒙族，但发展极为迅速，现在绥远人口总数二百十一万五千余人中，蒙人不及二十万，而汉人则占一百九十余万，蒙人总数仅定〔足〕汉人总数十分之一。兹再将各旗蒙族人口数额，表示如次。

旗别	人口	旗别	人口
达尔罕旗	五，二五〇	准噶尔旗	三七，〇〇〇
四子王旗	九，二〇〇	郡王旗	四，七〇〇
茂明安旗	九九〇	达拉特旗	一三，〇〇〇
东公旗	一，三八五	杭锦旗	八，六〇〇
中公旗	六，二五四	鄂托克旗	一三，〇〇〇
西公旗	六，七六〇	乌审旗	一一，〇〇〇
土默特旗	六〇，〇〇〇	扎萨克旗	三，八〇〇
绥东右翼四旗	六，六三一		

总计各旗蒙族人口约十八万九千五百八十人。

其次，再观绥远之教育状况。绥远处塞外荒寒之区，交通不便，风气闭塞，一般蒙人，且生活于封建制度之下，锢于固习，殊乏求新知之兴趣，故教育极不发达。迨近年来，经教育当局及有识之士，积极奖励筹办之下，绥远教育，已较前大有进步。综计绥远各地所设立之学校，有中央政治学校包头分校一所、国立蒙旗师范工科职业学校一所、农科职业学校一所、师范学校二所、男女中学校七所、小学校十八所、幼稚园二所。观此，绥远教育已日在进展中。惟今后对于绥远教育之改进，关于师资问题、学童问题、教材问题及经费问题，须有切实深远之计划，始可举相当之效益。

最后，再一瞥绥远之宗教。绥远之宗教，与其他蒙古各地相同，均信崇喇嘛教。初元世祖忽必烈进据中原，有西藏喇嘛八思巴来谒，世祖听其说法，甚为崇拜，遂定喇嘛教为国教，嗣成吉思汗十七世孙阿勒坦与达赖三世济朗嘉穆错，缔结善缘，黄教自是乃盛行于蒙古各地。至清代入关，欲消灭蒙古人僄悍之气，遂尊崇喇嘛教，奖励蒙人为喇嘛，尊为上人，给与优异之待遇，自是蒙人遂以做喇嘛为荣。于是喇嘛教，乃更得深入民间。上自王公，下至庶民，无不崇信，倾家布施，亦所不惜。如班禅、章嘉诸活佛，所至之处，男女摩肩接踵，膜拜于途，若得其一度摩顶，则认为无上之荣幸。其笃信之情，可见一斑。

但喇嘛大都以清磬红鱼、诵经礼佛为其正当生活，不事生产，禁止娶妻，相习既久，社会之富力渐次萎缩，人口亦次第减弱，如绥远蒙人总额为十八万九千余人，而喇嘛则占二万七千二百零三人，约占十分之一强。此十分之一生产力与生殖力，遂完全归于消灭，此实为蒙古人之一个重大损失。但从另一方面说，喇嘛教旨，系以渡人救世为怀，其微言高行，殊值吾人敬崇焉。

绥远物产一瞥

　　绥远从事生产工作之人，一为土著，多务农耕，一为游牧，致力牧畜。绥远之生产事业，大概以此二者为主体。至于工业，则极为微弱，无足论述。兹先从农业叙起。

　　绥远亦与其他蒙古地方相同，从前均系游牧之荒原，无农业之可言。厥后汉族北进，移民屯垦，继之而起，于是绥远农业，乃渐次兴起，今尚在发展过程中。

　　查绥远可耕地之范围甚广，计乌盟六旗报垦顷数约十万顷，已放垦者约七万余顷，伊盟七旗报垦顷数，约五万三千九百二十余顷，已放垦者四万余顷。此外，尚有土默特一旗及绥东右翼四旗报垦顷数未详。绥远耕地面积之广，于此可见。至于绥远农户及其所得之亩数，据民国二十一年国府主计处之调查，关于绥远农户总数约二四七，二三七户，耕地总亩数约一八，六三九，〇〇〇亩，每户平均约得七十五亩。时至今日，又经数年之垦殖，农户与亩数，较前更有增加。其农产物，有大麦、小麦、黍、谷、豆、高粱、胡麻、马铃薯、榆、杨等物，此外，如蘑菇、甘草、黄蓍、黄芩、红花、防风等，生产亦颇丰富。

　　其次，再看绥远之牧畜业。凡水草丰盛而未开垦之荒原，到处均可望见一群一群之牲畜，仰鸣俯啮，踯躅其间。绥远牧畜业之盛况，可以想见。但绥远牧畜业最盛之区，系由丰镇以北至归化、包头一带地方，该等地方，以产羊毛著名，而归化、包头又为羊毛输出集中地，商人在此设庄购买者达数十家。计每年由归化输出之牲口约六万三千头，绒毛约七百三十四万六千斤，皮革五百一十七万七千张，由包头输出之绒毛约一千七百二十万斤，牲口十万头。

其次，再观绥远之矿产。绥远矿产，系以盐、碱、煤为大宗，石墨、石绵、银、铁等矿产次之。盐之产地，多在鄂尔多斯部，如杭锦旗有白盐池及碱湖五处，鄂托克旗，有红盐一处及碱湖四处，乌审旗有碱湖二湖，均属著名产盐之区。煤炭则分布于大青山中，分无烟煤、有烟煤两种，蕴藏极富。其开采者，有归绥之吴公坝、毕克齐、察素齐、萨拉齐之水涧沟、五当沟及清水河等处，每年产额约十三万吨。

至于绥远之森林，不甚繁富。大青山之森林，近年因滥施采伐，所余无几，惟乌拉山一带森林，因蒙人禁止采伐，特别繁茂。查乌拉山森林面积，占该山全域之半，约在五千平方秆以上，林木生长，极为密茂，每株距离，仅二三尺，多生于山内之平阜斜坡上，尤以山阴更属密茂。其林木之种类，杨树占全森林百分之六十以上，其大者径逾三四尺，高达十数丈。松柏亦颇繁盛，仅就山南麓一部面积而言，约占三万六千平方丈，老干参天，大可数围。余如柳、榆、楸、槐、杉、桧、山杏、山桃等树，亦均繁茂。

绥远之水利情形

绥远水利，甲于其他蒙古各地，故虽气候高燥，雨量稀少，而农作物尚可得相当之收获。其区域以河套为最，盖黄河自磴口流入绥远境，即成一大湾〔弯〕曲，分作南北二流，水势纡缓，河幅广阔，水流洪大，于南北二流之间，凿渠联络，以资灌溉，遂构成河套肥沃之区。河套一带，从前悉为荒原，只资蒙人游牧，至清季始开渠屯垦，农务乃兴，迨后踵事增修，渠务更形发达，民国十八年设包西各渠水利管理局，隶属绥省建设厅，专司修筑各渠事务。

渠道有干渠、枝渠及子渠三种。干渠密接黄河，为全渠之主流。于干渠之间，开凿渠道者为枝渠，枝渠之旁更开渠道者为子渠。但河套之水利，乃趋重于干渠。因干渠若有枯涸，即影响枝渠、子渠。干渠又可分为二种，一为公有干渠，一为私有干渠。据包西各渠水利管理局报告，公渠共十三道，私渠共三十道。兹将公渠情况，表列如次。

渠别	所在地	长度（里）	平均宽度（丈）	平均深度（尺）	灌溉面积（顷）
永济渠	临河	一五〇	八	六	三，〇〇〇
刚济渠	临河	一三〇	三	三	三〇〇
丰济渠	临河、五原	七三	四	四	一，〇〇〇
沙河渠	五原	八三	四	四	六〇〇
义和渠	五原、安北	九〇	四	四	一，〇〇〇
通济渠	五原、安北	一一四	三	三	五〇〇
长济渠	五原、安北	一三〇	三	四	八〇〇
塔布渠	五原、安北	一二〇	三	三	五〇〇
黄土拉亥渠	临河	一四五	四	三	二，五〇〇
杨家河渠	临河	一六〇	五	四	二，五〇〇
民复渠	安北	五五	二	三	四五〇
民福渠	包头	一四〇	三	六	一，〇〇〇
三呼湾各渠	包头	二二〇	三	三	一，二〇〇
总计		一，六二〇			二一，〇〇〇

此外，尚有枝渠八十道以上，子渠百数十道。但各渠灌溉之面积，却因旱潦而有所不同，如潦年灌溉面积，较常年约增一倍，旱年则较常年减半，然亦有因各渠个别情形之不同，旱年、潦年之灌溉面积又呈不同之状况焉。

私有各干渠，约三十道，以兰镇渠、新皂火渠为最长，计各五十里。前者灌溉面积为一千顷，后者二百顷，旧皂火渠、合少公中渠次之，计长各四十里，灌溉面积为二百顷至一百顷。其他各渠，长自十里至三十里不等，总计私有各干渠灌溉面积，共约四千七百四十顷。

以上公私各干渠，合计约四十三道，灌溉面积共约二万五千七百四十顷，其水利不可谓不巨大。今后对于原有各干渠，若重加修浚，并就河流所经，更计划开辟新渠，扩充灌溉面积，则绥远之水利，当较今日更大数倍，所有荒原，尽成良田，农产物数量，亦同时增大，福利所及，当不仅绥远各地农民身受已也。

绥远之驼运事业

绥远之交通，近年来较前大有进步，如平绥铁路展至包头，北平与包头间，宛如比邻，并有包、宁、兰汽车路线，由包头经宁夏至兰州，绥新长途汽车路线，由归绥经甘肃以至新疆之迪化，张库汽车路线，由察省张家口经绥省滂江以至外蒙库伦。而滂江至平地泉间，亦筑有汽车路，与平绥路相衔接。绥东之丰镇至察西之柴沟堡，亦筑有短途汽车路。观此，则绥远之交通运输，亦可略云便利。

然而在此等交通未具备以前，及既具备以后，而仍继续做运输之工作者，即绥远之驼运是也。绥远之贸易范围甚广，近至晋、陕、平、津，远及甘、青、新和内外蒙古各地，万山重叠，沙漠纵横，从前赖以作运输唯一之工具者，则恃骆驼已。盖骆驼身体高大，性温顺而力强，能负重行远，且胃中有囊，可预贮水料，数日不渴，宜于沙漠旅行，故绥远驼户，均畜作运载之需。计每驼的载重二百四十斤至二百八十斤，如自归绥运载客货至新疆古城交卸，约得运费八十元至九十元，再由新疆古城运载货物返绥，每驼又可得运费自四十元至五十元，故来往一次，每驼可得运费百二十元至百四十元，若养驼百只，则年可获利五千元至七千元，因此驼运业曾兴盛一时。试看民国十九年以前，由绥运销新疆之货物，年约一万五千担，再由新疆运回绥远之毛皮、葡萄、玉石、绵花等货，年约二万担，即可证明驼运之盛况。

但是自绥运货至新，每次途行约三月，年仅二次，因每年三月至六月间，为骆驼休牧时期，不能行走，是以驼运之时间既形迟慢，且近年来新疆、外蒙之事变迭起，驼运路线，既为所遮断，加之交通利器如火车、汽车，较前更为发达，夺去驼运之货客，为数不少，且驼捐又较前加重，有此种种原因，目前绥远驼运事业，遂致一蹶不振。如在民国十九年绥远所有运载客货骆驼，计有一万八千只，到民国二十三年则仅剩八千余只，即为驼运衰落之证明。

虽然，绥远驼运，现虽已趋向末路，不过在长途沙漠及汽车不通之地方，驼运犹能尽其主要或补助之功能。若在曩昔，内地之客货，运往边疆，边疆之客货，运至内地，均借驼运作勾通之媒介，其功殊不可没焉。

《蒙藏月报》

南京蒙藏委员会

1936 年 5 卷 6 期

（王芳　整理）

外蒙古概述

李　拔　撰

一

俗称蒙古一语，以其有沙漠横贯，北者为外蒙古，南者为内蒙古，总面积约一三六八〇〇〇方哩，地旷人稀。蒙古民族之活动时代在唐时，称为蒙兀，但最活泼之时，当为十二世纪初，即铁木真出现以后。他是不儿罕山附近的一个部落酋长，先统一内外蒙古，改称成吉思汗，进而更征服西夏、金，并转其锋铓于中央亚细亚，且经略俄土，声震欧洲，实为东方民族历史空前未见的伟绩。惟因军事的胜利过速，戎马倥偬，占领地域的政治施设，竟丝毫未加考宪〔虑〕。元朝灭亡之迅速，其因源已远。他们只是慓悍的民族，飒爽的性格，缺乏建设国家社会的组织能力。生活亦惟游牧为主，不惯于高度的文明。一三六八年既崩溃以后，乃复退归塞外故地，再从事其原始的生存竞争。他们固不能感化他民族，亦不易为他民族所感化。元朝存在的意义，不是吸收什么新文化以求社会阶段的更加进展，而只是武力的略夺，以武功相夸耀。直到现在，蒙古民族仍以游牧生活为惯习，虽说是自然的地理的条件所造成，主观的不思改进，亦大有关系。

蒙古之完全为中国所屈服是在明朝没落以后的清廷。内蒙古则在清政初期以武力的平定，外蒙亦望风归顺。

清廷之治蒙是一贯其怀柔政策，既许以官爵，且仍令为王公，酋长兼握军事、政治。既未加武力的压制，即人民生活情形，亦一听其历史自然的发展。而对于喇嘛宗教更示奖励爱护之情，以安定蒙古民族的心理。清廷的统治蒙古是相当苦心的。

汉民之移殖，历史的发展上亦甚有可观，开拓土地，振兴农耕，在文化上在经济上不免给予当地土著相当的压力。

蒙古民族之不长进，按民族性的推敲，实因其过于保守所致。例如他们拜祖之念极深，终身常不离祖坟。这种性格在文化上就养成他们只是强调自己不能接受其他的文明程度。

不过时势造英雄，在资本主义之潮遍及全球的时候，孤居塞北的蒙古亦不免大难。就是说当清朝崩溃以后，俄国大革命的结果，白军退入蒙古，在政治上激起了空前的变动了。

更因为俄蒙国境的毗邻，在苏联的革命波涛亦已滚进蒙古的铁门。即蒙古的国民革命党是推翻了王公制度，建立其民主共和，并且那还是赤色的改变。现在世界人士一提到蒙古的政治、经济形象，便很自然地把它和苏联的一切同类化起来，事实上不待说也是如此的。

二

现在外蒙古的一般情形，大概也和苏联红军是相同的形式、相同的内容。"满蒙国境"附近的沙伯斯为外蒙军队著名的根据地。在该处的飞机场有军用飞机百架，另在威尔斯河左岸的车臣汗飞机场亦有飞机三十架，是属于爆击的飞机。巴伯狄兵营有骑兵五百及若干炮兵、机关枪队、战车、装甲汽车等，从巴尔斯姆至威尔斯河右岸则派遣骑兵巡逻队，更于保威诺尔附近驻有骑兵旅团及步兵旅团。在狄哥尔有外蒙赤军三师及骑兵三联队。国境附近的军事配备是相当严密的。

外蒙首都库伦，每日总有飞机五六架飞翔天空，时刻在演习爆击与航空降落伞。备战的气象是相当浓厚的。

苏联在外蒙古的地位甚为巩固。经济的关系尤形密切。在顾问制度下，尽力实行蒙古的近代化。例如小规模工业的建设，其他矿物资源的开采，都非常积极。许多现代式的医院、学校不断地在建筑进行中。特别注意的是国防的充实，军事的强化。在几百个苏联顾问中，最具有权威的是苏联的军事专门家。

外蒙赤军的编成，当达十万左右。武装都很优秀，训练亦极认真，任何亚细亚国家的最强部队，亦堪与匹敌。汽车路网已遍布全境，有线无线电信亦极发达。飞机总数当在三百架以上，备有最新式的飞行场。

外蒙古也正在强调其非常时，也正在积极的跃进。它也有五年计划，本年度为其最终的一年。

三

苏联与外蒙的外交关系如何呢？

去年十二月间外蒙共和国政府总理喀真、陆军部长狄托、商工部长米第、国防军总司令赖木沙拉曾联袂访问莫斯科，与斯达林、莫洛托夫及其他苏联当局要人密切会商。其主要的目的有三——

一、报告满蒙会议决裂的经过。

二、强化苏蒙两国的关系。

三、决定外蒙对日伪的政策及目标。

外蒙政府要员之总访问莫斯科，为外蒙古共和国成立以来的第一次，苏联要人及民众都以最热烈的深情去欢迎。两国间今后之更密切的携手，此次可谓划期的进展。

兹依东电的披露，外蒙政府要人访莫斯科的结果，订有密约四项，如次：

一、为强化外蒙的军事武力应增加红军将校。

二、外蒙要求苏联借款五亿卢布。

三、关于军事借款方面，一由苏联军部裁夺。

四、调整外蒙军部与苏联中央军部及远东军部之密切联系。

这个密约，如属确实，当可为未来苏蒙互助公约之端绪，是否可信，当待今后事实的证明。

伪蒙边境纷争事件的不断发生，是很不幸的。这不只是伪蒙的关系，且必然是影响整个远东的局势。那么这个问题，就太大了。地旷人稀的沙漠，今后是要惹起全世界人士的注意了。

四

外蒙共和政府成立以来，特别在最近几年间虽竭力实施经济建设及一切社会建设，但蒙古民族的社会，其文化程度还是极低。游牧民族生活就是他们的原始状态。自然蒙古民族社会也不是这样简单的。现在蒙古的住民，大别之可分为土著民族及移殖民族两种。前者自为蒙古民族，后者则以汉民族为主。因为他们是游牧的民族，所以住居是非常分散的，除了首都库伦以外，简直就没有中心都市的存在，文化生活是完全谈不到的。要是说有中心都市的话，那就是移殖民族的集聚之处。这些外来的移殖民族，因其曾久居于文化发达之地，它的经济组织也就更加完善，大抵系带有初期资本主义的色彩。我们一口常谓"蒙古社会"，其实这里面是包含了多种多样的复什〔杂〕性。

民族性的拙劣之一是除牧畜以外不愿意从事其他劳动的陋习，

因而生产能力不能普遍的发展，民族的贫困，就不得不尔了。在这一点，外蒙政府亦正在开发中，例如农耕的提倡，唤醒牧民大众尽量改变生活样式，注意农业的知识。如果能够如愿的发展，则牧民生活跃进而为农民生活是可以预期的了。

喇嘛教的信仰，宗教迷信之深，亦为蒙古民族性的劣点。喇嘛教徒家家皆有，一般人民且尊之为神佛。青年劳动力的消耗，实莫过于此。政府在开化教育的工作，尤积极进展。喇嘛教的财产均收为国有，以开发有益的事业。那末一方面喇嘛教徒失其生活的依托，另方面则事业的奖励，实未始非更生之道。

在现在还未尽改变生活样式的过程中，游牧民族逐水草而居，他们没有私有土地的观念，亦不可能。一切土地都是属于民众公有。如果要说他们是有了私有财产，那就是蒙古包而已。家畜的饲养也只是为了生活的需要，并不是为了市场的贩卖。什么商品制度，他们是不知道的。这恍惚真像一个原始的共产体制，唯其如此，外蒙政府的集团经营——无论是农耕或游牧，在客观条件上是更加便利了。土地国有是在自然发展的路上，可以建立起来的。飞跃的进展是可能的，是必然的。伟大目的的完成，仅仅看外蒙主观的劳力是怎样了。

《大道》（月刊）

南京大道月刊社

1936 年 6 卷 1 期

（朱宪　整理）

外蒙鸟瞰

孔世禄　撰

一

在远东形势这样险恶的目前，在中日、日苏关系这样紧张的今天，外蒙这一广大的幅圆〔员〕，在军事战略上（经济上自是不待说）的重要性，决不能予以忽视。是则对于外蒙一般的认识，当无厌再三的求详。

外蒙在地图上的经纬言，可谓居于中亚细亚的北部，四境毗接苏联、新疆、宁夏、察哈尔、绥远、满洲。总面积约为一百五十五万平方粁，人口约九十万人（内百分之九十属于蒙古人），大部分是集中居住于中部及北部。人民的主要职业为牧畜，农业还很幼稚，耕作面积尚不出四万五千粕达，农作物只有稷、大麦、小麦、燕麦等，牧畜则为该地经济生活的基础，占国民经济所得总额百分之七十。据最近的统计资料，外蒙的总家畜头数约为二千二百万头。

直至几年前，所谓工业企业在外蒙是没有看见的，在一九二一年前，外蒙可以说一直只是中国的"殖民地"，外蒙的富源是经过商业资本者之手剥取过来的。

外蒙的创设工业是始于一九三四年，在苏联的技术援助之下，于首府库伦建设了一个很大的工厂，以从事于牧畜生产物的加工。例如皮革、靴、罗纱、羊毛皮外套及羊毛制品等。同年，在其他地方还建设了机械工厂及其他各种企业。在游牧民的国家开始了工业的发达，这是具有非常底社会的、政治的意义的。同时，工厂的劳动者也产生了。

外蒙更于一九三〇年，实施外国贸易的独占。国营商业机关与合作社在国内商业及国外贸易是占了极重要的作用。不过国内商业的场合，私人资本的比重还是很大的，这是因为外蒙国民经济的基础还是个人经营的牧畜，现在还未能全盘的彻底的变革。

二

普通的观察，以为今日的蒙古人还是属于野蛮的民族，这是太错误的。不必说目前的进展状态，即在过去的历史上，他们曾留下了伟大的事迹。

十三世纪时代的成吉思汗，他以著名的骁勇的骑兵，向西方突进，征服中央亚细亚与哥萨克，并粉粹〔碎〕俄罗斯诸侯的抵抗，更进而席卷波兰与匈牙利。声威所至，远近战栗。该时大蒙古帝国的首府曾长期卜于奥尔溽河之滨，迨灭宋以后，乃迁至北京。

然美景不常，十四世纪（一三六八年）时，蒙古政朝（元朝）因中国本部民众的反抗而失堕了。该世纪末叶，整个成吉思汗的帝国也灭亡了，蒙古王公之内争益形剧烈，亘三百年间，迄未息戈。

经过了这样长期的内乱，蒙古族是困惫、破灭了，一六九一年，蒙古王侯及喇嘛高僧们，遂不得不屈服于清朝。而在蒙古境内的统治者当然还是那般封建的王公诸侯，但既隶清朝以后，蒙古的实权，乃渐归于清朝都统等之手。蒙古王侯就成了清朝剥取牧民大众的代理人。蒙古的牧民，不仅是苦于封建诸侯的苛敛诛求，而且必须将巨大的牧场呈献于僧侣阶级。

蒙古的僧侣真是道地的寄生虫，他们吸取着一切民众的甘汁。

历来蒙古的经济方面，受了中国商业资本家的阻碍，即利用军事的、政治的手段以获得一切经济的指导地位，遂更益不能发展外蒙土著的农业与手工业，这是无可讳言的事实。这样，在国外资本的支配下，兼以在国内封建诸侯与高利贷者的剥削下，蒙古国民是日益贫困，日益破产了。结果，他们往往不得不为诸侯、寺院、商人的佣役以求生存的挣扎。

王侯、官吏、僧侣等的这种榨取、压迫的专制政权，渐渐地急激地是使广泛的蒙古人民大众间憎恶了，不满了。帝俄竟认为这是千载一时的机会，遂利用这种民众不满的情绪，建设了蒙古自治制，嗾使其脱离中国的主权。帝国则握着最高支配者的鞭笞。

但是帝俄操纵之下的所谓蒙古自治，对于牧民的境遇，并没有丝毫的改善，人民的奴隶状态与压迫，更是变本加厉。

在俄国革命之时，白军将领之占据库伦，尤使人民切齿痛恨。

不久，白军为苏联红军所粉粹〔碎〕，北京政府乃派遣徐树铮，乘时收复外蒙。当时的口号，是保护布尔塞维克化危机的外蒙国土。所谓自治也者，亦自此烟消云散，诸侯、高僧们，仍宣称顺从中国的统治权。

但自此以后，蒙古的一切矛盾，益发急激的展开了，内则人民与诸侯、僧侣之激争，外则发生其民族自决主义的思想。一九二四年竟宣言蒙古人民共和国的建立，肃清了王侯、喇嘛的统治权，并颁布宪法，撕毁历来一切束缚外蒙自由的国际条约，以及损害外蒙权益的国际债务。在国内的长期斗争的结果，宗教与国家固已实行分离，即王侯们的家畜、财产亦遭其没收、分配。

现在的外蒙，也是实行党治的制度，即在国民革命党的领导下，改革庶政，厉行一切经济建设。最近以蒙、伪纠纷的频仍，为防外侮，军备的充实与扩张，亦最大的劳力进行着。

《大道》（月刊）

南京大道月刊社

1936 年 6 卷 4 期

（于鑫蕊　整理）

绥远情况

谭吉华　撰

一　总论

绥远省原为特别区，民国十七年改为行省，与察哈尔、热河、同为所谓内蒙区域。该省交通与通信极不完备，主要道路只通行于汉人聚居的地域，即南部归绥、平地泉方面，电信、电话、邮政，都是沿着平绥铁路行使，而电信除了上述各地之外，又沿着汽车路通达西域。长途电话相当发达，除各主要地方已通话外，包头、归绥等有市内电话。道路主要是由归绥至百灵庙，以及由包头至宁夏。水运由包头至兰州，这一段为黄河水运之最重要部分，以甘肃向外输运之物资为大宗。产业方面，主要为毛和皮之制造，铁的埋藏量倒很多，煤则较少，而盐和天然曹达，则采取者甚少。

二　产业

（一）农业

正如绥远的俗话所说，"牧一林二农三"，在蒙旗方面，大半以牧畜为第一，而农业方面，则因气候以及蒙人忌讳开垦之故，遂阻碍其发达，而少进步。（因蒙人所信仰之喇嘛教，禁止掘土。）可是最近跟着国民政府之成立，一般怀着开发西北的狂热的许多汉人，都由南方移到这未开发之地来，其势有如黄河之溃流，于是绥远之河套地区，便见水利开发之促进。（民国二十三年度事业计划中之西北建设，主要为绥远省民生渠之修筑。）

古来绥远之"河套地"，这一块有名的河套地带，北面自乌拉、贺兰二山，以乌拉特三旗与外蒙接壤，南望黄河，与鄂尔多斯三旗接壤，西以阿拉善蒙古为境界，东面围着包头县，西南围绕着宁夏，东南屏着山西，为一望千里的沃野，即东南〔西〕四百余华里，南北百余华里之十七万顷的地区。

这河套地方原来为蒙古人聚居之所，蒙古人在这丰饶的沃野经营着和平的游牧生活。自一九一〇年时，移入此地的汉族商人，渐次着手开辟，由蒙古人手中获得土地之实权，以至于今日。清末光绪初年归化将军贻谷督办垦务，始着手整顿绥远河套各渠道，有八大渠为官有，民国十七年后，为包头水利局经营，翌年以十四万元谋疏浚，增加了一万吨的容水量。

现在指出河套官渠之重要性及其灌溉面积如次：

渠名	县境	灌溉面积顷数
塔布渠	五原、安北	六，〇〇〇
长济渠	同上	五，〇〇〇
通济渠	同上	五，〇〇〇
义和渠	五原	三，〇〇〇
沙河渠	同上	三，〇〇〇
丰济渠	同上	三，〇〇〇
刚济渠	临河	三，〇〇〇
永济渠	临河	八，〇〇〇
合计		三八，〇〇〇

而民渠之比较重要者，为黄土拉亥河、扬家河、蓝锁渠、德成

渠、天德源渠、土默源渠、皂火渠、鄙家地渠、阿善渠、扒子补隆渠等。合以上的官渠、民渠以及其他绥远省内之官渠、民渠及枝渠之灌溉面积，合计达三十万余顷。

农产物则有小麦、胡麻、大豆、小豆、高粱、马铃薯、粟、大麻等。农产制品则有胡麻油、粉条、烧酒（蒙古人用的）。

（二）牧畜业

牧畜业是蒙古人唯一的业务，因为气候的影响，防疫或品种改良等之不完备，以及株守不完全的饲育法等等关系，故未发达到广大的地域。牧畜之改善，也是最近才提倡的，其成效尚未十分显著。因之在降雪较多的时候，或在恶疫流行的时候，便无所措手足，以至损害许多的牧畜，这是目前亟应改善的急务。

乌珠穆沁地方的马，在全中国是最有名的，约为四十四万头，丰镇县以北及包头一带，为羊毛之名产地，每年自归化城输出之羊毛为七千零四十四万斤，皮革为五百十七万张，包头输出之羊毛为一千七百万斤，皮革为三十七万张，家畜十万头。

（三）矿业

煤　依据民国二十三年出版之中国经济年鉴，绥远省之煤产额为九一，二〇〇吨，这是说不上甚么的。就是埋藏量，也只有四一七万吨，分布于萨拉齐县、童盛茂、归绥县宽店子、固阳县窝心壕、石拐等地方，其产地如左：

杨屹峻煤〈田〉（萨拉齐县北）

大青山东部煤田（萨拉齐阴山脉）

大青山西部煤田（同上）

万家沟煤田

埋藏量如左：

县别	炭田	面积 （平方粁（注））	炭层 （米突）	埋藏量 （单位百万吨）
归绥	黑丰沟	四	〇·五	三
同上	柳树湾	九	一·〇	一二
萨拉齐	童盛茂	一〇	三·〇	三八
归绥	杨屹峻东西	二	一一二	六
同上	宽店子	三	一·五	五
同上	台格水讨子号	一五	一·〇	一五（褐炭）
固阳	石拐	三九	二·〇	一〇五
安北	拴马桩	一·八	二·〇	三
同上	贾全湾	七·〇	七·〇	五九
同上	二分子	七·五	四·〇	三六
固阳	窝心壕	一·〇	二·五	二（褐炭）
集宁	马莲滩	一·〇	二·五	二（同上）
其他	五源、临河、 武川、土城子			五五（同上）
合计				四一七

（注）一华里合〇·五七六粁

铁　绥远省铁的埋藏量据最近调查仅固阳县有七十万吨，武川县白云山有一千万吨，但至今全然未经采取。

天然曹达　绥远省天然曹达之年产量如次：

产地	年产量
察罕湖	四三，二〇〇，〇〇〇担
巴彦湖	三〇，〇〇〇担
抗〔杭〕盖湖	二〇，〇〇〇担

（四）工业

绥远省可称为工业的，差不多没有，因之此地之工业的价值现在还说不上。只是归化城才有实业织毛公司、晋源祥呢毛厂这两个毛织工厂，然而规模很小，无足称述。不过因为羊毛及各种皮革产出额非常之多，因而毛皮加工也相当进步。包头、五原，都是有名的羊毛皮之加工制造地。

绥远之皮毛加工工场如左：

县别	工场数	每年制产额
归绥	七	一万三千件
包头		二万三千件
萨拉齐	八	五千件
五原	二〇	四千二百件
武川	五	八千六百件
清水河	六	一千一百件
兴和	五	三百件
陶林	六	一万三百件
安北		三百件

还有包头的绒毯，因其细美与色彩之华丽，亦很有名。其他多以羊毛制造帽子、靴子等。因为制造蒙古人的马具、靴子等，皮革工业亦发达于归化城、包头等地。依民国二十一年之统计，皮革产额，绥远省达五百十七万张以上。

三　交通

为西北交通干线的平绥铁路，横断察哈尔、绥远之南部，延长至八一六粁二三，由北平起到包头止。更有把这延长到宁夏方面的计划（绥省境内部分，由丰镇南方省境至包头，为三七六粁七一九）。重要的集货站为丰镇、归绥、包头。

因为多年的内乱与土匪滋扰，此地的公路可称者甚少。其使用也只限于商队和旅行者，蒙古人则尚无需用公路之必要。兹将全省干路状况列表如下：

路名	经过地名	全路长度（华里）
绥察路	经归绥、凉城、丰镇、兴和、至张家口（察哈尔）	八一〇
绥蒙路	经武川、四子部落、茂明安入外蒙境	一，三二〇
绥晋路	经和林、清水河，入山西省境	五一〇
包宁路	经包头、安北、五原、临河，入宁夏省境	一，二九〇
绥陕路	经包头、东胜，至榆林（陕西省）	五二五

民国二十三年一月中国全国经济委员会第三次常务会，为西北开发建设事业，计划支拨西北各省旧路线修理费二千余万元。关系于绥远者如下：

（一）包头线——由包头经五原、宁夏而至兰州（甘肃省），延长二，二四〇华里。

（二）包塔线——由包头经赛尔乌苏（外蒙）、乌里雅苏台、科布多、承化寺（新疆），而至塔城（新疆西北部），延长六，〇四五华里。

（三）西包线——由包头经榆林、延安、延长（均属陕西省）而至陕西省城西安，延长一，八九〇华里。其他还有包库路（包头、库伦间）二千二百华里。

汽车路全长计九六，八二〇华里。其主要者为包宁路（行于包头与宁夏间，全长为一，二九六华里），该路自民国二十年起为计划建设包宁铁路而修，然以经费不充足，现在仍为长途汽车路，为西北贸易物资运输路之干线。每日自包头起，均有汽车行驶。其他的主要汽车路则有归百路（由归化城至内蒙地方自治政务委员会所在地之百灵庙），有集滂路（集宁、滂江间），五乌路（五原、乌兰脑包间）等。此外重要者有绥新长途汽车路（由绥远城至新疆省城迪化），是最近才复活的，用以运输货物。绥远省之汽车数，据说是二十七部（据民国二十三年之调查），现在其数目自然有增加。

水路　以绥远省包头为中心之水路运输，均依赖黄河，其起点为包头之南二十华里地点南海子。汽船运输现在尚未实现，兰州、包头间之重要码头，为横城堡（宁夏省属）、中卫县（宁夏省属）、兰州（甘肃省会）等，以该地方特有之方法，而成货物运输。在这一段地方，黄河结冰期间为四个月，开河期间为八个月。

航空路　德华合办的欧亚航空公司，最近计划开设兰州、包头间航空路，在包头建设飞机场，从二十三年十一月起已开航了。

四　贸易

平绥路一带的贸易，以丰镇、归绥、包头为中心，对蒙古贸易，以及与西方新疆、宁夏、青海诸省之交易，则以归绥、包头为中心，包头的贸易资本额约五百余万元（平绥路民国十七年调查），由兰州、宁夏，在夏秋由黄河以木筏、皮筏，或由宁夏、阿拉善蒙古以骆驼运集于包头之货物，大约如左：

牛皮	一万余张	羊皮	三十万张
各种绒毛	一千一百万斤	制革	一千万斤
粮食	三万担——五万担（每担二六〇斤）	白麻	三十万斤
水烟	三万箱（每箱百四十斤）	盐	一千一百万斤
枸杞	（西北特产物）二千担		

又，由包头输出西方诸省之货物为（民国二十一年）：

各种布匹	一万五千件	洋油	七千箱
杂货	三万五千件	荷兰水	烟草四千五百箱
茶砖	五十一万箱		

绥远之贸易，其特殊者，则有草地交易。与蒙古人交易的商人，每年由旧历正月左右贩买货物出发，至十一月之间，可以与蒙古地带来往三次，作必需货物与羊、牛、马、羊皮、羊毛等之交换。主要以山西人为多，特别是在五月左右，那些以制造蒙古人使用之毡子（包蔽蒙古包的东西）为业，常从根据地出发，时时看着长列长列的牛车。此等商人之根据地，为归绥、包头、集宁等。平绥线以外之地域的货物输送，用汽车者甚少，一般尚使用骆驼、牛车、马车。

由中国内地来的货物之输送，以及由新疆省、甘肃省之输出，都非经过外蒙古及绥远不可，铁道运输只能利用于天津、包头间，其他都不外仰赖于骆驼、牛、马等。由归绥到新疆之货物输送，以前多由归绥经蒙古草地而至新省，路长计五千华里，大约需时七十余日。然自民国十一年后，外蒙于沿途设置税关，征集过境税，因之骆驼队不堪其烦累，而取道于甘肃及阿拉善，但是这路要需时一百余日，山路崎岖，水草缺乏，加以土匪不时出没，要将中国内地之货物输入新疆方面，非常困难，现在几乎成为断绝状态。今日一看"绥新汽车路"等之运行，则绥新贸易也可稍见曙光吧。

（节译自日文《亚细亚主义杂志》一九三六年十二月号）

《蒙藏月报》

南京蒙藏委员会

1936 年 6 卷 4 期

（李红权　整理）

河北新村访问记

侯仁之　撰

　　本年七月十一日，"禹贡学会河套水利调查团"乘过包头之便，往访河北新村，适该村村长段绳武君因公去五原，副村长冯守朴君亦以事他往，当由段绳武夫人，及该村武训小学教师李德祥君引导参观，并为讲述该村创办经过及其经营现状，事后摄影而归，然终以未得晤段君为憾。十二日，全团由包头起程赴和硕公中垦区，中途适遇段君自五原归来，相与约于返包后再会，随又匆匆作别。二十一日，张女士、蒙君及笔者先期返包，翌日张、蒙均以事留客寓中，笔者遂只身前往，晤段君于田塍上，相偕参观电机水车后，即返新村，谈话约二小时，凡属新村建设现状及其未来理想，均一一论及，恍然如置身另一境界。及返，已下午一时矣。兹综合两次过访所得，为记如下。

一　河北新村创设缘起及其移民经过

　　河北新村位在包头城东南十五里，南去平绥路不过数百步，有地共六十余顷，原系碱滩荒地，仅可牧畜，未能耕垦，最近为新村创办人及现任村长段绳武君所购置。段君本一军人，籍隶河北定县，民元入伍，隶北洋第二镇王占元部下。民八升任排长，旋入湖北军官教育团肄业。毕业后，历任连、营、团、旅长，至民十六，遂升任五省联军第九师师长，并一度代理军长。十七年移部驻宣化，目睹北方民生凋弊〔敝〕，国势殆危，慨然有开发西北之志。后即遣人至后套调查，知后套土尽膏壤，而多废置未辟，因欲率领所部，解甲归农，从事垦殖，卒以人言喋喋，未能果行。十八年，所部编隶中央第四十七师，乃得乘机引退，将欲以其余年，以完成其垦发之志，自是始脱离军人生活。先于编遣之初，段氏曾于北平西直门车站，目睹一退伍军士，资斧罄绝，无家可归，欲图自尽，因而感念以前所为，无异造孽生灵，于是移民实边之志，愈不可折。二十年夏，只身赴包，经营包头电灯面粉公司，以为提倡西北实业之始。是年冬，复由平迎眷来包，谋长久定居之计。旋更深入后套，实地勘察，以为欲开发后套，水利而外，尤须发展交通，遂自临河买舟东返，顺黄流而下，沿途视察。视察既竟，以为宁、包之间，可通汽船，即草成报告，呈交阎百川氏，作为发展河套航运之根据。二十二年在包头黄草洼试种稻米，甚有成效。同年夏，黄河下流冀、鲁、豫之间，先后溃决，波涛所及，尽成泽国，尤以长垣、濮阳、东明三县受灾最重。段氏激于乡土之情，不忍坐视，遂联合本省耆老谷九峰、张清廉、齐晓山、刘润琴等数十人，发起组织"河北移民协会"，并拟定会章十八条，其次如下。

第一条　本会为河北省人民提倡移民之团体，故定名为河北移民协会，会址设在保定，并在北平、包头设办事处。

第二条　本会根据"教、养、卫兼施"之精神，耕地农有之原则，以垦发边荒、救济贫民、建设新村为宗旨。

第三条　本会设董事、干事两会及总务、研究、工程、会计四股，其系统如左。

第四条　本会设董事二十五人至三十七人，公推董事长一人、副董事长三人，组织董事会，为本会最高机关，监督指导本会一切进行事宜，其办事细则另定之。

第五条　本会由董事会公推干事长一人、副干事长三人、干事九人至十七人，组织干事会，在董事会指导之下，处理本会一切事务，办事细则另定之。

第六条　本会干事会，由干事长负执行全责，其各股事务，由各干事分任之，但因事实需要，得由干事长酌量聘任专门人才担任之。

第七条　总务股，专司器物保管，及会内一切日常事务，办事细则另定之。

第八条　会计股，专司经费保管、移民贷款之支出偿还，及垦区整个经济之运筹等事宜，办事细则另定之。

第九条　研究股，专司调查研究西北社会之真实状况，建设农村计划，改良农牧工作之推进事项，办事细则另定之。

第十条　工程股，专司垦区土地、村基、水利、测量及建设工程之设计、执行等事项，办事细则另定之。

第十一条　本会为慎重选择移民，得由本会及当地政府与热心慈善之公正士绅，共同组织选择移民委员会，依据选择移民之规定，严为挑选移民事宜，组织法及办事细则另定之。

第十二条　本会为谋移民运输之方便起见，得临时组织运输委员会，专司由灾区到边垦区铁路及陆路运输事项，组织法及办事细则另定之。

第十三条　本会为谋各种物品之合理购买起见，得组织牲畜、农具、食粮、草料、土地、籽种等各项购买委员会，专司审议物价、品质、购买方法等事宜，组织法及办事细则另定之。

第十四条　本会为纯粹提倡民垦团体，其应需经费，由董事会设法筹集之。

第十五条　本会除聘任职员酌给生活费外，各董事、干事均为义务职。

第十六条　如有志愿自备资本经营农垦者，本会一律协助之。

第十七条　本会日常事务，得由干事长招集干事会办理之，但重大事务须由干事长呈请董事会处理之。

第十八条　本协会章程，如有未尽事宜，得由董事会议决修改之。

附则　本会经费，系临时筹贷，会计股得由贷款人参与主持，以谋核实而昭公信。

移民协会既经组织就序，乃更积极进行实际移民救灾事宜，遂一方派人前往董理其事，一方函请冀省政府请求援助。时于孝侯氏主冀政，慨允其请，并明令各地方当局协同办理。然事以官方入手，转多流弊。省府明令由县而乡，由乡而村，于是各乡村负责之人，咸以为有利可图，密而不宣，结果只由定县移来内定人民三十户，而类皆抱作官发财之目的而来，故其成绩未能甚满人意。同年冬，又正式由长垣、濮阳、东明等县移来第一批灾民一百户，共计三百一十二人，暂时安顿于包头城东南十数里之南海子村。此项移民，因有上次失败之经验，故段君曾亲往灾区，与各地灾民相处，历察其性格、家世，严加选择，久而后定。二十四年四月中旬，根据《移民协会章程》第二条，于南海子村西南数里，择定村址，建筑新村。六月一日，工程告竣，灾民全体，移住新村，计每户贷款四百元，授田一百亩，为河北新村之基本住民。然此时，一切方在建设伊始，地方治安又无保障，故村民生活，极感困难，为新村发展过程中最坚苦之一阶段。幸所移民户，类能吃苦耐劳，故其事业终得继续维持。今日新村建设之良好成绩，此批难民，实居首功。

二十四年，复由黄河灾区移来第二批难民一百户，共四百五十七人，其中三分之二移住于萨县新农试验场，余则仍归本村。先是进行移民之时，灾区谣言频起，或以为骗招兵士，或以为另有他图，良民百姓，因多裹足不前。然待第一批灾民移来之后，情形大白，且有于第一年年底向家汇款者，于是人民心理为之一变。故此次介绍萨县移民，不复再感困难。及至本年五月之第四次移民，自始至终，更加顺利。本次移民，亦一百户，共三百三十一人，悉于六月五日迁抵五原，于城西南四十里之新公中地方从事建筑第二新村。计划中分建"九峰"（由谷九峰氏得名）等五村，合为一乡，命名"明轩乡"，盖以纪念协助最力之宋明轩氏也。

总计自民国二十三年以来，移民协会先后移民凡四次，用款约九万余元，除河北省黄灾救济会拨款五万余元外，余皆由该会垫支。至其事务之经营擘划，则惟段君是赖。

二　新村之一般组织及其建设计划

移民协会于计划移民之初，即预定安民方法，故于协会章程第二条内即明定以"垦发边荒，救济贫民，建设新村为宗旨"。移民能安于所居，然后始可集中劳力，推行开发事业，故新村之经营与建设，势不容缓。据《河北移民实施办法及应注意事项书》第三条"移民初到垦区安置办法"之第8、9二款，有关于新村建设办法之规定如下。

8. 于选定之村基内，划分街道，分配宅基。开始打坯盖房，

先求安居。（倘到垦区时间较晚时，应先积极耕种，下种后，再急
行盖房）

9. 新村建筑，应按新村建设标准图，分三年施行完成之。

新村建筑标准图，根据原书，转录如下。

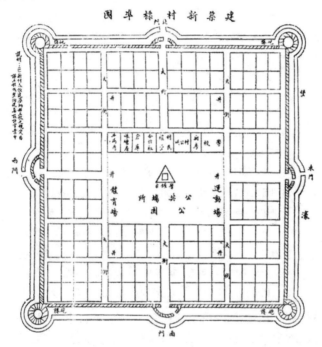

此外并规定以百户为标准单位新村，其经费总计如下表。

类别	数目	每户垫款	备考
购地	九六〇〇·〇〇	九六·〇〇	内有村公田、学田、村基等价款一六〇〇元
牲畜	五〇〇〇·〇〇	五〇·〇〇	
牲畜饲料	三一四七·〇〇	三一·四七	
籽种	五一九·〇〇	五·一九	
建筑	一九七八·九四	一九·七九	内有村公所学校、村民礼堂、合作社等房屋之建筑费五七一·九四元

类别	数目	每户垫款	备考
农具	三七六七·〇〇	三七·六七	
水利	五七五〇·〇〇	五七·五〇	内有村公田、学田、水利费共七五〇元
路费	一·二三八·〇〇	一二·三八	
衣服酱菜	一四一〇·〇〇	一四·一〇	
食粮	五八八〇·〇〇	五八·八〇	
自卫	四二〇·〇〇	一〇·〇〇	
预备费	一〇〇〇·〇〇	一〇·〇〇	
总计	三九七九〇·九九四	三九七·九〇九九四	
说明	一、内有公共垫款二七六六·七六元。二、村公田、学田、村基地、村公所、学校、村民礼堂、合作社、房屋及公共水利等之设置费，统属于公共垫款，由村民平均分担之。三、每村按一百户组织者，乃为便于预算计，如实行时可酌为增加到二百户或一百五十户以上，最为合宜，垫款数可依此增加之。四、村内服务人员之生活费用，由村公田收入项下开支，第一年因无收入，得由预备费项下酌为补助之，但不得超出预备费之半数，详细办法另定之。五、俟村民能自己担负村中一切责任时，即取消给薪之服务人员。

移民初到，由协会按户贷款授田，第一年自由合组开荒，自第二年起，则任其自行独立经营，至贷款还清之后，即完全变为自耕农。至于贷款之筹集、保管、分配、偿还，各有详细规定，略述如次。

1. 贷款之筹集，可由志愿贷资于灾民以作生产救济者一人，独力组织一村，或合若干人共组一村。其救济灾民时，可由协会请求本省省府或其他团体之扶助。

2. 贷款之保管，则由协会会计股与债权人合组保管委员会，共负保管、支付及监督用途之责。

3. 贷款之分配，以移民一户垦地一顷为标准，其分配数目，详见上页经费总计表内。

4. 贷款之偿还，分有息与无息两种。无息偿款办法：以移民初到，人地两生，一切设备，都不完全，故第一年之收获量自少，仅望其能自足自给，由第二年起开始偿还，四年偿清。第一年偿还一成，以次递增。有息偿款期限延长办法：其额在四厘以下者，得将还款期延长一年，即分五年偿清；六厘以下者，得延长二年，即分六年还清。惟息金得随本金于每年秋收后同时交付之。假如移民中有特别勤俭而能在所定偿还期限内提前清偿者，则除其土地所有权应即提前付与外，并另行奖励之；反之，则予以惩处。

至于新村内部之组织，另有《河北移民新村组织规章》，大致规定以村民大会为全村最高机关，有选任、罢免保甲长及创制、复决村公约之权。并由大会选举监察委员及调解委员，分别组织监察委员会及调解委员会。前者所以纠察全村村政事项，后者则职在平息村民争讼，借以培养辑睦仁让之风化。村以村公所为村政执行机关，公举保长一人，负执行全责。保长以下，由村人公举甲长十人，直受保长之指导，办理各甲事务。但新村开创之初，诸多不备，甲长等职，移民实际能担任者外，在移民贷款未偿清前，概由协会派人代理之，并力谋指导村民对于各项组织之实地练习，以期于短期内，渐次由村民自负之。

关于村民日常生活方面，则注重养成农民之高尚人格与良好习惯，并运用合作方式，发展全村经济。一方遵照政府法令，一方应合事实需要，筹划成立下列各种组织。

1. 合作社，分信用合作社、供给合作社、运销合作社与利用合作社。信用合作社所以办理本村农民零星储蓄，正当放款，移民贷款之收支以及保管本村公共财产款项。供给合作社所以联合社员共同购买，以免受商贩从中剥削。运销合作社意在收集社员之生产物，按其需要，或加以整理，再共同运出销售。利用合作社，则使社员本互助之精神，共同出资，置办发展农业、改善生活、提高文化之种种设备。

2. 自卫团，负责本村治安以及禾苗、森林与公共建筑之保护，并任指导全村自卫训练等事项。

3. 教育委员会，专管本村儿童教育、成年教育，以及礼俗风化之改善等等。

4. 自治会，管理人民自治事项，如戒烟、戒赌及其他一切不良习惯之改善，敦品进德之提倡以及办理义仓积谷与一切慈善事项。

5. 良心省察会，重在予全村民众以共同会聚之时间，省察已往，瞻瞩未来，借以阐发正确之理智，培养良心的权威，为对于村民之"革心"工作。

如此则"教、养、卫"可兼顾而并施，为新村社会之最终理想。

三　河北新村建设概况

新村之一般组织及其建设计划，既已如上所述，河北新村即为根据此等计划而产生之第一新村。其创设之缘起已见本文第一节，兹再就其周年以来建设概况，略为介绍如下。

照上节所述之新村组织系统，应设保、甲各长处理全村事务，但目前该村为与绥省各乡村之组织名称互相符合起见，故仍沿用村长、闾长等旧名。以往村长由协会指派，最近该村于六月末旬，曾召开村民大会，选举各闾闾长，并成立村民自治会，选举会长及各职员，待将来到达相当时期，村长之职亦将由村民自选，以期完成村民自治之目的。

至于物质方面之设备，自新村建筑时起，既已按照新村建设标准图，筑成正方围堡，堡内面积一百顷，于南段中间辟为大门。堡之四角，各筑炮楼一座，以为防御工事之准备。村其正中为公共场所、花园、运动场等，惟目前正在忙于安民工作，一切设施尚未十分完备。场中立木架，悬大钟一，为集合村民之信号。其北与村门遥遥相对者有北房一列，约二十余间，正中为村礼堂兼作武训小学教室，左右分列为仓库、工厂、碾磨房、合作社、村公所以及牛马车房等。村内四处，按照相当距离，分筑村民房舍，计已成者约二百余间，每家约合二三间，建筑虽甚平常，而分布排列井然有序，与营房无异。每家住舍外，附有空地，由村民自耘菜蔬（参看册首图十①）。村内有小渠一道，横贯村之全部，所以供村民浇园与浣衣之用，十分便利。至于饮食烹调，则用井水。出村南门，直向平绥铁路，有大马路一道，两旁分植树木，尚未十分成长，数年之后再游此地，当必绿树成荫，倍加一番风光矣。马路之左，辟园十余亩，亦尽植蔬菜，引渠灌溉。

过平绥路，瞩目远望，陇亩井然，皆为新村田地。接此一带土地，本含碱性，不宜耕种，然在当初购地之时，以地方治安关系，求其与包头城相距尚近，交通便利，易于守护。购成之后，经过段氏研究结果，以为此种土质与后套无异，经由黄河伏水灌注两三年，即可将碱性涤除，化为沃壤。但此带地势较黄河河水为高，不易灌溉，又与后套情形迥异。于是经过几度筹划，卒于去年春在村南三里许，择定地基，设置巨型拉水机，机系仿天津海河高庄子李英孙氏所发明之机器，由十二架并列之水车加配发动机装置而成，不过天津海河机器所用原动力系蒸汽机，而此处则直接引用包头电灯面粉公司电力，故益加便捷（参看册首图七及图

---

① 附后。——整理者注

八①)。装设之初，并曾特请李氏来包，亲加指导，先后用款达一万四千元。机前凿贮水池，自贮水池向西南开引水渠一道，长约二十余里，直达黄河。自该机装置以来，应用十分便利，每日可灌地三百亩至四百亩，足供一万亩田地之用。此种机器如能在黄河沿岸，继续推行，则地利收获之大，当必数倍于今日也。

该村除农垦外，更力谋村民副业之发展，组织有家庭工业合作社，分为纺毛、棉织、缝纫、刺绣等部，各部聘请技师，选拔村中妇女到社学习。其已往各种出品，如绒毯、棉布以及缝工、刺绣等，均极精致，优美可观。惟地毯之类，纯系手工，成本甚大，不足与机器出品抗衡，最近决定暂行停办，其他各部仍在继续。所出棉布，甚多销售于面粉公司，以为制作面袋之用。此外运输合作社、牛乳合作社、消费合作社、信用合作社，亦已次第成立。运输合作社，系就农暇之时，使村民揽运面粉公司以及各货栈上下车船之货物，借以略有所得，以补助家庭日常费用；牛乳合作社则为将村民喂养之牛，取制牛乳，经营出售，所得亦可补助家用。消费及信用合作社，无异他处，不必备述。

但新村建设之最终目的，决不以仅仅满足村民之物质生活为止，而实有提高人民文化及教育水准之期望。先是段氏曾于包头城内创办武训小学一所，新村建设成立后，即将该校迁来村中。现校内学生，皆为村民子女，约四十余名，其现行制度与普通学校迥然不同。盖段氏本自有其教育理想，以为真正受用之活教育，应由实际生活入手，以实际环境为学校，以日常工作为教材，以体力劳作代替运动，积极试验施行一种合理之教育制度。故凡村中受业儿童，须集中于学校教师指导之下，于学校课业之暇，尤必参加家庭及田野工作。故学校全部作业，室内授课仅占三分之

---

① 附后。——整理者注

一，其余三分之二，则为家事及农事之训练。如此则一家之父母即便欲放纵其子女，亦不可能。儿童自幼经此训练，一方接受知识、思想，一方勤习劳动操作，将普通所谓之狭义教育与日常实际生活打成一片，实为最适合目前中国农村教育之一例。不过在此等新村组织下，学校执有监视及考核儿童家庭与田野工作之权，固不为过分，而在一般农村中，则势难实行。至于学生在校所用课本，亦力求改革。目前虽仍沿用坊间普通教本，但其最终目的尤在编制一种最合实用之教本，然此非旦夕间所能成功，而赖于教育专家之助力者为尤多。

至于普通村民之一般教育，亦在计划实施中。学校中附有成年夜班，使已失学之村民得有读书识字之机会。在广义的社会教育方面，村自治会之组织所以训练公民能力，已于本年六月正式成立。村民良心省察会亦已照新村建设预定之计划如实举行。每日清晨，村长即在大礼堂鸣钟招集村民聚会，首先勖以自省向善之要义，继则分配全村工作，并报告计划应行事宜。礼堂四壁，悬贴孔、孟、关、岳等像，所以使村民瞻仰起敬，于潜染默感中以启发其"见贤思齐"之思想，并激励其忠勇爱国之志气。除此而外，段氏更拟由音乐及绘画入手，以培养村民思想，并提高村民趣味。音乐方面由改编秧歌作起，绘画方面则由改良年画开始。最近段氏又曾聘请专家采取富有教育意味之体材，绘为连环图画，以求深入民间。现已起手绘制者有义丐武训之生平事迹。以上种种，皆在发轫伊始，且含有极大之试验性质，深愿为之公布于关心乡运者，俾有所赞助焉。

总之，河北新村之建立，原本起于私人组织，而其事业发展之最终目的，则在于开发西北地利之后，更继之以新村社会之建设。故其事工，含有甚大之社会改革意味，不容以平常开垦事业视之。今者，明轩乡之九峰村又将步武河北新村，继续发展。将来其组

织范围之扩大，当在吾人意料中。年来"开发西北"之呼声，甚
嚣尘上；而吾人则雅不欲以提倡开发西北而置已经丧失之东北于
不闻不顾。不过，目前之西北命运，亦再难容于已往之半荒废状
态，有志乡村建设之青年，如果俱有吃苦耐劳、牺牲奋斗之精神，
正宜从事于此等拓荒与创新之事业；同时未来新村之发展，必亦
甚渴望此辈青年之参加也。

（图十）

（图七）

（图八）

《禹贡》（半月刊）

北平禹贡学会

1936 年 6 卷 5 期

（朱宪　李红权　整理）

布里雅特蒙古之现状

吴永詹　撰

一

　　布里雅〈特〉蒙古人，是原始蒙古族的一种。最初的蒙古族，共分三种：其一，为现在居住于内外蒙古的蒙古族；其二，为南俄罗斯的加尔克族；其三，即本文所述的布里雅特蒙古族。据历史科学所证明，这个民族在纪元十四世纪时，由中国内外蒙古地方，被固有的蒙古族所驱逐，而移住于现在的俄、蒙国境附近。

　　布里雅特蒙古人，是一种短矮的民族，有黄褐色的皮肤，狭窄而稍倾斜的眼睛，小鼻梁或无鼻梁的短平的鼻子，高颧骨，圆而坦的面庞，及直而黑的头发。这短矮的民族，慓悍勇敢。传说，因其一部土地，为哥萨克骑兵所征服，那时这族的英雄们，因为不甘屈服，群投身于波涛汹涌的贝加尔湖。

　　在俄国革命以前，布里雅特蒙古人，同其他蒙古人，一样处于活佛（呼图克图）的宗教统治下。活佛是喇嘛教的三个首领之一。这三个首领，一个是达赖喇嘛，住在拉萨，一个是班禅喇嘛，通常住在再往西的地方，在喜马拉雅山北缘与藏布江之间（即札什伦布）。蒙古的活佛喇嘛，则住于库伦。

　　蒙古人因宗教信仰过深，对政治理解力原极薄弱，欧战以后，苏联政府成立，竭力煽动，布里雅特蒙古人就在一九二三年组织成一个共和国。这个共和国，是在苏联管辖之下，而受允许的自治体。近十余年来，以一个游牧民族，未事教育，而竟在短期内走下〔上〕工业化的坦途，成为苏联国防的重镇，这不能不使人惊异。并且外蒙古的独立，亦多是布里雅特人从中主持，这短而且矮的民族，是不容我们忽视的。

东亚风云，日趋严重。苏联在此地，积极经营，建设重工业，修筑铁路，屯驻重兵，启迪民智，俨然成了远东的第一防线，而引起国际的注目，然而中国人对该地的情形，知道的还很少，这实是我们惭愧的一件事。本文之作，即在介绍该地的情形及现况，希国人有以注意之。

二

布里雅特蒙古共和国，是苏维埃社会主义共和国联邦的一部分，根据民族自决的原则，被认为自治共和国，以远东二布里雅特蒙古自治州组合而成。面积为三十九万四千七百平方粁，位于贝加尔湖的周围，东部西伯利亚高原、亚细亚大陆之中央，距海甚远。兹将由贝加尔湖距离大陆诸地方之主要地点列后。

列宁古拉都	五，〇〇〇粁
里嘎	六，〇〇〇粁
乌迪资萨	六，〇〇〇粁
海参崴	三，〇〇〇粁
北冰洋（沿叶尼塞河）	四，〇〇〇粁
北冰洋（沿勒拿河）	四，五〇〇粁

领土大别之为三大地区，即西部、中部、东部。西部为阿拉鲁斯克部落，位于以前之依尔库次克之间，地区极为狭隘，与布汗

斯克接壤。东部为阿金斯克部落，伸入东部西伯利亚，因其孤立于赤塔州内，与中部各部落距离甚远。中部有十四部落，计布汗斯克部落、耶洗里图布拉嘎知克部落、图温根斯克部落、札嘎明斯克部落、谢林金斯克部落、克亚夫沁斯克部落、木号鲁西必鲁斯克部落、岳木胡尼乌金斯克部落、喀般斯克部落、八鲁格金斯克部落、郝林斯克部落、耶拉乌宁斯克部落、八温图呼斯克部落、北八温图呼斯克部落等①。

布里雅特共和国的西部与北部，都和西伯利亚相接，东与极东俄领交境，南与外蒙古相联，阿金斯克部落隔以极东的狭隘地区与外蒙古及"满洲"接境。布里雅特蒙古自治共和国行政上由上述之十六部落组织成之。其中心都市为乌拉奴乌达（旧名乌耶尔呼尼乌金斯克，一九三四年七月改称），直隶于共和国，为行政上的单位。

地势，由于贝加尔湖的深渊，高低不等。在贝加尔湖以西，阿拉鲁斯克、布汗斯克及耶洗里图布拉嘎知克等地，高出海面三三〇——四五〇米。贝加尔湖的东南部各部落，其地概属山岳地带，古生代的岩石触目皆是。就中尤以图温根斯克为最高，高出海面约八〇〇米。横亘于南境的东萨彦山脉，到处有高山雪带，最高峰蒙古萨鲁迭次克山，高出海面三，五〇〇粎〔米〕。

地形为小丘陵性，其干燥地带有出岩盐之处。尚有贝加尔山脉，系沿湖水的西岸至伊尔库次克市的附近，东北折行贝加尔湖，流入贝加尔湖山脉的南麓。

哈麻尔达班山脉系由东萨彦岭山脉分出（高约一，二〇〇米），为贝加尔湖及色楞格河的分水岭。该山脉于距离乌拉奴乌达

---

① 后文的部落名称，与此处不能一一对应。——整理者注

市约一八粁之地点为色楞格河所横断，延及北方，呼为乌兰布尔嘎斯山脉，经过乌兰斯克的北境，形成库鲁毕斯克山地，与中央毕齐木高原，及雅布罗依山脉会合。中央毕齐木高原，普通高约一，三〇〇米，其最高处有一，八〇〇——二，三〇〇米者。此外尚有迪金斯克山脉，与哈麻尔达班并行，小哈麻尔达班山脉，通行于其南。

色楞格河的左岸一带，围绕于库希奴乌金斯克，多山谷，又于右岸一带，有由西南向东北的资阿干达班、资河干昏替、札干斯克、图古奴依斯克、布鲁古图依斯克、拔札里图布诸山脉通行其间。

其次的山脉，在阿金斯克部落。通行该部的中央的，有布鲁希乔乌齐奴、布依鲁次音斯克、阿敦齐耶伦斯克诸山峰，也是耸然雄大的山。

绕于安加拉河高原的山脉，悉为喀木布里雅世纪以前的最古山脉，其地质由花岗岩、片麻岩，及片岩所构成。贝加尔湖以西的三部落，土壤现暗黑色的砂质，类似黑土的腐植，土质丰腴，所以该处的农产物最为优适，堪称共和国的宝库。

其他地质，为火石岩所构成，花岗石班岩和耀绿岩等等，沿其断层有玄武岩喷出。此山脉一带的矿产极丰，萨彦山中的金铜矿尤多，山麓更产煤。

札巴依喀鲁地方，被溪流横断的大森林的地方，现露狭隘的黏土，及黑土地带山地的地质，多是泥土地、黏土地、砂土地三种。河谷的地质，在黏土及砂土之下层，现有极薄的黑土层。

少数河湖的附近地带，往往发现含有盐性的地质。此等地方虽屡遭荒旱，而广大的原野中犹有丛密的植物畅茂其间，恰克图附近特别多有之。因此之故，布里雅特蒙古人的牧畜，多在此等地带牧放。

三

气候，因距海洋过远的关系，具有大陆性的特征，每年平均的温度在零度以下，上下于零下八·三度与〇·七度之间。

植物的生长期间极短，平均则有六十日乃至一百五十日。中央比较稍长，其他各地皆短，由于海拔及标高的不同，气候也有差异之点。

一年的平均雨量极少，各地的节令，也不平均，大概由一五五糎乃至六三四糎。少数地方，夏季的豪雨亦不过百分之八十。故其雨量，于植物的繁茂，颇有不足之感。冬季的积雪也不很大。太阳光线颇强于紫光线。

以上的气候特征，于农业上颇为困难。其特别显著的，以布里雅特蒙古共和国的东部为尤甚。

三月之初，西北寒风仍强，中旬气候，仍无一日的温暖。最高气温，布里雅特区域之内，无零度以上者，寒气依地区而异，由零下二三度乃至二九度。

各处雪化之期，约在三月末旬，郊外的野地，可以露出土面，唯高里雅金斯克，此时雪尚未化，土地上仍有雪遮蔽其上。喀喇海方面，近来时吹西北风，受寒风的影响，其气温上异常降落。

河流，以贝加尔湖为中心，分为东西二部水系。西部昂格拉河长约三六秆，发源于贝加尔湖与叶尼塞河之右，支流通古斯嘎雅，汇合注入极远之北冰洋。此河全流虽流于共和国领土之外，而恃此河流出，航行便利，与共和国的中心乌拉奴乌达都市及西部各部落相联络，使命不可谓不重要。西部各部落领域的温嘎、库依塔、依达乌萨、库达、布库里迪依嘎、萨鲁麻各河流的水量极少，夏季屡有干涸之事。

安加拉河的左支流依鲁库图河，于运输上颇有重大的利益。此河上流环绕通根斯克依之山谷，于木材的运输最为适宜。尚有乌嘎河，系流于通金斯克部落的西北，为高山一带的唯一河流。

东部色楞格河，发源于蒙古，成为大三角洲，注入贝加尔湖，可航的距离达八〇〇粁，而其大半流域属于蒙古的领域。

阿尔坤河，即金果勒河，为流入蒙古领域的支流，不惟适宜于木材的运输，而航行的距离也甚远。

特木尼次克、乌伦郭依等河，为色楞河的左支流，皆为小河，不能航行。齐考依河为色楞格河的右支流，河流既大，可航的距离约达三，〇〇〇粁。次之，为乌达河、库鲁巴河、乌那河、呼敦河、依塔尼资河，皆可通航。

布里雅特蒙古的河川，结冰之期，普通皆在每年十月二十至二十八日之间，其解冰之期，约在四月五日至十五日之顷。各河流因水流甚急的关系，结冰之期，亦为最迟，解冰约有二三周的迟缓。若遇寒令〔冷〕的春季，虽至五月末六月初，其上流尚有结冰者。

结冰的厚，普通约在一尺八寸左右，若冬季降雪甚大之时，可达二尺四寸。其结冰也，由最近的结冰，至完全的冻结，大抵需要三二周的时间。解冰约四五日即可完竣，因水流甚急，故解冰亦早。

贝加尔湖占布里雅特蒙古共和国的中央部，为亚细亚洲最大的湖泊，全球驰名最深的淡水湖。纵长六二三粁，横宽二五——八〇粁，其面积三四，一七九平方粁，在全世界的湖泊上占第七位。

若以深度言之，最大者达一，五二三米突，占世界的第一位。更以水之上下面言之，水面上高出海面四六二米，海面下最深达一，〇六一米。其位置，湖的西岸中部乌里混岛之东方成为港湾，而色楞格河的三角洲的前港为浅水带。

贝加尔湖又为世界第一的透明湖水。在湖岸向水面下透视，可达一六米。若在六月期间，港湾之中，湖〔目〕力所及，可测四〇·五米，由十一月之末至五月，约半年之久，全湖化为冰原。冰之最厚凝结，有至———一·二五米之坚固，露出之面积又大，每当强烈的寒风来袭，被风所吹碎的亦复不在少数。湖面的冰壳，因湖水下面的动摇而屡屡动摇，尚无何等的危险。邮政所用的马、爬犁，仍照常疾驰其上。

除此淡水湖外，尚有多数的咸水湖，惟其面积过小，尚未能营正当〔常〕的采盐业。

四

布里雅特蒙古共和国的住民，系由布里雅特及俄罗斯二大民族构成，间有其他各民族的混居。各民族中，比较的占多数者，为通古斯人、鞑靼人、乌库莱纳人、炮兰都人、中国人等。在未被赤俄政府殖民地化以前，土著的民族，只有布里雅特人和通古斯人。

一九三三年，布里雅特共和国创建当时的全人口为四十八万二千一百五十一名，布里雅特人约占半数，而当时的都市人口为三万一千零二十四名，当全人口的六四％。

依据一九二六年，全联邦人口调查，共和国的全人口为五十二万四千百二名，其中布里雅特人为二十一万五千九百二十六名，当全人口的四一·二％。而全人口的男子二十五万九千二百四十一名，为百分之四九·五，女对于男，为一〇〇与一〇二·二人的比较。

再据同年的调查，都市人口已达四万五千八百六十八名，比诸一九二三年增加百分之四七·八（共和国的总人口，比一九二三年增加八·七）。都市的人口如斯增加，而乌拉奴乌达尤见增加，比一九二三年增加百分之六四·二，其原因即由农业而为工业的转化。换句话说，就是农村的人民被都市的工业及新兴的建设事业所吸收，大众的人口，大群流入都市了。

一九三二年一月一日，共和国的总人口为五十六万三千四百二十名，其中布里雅特人数已达二十一万八千五百九十八名（三八·八％），都市的人口六万九千六百九十名，形成百分之一二·四了。（根据一九三一年度及一九三二年度的农业税调查及都市调查的统计）。

由一九二三年至一九三二年十年之间，总人口增一六·九％。其中农村人口增加九·四％，都市人口增加数为一二四·六％。人口的密度，每平方粁约占一·五人。若依区域的划分，其数相差过巨者如下。

人口最稠密的部落为阿拉鲁斯克，每平方粁有八三人的密度。其他如客雅夫金斯克为五·四，木号鲁希毕鲁斯克为五·二，布汗斯克为四·六九。其人口最稀薄的为巴鲁库金斯克、巴温多夫斯克、耶拉乌宁斯克、北拜喀勒、图根金斯克。每平方粁的密度为〇·七八至〇·四〇上下。

布里雅特人，更分布拉嘎都、耶希里特及呼里乃资三种。布拉嘎都及耶希里特住在贝加尔湖西北附近地方，呼里乃资住于其他方面。西北方面的布里雅特人多受俄罗斯的影响，今日已由移动式的生活而变为固定式的生活了。农业经济占主要部分，商品谷物的生产也逐渐增加。呼里乃资族受喇嘛教文化的影响，经济上、生活上均与同族的西北部有异。原为纯游牧或半游牧的民族，至今已从事农业，居住也渐趋于固定化。

布里雅特蒙古，尤其东方各部落，住民的文化及生活条件，均极落后。住毡房，夏季用棉布衣服，虽极褴褛污秽，也不洗濯或更易，冬季则衣老羊皮。不知卫生，不沐浴，食品系采用共同式，食物则牛羊肉与乳，食五谷者限于固定生活的住民。至于菜蔬，虽居有定所的农业人民，也全然不食。因其食物的成分，炭化水素甚为不足，所以他们的体格，远逊于俄罗斯人。苏联注意此点，乃使布里雅特人民由游牧而进于农业。

就布里雅特蒙古共和国的人口说，俄罗斯人实占一小部分。俄罗斯人分西伯利亚人、谢木人及新移民三种。西伯利亚人系以前的俄罗斯人与布里雅特人及通古斯人的混血儿，普通称他们为喀鲁依木人（西伯利亚语，混血儿之意），或雅萨库人。生活习惯多受布里雅特人的影响，说俄罗斯语，而札拜喀勒住民之间，却往往带有特殊的方言。

谢木人系在耶喀特里拿二世时代强制的由马客拉夫斯喀雅县移住于札拜喀勒。谢木人宗教的传统，至今犹持有派图鲁大帝以前的旧俄偏见。革命前的谢木人，为沙皇政府的布里雅特殖民政策的主持者。一九一八年苏维埃地方政权尚未确立之际，谢木人的富农及资产阶级对于革命运动，曾有反对的行动。

俄罗斯人的基本职业，为农业及牧畜。牧畜的方法，也比布里雅特人进化。通古斯人能保持民族特殊性的，极占少数，他们次第被布里雅特人或俄罗斯人同化。

国家机关及其他生产部门的劳动者皆在都市。因各学校的建设，使大部分人口向都市移入，而以乌拉奴乌达的人口增加最甚。兹将各都市布里雅特人口的统计列后。

都市名	一九二三年	一九二七年	一九三三年
乌拉奴乌达布	二八	一·一〇九	四·六九〇
特罗伊斯克萨夫斯克布	二一九	二四七	五九〇
总计	二四七	一·三五六	五·二八〇
都市对于人口的百分比	〇·〇五	三·一三	七·九〇

　　上表证明布里雅特共和国创建以前，在乌拉奴乌达居住的布里雅特人不甚多，布里雅特人的移入都市者，其比率已由○·○五％跃进至七·九％。

　　次就都市人口的社会构成看，因都市的经济的发达与进展及举行社会化的大建设，结果，劳动者的人数日见增加。据一九二六年的调查，乌拉奴乌达市的劳动者总计达二千二十五名，至一九三一年增到八千名。是五年之间，增加五千九百七十五名。从业员集团，则自一九二三年以来由一○○增加至一九○。一九三一年，又增到六千七百七十九名。家庭工业者及手工业者，只增百分之四十九。

　　以上的劳动者从业员及家庭工业者比例的增大，与其他社会构成分子的低下，从下表所列的百分数中可以窥知其梗概：

年度	（一九二三年）			〈一九三一年〉		
职业别	男	女	合计	〈男〉	〈女〉	〈合计〉
劳动者	二五·六	二五·六	二三·三	四六·五	一七·二	三六·九
从业员	二四·六	三三·二	二六·九	二六·○	四一·九	三一·二
家庭从业者	一八·一	八·二	一五·五	八·七	一○·四	九·三
其他之独立生计者	三一·七	四一·○	三四·三	一八·八	三○·五	二二·六
总计	一○○	一○○	一○○	一○○	一○○	一○○

　　一方面是都市人口的显著增加，另一方面又是农村人口的增加率特别减少。自一九二三年以后，十年之间，全人口已增加百分之一六·九，而农村人口的增加率不过百分之九·四。推其原因，因新建筑与运输工业以及其他国民经济的发展，以致大批的劳动者，齐向都市流入。同时，又因气候、风土等天然条件，对于农

业不利，所以布里雅特蒙古共和国的农业，不能与工业兼程并进。

五

贝加尔湖的渔产，在布里雅特蒙古共和国的经济上，是占有很重要的地位。确切的说，在贝加尔湖中的鱼类，约有二十二种之多。其中有二种鱼类，且为举世所罕见之珍品。这两种鱼类，是鲑鱼与鲅鱼。通常鲑鱼生长于淡水中（系胎生，脂肪过多），鲅鱼生长于深水中，二者皆为地球上所仅见的鱼类。要而言之，贝加尔湖的鱼〔渔〕产，不仅畅销于国内市场，即连国外市场，也占有很大的势力。在贝加尔湖常川驻扎的渔户，每年至少要供给出一○○○○○普特（俄重量名）有价值的渔产。

在布里雅特蒙古共和国领土之内，水的面积约占有二九五八一平方公里，即等于布里雅特蒙古整个领土百分之九。由此我们可以知道，湖水与河水在布里雅特蒙古共和国的经济生活上，是占有了很重大的意义。兹据一般的统计，此间水的面积之分配为贝加尔湖占二五，○○○平方公里，其他独立的各湖泊占三，四二○平方公里，河流占一，一六一平方公里。

在贝加尔湖所产的鱼类，计有鲟鱼、泰敏鱼（译音）、白鱼（俄名曰西格鱼）、鲑鱼、鳔鱼、列诺克鱼（译音）、鸭子鱼（译音）、鲤鱼、梭鱼（亦名鲹子鱼）、鲈鱼、北朝克鱼（译音）、鲅鱼、鳝鱼、克拉希鱼（译音），以及毛露克鱼（译音）等，除此之外，尚有在淡水湖中所特产的海豹，在出口方面俱有很大的销路。

在前一个世纪的四十年代时，仅则贝加尔湖北端所产的鲑鱼，便有一七五，○○○普特。嗣因历年捕捞与损失的结果，至现在已降到一五，○○○——三，五○○○普特的地位。同时其他各湖水与河水内的可供工业上利用的鱼类（如鲟鱼、泰敏鱼、白鱼、鲑鱼、鲈鱼、克拉希鱼与鲑鱼等①）的产况，亦未见好转。由此我们应当认识，要发展布里雅特蒙古共和国的渔业，挽救以往衰落的情势，首先应特别注意的，即在增加鱼类的方法问题，次为湖水与河水的贯通问题。

捕鱼的工具，以前所用的，完全为网或钓钩之类。现在该项工具已多弃置不用，均已采用具有长钓竿的机器来捕捞了。此种机器，每人每日可捕得十磅至五普特的鲤鱼、梭鱼或鳟鱼。海豹的捕法，则多用网、叉、或火枪等。

鲑鱼捕捞的主要工具为鱼网，大者可用人四十人至七十人，小者亦需十人左右。捕捞鲑鱼，每年分为三期。第一期在夏天，第二期在秋天，第三期在鲑鱼入蛰之时，所以又叫冰下捕捞期。

海豹的捕捉在夏天，多于巉岩之间埋伏，待机而击之。普通鱼类的捕捞，多于夏天行之（间亦春天捕捞），因为夏天所捕的鱼，易于曝干的原故。

鱼类与海豹多畅销于赤塔、乌拉奴乌达与伊尔库次克三地，就中以伊尔库次克销路最广。普通鲑鱼的市价，每普特可卖至三个芦〔卢〕布至十四个芦〔卢〕布之谱。鲑鱼是一种珍品，布里雅特蒙古共和国当局对之极为重视。每年夏季捕捞后，在空气〈中〉曝晒两月，然后封固之，其滋味永久不变。

渔业的经济组织，系由农业人民委员会所隶属下的渔业管理局执行之。该局对于鱼〔渔〕产价值的计算，完全依照企业的章程而实行。在该局成立的初期，本身并没有一定的基金。缘以前之贝加尔湖渔业管理局之全部收入，完全交付于财政人民委员会之收支部，并且，在贝加尔湖一带的渔业，以前系由伊尔库次克执

① 原文如此，有两处鲑鱼。——整理者注

行委员会、布里雅特革命委员会与远东共和国三个机关所统辖，故关于营业的经营与分店的设施，均未有长足的进展。现下有布里雅特蒙古共和国的渔业管理局之成立，虽已觉迟，但努力进行，尚可抵偿前愆。这里，应当先行举办的，厥为区划渔区与渔业实行专卖事，并且，令一般渔户必需与渔业管理局发生交易。

在布里雅特蒙古共和国境内，现在共存有八个渔业合作社的机关，其地点系在马罗莫尔斯克、高列美克斯克、尼日涅安里加斯克、尼早夫斯克、高梁深斯克、色楞格河河口、乌拉奴乌达与叶拉温斯克等处。就中以尼日涅安里加斯克与色楞格河河口两处，营业稍差，规模较小。渔业管理局方面，对于这些合作社的业务，极力使其发展，并以低价将鱼〔渔〕权让租于彼等。总而言之，即欲使彼等的业务蒸蒸日上。

渔业的收入，在布里雅特蒙古共和国之中，是一大宗的进款，每年约收入四八，一〇七个庐〔卢〕布六一个戈贝。

六

布里雅特蒙古共和国的土质，对于植物的营养与栽培，多非适宜的场所，加以气候的关系，气温的激变，与夫雨量的不足（平均由二〇〇粞至三五〇%〔粞〕），谷物的平均收获率上，乃受恶劣的影响。为补足此等地质上及气象上的缺陷，于是对于栽培耕作的方法，种子的选别与消毒，并行播种法的实施，草类的播种，蝗虫、野鼠的驱除，机械的收获与打谷，均加以非常的注意。由于以上各种的方策，耕作物质的方面与年并进。

并行播种法，在一九二三年仅占耕地面积百分之五，至一九二八年已达百分之一七，一九三二年已达百分之五九。种子的选别，亦逐年发达。一九二三年对于全部的子种，约有一五%之选别，一九二八年三四%，一九三二年五三·四%。

每年实行农业技术最低限度改良的结果，收获率一九二四年以来，已现出有系统的增大。一九二七年每一顷约当八·五，一九二八年低下至七·九。一九二九年以后集团农业增加的效果，谷物的平均收获率，已有显著的增大。一九三〇年比一九二三年增加五〇%，一九三一年增收四六·八%。

集团农场依据新的机械的耕作方法，及更佳的农业技术的方策，与个人农场之收获率之比较，一九三二年之春，已收良好的成效，斯年因谷物成熟之期雨量过多，以致害及谷物的生长与成熟。因此之故，一九三二年度的收获率，比较一九二三年度仅见二二·六%之超过，比之前年度低落一六·五%。

耕地面积的增大及收获率的增进，其耕作方面，总生产物之增大，为必然的事实。生产总量于过去十年间增加二倍有半。即一九二三年度为十万九千吨，一九三二年度达于二十六万四千八百吨。

共和国创建以前，布里雅特蒙古的农业，方法极为幼稚。经营农业的基本要具，仅有锄耙、镰刀、连架等等而已。复杂的机械，仅富农阶级用之，非一般人所能通用。至一九二三年，一般农民之机械所有数，稍见增加。据一九二〇年及一九二三年调查之统计，于锄耙之外，使用风车或马力之打谷机及播种机、选别机、圆盘式耙刈取机等项稍为复杂之机械，于以出现。

第一次五年计划之最后二年间，建设耕地机之配给所，及割草机之配给所，农业机械化的基础，至此始完全告成。

耕地面积之量的增大，同时各谷类之种植亦有显著的变更。即价值少的谷物减少，小麦、燕麦、工艺用谷物，有逐渐增大的倾向。所种谷物种类别之比率变化，表列如次（对于耕地百顷比）。

谷类	一九一六——一七年	一九二八年	一九三二年
冬种黑麦	八·六	五·一	五·二
春种黑麦	六〇·九	五一·二	三七·三
小麦	九·八	一七·九	二三·四
燕麦	一三·五	一四·四	一九·六
大麦	三·一	一·五	三·五
荞麦	〇·七	一·四	二·九
马铃薯	〇·二	一·三	一·六
工艺用谷物	〇·二	〇·三	〇·五
栽培草类（牧草）	——	四·三	四·六
其他之谷物	三·〇	二·六	一·四

春植之黑麦，在十五年前，占全耕地面积五分之三。至第一次五年计划之终期，仅占百分之三七·三。春植之黑麦，已比较的减少，而小麦增加二倍半，燕麦增加一倍半。他如工艺用的谷类，及畜产业的牧草类等等，亦有激增的趋势。

机械之所有增加率，有如次表。

年次 机械	一九二三年		一九二八年		一九三二年	
	对于经营数之百分比	对于耕地一百顷之比率	对于经营数之百分比	对于耕地一百顷之比率	〈对于〉经营数〈之百分比〉	〈对于〉耕地一百顷〈之比率〉
锄	一一·二一	五·九四	三四·〇〇	一二·七〇	四四·一〇	一二·八一
耙	三九·一〇	二〇·八四	五三·七〇	二一·二七	四八·〇〇	一三、九五
圆盘式耙	——	——	——	——	〇·〇八	〇·〇四
播种机	〇·一〇	〇·〇六	〇·九〇	〇·三五	一·七二	〇·四五
刈取机	〇·九〇	〇·四七	一·五〇	〇·五六	二·五〇	〇·七八
使用马力之打谷机	一·二〇	〇·六五	一·〇〇	〇·六二	一·七〇	〇·五〇

年次	一九二三年		一九二八年		一九三二年	
机械	对于经营数之百分比	对于耕地一百顷之比率	对于经营数之百分比	对于耕地一百顷之比率	〈对于〉经营数〈之百分比〉	〈对于〉耕地一百顷〈之比率〉
风车	二·五〇	〇·三〇	三·〇〇	一·三三	三·七〇	一·〇九
选别机	〇·二〇	〇·一〇	〇·三〇	〇·一一	〇·九〇	〇·二六
载重汽车	〇·〇六	〇·〇二	〇·〇二	〇·一〇	〇·四〇	〇·一一
总计	五五·五七	二八·三八	九四·四二	三七·〇四	一〇三·一〇	二九·九九

布里雅特农业渐趋集团化，耕地机及割草机械之制造所，系促进集团劳动之生产，尤为吾人之所重视。此项制造所之建设，自一九三一年始。在此一年之中，已有八十五架耕地机，耕地机之配给所，置有三所，割草机之制造所，组织五所。

当一九三二年之末，耕地机之制造所，增至十一处，耕地机增加至二百三十八架。其他各种的机械数，亦随之增加。割草机之制造所，增加至十八处，割草机增加至二千零六十架。

一九三一年，耕作的土地，计三万八千六百顷，其中使用耕地机者，已达一万八千六百亩。一九三二年，开耕之地，共七万二千二百顷，其中使用耕地机之耕地，计达五万五千一百顷。

一九三二年，割草机使用之面积，已达二十九万八千三百顷，约占全国草地总面积之五二·七％。一九三三年十一月，农场用机械制造所，已有四十处。统计四百七十九个农业经济集团，共有耕地机四百三十四架，其总马力六，七四五，即比一九三三年计划中增加四五·四％。

由于技术的设备，应收极大之效，固不待论。然而耕地机、割草机的制造所，现存之耕地机于农具之利用上，甚不充分。盖以该所所存之机械，成〔或〕已失去时机，或已失于修理，以致发生障碍，未能充分发挥其良好的效果。

七

一九一七年革命以前，布里雅特蒙古的文化，极为幼稚。概括言之，即文盲过多而学校过少，对于工农子弟的教育，极不完备。且受喇嘛教的影响，以致一般的文化，无从发展。

自布里雅特共和国创建以来，当局为扫除文盲起见，有学校网的建设，在各处设立私塾。同时，国民初等教育完全使用彼等的母国语——布里雅特语。因此，布里雅特一般的文化，逐渐向上。根据一九二〇年、一九二三年、一九二六年的全国人口调查，一九三一年的租税调查，及一九三三年教育人民委员会的材料，证明八岁以上的布里雅特人，每千人中有读书能力者如下表。

地域	年次	全民族合计			布里雅特人			俄罗斯人		
		男	女	合计	男	女	合计	男	女	合计
西部	一九二〇	三一·二	二·一	二二·〇	二六·八	七·〇	一七·四	四〇·六	一七·三	二九·一
	一九二六	五三·五	二三·九	三九·二	五一·二	二一·八	三七·一	五六·三	二六·五	四一·七
	一九三一	六四·八	四〇·九	五五·〇	六四·二	四〇·四	五三·〇	七一·二	四一·二	五六·四
	一九三三	八一·八	六一·三	七一·六	七八·七	五九·八	六九·三	八五·五	六三·四	七四·七
东部北部诸区	一九二〇	三五·一	七·九	二一·六	二五·四	二·八	一四·一	四五·四	一三·三	二九·五
	一九二六	四九·五	一四·四	三一·七	四三·四	六·七	二四·七	五五·二	二一·四	三八·二
	一九三一	六二·五	三〇·九	四六·九	五二·三	二五·四	三八·八	六八·二	三四·一	五〇·五
	一九三三	七八·九	四九·三	六三·八	七〇·六	四三·六	五六·八	八五·四	五三·七	六九·二

续表

地域	年次	全民族合计			布里雅特人			俄罗斯人		
		男	女	合计	男	女	合计	男	女	合计
全国合计	一九二〇—一九二三	三四·二	八·八	二一·七	二五·九	四·二	一五·三	四四·二	一四·三	二九·四
	一九二六	五〇·六	一七·三	三四·〇	四三·九	一〇·九	二七·五	五六·九	二三·三	四〇·〇
	一九三一	六四·七	三四·五	四九·七	五七·〇	三〇·九	四四·三	六九·三	三六·七	五三·二
	一九三三	七九·一	五一·九	六五·三	七二·八	四八·一	六〇·三	八四·三	五五·一	六九·六

从右表看，可知共和国成立以来，农村人口的读书能力，增至三倍。其中布里雅特人的读书能力增至四倍，尤其是女子——增加殆达六倍。而布里雅特的女子读书能力，更增加至十二倍[①]，不能不说是最足惊异之事。

初等教育，在革命前非常落伍，良以帝俄时代的政府，将后进的民族，常置于无学的状态，以贯彻其愚民政策。革命后，苏联当局努力于学校网的完成，当一九二三——四年共和国创设之时，设立初等教育四百八十五校，收容儿童达二万人。到第一次五年计划末期，初等教育有七百十一校，学童达六万三千人。即学校数几增二分之一，而学生数则增加至三倍以上。其他中级学校"第一坤因知尔图"（相当高级小学），就学儿童有三千五百六十名。

由八岁至十一岁学龄儿童的收容率，一九二三——四年度为二六·九％，一九三二——三年度已增至九四·二％。其中布里雅特

---

① 原文如此。——整理者注

人子弟之收容率，由二七·一％增加至九六·一％。这样增加的数目，不为不大。

初等学校的教师数，一九二三——四年度为六百零一名，一九三二——三年度增至一千六百十名，即增加二倍半以上。

从前中级教育方面，仅有二年级的学校十二校，学生一千七百名。其中布里雅特人的学生三百六十九名，只占全数三分之一。到了中等学校增加及改组以后，中级教育次第发展。结果，一九三二——三年，国内农业集团的青年学校六十一校，七年制度学校十四校。学生数，除去第一坤知因尔图不计外，尚达九千五百二十名。其属于农村地方出身的学生，为六千七百二十八名，布里雅特人占百分之四五·七。

初等中等学校网，既如此发达，而质的方面，也有相当进步。教育费之预算，已比过去十年间，增加至十六倍之多。我们根据其教育费的增加，就可推想其教育发达的程度了。

工业学校及工场学校，即高等专门学校，也不为不发达。在共和国成立之初，全国仅有工业学校二，工场学校一，劳动技术学校一。学生总数，为二百八十名，内有布里雅特人一百五十一名，即占百分之五四。到第二次五年计划初期（一九三三年），为训练干部人员而设立的学校，及其学生数目，已如下表。

学校的种类	学校数	学生总数	布里雅特人	布里雅特人对于总数的百分比
高等教育机关	三	三五八	二八二	七八·七％
工业学校	一四	一，二四四	六二九	五〇·五％
工场学校	三	五七五	一九三	三三·六％
劳动技术学校	一	五八	二四	四〇·一％
劳动者预备学校	八	八六五	一八一	四五·〇％
苏维埃党务学校	三	五七七	二九五	六六·七％
工厂学校式的学校	四	二九六	一三三	七〇·〇％
总计	三六	三，九七二	一，七三七	五五·三％

共和国政府为训练干部人员起见，不惟在本国内增设学校，且每年选送工人及经济集团团员，赴莫斯科及列宁格勒等主要都市的各高等专门学校留学。

布里雅特蒙古共和国，为民族文化建设起见，学校均用布里雅特语言教授。复为国家各种设施执行事务便利起见，于共和国创立伊始，同时设立国立之出版所。

凡文化之高低，与出版物之多寡，有连带之关系。一九二三年出版物，只有十本，而一九三二年，即三百三十八本。其中属于拉丁文字者，一九三〇年五十五本，一九三一年八十一本，一九三二年一百九十八本。

印刷物的种类，主要者为教科书。关于政治及艺术的书籍，仅于一九三二年以后，始有出版。例如政治方面，史丹林的《列宁主义之各问题》，艺术方面呼尔玛诺夫的《暴动》，如斯而已。

首都乌拉奴乌达市，有布里雅特文的《布尔蒙古真理报》，及俄文之《布里雅特蒙古报》，二种日报发行。前者之发行数三千，后者之发行数一万四千份。最近二三年中，各部落之地方新闻，亦有发行者，现在发行地方新闻的，已有十一部落。

八

布里雅特蒙古共和国创建的第一时期，约分九部分，六十旗及乡、村等四级行政系统（喀班斯克部落除外）。

第二时期，为与各地方苏维埃民众接近起见，行政系统有根本改变。即一九二七——二八年，将四级行政系统，改为三级，使下级苏维埃的权利，逐渐扩大。

一九二七年，扩张新行政管区制与村委员会，其结果有十六部落，喀班区在内，即由以前的伊尔库次克郡，合并于布里雅特共和国之地。全国村委会之统计，已达二百五十三。是布里雅特人村委会的比率，由一九二三年百分之三九，至一九三二年，增至百分之四三了。

布里雅特共和国人民的健康状况，有疮毒、肺结核、痧〔沙〕眼等流行症之蔓延。此等流行症，尤以幼童及少年之间罹病率，及死亡率尤高。

革命前，喇嘛使用宗教的治疗法于一般民众，近已改用科学的方法治疗，故在健康上已有迅速的进步。他们有了新的疗养院，以除疾病。这短矮的民族，工作十分勤恳，文化日见增高。这种成绩，是许多落后的民族梦想不到的。

革命前拥有势力的活佛，有征乡村人民长子为喇嘛的事情，现在布里雅特地方，仍有奉行的，但是一批老的人死去以后，恐怕这些事情就会消灭了。

《新亚细亚》（月刊）

上海新亚细亚月刊社

1936 年 11 卷 3 期

（李红菊　整理）

现代的布里雅特蒙古

[日] 高桥宣彦　撰　　一　人　译

在本刊前两期上，曾载有余汉华先生的与本文同性质的文字一篇，但细细检阅两者的内容，是可发现出不少相互补足之处的。例如余先生之文，以叙述自然环境的方面为详，而本文则对社会环境的部分较多注意。余先生之文在已触及的部分采取深入的姿态，而本文则着眼于现状之全面的分析。总之，〈与〉那文的内容，是不但不重复，反而相呼应的。所以译者还是把它译出来，贡献于读者诸君之前。—

——译者附识

一　引言

自去年十二月十一日外蒙政府主席及陆军部长等抵俄京莫斯科后，同月十九日的《满洲日日新闻》上，曾载有东京电讯说："据大田大使电，布里雅特蒙古自治共和国，也派有代表参加其中，连日与史达林、摩诺多夫两氏，共同集议。"而其"讨论的中心，为华北自治运动以来日满势力侵入华北及内蒙之防止，攻守同盟之缔结，外蒙并入苏联等等问题"。此外，在本年一月二十七日，史达林、摩诺多夫、乌诺、西诺夫等苏联领袖，又曾在莫斯科克里姆林宫招待布里雅特民族的代表们，促膝相谈。

　　我想这些消息，是会唤起世人的注意，而把目光投向在东西伯利亚的贝加尔湖四周约四〇万平方公里的地域间，所建立起来的蒙古族之一支——布里雅特蒙古人的自治共和国吧。

　　本来，苏联极东政策的基本要素，是民族政策。革命而后，苏联当局之所以使布里雅特蒙古人自建一自治共和国，便是这种政策之表现，我们一想到"苏联的布里雅特政策，便是她对全蒙古的经营之不可缺的一部分"的时候，更会迫切地感到有弄明白这一自治共和国的必要吧。

二　沿革

　　在十七世纪俄人尚未侵入西伯利亚以前，贝加尔湖两岸及所谓"扎贝加尔"地方，蒙古民族的一系即布里雅特蒙古人的势力很强，征服了近邻的其他各弱小民族。他们也对俄人的侵略，曾作顽强的抵抗，但因军事技术的幼稚，和民族团结力的缺乏，结果是终为俄人所征服，由《莱尔秦斯克条约》（一六八九年）及《喀夫塔条约》（一七二七年），布里雅特人的土地，终于变为俄罗斯帝国的领土了。

　　一九一七年，布里雅特民族趁着二月革命，帝制崩溃，国内混乱的机会，曾掀起民族独立运动的浪潮。一九一九年，更企图团结全蒙古民族，成立一大蒙古国。可是，其后因红军的势力的压迫，布里雅特人的土地，全落入苏联及半赤色的极东共和国手中，其企图终未实现。

　　苏维埃的政府，包含一五〇种不同的民族，自不能不标榜民族自决，以获得这些异民族的同情与支持。对于布里雅特民族，当然也是用这一种政策的。

　　考当时布里雅特民族的向背，是极重要的契机。那不仅对于贝加尔湖以及极东的形势具有重大的关系，而且是经营外蒙之本质的原动力，苏维埃政府对布里雅特民族所以始终出之以怀柔的态度，自不能不说是当然的。

在俄罗斯革命之始，布里雅特人对苏维埃政府，是采取极冷淡的态度的。因为他们既不相信历来压迫他们的俄罗斯人，会突然变成他们的亲切的朋友，而且因革命的混乱，他们所受俄人的迫害（借口土地国有，实行强夺布里雅特人的土地），反而更见加甚之故。所以，当曾在这儿建立过一时期的苏维埃政府为白俄军打倒的时候，布里雅特人并未出来作过实力的拥护。可是，在他方面，他们也不曾采取积极支持白俄的立场。因为白军是以恢复旧政权为目的，而其所采取的政策，又不能同布里雅特民族的要求一致的原故。所以，当赤白混战的时候，布里雅特的民族，真有莫知所适之感。但其后是苏维埃政权获得最后的胜利了，同时它（指苏维埃政权——译者）又能敏感到布里雅特民族的要求而标榜民族自决，于是依赖苏维埃政权的民族运动便开始了。

一九二〇年五月——六月，极东共和国的布里雅特蒙古人大会开会，同年十月又召集了俄罗斯共和国的布里雅特蒙古人大会。根据两大会的意见，于一九二一年四月二十五日，设立布里雅特蒙古人中央委员会于伊尔库次克市，其任务如下：

（一）使苏维埃政府暨极东共和国政府了解布里雅特蒙古人的"需要"与"生活之特殊性"。

（二）同时，使布里雅特蒙古民众普遍的了解上述两政府的活动及一切政策。

（三）派代表于上述两政府机关，并连络事务的关系，以满足蒙古人劳苦大众的需要。

（四）向布里雅特蒙古民族，普遍的宣传社会主义思想，以及苏维埃政权的思想，把他们引入积极的苏维埃活动之中。

（五）不仅发扬民族的文化，而且广播一般欧洲的文化，以提高蒙古人大众的文化水准。

（六）制作东西伯利亚的布里雅特蒙古人所在地域上的民族自决的之行政基础纲领。

根据上面的任务看来，这显然和一九一七——一九年的纯粹的民族运动不同，而是已复为苏维埃式的了。换言之，就是要把民族运动尽量的和社会主义革命融和一起。

于是，建设布里雅特共和国的工作便开始了。一九二〇年十月十四日俄罗斯共产党中央委员会曾决议许可布里雅特人自治，一九二一年九月一日，全俄中央执行委员会干部会，又将布里雅特蒙古自治州领域的决定权，委任于由民族人民委〈员〉会，内务人民委员会，布里雅特蒙古人民，西伯利亚革命委员会的代表们所组成的特别委员会。从这个委员会的构成上看来，布里雅特领域的决定，显然是有利于苏维埃方面的。领域的决定，因俄人的土地与布人的土地相互交错的关系，牵延甚久，直到一九二二年自治宣言始克见诸实行。

这种所组成的俄罗斯共和国内的布里雅特自治州，及与此同时而在一九二一年十月所成立的极东共和国内的布里雅特自治州，是于极东共和国合并于苏维埃联邦中以后方才合并，而于一九二三年九月十二日，在俄罗斯社会主义联邦苏维埃共和国的统治下，形成单一的"布里雅特蒙古苏维埃社会主义自治共和国"。同时，全俄中央执行委员会干部会所承认的建国纲领，曾规定此一共和国的政府组织与权限。因此，一切都改成苏维埃的组织了。

三　地理概说

领域　布里雅特共和国的领域，与往昔布里雅特人所居住的范围不同，因为这是以苏联的政治、经济及军事上的见地来决定，而非以民族本位来决定的。吾人打开地图一看，有如下几点，值得注意。

（一）如伊尔库次克、赤塔等重要政治中心地，不在其中。

（二）规定安加拉河直辖于苏维埃政府，因此，不惜把布里雅特共和国的西部，切断成极奇怪的形状。

（三）把现在采掘中的东西伯利亚的最大煤矿捷勒姆火夫，以及在伊尔库次克附近的，与夫从赤塔为中心的扎贝加尔东部的铁道沿线，划在领域之外，使共和国的东部，变成为岛的形式。

（四）在东西伯利亚的南边国境的西部，布里雅特共和国，是直接和外国（苏联势力下的外蒙）连接的，可是在东部则极端避免，尤其力避同"满洲"接壤。

（五）共和国的北部，为几乎与布里雅特人居住的比较广大地域①，则划为其领域。

要之，尽量避免把政治、产业、交通及国防上的重要地点，划入布里雅特共和国的领土中，而只是给与不很重要，交通不便，产业不发达的地方。领域的如此决定，不仅是根据上述的见地，而且还是以人口分布为基础的。在此枢要地域，俄罗斯人现在固已占压倒的多数，可是，在过去，布里雅特人原是这些地方的主要居民，因俄人的侵略，感受压迫，才渐次逃到不毛的山岳地带与密林内深处，或仅得到此"牧畜以外无他用的土地"，而变成现在这样的分布状况。布［特］里雅特共和国领域，这是完全不顾及这种历史的事情而决定的。

现今，布里雅特蒙古自治共和国之领域，共三九四，七〇〇平

---

① 原文如此。——整理者注

方公里，分一市二十一部，施行市制。共和国中央执行委员会所在地为首都乌拉嗯乌德市（旧称乌尔夫莱、乌金斯克），其他市名如下（系一九三五年四月所改正的）：

一　比丘林斯克

二　吉金斯克

三　赛古拉埃夫斯克

四　窝里吼斯克

五　乌拉嗯窝伦斯克

六　阿金斯克

七　扎卡门斯克

八　卡夫秦斯克

九　姆火尔西比尔斯克

一〇　塔尔巴高台斯克

一一　火林斯克

一二　埃里特布拉高特斯克

一三　色楞金斯克

一四　阿拉尔斯克

一五　巴尔古井斯克

一六　巴乌特夫斯克

一七　波项斯克

一八　埃拉乌林斯克

一九　卡磅斯克

二〇　色维诺巴卡林斯克

二一　顿肯斯克

上述诸部中，阿拉尔斯克部属西部，阿金斯克部属东部，其余之十之九部则属中央的主要部分。

地势　贝加尔湖以西，居中部西伯利亚高原的东南部，形势较低，尤以安加拉及勒拿河两流域为最甚。巴加尔湖以东，概属山岳地带。河流西部有安加拉河、伊尔克特河，东部有色楞格河、巴尔古井河、上安加拉河、斯莱吉拿河等，均流入贝加尔湖。流经阿金斯克部的鄂嫩河，属于黑龙江的上流。气候大体为大陆性，极寒冷，以东部山岳地带为尤甚。能生长植物的时期极短，平均每年不过六十日至百五十日。平均雨量也少，因季节与地点的相异，极不均衡，太阳光线极富于紫外线。像这样的气候条件，极不便于农业，尤其是东部。

资源　流入贝加尔湖的各河流中，以色楞格河及斯莱吉拿河两河，包藏有丰富的水力。森林则广被于共和国全领土之百分之八十左右。矿物则有铁、金、银、铅、亚铅、铜、黑铅、云母等等。至于黑貂、鼬、狐等的毛皮用兽类，及流入贝加尔湖的各河流中的鲑、鲟鱼、鳟鱼等类，均有产业上的价值。

人口　布里雅特共和国成立以来，人口的动态如次。

年度	总人口	布里雅特人	布里雅特人在总人口的比例（百分比）	俄人对总人口的比例（百分比）
一九二三年	四八二，一五一	约二四一，〇〇〇	约五〇	——
一九二六年十二月	五二四，一〇二	二一五，九二六	四一·二	五四·四
一九三二年一月	五六三，四〇二	二一八，五九八	三八·八	——

在上表中表现的显著的倾向，是总人口的增加，布里雅特人之相对的和绝对的减少或停顿。布里雅特人以外的主要人口，为俄罗斯人，在本共和国刚建设的时候，还不到半数，但到一九二六年便超过半数，特别在都市占大部分（八五％）。此外，也有犹太人、波兰人、鞑靼人、通古斯人、乌克兰人、吉布西人等，但总数不足一成，是不值一谈的。如上所说，布里雅特人与俄人是主要的人口，则前者减少而后者显然是增加的。此后，纵令由于自

然增加及移民，布里雅特人口能稍微绝对地增加。但在相对的比率上，此种倾向是会越发加强的吧。尤其在握着一国枢纽而为政治、经济、文化的中心的都市方面，俄罗斯人占压倒的多数，而布里雅特人（一九二六年二·九％）之少，反而比犹太人（同年五·四％）还不如些。因此，当承〔初〕标榜为"布里雅特人之国"而建设起来的共和国，不管愿意不愿意，而今已变成实质的"俄罗斯人之国"了。

其他显著的倾向，是都市人口之绝对地相对地增加，而农村人口则相对地减少。自一九二三年以来的十年间，全人口增加一六·九％中，都市人口有二倍又四分之一的增加，而农村人口只不过增加九·四％，在这期间，共和国都市人口在总人口中，所占的比例，由六·四％上升到一二·四％。呈现这种的倾向的原因，虽由于都市经济建设的发展，广大劳动力向都市集中，以及向苏联其他各地方之营生与移住（教育及其他）者之增加，但最基本的原因，还是为了农林荒废，在一般自然条件极为不利的情况下，再加上苏联政策的失当（详后），致使农民相率离村的原故。农民除了向其他地方或本国的都市去谋生之外，委实是别无办法的。这一倾向，便是在布里雅特人方面也一样显著。布里雅特人的都市人口的比率，一九二三年以还的十年间，也从〇·〇五％激增至七九％[①]。而且，布里雅特人之全体的减少，也应视为在同一的原因下，很多人跑到外国去谋生的结果。

四　政治及军事

政治　一九二三年，布里雅特蒙古自治共和国，作为苏联加盟

---

① 原文如此。似应为七·九％。——整理者注

俄罗斯共和国的一地位〔方〕单位而成立之际，一切的政治组织便都改成苏联的划一的制度，在那儿已不复有民族固有的民族制度，与旧俄时代的郡县制度的存在了。全地域，都以蒙古固有的"部"作为单位来划分，可是那在本质上已等于苏联的基础行政单位的"区"。便在现今苏联的文献上，也常常在"部"之下，加上括号，附注入"区"，而把二者视为同一的东西。地方政治，由部苏维埃的大会及由大会中选出的执行委员会负责处理。共和国的中央政治机关为人民委员会与中央执行委员会。人民委员会的组成如左。

（一）司法；（二）教育；（三）卫生；（四）社会扶助；（五）农业；（六）劳动；（七）共同经济；（八）财政；（九）劳动监督；（十）供给；（十一）轻工业；（十二）军事委员部；（十三）重工业人民委员部〔会〕代表部；（十四）通信人民委员部〔会〕代表部；（十五）国民经济统计局；（十六）合同国家保安部。

上面的（一）司法、（二）教育、（三）卫生、（四）社会扶助四委员会，才准许自治，直接对布里雅特共和国中央执行委员会及人民委员会，与夫全俄中央执行委员会负责。

（五）农业、（六）劳动、（七）公共经济、（八）财政、（九）劳动监督、（十）供给、（十一）轻工业、（十五）国民经济统计局等机关，则为"维持经济及财政政策的统一"，都直接隶属于俄罗斯共和国的各有关系的人民委员会。此外，军事委员会属于西伯利亚区军事委员会，合同国家保安部支部，直隶于东部西伯利亚地方的同类机关，重工业人民委员会及通信人民委员会的代表部，不待说，都是在人民委员会的直接管理之下。此外，交通的权限，就中关于铁道及航运的权限，是全属于苏联的中央机关，和本共和国的政治全不相干的（上述的政治组织，虽然依据着苏联全体制度的修正，现在已有多少的变更，然而是没有根本上的变更的）。

军事 好战而勇敢的布里雅特人，自由一七二七年《卡〔喀〕夫塔条约》改隶属俄罗斯国籍之后，便马上被派到国境上，去当警备之任了。一七六四年组成骑兵联队四队，每队布里雅特人六百名。依据一八三八年的军事法典，又加入通古斯人一联队，共组成五联队的异民族军队，当国境警备之任。其后，又补充布里雅特人二千五百名，通古斯人一千五百名，兵力遂大增加。迨一八五八年这一异民族军队，便编入扎贝加尔哥萨克军了。

哥萨克与一般市民之身份的歧视，对于布里亚〔雅〕特人的民族团结，是极不当的。因此，一九一七年二月革命后所成立的布里雅特民族委员会，便要求撤废这种身份的差别，而在自治共和国建设的时候，最初的施政之一，也便是这种哥萨〔的〕克的特殊身份的撤废。

在苏维埃制度之下，一九二四年以来，曾组有布里雅特蒙古人的特别骑兵队。该部队为最初的骑兵大队，但在一九二九年中俄战争的时候，又改编成小联队（由十中队而成）。他们在十一月十九日在满洲里〈附近〉的一役〔附近〕极为勇敢，曾表现出高度的军事训练，并因有功而获得了光荣的赤旗。国防人民委员乌诺西诺夫氏在一九三一〈年〉访问布里雅特蒙古的时候，关于布里雅特蒙古的部队，曾作如下的评价：

> 看见这种部队，便能察知布里雅特蒙古的劳动者是如何地进步了。这个部队是布里雅特蒙古的特别骑兵赤旗小联队。我检阅了这个部队，我敢断〈定〉他们在训练上和阶级的自觉上，都能和俄罗斯人的最优秀的部队相比。

在最近，该部队已从事相当程度地机械化，而且编成联队（由十六中队而成）了，看起来，将来还会发展成独立骑兵旅团的。该部队在对日、满作战上具有非常重要的任务，所以极端为

苏联当局所重视。这由苏联政府及共产党的领袖们之召集布里雅
特蒙古代表到莫斯科去，恳切商谈一事，便可看出来了。

五　产业、交通、财政

A　工业

　　世界大战以前，工业极不发达，企业数不过三〇，劳动者数不
过一，六四八人。生产部门为羊毛、皮革、食料品、石炭、建筑
材料、玻璃、制材等，使用机械的很少，大都是原始的半家庭工
业式的工业。此外，也有纯然的手工业和约一百左右的小规模采
金业。

　　在革命和内乱的数年间，这极贫乏的工业更被破坏了。在共和
国开始建立时（一九二三——二四年）企业数减少成十六，劳动
者总数也减少成八五四人。

　　经济复兴的努力，首先着眼于残存的工业之建设，经苏维埃的
统制经济之计划下，把从前分散的各种企业，都统一于相关的各
种工业管理机关之下，实行各企业的大规模的整理，与夫原料供
给及生产品贩卖的组织化。于是，一九二七——二八年间工作中的
企业数回复到二〇，就业劳动者增加到一，二一五人，生产额也
到达五九七万五千卢布，即相当于一九二三——二四年的二三
〇％了。

　　五年计划的阶段中，苏维埃政府在全国工业化的口号下，注重
于使布里雅特共和国从落后的农业、牧畜国，进化到近代的农工
业国。因之，主要的目标，便在于新规模的企业之建设。

　　第一次五年计划中（实际只有四年又三个月，由一九二八年
十月迄一九三二年十二月），工业投资总额达一，九一五万卢布，

而且，其中一，五〇七万五千卢布是用在新设企业方面的。主要的新设企业如次（单位：卢布）。

机械工场	资本额四六一，〇〇〇
布里雅特国立出版所	资本额四五七，〇〇〇
"布尔莱斯"克柳埃夫制材工场	资本额四四〇，〇〇〇
乌尔夫勒贝柳佐夫卡的"果克满"垆	资本额五五〇，〇〇〇
乌兰乌德市发电所	资本额二，一〇四，〇〇〇
玻窗制造工场	有机械化设备，年制造能力产额一万二千吨
果诺乌引煤矿	
冷冻肉联合企业	制造能力四万吨

乌兰乌德市火车工场，规模颇大，兼营制造与修缮。此外，更彻底改革已有的企业，使布里雅特共和国的工业显著一新。工场工业财产价格的总数，已从一九二四年十月的一四〇万一千卢布，一九二八年十月的二八九万九千卢布，上升到一九三三年一月一日的六三一万卢布，相等于一九二四年的四倍，一九二八年的二倍多了。同样的，生产总额也从一九二三——二四年的二，六〇〇，八〇〇卢布，一九二七——二八年度的五，九七五，三〇〇卢布增加到一九三二年的九，五六六，三〇〇卢布（依据一九二六——二七年度的不变价格）。就中生产手段的生产大增，其比率，由一九二三——二四年的一六·八％上升到一九三二年度的三五％。一九三三年初的开工企业数为二一，劳动者数为二，二〇一人，即增加成一九二三——二四年度的二倍半。此外在同一的十年间，劳动生产力增大两倍多，劳动工银也增大到三倍。工业基干部中的布里雅特人，占全劳动者的八·二％。

又在最近二三年已建设好的企业，有大制粉联合企业、机械化玻璃工场、面包工场等。目下正在建设的，有精肉冷藏联合企业、机械化油脂工场等。至在重工业方面，则有"巴尔古井佐诺特"

金矿，赤塔的钨联合企业（生产能力居苏联第一），乌兰乌德火车修理工场（豫定一九三七年完成，现在一部已开工），斯诺瓦果尔斯克锡联合企业（约有苏联埋藏总量四五％左右），古西罗阿扎尔斯克煤矿，运材铁道，金矿等等。

要之，布里雅特共和国的工业，在过去十年间，成就了划时代的跃进。虽是完成各种新规模的企业，而完全发挥其生产能力，还需要相当的时日，可是，最近听说乌兰乌德市玻璃的工场已经完成，是按照预定的计划而着着进展的。

工场工业以外并普及小规模的家庭工业，作农民的副业，一九二八——二九年的生产总额，达六，二四〇，一〇〇卢布。从前分散的家庭手工业者，已借"劳动者公会"等的组织，而开始集体劳动化了。社会主义的部门，便在小规模工业方面，也具有力的比重的。在布里雅特共和国内，家庭手工业为消费资料生产上的重要的原素。

B 农业

在俄罗斯人侵略布里雅特蒙古的过程中，是将较好的土地全部掠夺，把他们驱逐到"牧畜以外无他用的土地上去了"。结果，布里雅特人除营落后的牧畜经济而外，别无他法。而且因为饲料的缺乏和方法的不良，故经历十九世纪的全世纪，他们的经济只有日趋于退化之一途。

到二十世纪的开头，世界大战，革命、内乱，并因东部地方遭受旱灾的结果，一九二三年时，布里雅特的农业，竟达极度的荒废，比起一九一六——一七年来，耕地面积只不过残存三分之二，家畜残存五分之三。后因秩序恢复，农业经济也渐就复兴，一九二八年耕地面积大体回复到一九一六——一七的水准，家畜并且还有六·三％的超过。

　　五年计划实行而后，采用农业的社会主义改造的方针，没收私有土地，强制执行共有化。决定改革土地的年度，为一九三一年。这一年没收了私有地二〇一，九〇〇海克塔（其中耕地五五，〇〇〇海克塔）。同时，又实施"游牧民族之半强制的定住化"，以及"农业之共同经营化"。在土地改革实施的短期间内，一一，六五一户的农民，基于集团化，定住在一三七个地方。那就相当于游牧民族经营总数的二五％，半游牧农民经营总数的三一％。

　　于是，布里雅特共和国的农业，遂发生根本的变化。

　　牧畜业　本来，牧畜业为布里雅特农业的主要形态，但自十九世纪末叶到二十世纪的开头，已呈衰颓的现象了。即自一八九七至一九二二的二十五年间，布里雅特人所有的家畜数，已有三二·五％的减少了。其间，自然是革命期经济荒废而致有此种急激的减少。

　　迨一九二三年布里雅特共和国创立而后，家畜头数方又开始激增，自一九二三年至一九二九年的六年间，农民的马增三六·三％，牛增六九·六％，羊及山羊增加一七二·五％。

　　但到五年计划的后半期，家畜数又突然激减，家畜业又呈衰退的景象了。这是因为土地及家畜被没收了的农民们，对于社会主义的集团化，猛烈的抵抗的结果。一九三二年的家畜数相当于一九二三年的八五％，比之一九二九年减少六成有余。布里雅特牧畜业至是降至最低的水准。这种现象的具体原因，可举如下：

　　（一）富农的屠杀家畜，及富农与其爪牙等破坏的集体农场。

　　（二）虽有党及政府的峻严命令，但地方苏维埃机关对于滥屠家畜的事实取缔不力。

　　（三）出产率之退化、病毙及其他招致家畜减少之原因，不积极的设法避免。

　　（四）对于家畜之必要的照料与适当的饲料根据地之缺如。

　　牧畜业呈这样地衰败，给与了布里雅特人以重大的影响。因为他们大多数是靠牧畜营生的，牧畜业的破坏，便不啻他们自身的经济的破坏。结果，他们是只好向都市或其他地方谋生去了，因此，农村人口与共和国内的布里雅特人，就显著地减少下来。

　　可是现在苏联政府，正拟从事挽救此种状态，缓和过去的政策而向安抚布里雅特农牧民这方面努力。

　　依据一九三四年二月五日政府及党中央委员会的决定，布里雅特蒙古东部的诸部，得免谷物、乳肉、羊毛等的国税，此外，并获得很多的特惠。又依据一九三五年二月所制定的农业公会所规定，东部的畜产部落，每户许可私有马十匹，牛八匹至十匹，羊及山羊百只至百五十只。布里雅特蒙古的农民，很高兴这种规定，呼之为"黄金规约"。因是，一九三四年以来，布里雅特蒙古的牧畜业又渐渐恢复，一九三五年的家畜总数，较诸一九二三年的一二一万八千头，又增加到一四四万三千头了。

　　农业　因气候、地质等的关系，农业在西部比较发达。相传在西部的布里雅特人在俄罗斯人侵入以前，便已从事于耕作了。可是，就全体论，在共和国未建设以前，农耕是极不发达的。

　　一九一六——一七年至一九二三年的经济荒废时代，农业大受影响，播种面积在这个期间曾减少三四·五％。

　　共和国成立以来，对于农业的发展，予以至大的努力。自一九二三年至一九三二年，播种面积，增加一倍，一九三五年，更增加到一九三二年的三倍。同样，以三五年和二三年作比较，播种面积中小麦的比率增加两倍，而且出产了野菜、马铃薯等向来全然没有的作物。在技术方面，一九三五年有集体农场耕地上的曳引机站二十八所，曳引机九四〇架。私有地一经没收，集体农场遂急速地发展，其土地面积，一九三二年占全播种面积的四分之二，一九三五年参加集体农场的人占全农民的八二％。

但是，和牧畜业一样，农业方面急激的社会主义政策，土地公有与生产品征收，曾引起农民的反抗，一时弄得生产额大为减少。但因受特别法令的优遇，如生产品缴纳义务的减轻，以及从高度社会主义农业形态的"公社"回到承认某程度的私有的"劳动工会"的转变，近来又渐入佳景了。此外，照新规定，又在集体农场上赋与以土地永久使用权，这也很可以缓和农民的不平的。

C　商业

在共和国成立之始，商业全在私人的手中，其后因社会主义的政策的取缔，一九三二年，只不过占交易总额的一％强了。布里雅特人小本经营的很少，大多是专做大生意，专门买卖农业生产品的。但在实施苏维埃制度而后，大量的交易归之政府的收买机关，一般人民必须照公定价格，强制地缴纳生产品了。这自然是会压迫布里雅特农民的经济，引起他们的不满，所以，上述的特别法令，也正是缓和这种制度的。另一方面，缴纳给政府外所余的生产品，由集体农场商业发卖，必需品向消费合作社购入，这就是布里雅特商业的形态。

一九二三年到一九三二年的十年间，小本经营增加将近十倍，但另一方面，国家除经营的谷物收买、家畜收买，却都在一九三二年相当地减少了。即在一九三一年与一九三二年，谷物收买，集体农场方面由六〇三，〇〇〇真特乃尔减少到五四八，七〇〇真特乃尔。个人农人方面，由二七三，四〇〇真特乃尔，减少到一三九，五〇〇真特乃尔。畜产品收买，以一九二九——三〇年与一九三二年作比较，仅肉类一项，从七一，二〇〇真特乃尔增加到一〇三，〇〇〇真特乃尔，但皮革原料却从三三八，〇〇〇张减少到二五五，七〇〇张。这种减少，全然是一九三一年土地改革的结果。其后，政府乃改用缓和的政策，这在前面已经说过。

D　交通

布里雅特共和国分三部分，交通是极不发达的。依据一九三三年的资料，情况如次。

指标			全长	每千平方公里	每千人口
铁道			五三一	一·三五	〇·九四
水道		全长八，五〇〇		二一·五三	一五·〇九
	其中	可航路	三，五〇〇	八·八二	六·二一
		已航路	一一，〇八四	五·二八	三·七〇
公路		全长	二一，三九四	五四·一八	三七·九六
	其中	联邦公路	四五八	一·一六	〇·八一
		共和国公路	七〇九	一·八〇	〇二·六
		州公路	七六〇	一·九三	〇·三五
航空路			二二〇	〇·五六	〇·三九

共和国中，货物进出得最多的火车站，是乌兰夫莱乌金斯克，一九三二年达总货量的四二一%[1]，运出国外的，大宗为西向的建筑用木材、薪木、谷物、肉类、家畜、食料品等，输入国内的，大宗为煤及工业制造品等。

共和国的铁道系统，东部属于扎巴卡尔铁道，西部属于东部西伯利亚铁道，但昨今两年，据说屡遭变故，营业大为不振。

水上运输以贝加尔湖、安加拉河、色楞格河为中心，自共和国成立以来十年之间，水路延长了二三%。水路的分布，全国平均，今后的发达，大可希望。水运货物量，由一九二四年的一二，九〇〇吨，增加到一九三二年的一〇三，八〇〇吨，其中色楞格河占六成左右。汽车运输的发达，也很可观，自一九二七年至一九

---

① 原文如此。似应为四二·一%。——整理者注

三三年，普通汽车数增七倍，运货汽车更激增到一五四倍。

关于布里雅特交通发展上应该注意之点，是它使本国同外蒙的经济关系日趋密切，而且两者间的贸易〔的〕也很繁盛。

E　财政

布里雅特的独立的经济活动的第一步，便是自己的财政之创始与确立。不消说，就全体论，共和国财政是从属于苏联的财政的，从而是作为实现苏联当局的经济政策的杠杆而被利用。可是，她到底是获得确立独自的预算的可能性了。预算的收入，是从苏联国库的补助租税，及国家补助企业三种而来，但其根本的方针是缩减前者而增加后者。预算颇有逐年增加的趋势，一九二三——二四年为二百万卢布，一九二七——二八年为五百万卢布，而一九三二年，已增加到一千八百万卢布了。

又一九二八——二九以后，对苏维埃获得财政的权利，能编制独立预算而谋财政的确立，区预算包含对预算在内①，一九三二年已达到共和国总预算的五三％了。

此外，贮蓄事业在共和国成立后，也便马上创设了。一九三三年一月，金库数达一九四，贮金者七六，六四六人，贮金总额计四，三五〇，四二二卢布。近年来农民贮金者日渐增加。联邦政府用以吸收民间资金的国债，在布里雅特共和国也相当地推销，十年以来所推销了的国债总额，计达一六，〇四三，九〇〇卢〔卢〕布之多云。

六　社会文化

过去十数年间，政治、经济上的巨大的变化与布里雅特共和国

---

① 原文如此。——整理者注

的社会文化方面以巨大的变化。

国民教育　革命以前，布里雅特和俄罗斯人的文化水准都是极低的。学校很少，文盲的比例非常之大，其原因有种种。第一是语言的限制，在帝俄政府时代虽在此地设有学校，半强制的命令入学，但却用俄语讲授，而且耶苏教色彩很重，所以于本地人非常不便而且不宜。第二要入这些学校，费用很高，除贵族王公的子弟而外，一般人无力入学，只好进进极旧式的喇嘛庙而已。此外，一般人的经济生活很低，忙于衣食之不暇，安有受教育的时间，这就是文化不发达的重要原因。

但革命而后，苏联当局的民族政策的巧妙处，便是教育上的布里雅特语与俄语的并用，以期教育的普及。同时广设学校，把受教者从喇嘛庙中解放出来。布里雅特共和国教育的发达，可由下表所示，八岁以上每千人中有若干读书能力者的数目看去。

年次	全国民			布里雅特人			俄人		
	男	女	合计	男	女	合计	男	女	合计
一九二〇一九二三	三四·二	八·八	二一·七	二五·九	四·二	一五·二	四四·二	一四·二	二九·四
一九二六	五〇·六	一七·三	四三·〇	四三·九	一〇·九	二七·五	五六·九	二三·三	四〇·〇
一九三一	六四·七	三四·五	四九·七	五七·〇	三〇·九	四四·三	六九·三	三六·七	五三·二
一九三三	七九·一	五一·九	六五·三	七二·八	四八·〇	六〇·三	八四·三	五五·一	六九·六

一九三六年度全学校的施设，应达到如下的程度：

初等学校　　　　　六一一　　　学生数　　六八，〇〇〇人

甲乙种中学校　　　一〇〇　　　学生数　　一八，〇〇〇人

工业学校	八
劳动者预备学校	五
大学	三

布里雅特人的学校有二八三所，就中初等学校二四四，中等学校三九。

教育的内容，着重社会政治教育的普及、儿童共产主义运动之养成、本国语教授、工艺智能之养成等等。总之，可以说布里雅特共和国内之苏维埃教育之振兴是很显著的。苏维埃当局不仅要求布里雅特民族的经济的改造，而且想由此而完成他们的意识的改造。

然而，在另一方面，学校设备之不良，退学者之多，教育普及的夸大的报告，也是无可讳言，而很足以令人怀疑其实绩的。而且共产主义的教育法，同布里雅特民族的特殊情况不相容洽，所以也不会那么快的普及的。

内有值得注意的，就是蒙古文字的拉丁化，用这种手段来助长布里雅特人的文化普及，最近正由"新文字普及会"及俱乐部积极努力。

出版事业也急速地发达，布里雅特国立出版所用蒙古文刊行的一九三二年的出版物，大半都由拉丁文印刷。印刷物大半为教科书，关于政治、艺术等类的书，是一九三二年方有的。在首都乌兰乌德市，有布里雅特文及俄文的日报各一，前者销数三千，后者一万四千。此外，最近二三年间，各部也有发行地方新闻的，现在共有十一部了。

宗教　布里雅特人信奉基督教、跳神教的虽然都有，但大部分是皈依全蒙古共通的宗教的喇嘛教的。喇嘛庙为他们的精神文化的中心，革命前，庙的数目为四四，其中喇嘛僧达一万四千人，具有强大的势力。革命后，苏联的反宗教运动很致力于这种喇嘛教的扑灭，现在只有庙宇二六，喇嘛僧九百人，而且僧人及信教者也只是年老的人物了。

都市　主要的都市为首都乌兰乌德市及接触外蒙的特诺依科萨夫斯克市。经济建设的进行，和农民离村的结果，都市都急速地膨胀，人口的大部分尤其集中在乌兰乌德市。该市的人口，仅只最近的十五年间，便由一万八千激增到十万左右。以前，布里雅特人每年都不在都市，但到一九二三年，乌兰乌德也已有四千七百人，特诺伊科萨布斯克市也已有六百人了。而且现在还在继续增加着呢。同时，公共经济也很发达，在乌兰乌德市，设有发电所和市立浴室。一九三三年，并开始准备设置上下水道。此外，主要市街的整饬，乌达、色楞格两河上堤防的建设，消防署的设置等等，均在计划之中。

公共卫生　一般地，因了生活的恶劣，特殊地，因了西藏医学的复杂的影响，过去布里雅特民族的健康状态，是极堪忧虑的，如梅毒、结核等传染病，蔓延很广，少年间的生病率与死亡率极高。其结果，人口自然的减少，甚至有人说布里雅特民族会灭亡的。

共和国成立以来，对于公共卫生极为注意。十年以来所扩充的诊所，由一五到七二，医院由七到二二，医院床铺由二〇〇到八五五。此外更添设性病诊疗所八，结核诊疗所三。这样努力的结果，布里雅特人的人口，自然呈现蒸蒸日上之势，由每千人的八·三人的自然增加，转而为一五·一人了。

这一问题的重要证明了，布里雅特人并非行将灭亡而为蕴藏着旺盛的生活力的民族。

在他方面，不容忽视的问题，便是俄人与布里雅特人的混血问题。自俄罗斯侵略以来，三百年间，两民族的混血是尽量地发展的。革命后，苏联当局从其"世界大同"的见地，也采取奖励混血的态度，而现实的政治经济的情况，也是趋向这方面的。如此一来，布里雅特民族的纯粹性，是会越发失掉，而同苏维埃的俄罗斯人间的同化作用，更将从一切方面加速地进展的了。

一人译自《苏维埃联邦事情》第七卷第三号

《新亚细亚》（月刊）

上海新亚细亚月刊社

1936 年 12 卷 1 期

（朱宪　整理）

阿拉善与额济纳

近来中日交涉，以"华北特殊地位"及"中日共同防共"两问题为最难解决，已成中外周知之事实。本月十九及二十一两日，张外长与川越大使连续会谈，概无结果，症结亦在于此。现在交涉又有暂陷停顿之象，盖中国政府处境至难，最后立场，不容不顾，日本如坚持成见，恐结局仍将以不欢终也。惟此际有应注意者，日本向来对于中国，一面进行外交谈判，一面制造"既成事实"，有时且以事实迫而为外交之承认，有时又以外交扩而为事实之进展，要之各方并进，无孔不入。故夫应付之计，固须在外交上保持壁垒，尤须在事实上尽力防维。本此观点，爰特提出阿拉善与额济纳问题，唤起国人之认识。

方前岁《塘沽协定》签字以后，识者即认为今后问题，转入察、绥两省。果也，察北旋被巧取，绥东势将豪夺，而近月情形，更复深入西蒙，阿、额两旗，警报频传，此即意欲造成共同防共（实即共同防俄）之"既成事实"，不问外交如何，要皆积极进行者也。国人迩来渐知绥远关系之重要矣，实则阿、额两旗之重要，决不在绥远之下，盖将以是为横断中国西北对外交通，实现所谓"大陆封锁"的大政策之基点，国人乌可不严重视之乎？

按阿拉善与额济纳两旗，向为前清移牧于甘肃边外地方者，素隶甘肃总督管辖，既不属于外蒙古四盟，亦不归内蒙六盟统率。民国成立后，宁夏设护军使署，阿旗则就近受其指导，肃州设镇守使署，额旗亦就近受其指导，然遇承袭等大事，则仍须转请甘肃省政府核示。民国十七年国府划分甘肃省、宁夏道属九县地方暨阿、额二旗境土，建立宁夏新省。十八年吉鸿昌任主席时代，曾呈请就阿、额两旗分设二设治局为他日改县张本，计于阿旗置贺兰设治局，驻山后定远营，于额旗置居延设治局，驻二里子河畔，虽经部议报可，因循迄未设置。惟阿旗因有蒙盐生产，曾因税收而有宁夏省府与阿旗达王府为磴口设县之争执，经中央派唐柯三氏前往调解，今春勉告解决，精神上依然不甚融和。阿旗逼近宁夏与甘肃河西，交通较便，其政治中心之定远营，东隔贺〈兰〉山而界宁夏，有汽车路可通，半日即能到达，骑行亦只须两日，西南经四日可达甘肃武威北之民勤，正北为库伦大道，可与苏俄交通，东北通磴口，间道可达百灵庙，西北通额济纳，由此可见该地之重要。额旗处额济纳河下游，东西百数十里，水草肥美，宜于游牧。其地北通外蒙科布多及库伦大道，南溯河可通甘肃酒泉、嘉峪关，东通绥远二千余里，西可去新疆之哈密，东南经一千七八百里戈壁可至阿旗定远营，如循汽车路则由百灵庙至额旗之二里子河，不过七日，再进至哈密，期亦如之，至甘肃之酒泉，则仅三日途程耳。由此可见额旗对于新、甘、青、绥及外蒙，实居扼要地位。阿旗因汉化甚久，达王尤明白识大体，额旗则因从前交通偏僻，地多沙漠，不为外间注意，而以接近外蒙之故，且外蒙赤化，旧日王公豪富，不胜新党压迫，近年纷移额旗居住，以致种族杂复，而土著之土尔扈特人，早年曾受回乱蹂躏，蒙、回情感甚恶，对于甘省一部回军，颇有隔阂。该旗蒙王名图布僧巴也尔，庸暗无知识，夙尝信任部下满族名苏剑啸者，近以事为酒泉所驻回军逮捕，以是怀抱怨望。日人近月在阿、额两旗，甚为活动，特务机关先后成立，飞机停留，亦建场所，其目标实在西北全部，而包围外蒙，准备对俄，又无待论。阿旗实力微弱，固难抵抗，额旗情形复杂，易受煽惑，尤为可虑。且前据报载，青海蒙王中亦有甘受利诱者，前途更复危险。吾人因是主张，一面谋外交应付，一面亟应在内部自行设法，劝导扶持，消弭隐患，其大体办法如下：

一、尽力外交谈判，阻止特务机关之设置与飞机之自由通行。

二、令绥远、宁夏、甘肃等省政府协助阿、额两旗办理外交，必要时中央派有力人员驻旗协赞。

三、严密防制外国军火运入西蒙。

四、中央派员宣慰额旗图王，释放苏剑啸，以顺蒙情。

此外更应对于甘、青、宁等省财政上的协济，使得减轻地方负担，解除蒙民痛苦，则庶乎内外并顾也。

（录十月二十三日津沪《大公报》）

《国闻周报》

上海国闻周报社

1936 年 13 卷 43 期

（朱宪　整理）

察北近况调查

泊　人　撰

在两广异动发生以前，察北局势，已有特殊之发展。当时国人因消息不通，未尝得知该地切实信息；迨至桂事发生，而国人又不暇加以注意。作者最近曾赴察北政治中心的嘉卜寺（即前察哈尔省化德设治局）作实地观察，以明其究竟。因就见闻所得，分述于次，以供国人参考。

一　嘉卜寺略述

嘉卜寺，是蒙古语"山沟"之意思，自汽车通行库伦以来，该地人民，因汽车往来此间，必作停留，于是命名为"汽车站"。迨至宋前主席，以该地不特为内蒙商业中心地，而且为察北之重要门户，故于民国二十三年伊始，呈请中央政府设治，命名为"化德设治局"。不幸设治甫具雏形，而山河变色，于是改隶于"察哈尔盟公署"，改名为"德化县公署"。当"蒙古军政府"成立后，复改名为"德化市公署"，现在即以此名名之。

嘉卜寺之市面，深居于东南西北方向之山沟内，三面环山，各巅建有炮台，东南是平原，成为天然要塞。当夏秋之际，因山洪暴发，全市常成泽国。自设治后，曾在正北山麓下，掘宽二公尺、深四公尺之水渠，引水市外。然迄今每值雨霁，全市一切活动仍无形停顿。市西北山麓下，即为"蒙古军政府"，暨某方"特务机关"所在地，背后是营房，现在正在建筑。该地左边，为通库伦大道，亦即该市大街，街之两旁建有六公尺高之砖面房屋，惟尚未尽数落成。沿此街向东南行，约有五里之地方，即为飞机场，德王及某方人士之飞机，每日光临斯地。其他地方，非某某顾问公馆，即某某军司令部，睹之令人伤心。

二　行政概况及组织

察北自事变后，一切工作异常忙碌，而政治工作更为紧张，"蒙政府"首先改革各机关组织，无论大小，均增设日籍顾问若干名。施政伊始，即下令整理税收，及豁免民二十四年以前之田赋，以博一般民众之欢心。继则登记土地、房屋、人口、各村自卫枪枝，并调查各地农产品，及矿物产量多寡，风土人情、生活状况，无论巨细，均在调查之列。对于蒙古方面，尤其注意。而各机关办公，十之八九沿用吾国定则。唯办公费一项，已被取消，需要何物，呈上领单，即行发给，用罄以后，再呈领单。可是每次领物之人，必须鞠躬再四，方能领到，其困难情形，当可想及。所以负事务责任者，常云："同人们应特别注意公用物品，不许浪费……"总之，察北行政，尽归某方顾问把持，一切政权，名为我有，实落人手。以此昔日之豪绅阶级，均大肆活动，只要买动顾问，即敛财公文，亦批准极易，否则虽若何重要，亦难邀准，即幸而允准，亦必谩骂申斥，故一般略有血性者，常为之切齿吞声也！兹将各机关组织，列表如左：

"蒙古军政府"组织略表

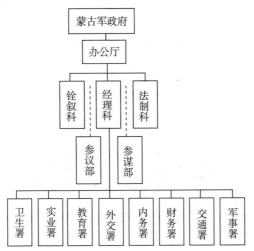

附:"蒙古军政府"内设主席一人,为云王;副主席二人,为沙王、索王(已死);总裁一人,为德王,为全府之主要角色;办公厅主任一人,为蒲英达赖;参谋部长为李守信;参议部长为吴鹤龄。

市公署组织略表

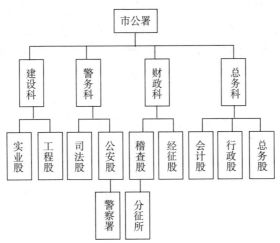

县公署组织略表

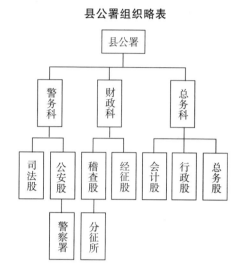

三　军事状况

　　察北军事，在卓氏组"察哈尔盟"时，只各县城驻有李逆守信军队一团，镇压地方，维持治安，别无任何行动。迨德王在嘉卜寺别树异帜以来，察北军事，亦随之改观。德王在七月初，飞抵长春（盛京），与某方接洽军费、枪械，暨军事顾问等事，既而派包悦卿赴热河招募军队，扩充实力，以实现攻绥计画。所以在八月以前，竟组成四军，不过近来仍陆续招募，且又组成二军，兹将各军概况分述于左：

　　第一军　为李逆守信旧部。军长仍为李，全军计有四千余人，武装齐备，战斗力为全境军队之冠，故德王视为命脉，一切军事行动，皆唯李逆守信之马首是瞻。

　　第二军　为半征半募之兵。一部为热河省征来之壮丁，多为正式农人，及良家子弟。据该兵云："彼辈在热河省，皆有父母妻子，五月间被官厅按弟兄三人拔二之比，强迫当兵，当时云，出热河境百里以外，即发马匹，返原地训练。不想直走五百里以外，仍未发下马匹……"谈至此，而该兵竟哭不成声矣。一部为各盟旗之蒙人，老幼皆有，无所谓壮丁。所以如此者，乃因征兵制度之限。蒙古军制，为按户出兵一人之征兵制，无事时携枪住于家中，一旦战事发生，即聚集于长官所在地，待命行事。一部为热河、察东及东省之无业游民，并十之八九有吗啡、鸦片嗜好。装束零乱，器械不全，无战斗力可言，全军计有两千多人，军长德王自兼，现在正忙于编制，积极训练。

第三、四军　亦为半征半募之兵。除少数由察北各县招募，余则皆为由乡强迫征来之壮丁（即每一乡长，出壮丁八人。此种壮丁，皆由乡村农人出钱，乡长代为雇人，每人百元—三百元不等），而吗啡、鸦片之瘾，实执全境军队之牛耳！三教九流，地痞游民，无不具备。军装器械，都付阙如，故教练时，均在附近山中，以避外人讥笑。计二军人数，共三千余，军长正在遴选中。

最近成立之两军，一为"兴亚军"，军长为于某，人数计有三千，皆由热河招来，现驻张北县城附近，听候编制；一为"西北防共自治军"，军长为王英，驻扎商都县城，暨各要塞，人数计有两千，并陆续招募（最近在商都城内，日招三十余人）。该军大部为察、绥边境之土匪，及过去各军之退伍军人，倒〔例〕如，盘据察绥多年之老匪苏美龙，现拥有三百多全副武装、实力雄厚之骑匪，均投诚王英部下，而受其指挥。此外类似苏匪者，尚不胜枚举。另一部分，即为王匪道一之旧部矣。

总括以上各军状况，可分三事述之。第一，怨言载道。因以欺骗手段强迫当兵，骤然离家，谁能无怨？况彼辈自入伍以来，未见发饷，因而生活异常困难，日需一角钱之烟瘾，竟无法解决，每到瘾发，只得蜷伏而已！故兵士每逢见面，彼此必曰："唉，烟瘾都过不了，当兵能怎样……"以此数言，即可窥其怨恨之程度矣！第二，牛马生活。因扩充军队太多，糜费浩繁，不但饷无着落，而服装截至九月初，尚未发齐，即便发下，亦为单衣。察北气候，变化无常，谚云"早穿皮衣午穿纱，拷〔烤〕着火炉吃西瓜"，此正其时。既如此，以衣单衣之军队，不分昼夜，不避风雨，终日操练于野外，其苦况何堪设想！况训练时，皆以某方言语，错则饱以老拳，即便不错，亦必不时谩骂（高级教官，暨军事顾问，皆系日人，故排长以上，皆通日语）。度此生活，何异牛马耶！第三，战斗力极弱。老幼不齐，乌合之众，讵能为近代式之战争？犹有作战实力者，只李逆守信一部而已。以此区区军队，若无某方援助，一旦起衅，以一师劲旅，足可歼灭净尽。就上述三点观察，如果当局略有准备，绥东防务，可以不成问题。

四　红根尔图一〈役〉

红根尔图，属于绥东陶林县。东边之重镇，人口不下千余，专售农人用品之货铺，有十数家，营业甚为发达，并有邮务代办所，月售邮票百元至一百五十元。因与蒙境毗连，故又为毛皮、蘑菇之集散地。因而绥省当局，常在此驻守一团军队，以维治安。此次王匪道一窜扰，本非短时之酝酿，故绥省当局，早有准备，应付该匪，尚为裕如，于是匪众，竟一接触，即被击溃矣！在"蒙古军政府"成立后，侵绥东之空气，已极浓厚，故当时"八月一号占绥东"之消息，传遍察北全境，虽三尺童子，未有不知者。"德化市公署"指导官蒋某（朝鲜人），曾与公署内职员谈话云："当八月一号占绥东的时候，你们大家乐意去吗？啊！那是发财的机会！哈哈……"足证明"八月一号占绥东"之消息，非凭空而生矣。

此次战争，即全系某方有计画之工作，故在八月四日，王匪道一之匪军，计有枪者四百余人，有刀者四百余人，徒手者二百余人，及赎牲畜者百余人（沿途抢掠百姓之牛马，因而随之以钱托人，向匪首赎其牛马之人），共计千余人，由察东开去，专做扰乱工作。当全军抵达红根尔图附近之时，某方指挥，命赎牲畜者，为先锋队，携铁铲、铁锨，在前作掘城工作，而匪军随后攻击，当赎牲畜者，被逼走至城下之际（该地之城墙，为宽一公尺、高三公尺之土墙。外围有深二公尺、宽二公尺之壕堑），城内始放两炮。该匪一闻炮声，竟全数溃退，不复进攻。此役除赎牲畜百姓全数死亡外，并击死匪军二百余名，匪首数人。而沿途抢劫百姓之什物、牲畜等物，经此一役，损失净尽。于是退驻商都县属八台各乡（即商都县第二区境内），收拾残部，以图再举。此时一般无辜百姓，正因秋禾收获期近，未敢离动寸步。故当匪兵退回时，竟被拘禁，与之同居，奸淫掳掠，无所不至，竟无一家幸免，其余惨无人道之行为，非笔墨所能尽举！当人心惶惶之际，而王匪道一，忽于八月十四日晚间，被受命某方之王英，毙于商都县城门外。王匪道一被杀之原因，固有多端，最要者不外下述两点：第一，以其扣发军饷，兵心离散，所以绥东之役，竟成败北；第二，因王英为绥西河套之大地主，能左右当地人民，并王英从前之旧部，散布河套境内者，为数甚夥，将来攻绥时，借之扰绥后防，作为内应，而欲以王匪道一残部，作其干部，故命王英杀之，以免后患。以上所述，为绥东红根尔图一役之前后略情。

五　财政状况

今将察北异动后之财政一斑，摘要记述于下。

币制　察北币制始终紊乱。市面流通之钞票，种类如左：

主币计有中央、中国、交通、中南、河北、山西、北洋保商、晋北盐业、中国农业、察省商业、绥远平市官钱局等银行纸币，辅币仅铜板及各银行纸币角票。以上纸币，通行于政商各界，及城镇地方。乡村则仍以银币、铜板为主，间或使用纸币，亦为数甚稀。自颁新货币令后，乡间始通行无阻矣！政权易主以来，纸币种类，较前更为复杂，除上述纸币外，复加"满洲中央银行"纸币及镍辅币。纸币一、二、五角，一、五、十圆，镍币五厘，一、五分，一角。自此种纸币，强迫通行市面后，吾国纸币，日渐稀少。笔者在一日午后，与二三友人，散步街中，步至水果摊前，购买一斤水果，付以中国角票，该商人竟欢欣而云："来此已十数日，未见中国纸币为何物，今日竟有此票矣！"言毕，从腰中取出小皮包，将票放于其中。以此一事，即可洞悉吾国货币在察北市面之梗概，并可见"满洲纸币"在市面之信仰矣！满币兑换吾国法币，每百元贴水一至二元。使用斯币者，多为军政商界人士，而农人除纳粮外，概未使用。总之，"满洲纸币"充斥察北市面，而吾国纸币则无形绝迹矣！

　　田赋　因旧属草原，地广人稀，田亩迄无准确数目，因而田赋无法整理；故历来官吏，皆以此为首要之行政，然而结果，仍以敷衍了之！所以田赋整理，迄今亦无相当进展，于是形成无数田连阡陌之地主，在当地俱有特殊势力，官吏对之，莫敢奈何！故对其纳粮与否，概未过问，而完粮责任，尽付与小农阶级矣！当时弃地而逃之事，盛行各处，田野之荒芜者，比比皆是。而政府遭此影响后，不但无策整理田赋，并所属机关开支，亦为之一筹莫展！土地分上、中、下三级，上地年纳粮十元，中地年纳粮八元，下地年纳粮七元，俱以顷（一百亩）计，此为吾国政府时之实况。自某方占领后，土地复加黑地一则（原主现已不在该地耕耘者是也），以中地论税，余则均依前制。不特此也，除应纳田赋外，而更增田赋附加一项，以作敛财之方（附加数目多寡，漫无准则)。尤其近数阅月,附加最烈,因而人民不堪其苦,三五相遇,议论纷纷,每逢内地来人,必趋而问曰"二十九军,今年能来不"等话。类似此事实,凡身临其境者,皆能知之。由此即可洞悉察北人民痛苦之一斑矣!

税则 在某方占领伊始,则将所有收税机关裁撤,统并县公署财务科,旧日所有章则,均被摒弃而不用,另定新章。兹将新税则,述之于左:

征税项目 牙税、牲畜税、屠宰税、斗捐、车牌捐、烟酒营业牌照税、矿产税、营业税、察蒙货物检验费、护路费等十项。

牙税:皮毛类——百分之二十八;米粟类——百分之二;其余货物——百分之三。

应征种类——皮毛、米粟、牲畜、煤炭、木料、山货、水果、麻、棉花、油、碱、蘑菇、药材、苇席、梭布、铜铁器、干鲜食品类、料石。

前项牙税,除米粟类外,一律附加百分之一省教育经费。并正附税款,由买主担三分之二,卖主担三分之一,零星交易,在一圆以下者免征,凡矿区所产煤炭,由窑厂销售者,只征买主二分,卖主一分,卖买附加税免征。

牲畜税:应征牲畜——骡、马、驴、牛、猪、羊、骆驼,不分大小,一律按百分之三抽税。此项税款,完全解缴省库(在六月份前,解缴张北县之"察哈尔盟公署",现在皆解缴于"蒙古军政府",即所谓省库是也。以后凡省库,即指此也),并附加百分之一省教育费,按正税征之。

屠宰税:应征税率——猪六角,羊四角、牛四圆(因牛为蒙古人主要乳食牲畜,故令全境,不得任意屠杀)。其因老伤宰杀之骡、马、骆驼、驴等,均收一元。此项税款,完全解缴省库。

斗捐:各种粮石交易,每斗按价征捐百分之二,不满一斗者免征，买卖主各出半数。此项税款，完全解缴省库。

车牌捐：应征种类——大车、轿车、汗板车是也。征收税率如左：

名称	套数	捐款
大车	一	一·五〇〇
	二	二·〇〇〇
	三	二·五〇〇
	四	三·〇〇〇
轿车	一	二·〇〇〇
	二	二·五〇〇
	三	三·〇〇〇

汗板车无论有无铁瓦，纳捐五角。

以上车牌捐，均以年计，并附加司法经费一成。此项税款，完全解缴省库。

烟酒营业牌照税：应征种类——烟类、酒类、洋酒，其营业牌照，均以四季具领。

烟类——分零卖、整卖两种。凡大宗批发与零卖商人者，为整卖，计分三级：

（甲）卷烟厂商之分公司，及经理分销处，每季纳国币（暂以满洲及中国纸币而言，以下凡言国币，皆指此二种币也）一百圆。

（乙）趸批买卖之烟草行，每季纳国币四十元。

（丙）经理各种烟类批发店，每季纳国币二十圆。

凡贩卖烟类，零售销〔消〕费者，为零卖，分五级：

（甲）开设店肆，营售一切烟类者，每季纳国币十二元。

（乙）他种商店，大部分兼营一切烟类者，每季纳国币八元。

（丙）他种商店，兼售一切烟类者，每季纳国币四元。

（丁）设摊零售者，每季纳国币二元。

（戊）零售烟类之小贩，酌情纳税。

酒类——分零卖、整卖两种。凡大宗批发与零卖商人者，为整卖，分三级：

（甲）每年批发在二千担以上者，每年纳国币三十二元。

（乙）每年批发在一千担以上者，每年纳国币二十四元。

（丙）每年批发在一千担以下者，每季纳国币十六元。

凡零星售与销〔消〕费者，为零卖，分四级：

（甲）开设店肆，贩卖一切酒类者，每季纳国币八元。

（乙）他种商店，经售一切酒类者，每季纳国币四元。

（丙）零售酒类之设摊者，每季纳国币二元。

（丁）零售酒类之负贩者，每季纳国币五角。

羊〔洋〕酒类，分零卖、整卖两种。凡大宗批发与零卖商人者，为整卖，分两级：

（甲）各机制酒厂、进口商、酒厂分公司及独家经理等，每季纳国币五十元。

（乙）各代理及批发洋酒类商店，每季纳国币十元。

凡零星售与销〔消〕费者，为零卖，分两级：

（甲）各旅馆及酒吧等类，每季纳国币十圆〔元〕。

（乙）各零售洋酒类商店，每季纳国币五圆〔元〕。

矿产税：煤炭税率，暂定每百斤，征收国币一分，由窑商交纳，不足百斤及肩担背负者免征（因察北无相当矿产，故征税极低）。

营业税：营业税之营业种类，课税标准，以下列二种为限，每业用限一种。

（一）以营业收入为课税标准者——制造业、贩卖业、堆栈业、保险业、运输业、牙行业、代理业、设场屋以集客业、供给电气及煤气业、担承信托业及信托业、作业或劳务承揽业、承揽运送业、赁贷业、出版业、印刷业及影印业、居间业、加工业。以上各业，每月营业收入总额，在百元以上者，均应课以千分之十之营业税，按月交纳一次，在百元以下者免征。

行商业，此项营业应按百元以上起征之。标准另以每月三十元计算，其每月营业收入总额，在三元三角三分以上，均应课以千分之十之营业税，即日交纳。其在三元三角三分以下者免征。但有门市商号，所设之摊床，应征之营业税，准其合并，按月缴纳之。

（二）以营业资本总额为课税标准者——银号钱庄业、贷金业、典当业。以上各业，其资本总额，在五百元以上者，均应课以千分之十二之营业税，按月平均缴纳千分之一，在五百元以下者免征。

察蒙货物检验费、护路费，其细情不确知，大抵以运输工具而别税率之多寡。

以上为其税则及收税情形。而纳税最昂者，为蒙盐，每百斤竟征四元（为遏止蒙盐出境，故提高税率）。

总括察北财政，因军阀扰乱，陷于窘困不堪状态，而目前"满洲纸币"充斥市面，金融大权，无形落于某方之手。并田赋苛杂，增加项目，层出不穷。再则汉奸乘机施其诈财手段，而掠夺民财，因斯之故，察北全境，人民苦痛，实难言状。

六　察北商业

察北位于以游牧为生之内蒙，人口稀少，生活简单，以本地产物，足能维持生活，即便需要外物，亦采以有易无之交易，绝不肯以钱币购买。此种交易，尤以蒙人为甚，故在此经商者，不甚踊跃。况交通不便，运输困难，价格无形提高，结果遂无人问津，即有人光顾，亦仅一季而已。因以物易物之故，在春、夏、秋三季，汉人为农者，忙于农事，不克分身，并且亦无物交易。而蒙人畜牧者，亦忙于幼畜饲养，及取乳工作，虽有物可易，亦不克分身，况交易中心，皆在汉人地方，往返不便。迨至于冬季，气候严寒，于农牧不适，并蒙汉人民，收获已毕，故此季交易较多。

最近之商业，因地方情形特殊，亦与前异。兹将实情分为三项论之。第一，日人经营者，以大蒙公司为中心，故察北境内，所有城镇，均设大蒙公司，内蒙各旗，更为林立。而公司所售货物，凡蒙汉百姓所需者，应有尽有。且所到之处，概不纳税，因而价格低廉，畅销极易，赢余倍蓰，竟有操纵察北商业之势，于是汉人经营之商业，顿呈不景气现象。第二，蒙人一般知识界，窥知日人经营大蒙公司之用意所在，因而德王命吴鹤龄，在嘉卜寺组织生机会，与之抗衡（生机会，即专司蒙人之商业机关）。其内容，计有皮革厂，现已开工，技师一人（俄），工人五名（汉人），正制各种皮样，并以旧法制出之老羊皮，制兵士皮衣，已制成之成品，计有万余件。与此厂同时成立者，为"德化市大饭店"，内有百余间平房，登门者，多为日人暨蒙人。换言之，即察北要人荟萃之地。营业尚属可观，此亦属于生机会。余则为面粉厂、制呢厂、电灯公司、澡堂，现正建筑，明年即可正式营业。并在各盟旗设有分会，专营蒙人所需，以抵抗日人大蒙公司，因为德王所创，故蒙人购者颇为踊跃。蒙人对王爷，极其尊敬，极其服从，虽命赴汤蹈火，亦乐为之。并且亦不纳税，所售货物品价格，虽与大蒙公司，略有差异，而蒙人亦愿买之。故对大蒙公司，不无打击。第三，除上述特殊营业，余则皆为汉人经营者，因纳税奇重，杂捐层出，而营业日渐衰落，几有破产之虞！

上为嘉卜寺一地之情形，至张北等县，更过此百倍！总之，察北商业，日趋衰落，况加今岁天灾人祸，接踵而至，其衰落之程度，当更加甚。

七　社会概况

察北已往，因兵匪交加，民不聊生，故对社会事业，无任何设施。只在各县城，设立名实不副之民众教育馆，内有少数报纸、图书，及陈腐之图画而已。然民众问津者，竟归乌有，不过少数有闲阶级聚会之所。而某方占领以后，有鉴于斯，于是在各城镇，设置民众所欢迎之"公共俱乐部"、"妓馆区"、"鸦片馆"、"善邻协会"、"白面专销处"，以应民众之需。兹将其概况，分述于下：

公共俱乐部　此种俱乐部，非欧西各国之俱乐部可比，更非内地俱乐部，能与之相提并论，名为俱乐部，实属致命场所！简言之，即"赌博场"而已，有何乐可言哉？提倡者，固属某方人士，然主办者，却当地土豪劣绅，及甘为汉奸之流。其组织极其简单，部长一人、庶务兼书记一人，以此二人主持日常事务。部内设置，除大屋内，就地设赌具而外，别无何物。余则为售零食摊贩，及吸鸦片处所。县公署逐日派人在场监视，营业盛衰，概不负责。逐日抽营业税百分之四，半归官方，半归主办者。俱乐者，十之八九为农人。因农村破产，生活维艰，欲借此一赌，而获巨金，以舒累年之积困，故多倾家所有，作孤注一掷，虽致家破人亡，在所不忌。常见有人抛弃正业于不顾，终日携其所有，隐身于俱乐部，一而再，再而三，以至告罄，方嗒然而归。在此一筹莫展之际，短见顿生，或则流于小偷，陷入囹圄，或则投身行伍，离散家人，更有作汉奸、专营害人之事者，甚而因一时口角，夫妇自戕。此种事实，在特殊环境下之察北，已指不胜屈！总之，自俱乐部成立以来，形成农村不安、城市繁华、商人赢余、土劣蛮横、汉奸活跃，五种特殊现象。

妓馆区　察北各城镇，从前仅有少数土娼，散居闾巷，房屋破烂，陈简设陋，应酬更为无方（只有一间矮屋，烧饭休息，及一切行事。有客驾临，仅言"来吧"二字而已）。因而有识之士，无一人问津。出入其门者，多为"大兵"、流氓之类，故官厅置若罔闻，不加干涉也。现在因环境特殊，内地各省失业人士，及流氓、汉奸之类，纷纷来往，内地城市妓女，久不景气，睹此良机，于是亦纷纷赴察北城镇谋生，以维生命。故当笔者暑期返里时，乘车者，妇女竟占半数，窥其举动，俱非善良之辈。彼等所至各地，便杂居于旧有居民之中，市面为之不安，而官厅对此，维持甚为棘手，某方睹此情况，便在相当处所，划为"妓馆区"，使其便于营业。兹将察北妓女营业情况，分三项述左：

土娼　沦入者多因生机逼迫，甘心操此生涯者，实为少数，故其设备，不能尽善尽美。况其光顾者，俱为下层社会，因斯应酬一事，根本取消。当客人驾临，便云"来吧"，并不下炕（以土坯〔坯〕做成）。客人若如意，便自动上炕，与之谈话，既而出钱，购买鸦片（为察北主要应酬物）及纸烟之类，再出少数金钱（五角至一元），即可尽欢而散。在此期间，若有第三者来临，仍照常行事，绝不避退（因仅有一屋之故）。有时高朋满屋，亦不离散，然出钱者，仅为第一人而已。故娼妓应酬终日，只得一饱之资！概括言之，察北土娼实度非人生活。

新娼　此辈皆因内地谋生不易，不得已，到此一试。据云大抵来自张家口及大同两地，俱为下流娼妓。既来自都市，其装饰及应酬之术，向较土娼为佳。嘉卜寺此项妓女，计有一百余人，当下车后，必经某方人检查是否有病，方准营业。在此时间，能有中其意者，伪言有病，暂缓营业，而晚间某方人，招至寓中，尽其所欢，为所欲为，如是者数日，始准正式营业。不合其意者，虽有病，亦置诸不顾，甚至有传染病者，更为彼辈所欢，其用心良否，就此可见一斑矣！

日娼　此类娼妓，纯应日人之需，及笼络蒙人而来，故当地人目之如神圣，不敢越雷池一步。嘉卜寺日妓馆之所在地，为从前汽车站附近客栈之旧址。内有单间屋十余间，为中西合璧式之土屋，内部设备如何，不得而知。计有妓女十一人，纯为东洋式。招待项目，分饮酒、住居两项。酒只日人饮之，以每瓶（盛一斤）八角钱计算，住居者则以十圆计，而蒙人则不然，无论何项，均须超过日人数倍，否则，闭门不纳。因而登门者，仅王公之辈！除上述二种客人外，其余概称之曰"亡国奴"。

鸦片馆　鸦片在察北，为交际界主要货色，故"鸦片馆"林立市面。营此业者，多为流氓，因其所识者，皆为吸鸦片之人。室内设置，极其简单，毛毡一块，靠枕一对（多用红色布料制成，内盛荞麦皮），烟具全副，终日瘾士满座，营业极佳，执察北商业之牛耳。最近此类"鸦片馆"，均归官厅招商承办之"鸦片馆"统治，不得擅自销售。办法：月由此"鸦片馆"，具领印花税票若干、灯照若干，分发各"鸦片馆"。所抽之税：烟土按百分之四，烟灯按一圆纳捐。但官烟馆呈报时，多不以实数。因此该馆较别馆盈余为多。承办此烟馆者，皆十足之汉奸。因斯之故，凡当地绅商各界人士，俱争先恐后，与之周旋。

善邻协会　为日人所办之医院，其组织不详。每日就医者，仅一二人，有时竟数日无人，然而内部人员，极为忙碌，在工作时间，概无坐而闲谈者，彼此皆俱有紧张神气，无片刻惰容。并日有三五人员，到乡间及蒙民地方，借行医，遍走各地。此类人员多为"中国通"，故深得乡间人之欢迎。凡其所问，老百姓皆详为告之。而最欢迎之者，厥为蒙人。所以如此者，乃因医治花柳病之手术，较中国内地所去之庸医为佳，真有手到病除之势！于是蒙人对之，皆以老佛爷称，俨如蒙人之第二活佛也！总之，"善邻协会"名为医院，实则为日人侵略察北之大本营。其工作何事，不难想及矣！

白面专销处　此种机关，在笔者今夏调查时，尚未成立。当时白面，亦不多见，虽有，亦为热河军官自用而已，无专销此毒物之处。据最近商都来人云："现在察北白面，将有代鸦片之势。'专销处'无地无之，尤以张北、嘉卜寺、商都等处为多。营业甚为发达，大有粥厂放粥之势。内部组织不详，大抵亦为官商合办。价值极廉，以二角钱，便可购得一钱白面，足能过四次瘾。故近来有鸦片瘾者，皆改吸白面。并一般有闲阶级，纷纷购而尝试。而纨绔子弟，竟以吸此为消遣物。然而大部吸者，仍属军人。虽然为尝试消遣，则将来不难养成白面之恶习也！"

八　人民生活一斑

察北人民，多以农业为其正业，副业除饲养〈牲〉畜（牛、马、羊）外，无任何事业。故其收入，亦仅依此二项焉。乃自民国十五年以来，因兵匪搅扰，不能及时工作，收获遂渐减少，牲畜一类副产物，亦因之不能得利。于是人民生活，日渐迫紧，甚而卖妻鬻子，以偿历年欠债，大非民十二前之生活可比。迨宋氏主察以来，将盘据有年之土匪肃清，譬如萧天有等匪首，并铲除各县间土劣。经此整顿后，人民生活，始获安谧。讵人民正值欢欣之际，李守信部已代宋部驻防察北矣！当时少数人民，已知将来必大遭涂炭，故为之悲观，然而多数人民，仍对之不闻不问。而某方人士，深明察北人民心理，于是所到各县，便布告免征旧欠田赋，并令军队严守纪律，以博得人民之好感为目的。所以在四月以前，人民甚为快乐，除忙于农事外，别无事事。截至六月，某方一切设施，俱与前非。兹将六月至今，数月间人民生活，分述于下：

逃亡　自绥东紧张以来，察北富有资财者，纷纷向张家口、绥远、大同等处，赁屋居住，以避匪兵之扰，而度安逸生活。而略有资财之农民，亦因不堪匪兵蹂躏，将妇孺老者，送于县城内，免受逃亡之冻馁，但其生活，大非昔比。因经济限制，阖族之人（男女妇孺有数十人）同居一室，昼夜对坐，终日唏嘘，有若囚犯！然则此辈生活，尚可避风雨之侵。至大部农民，因田禾收获在迩，及经济缺乏之故，未敢逃亡别地。因斯之故，每日黎明，阖家妇孺，及重要农具等什物，载以牛车，逃往附近山间，以避匪兵过往之扰。若白日无匪兵来临，晚间返村。一旦有匪兵在村，竟终宵避于山中，不敢返家，饿则以井水搅拌炒面（将小麦炒熟，磨成面粉，曰炒面），其苦况不堪言状！况察北气候变化无常，农民又缺御寒之衣，似此昼夜避居山中，其苦痛更不敢想象矣！

苛杂苦民　自"蒙古军政府"成立后，苛杂与日俱增，项目层出不穷。譬如房捐，每间纳捐一角；家畜捐，抽税数目不详；供给匪兵米面、燃料（牛马粪），由邻间轮流送往。于是有粪之户，乘机提高价格，以获厚利，故无粪之家，竟因此鬻其猪、鸡副产物，以了官差焉。

蒙人生活　蒙人向以游牧为业，生活当然与汉人，及其余民族不同。凡饲养牲畜、挤乳拾粪（牛马粪，以作煮茶烧饭、冬季暖幕之燃料，为蒙人之主要燃料）、煮茶烧饭、养育子女（工作时，将幼儿〈以〉腰带缚于背后，如日本妇女背儿然），并一切杂务，皆归妇女。男子每日仅以骑马"逛营子"消遣而已。除此而外，别无事事。简言之，蒙人大部事业，妇女居主要地位，男子仅居辅助位置。故夫妇间，唯妇命是听。最显著者，为客人来时，若妇欢欣，则款客甚殷，奶茶、奶食（松胡酪、奶豆腐），及奶油、炒米，并细瓷饮具；否则，便款以木碗淡茶、酸酪丹子（为奶食中最劣之食品）。虽然如此，男子无法左右，只以不了了之。

自德王别树异帜以来，蒙人生活，亦因而异于前时。妇女辈，不特负阖家生活责任，且须供新募蒙兵饷糈。故彼辈亦感受生活艰难，叫苦不已！所以如此者，男子应征为兵，交易无人负责，因而外界供给什物，断绝来源，于是生活大感恐慌！况今载雪灾奇重，牲畜死亡繁多，损失极烈，经济为之破产。故蒙人近来流于乞丐者，不乏其人。此种现象，实为蒙人有史以来未有之事。

总之，察北人民，在苛杂、逃亡、蹂躏、饥寒诸压迫下之讨生活，尤以最近为烈！

九　改制后之察北教育

察北素以文化落伍见称，故对教育实属名实不符。即以学校论，尚在萌芽时期。虽各城镇立有县立完全小学校，考其成绩，尚不逮内地乡村小学校成绩之半。若乡村小学校，更无可言矣！乃经此次摧残后，其状况更见不堪。而某方甫至察北时，即将各校所有书籍，尽数查封，不允阅读。并张布告云："家有藏书，限十日内，尽数交来，如有抗命不交者，一俟查获，定行严惩！"并停止各校上课，于是各地学校，遂无形关门。直至本年（二十五年）三月，始行下令开学。兹将改制后之教育实况，分述于下：

教员资格　教员多为内地中学及职校肄业，或小学校卒业，略通文字之商人，师范卒业者，实寥若晨星。过去事实，已是如此，改制后之今日，教员资格，更为参差。譬之，"商都县城区完全小学校之六年级教员，竟以山西省阳高县城区完全小学校六年卒业之景某充任"。以同年级毕业生，任同年级教师之事，实恐为世所未闻！而现时察北，类此事实者，尚不知有若干校也。

课程　自改制以来，旧时课程标准，完全废除，而另制新制度，于是课目亦因而改易。课目，计有国语、算术、修身、理科、音乐、体育、手工、图画、习字，并有添授四书者，而处处均以抑止民族观念、革除反动行为，及发扬尊君思想为原则。

课本及教材　因欲麻木儿童脑筋，灌输亲日思想，故对已往课本及教材，俱已摒弃不用。唯伪组织甫定，凡应兴应革之事，正在草拟，故迄今尚无适当课本颁发。只颁教材大纲一纸，令教员本此，自编教材，印发儿童。因而一般奸人，为博日人之欢心，则所编教材，不曰"解民倒悬者，为友邦志士"，便云"中国政府，行政不仁"。类此言语，竟为彼辈教材之中心。但亦有用"新学制"课本者，却为少数之学校。

学校编制及学生人数　城区学校，仍沿前制，皆为单式编制。而儿童上学者，较前减少。譬如"商都县城区小学校"，已往六班学生，竟达三百余人，现在尚不逮二百余人，因此每校被裁教员二人（以前城区学校，校长一人，教员七人，职员一人）。乡村学校，亦如前制，多为单级学校。儿童上学者，更属寥寥，竟有一学年无一学生之学校。所以教员之工作，亦因之失其本色，终日为当地土豪之流奔走，将校务置于脑后，即便有愿求学者，亦以笑话、故事敷衍。总之，正式授课者，实属乌有。

以上数则，为察北最近教育之一斑。而某方对于教育，素抱摧残主义，故对教员之恶行为，毫不干涉，只要不作反动工作，即为满意。故在七月间，"蒙政府"通令各县，将教育股取消，所有教育事业，以行政股代行。此项设施，表面观之，似无紧要，而实际考察，即不难知其用心矣！

十　交通情形

察北交通，在宋氏主察时，可谓民国以来，最安全、最进展之时期。正值向前迈进之时，而口北六县，于不明不白中，断送于某方矣！本年初，察北全境，一时成为混乱状态，截至三月伊始，始渐安谧，交通亦恢复常态。汽车量数，倍于前时，而质仍为"载重式"之破车，不过乘客未见减少，尤以标期（口北商店于四、七、十、十二月收账，谓之标期）前后，更为拥挤，有时呼吸为之窒息（一辆车以坐三十人为限，每百里按一元五角纳费）。建设方面，公路除各县重展延长外，余则仍如前时。最显著之建设，为飞机场，凡城镇要塞之地，俱有大规模之建筑，尤以张北、商都、嘉卜寺、多伦四处之飞机场为宏大，日有飞机降落，乘此者，多为某方人士、蒙古首领，并军事工作人员。其次则为无线电台，凡日人足迹所至地方，必有无线电台。且蒙人亦在政治中心之张北、嘉卜寺两地，设有电台。此处〔外〕更有大马车。张北县城，已有两辆营业，乘客多为日人及蒙古人，营业状况不详。洋车，察北各县城，俱有其踪迹，最多者，为张北县城，计有二十余辆，每日一辆车，平均得资一元至一元五角。消费最高时，亦不过五角。嘉卜寺，计有五辆，每日一辆车，平均得资一元至一元二角，消费四角以下，营业均为可观。光顾者，皆为日人，蒙人间或坐之，亦属寥寥（因蒙人爱骑马，坐洋车者，不过为好奇心所使），汉人坐者，更属乌有，即有坐者，若遇某方人，必遭驱逐而代乘矣。脚踏车在察北境内，已成普遍通行工具，凡有资财者，便购一辆。总之，改制后之交通，较已往进步为速。然而用途则非，虽曰进步，亦足使人伤心。

十一　总结

综观上述，察北现状，恶化程度，日深一日，尤其与绥东毗连之处，更为严重。凡百事业，均遭厄运，前途甚为悲观！最近已至剑拔弩张、一触即发之势。故伪军调遣，异常忙碌，战时工程，亦为积极。因而全境人民，均被强迫，作掘壕堑、运输、烙白面饼、炒糙米等工作，不得擅作私事，并掠夺其马匹，备兵士所骑。简言之，凡民所有，均被抢劫一空。而察北人民，自某方占领以来，所受涂炭，言之尤为酸鼻！不知此沦亡之土地，何日可以得救也。

《国闻周报》

上海国闻周报社

1936 年 13 卷 46 期

（朱宪　整理）

蒙边现状

A．T．Steele　撰　　王成组　译

原名"On the Mongol Border"，系 A．T．Steele 所著，载于一九三六年八月份之《亚细亚杂志》（Asia，Vol. 36，No. 8）

凌陞以及他手下的三个高级公务员在长春被害，显然是日本军阀对于蒙古人的一种严厉的警告。四年前伪国初成立的时候，作者曾经在海拉尔与凌晤面，当时他说过："在蒙古人之中——无论是属于外蒙、内蒙或是东蒙——没有一种愿望能及到自己统治的愿望那样普遍。"他因为感激日军免他们于被汉人的垦殖事业吞灭，就甘心效忠于伪国。但是四年之后，日军竟会发觉这一个任为"兴安北分省"省长，而且曾经代表伪国与外蒙会议的东蒙领袖，一直在向苏联与外蒙报告日人的行动，于是他就受到军法处死，事前非常秘密。日本军人以为他用这种玩弄日俄双方的手段，保全自己的地位，是大逆不道，其实就作者新近由海拉尔到绥远沿途所得的影象看来，这种投机风气在蒙人领袖之中，到处都是这样。

现在算为"兴安北分省"省会的海拉尔，终究没有脱去畜牧地带的野气。宽展的泥路，两旁都是砖木建造的俄国式矮屋，往来的无非是杂色的行人、骑马、牛车、驼队，间或有汽车疾驰而过，大半是日军所有。虽则这里还是有戴着红缨帽的蒙古人以及中俄两国的商人，今日的海拉尔并不像以前的自由热闹。新加的成分就是日本军队。四年前凌陞起始归附的时候，日本势力的痕迹只有半打日籍顾问，等我今年四月旧地重游，火车一到，但看见站台上满是日本兵，街道上也尽是横冲直撞的日本马队与炮车，以及救护车——救护车都安着六轮，便于在泥沙中前进。日本的兵营、粮站，都是近三年所兴筑。全城周围，都有带刺铁丝网环绕。驻扎的日军止少有一师团，设备极其机械化。

海拉尔全城，现在正是笼罩在疑忌的空气之中，非日籍的居民都不敢谈论时事。作者到时，凌陞被捕不久，蒙人势力已经消散，曾经一度风光的省公署已经是门可罗雀。城内并不见蒙古或伪国军队的踪迹，不过略有几个穿着伪国制服的蒙古警察，其中有一个恰好在被日本兵带着游街示众。拘捕凌陞党羽的工作，还在进行。据当地的日本领事说，日籍住户，三年之中，已经从零数增加到二千。他又说起全城人口现有二万，其中汉人有一万，俄人四千，日人二千，其余是蒙古人。从海拉尔起身，更是麻烦，车站上日本宪兵的盘查，无微不至，几乎使人脱车。上车之后，侍役马上把窗帘全部拉下，直等离城十五英里之后才拉起。侍役声明过，日本人不愿意我们见得太多。

回到长春，作者曾经见过蒙政部次长依田四郎。这一个日本退伍将军，掌握着统治伪国西部辽阔的兴安省自治区内一，五〇〇，〇〇〇蒙古人的实权。兴安省分为四分省，隶属于蒙政部，部长在名义上是齐默特色木丕勒，又一个蒙古人。这是日本人讨好蒙古人的主要手段，避免他们所怨恨的中国方法，把蒙古割裂而隶属于汉人管领的各省区。蒙古事务的行政地位，现在一律由蒙古人享受。然而蒙政部以下的各机关充塞着日籍顾问，兴安四分省又是满布着日本军队，蒙古人是否能继续享受伪国成立以前时代那样行动自如，还很可疑。

依田将军说到过他们怎样在改造出一九三六式的内蒙古。他们要使蒙古人从游牧生活改为定居生活，在各处中心地点设立市集。旧有各旗，再行分区，王公的权力逐渐减削，而另外委任青年的知事。蒙古爵位在原则上已经取消，失去正式地位。喇嘛教也在努力使他清净化，限制僧侣人数，提高学识程度，因此已经派遣喇嘛十人留日研究佛教，在内蒙各寺院也有同数的日本僧侣。这样的推翻旧有政教社会制度，依田也承认蒙古人之中有一部分加以反对，但是他以为封建制下的农奴一流的群众，大致可靠。教育方面，一般民众很感觉兴趣，已经设立的一百余校共有一万多学生。在海拉尔还有一所陆军学校，由日本军官教练伪国的蒙古军的官佐。依田还申说兴安省的民政在成为日本有为青年的重要出路。

从东蒙到内蒙，日本势力长驱直入，所向无敌，因为中国军队早已从内蒙的东部撤退。关东军的心目之中，以为操纵内蒙既可以保全伪国的境界，又可以阻止共党势力的"南侵"。由多伦到宁夏，绵延千余英里，日人设有许多通讯机关，东部更有给养根据地。中日两国，甚至还有苏联，都在这里钩心斗角的诱惑蒙古王公。才受到一百年来最严酷的冬荒之后，他们正好享用各方赠送的金钱、汽车、军火、飞机——有些还像凌陞那样两面接近。这种情形并非蒙古人甘心自卖，他们最不愿意受制于人，但是必不得已而屈伏，宁可待善价而沽之。

关东军参谋长曾经对作者说过，他们并不想吞并内蒙，但望他归一个能同伪国合作的政府管理，而德王所主持的蒙政会被认为可以合格。蒙政会是三年前日本势力逐渐西进，而由察、绥王公要求自治的产物，当时中国恐怕另生枝节，就承认组织这一个机关。德王现在常用日军所赠、由日人驾驶的飞机，在他的王府，距离张家口约一百五十英里，驻扎着日本的陆军特派员，附设无线电，同时当然接受军火。

德王素来眼光很远大，他早就在招集中、日、俄各方陆军学校毕业的蒙古青年，训练一支精而不多的军队，准备着做内蒙的民族主义领袖。作者初次在百灵庙见他，蒙政会初成立，正是英气勃勃。最近见到他，未免带着失望。他声明对于南京政府的容许自治，非常感激，在日本势力的威胁之下，仍然愿意忠于中国。现在日本军人对于德王监视极严，自从李守信侵占察北六县以来，他早陷于孤立地位。

李守信是多伦的一个亲伪的蒙古人，他手下的三万五千军队都是热河的蒙古人。一年多之前他侵入察境，并没有遇到中国方面的抵抗。他所占的地方近年早已有许多中国垦民移殖，他就利用"蒙人治蒙"的口号推翻中国行政机关，而在张北设立临时军政府，受日本人的指导。这一带地方的位置非常冲要，一方面割断由张家口到库伦的七百英里长的大道，将来如果发生战争，一定是日本进攻外蒙的要道，一方面可以顺势冲入兵力单薄的张家口。在这里有伪国的邮局、税卡。李的部下用着伪国的制服、符号。然而伪政府与关东军的高级人员都一再向作者说明，李并非伪国军官，而是亲伪的独立派。据说他所占的地方还归蒙政会节制，而且他受德王的指挥。

日本完成这一番功绩，自己并没有派遣一师一卒。他们利用蒙古人来制服蒙古人，因而可以避免引起种族的恶感。他们利用原有的机关，所以形式上并不破坏中国的宗主权。他们还让蒙古人得到收回察北的面子，但是德王已经被他推到小小一角，不能动弹。

但是日本的入侵内蒙，并非完全不遇到抵抗，身当其冲是绥远的傅作义。蒙政会的分裂，据说就是他所策划。绥远的蒙旗王公，或受利诱，或受威胁，都脱离原来的蒙政会而另外组织绥境蒙政会，直接受傅将军的监视，但是他们要想完全消灭德王的势力还不容易。百灵庙蒙古卫队的兵变，徒然引起李守信的派兵保护。日本人在内蒙，现在到处行动自由，各处喇嘛庙，都有前遣人员阻止北方势力的蔓衍。

至内蒙与外蒙之间，接触极少。西部边地荒凉，不容易驻兵监视。至于与伪国以及察哈尔邻接的地段，外蒙有重兵驻守，不准邻人越雷池一步。惟一的门户，是张库道上的乌得，有时开放让驼队交付所运的丝、茶、皮靴，然后装上载货汽车，由蒙兵押运到库伦，入境证几乎是限于苏联的人民享用。万一日俄发生冲突，内蒙倾向于何方，现在还是无从捉摸，恐怕他们还是看哪一方面会让他们多保持一点独立权利。

《东方杂志》（半月刊）

上海商务印书馆东方杂志社

1936 年 33 卷 19 号

（朱宪 整理）

外蒙之现状

阿　正　撰

在日苏冲突的警钟愈敲愈响底现阶段，一向就被认为日苏缓冲地带的外蒙，无疑的，是未来日苏一个战略上的决定据点。尤其自从一九二四年正式建立蒙古人民共和国，孕育了社会发展的新因素与新条件以后，外蒙在蒙古人民党积极推动下，更加走上非资本主义的前途，树立了落后国家发展的新榜样。这不但促进远东左派社会运动的高涨，而且阻止了日本大陆政策的挺进。所以近来日伪军屡次向外蒙越境挑衅，并苏联在今年三月十二日和外蒙缔结互助条约，以及中国政府直至最近才提出抗议等，都不是偶然的事实。为了把握这些事迹的来踪去路，尤其为了开展中国民族解放运动的友军，对于外蒙作一历史的阐述和具体的认识，该不是无意义的吧！

首先应该注视的，是外蒙经济建设的猛进。由于外蒙距离中国本土的遥远，由于中国政府一贯的漠视边陲，一般人对于具有四百八十八万六千四百三十二方里面积并六十八万三千九百六十一人口之外蒙仅有的认识，只是浩瀚的沙漠地带与落后的游牧民族。固然，人口稀薄的沙漠与游牧民族还是外蒙现在的特征，但这只能说明十余年前王公、喇嘛统治时代的外蒙，而不能范围现阶段的外蒙，现阶段的外蒙，无论在经济基础上或政治形态上，都已迈进新的领域，随着时代的浪涛向前奔流着。

我们知道，在十二〔三〕世纪时，蒙古曾产生英勇的成吉斯汗，席卷了欧亚两大陆，在世界史上染下了最喧赫的一页，被欧人称为"上帝之鞭"。但其后因西藏喇嘛教的传入，人民狂热的膜拜着，使民族性逐渐退化。加之高原地带，灌溉不便，所以始终停滞在游牧生活。不但财富是以牛羊为代表，而且日常生活都与牛羊有密切的关联。吃的是羊肉羊乳，酒类亦以羊乳为原料，甚至鞋、外套、"蒙古包"等都以牛羊皮制成，至于农业。除在库伦左右及兴安岭附近稀薄的存在外，很少有人过问。此外，商业与矿业也都薄弱的很。在这经济基础异常脆弱的沙漠地带，终于因上层政治机构的变革，而开始影响到在经济上跃进，彻底改造与发展的行程。如在一九三五年十六万五千家的农牧户数中，已有九万二千户加入集体农庄，开始大规模的生产；并因集体生产的结果，全蒙家畜头数呈显了惊人的增加，由一九三〇年之八百万头，激增至一九三三年之一千一百五十万头，更增至一九三四年之二千二百五十万头。同时，在工业方面，除对手工业加以改造外，并积极创办大工业，而尤以轻工业为主，如制革、金属制品、炼瓦、电厂等，都在开始建立。这些大工业的生活〔产〕价值总额，在一九三一年已达二百八十七万七千元，依照蒙古政府的计划，到一九三七年可增至一千二百万元。此外，矿业的发展，亦有显著的进步，如在库伦与恰克图之间，共有产金地二十一处，现已开掘十五个地段。由于农畜业与工业矿业迅速发展的结果，对外贸易总额，亦由一九二九年之一，〇四六万元增至一九三三年之四，一三九万元，高据苏联对外贸易的第三位。至于文化方面，学校的林立（全蒙共有大中小学等六十余所），文盲的减少（一九三〇年青年同盟实行扑灭文盲的文化行军），以及语文的改革（一九三一年废止了复杂的旧阿拉伯型文字，采用拉丁文字）和流动影戏馆的普设，都充分的表示外蒙建设的飞跃，以新的姿态创造新的生命。

前面说过，外蒙的经济发展，并不是历史的奇迹，而是政治改革所促成的必然现象。于此，对于蒙古人民共和国产生的前前后后，不能不作一史的探讨与分析。

外蒙的政权，一向就操在以喇嘛教王哲布尊丹巴为首领之王公、喇嘛等手里。在一九一一年六月，王公、喇嘛等借会盟的名义，密谋独立，哲布尊丹巴自称为蒙古帝国的皇帝，到一八〔九〕一五年中国始遣使与俄（帝俄）、蒙代表会议于恰克图，缔结新的协定，订立：（一）外蒙承认中国之宗主权，并允立即将独立取消；（二）中国承认外蒙之自治权，及其〈与〉各国缔结关于工商条约之专权等。可是一九一九年中国政府采纳边防督办徐树铮的建议，又取消了《恰克图条约》关于外蒙自治的条项。结果，哲布尊丹巴复与白俄将军 B·温格林勾结，于一九二〇年恢复外蒙的自治。但当时外蒙青年组织人民党，反对喇嘛和白党的统治，终于击败温格林，进占库伦。到一九二一的三月，人民党全体代表大会，议决实现社会主义纲领，十一月便开始成立一个正式的蒙古共和国。直至一九二四年五月哲布尊丹巴病死后，始彻底肃清王公、喇嘛等封建残余；并于同年十一月的党大会，制定蒙古共和国的宪法，和苏联一样，政治的最高实权属于大国民会议，闭会期由中央执行委员会行使，政府即转属于最高执行机关；在政府以下的行政组织，有"汗"、"旗"、"索木"、"亚巴尔"，而以亚巴尔为政治机构的细胞。同时在党大会闭幕后，发出权利宣言，规定一切权利均属于劳动人民，取消王公、喇嘛之特权；并认土地、财源、森林及河流等为国有。此后，一九三二年五月，虽在西部诸地，以旧贵族、喇嘛为中心，并日本的暗助之下，勃发了几次暴动，但在前进的蒙古青年大众之前，很快的便给平灭了。同时，共和国经过"一九三二年的改革"，更加跃进新的阶段：规定蒙古共和国的现阶段，是以布尔乔亚民主主义革命，反封建及帝国主义为目标；并且以逐渐转向非资本主义的生产为基础。

×　　　×　　　×　　　×　　　×

由于日本与外蒙社会制度的对立，由于日本大陆政策中之满蒙政策，尤其由于占据外蒙后对于进攻苏联和控制中国的优势，日本帝国主义的魔掌，便不断地活跃于和平的外蒙边境了。所以自从九一八事变以后，实行占据了"满蒙"之一翼的满洲，对于侵略蒙古的步调，更加积极化了。在一九一六年后曾多次援助蒙人独立：如一九二八年巴尔加（Balga）蒙古人的叛乱；九一八事变前以大连为大本营的蒙古独立运动的阴谋；以及伪满成立后，日人便设立一个蒙古自治的兴安省，召集一般流亡的白蒙与白俄，企图磨快一柄利刃来洞穿外蒙。但这些叛乱的火矩〔炬〕，统统被外蒙民众的怒潮浸熄了。于是日本帝国主义一面借口"满蒙边境问题"，积极制造反苏攻蒙的空气，实行武装越境挑战，并强制提出"满"、蒙交换政治使节问题，使讨论"满"、蒙边界问题的满洲里会议终归决裂，而边境冲突的事件，便如影戏似的连续的在银幕上一幕一幕地扮演着；另一方面则积极压迫中国政府接受广田三原则，并谓："受苏联指使的外蒙，在政治上、经济上都与世界隔绝，此种情势颇妨碍远东和平的维持（?），逆料中日政府将要求外蒙开放门户，此事如遭拒绝，中日将实行军事同盟来反对苏联的赤化外蒙。"（东京都新闻）同时，在河北事件刚告一段落的季节，又嗾使伪军侵占察东六县，并尽力捏造内蒙自治国，以截断外蒙与中国内地的联络，使外蒙更加隔于孤立。

在这外蒙告急的乱钟频频乱鸣的当儿，外蒙军备的配置和苏联对于外蒙的态度，便异常惹人注目了。

外蒙国民革命军，现正受苏联将校的近代训练。凡年至十八岁的男子，均须受半年军事训练，成绩优异者入士官学校，更高等者便进莫斯科陆军大学。据日人的统计，外蒙的正规军，共有五师步、骑兵，大炮四十二门，高射炮七门，轻机关枪二百四十架，重机关枪百三十架，飞行机二百余架，坦克车十八辆，装甲汽车、战车等共五十余辆；另外还有"格纳库"（即飞行场，每格纳库可容飞机两三架）数十处。又据日本通讯社传出消息：最近苏联开入蒙古红军万余并飞机数百架。不管这一消息的真实性如何，外蒙军备的近代化与相当雄厚，是不可否认的事实。而这些军备便配置于库伦与克鲁伦等重要城市，准备还击日伪军的进攻。

复次，谈到外蒙与苏联的关系，更是现阶段外蒙问题的焦点。在一九二〇年外蒙人民党曾得到苏联红军的支持，击败温格林等；并在革命政府成立以后，苏联立即放弃帝俄在蒙古所享受之一切不平等条约之特权。嗣后蒙苏友谊，日臻亲密。于一九三四年先后缔结通商条约与君子协定，后者规定关于避免及预防军事威胁，及倘有第三国攻击苏联或蒙古共和国时，应互相全力帮助。自一九三五年"满"、蒙边界屡次发生前哨战以来，苏蒙间更加显示出紧密的联合：先有去年十二月十一日外蒙总理偕军政部长到莫斯科拜访，受到苏联当局隆重欢迎；接着斯太林在今年三月一日接见美联社之主任郝渥德（R. W. Howard）时，更坦白的表示："如果日本攻击蒙古人民共和国，而图毁灭其独立时，吾人绝帮助蒙古人民共和国。"直至最近苏联又发表在三月十二日所签订之蒙苏互约原文，在第二条款内，明白规定：蒙苏二国政府，遇有立约者任何一方受军事攻击时，应互相给予一切帮助，包括军事帮助。

总之，日蒙的冲突与苏蒙的联系是对比地发展着，这一发展的深化，必然是日苏正面冲突的开始，在民族解放运动积极开展的中国，该不会再动摇于"敌手""友手"之歧点，而要积极向割裂我们"五族共和"的主要敌人进攻罢。

《清华周刊》

清华大学清华周刊社

1936 年 44 卷 2 期

（朱宪　整理）

绥东地势及其位置的重要

张印堂　撰

察、绥地势的骨干有二，一曰阴山山脉，二曰绥东高原，二者相交成"丁"字形。阴山山脉横串察、绥之中部，自西而东，包有狼山、大青山、阴山等，东西绵亘一千五百余里，分察、绥为二大部：山之北为蒙古高原区，地势向北略下倾，属戈壁内陆流域，拔海多在一千五百公尺以上，山南为陷落之平原盆地区，分布于绥东高原之东西两侧，拔海多在一千公尺下，如后套平原、归绥平原、洋河平原等，皆为察、绥二省土脉最肥之地，属渤海流。阴山南北之地势，高低相差约五百公尺。在地势上阴山山脉向称为"阻碍山脉"（Barrler Range），盖自北面视之，为高原之边险，而自南面视之，则为若干山岭与峻崖，及因断层与侵蚀成之深谷沟壑，南北长几近百里，顺谷北上，则可渐渐升至高原上，形成南北之自然孔道，如张家口北之汉诺坝、万全坝，及归绥北之蜈蚣坝，皆为察、绥南部去蒙古高原之冲要坝口也。

绥东高原，乃为蒙古高原越阴山而南伸之一部，与晋北之大同盆地遥遥相对，亦即阴山以南之主要东西分水也。高原之东为洋河流域，西则为黑河流域（归绥冲积平原上之主要河流），南则属御河（即桑干河上游）流域。三河流域之间，又为一内地流域之盆地区。绥东高原的地质构造比较简单，几全为太古界之片麻岩及花岗岩所成，间或有玄武岩相杂。总之，其构造与蒙古高原本部略同，惟因受中生界之燕山造山运动的影响，或因地层的陷落，或由火山的喷发，加之以后的侵蚀，致绥东高原略呈破裂形状。是以绥东高原之形势，实包有数个极开展之盆地形，如绥东五县（丰镇、集宁、陶林、兴和与凉城）之属境，莫不各自成一大盆地区。例如集宁县境，北则有灰腾梁山与陶林相隔，东则有磨子山与兴和相交，南则有兰阴山与丰镇为界，西则有马鞍山与凉城相接，其余四县地势皆然，尽属盆地形势，惟四围之山环，形势多属残余的丘陵，或断裂成之平顶山，与低微之火山堆，而峻峭之少年山势并不得见。故绥东地形大势，仍不失为一辽阔之高原地。

绥东高原的盆地多在片麻岩中，如陶林、兴和、丰镇等，上覆红土，山岭多为玄武岩所造成，高出盆地仅一二百公尺。绥东高原上，更有不少的柴达木 Tsaldam 地（干涸的湖地）与内陆湖泊，大者如太海（原名岱哈海），距丰镇西六十里，葫芦海，分布于红砂坝北二十里处，二苏木海（亦名黄旗海子），在平地泉南官庄附近。湖面之大，其周径各有百余里，富产盐碱。环湖低地，遂多为盐荒及碱草地，不宜耕种，但四围坡地及干涸的盈地中，土质尚好，多为冲积所成，杂以腐烂之植埴，或粗或细，散布各处，其土层分布之厚薄，随地虽有不同，惟皆可供耕种之用。其土质虽不若洋河县、归绥与后套诸平原土壤之肥美，然亦实一大优良的牧场，足堪作广大之粗放的垦牧经营。自清季经我移民垦殖以来，丰镇、集宁等县农产之富，已有绥东粮库之称，惟绥东高原之东西两侧，临接归绥与洋河二平原处，因地层之断裂，加以雨水之侵蚀，多成切割之岭脊沟壑状，峭崖峻壁、蜿延交错，异常险峻。东边俯临洋河谷平原者曰桦山，西边俯临归绥平原者曰凉城山，其崇峻之势正与归绥平原与后套平原及洋河平原北之阴山山脉同。攀登非易，是以平绥铁路自张家口至归绥一段之修筑，为避免桦山与凉城诸山之障碍，不得不作一"N"字形之大曲折。

查张家口与归绥二城位置，几在同一纬度之直线上（皆在北纬四十半度处），两城直距仅五百余里。今经大同与集宁，延长至九百余里，此曲折之目的，为连结集宁与大同间之商务交通固在意中，惟其最大之原因，乃在躲避绥东高原东南之桦山，与其西南之凉城诸山之地势的阻碍也。盖自张家口西行，西北一面有阴山脉桦山之阻隔，东南一面则限于南口岭，致迫于洋河谷漕之中，故不能不沿阴山之阳，顺洋河而西南行先趋大同。道经地势，除南北两侧远见之山岭重叠不断外，并无自然的障碍。中间所经之地以聚乐堡为最高，拔海约一千二百公尺（比张家口高四百公尺，较大同仅高一百公尺）。大同、归绥间复为凉城诸山所阻，其形势之险峻，与桦山、大青山同，分隔于大同盆地与归绥、平凉之间，巍然峭立，不易穿行，故平绥路自大同又不得不北折沿御河（即桑干河上游之水源）河谷之自然孔道，经得胜口（大同北旧长城关塞，在堡子湾北十里，丰镇南二十里处），舒徐攀登，即升至绥东高原之上，所经地势毫无南口、青龙桥间之天险阻碍。过丰镇，至集宁（旧名平地泉），复西折过十八台（平绥沿线拔海最高处，拔海为一千五百八十五公尺），则入黑水流域，后顺黑河上流西南行，过卓资山（旧名卓子山），乃至绥东高原之西北边缘，破山而出，至旗下营，遂降落归绥平原上。由此观之，平绥路之绥东一段，恰处全线之中腰地位，形势又高，俨然成东西交通之一大自然枢纽。其地势位置在我西北国防上之重要，非可言喻。

绥东一隅，不独为察、绥之要冲，即甘、青、宁、新诸省与平、津之交通，亦以此路为最简便。绥东共有五县，分布如下：兴和位于东，凉城位于西，丰镇居其南，陶林在其北，中间为集宁。自绥东之兴和县，东至张北，不过二百里，北去商都，仅一百余里，兴和距集宁，仅一百二十里，自集宁北行，经陶林县属之土木尔台（距集宁二百四十余里），至滂江（为张库路上察北最要之驿站），约四百八十余里。土木尔台为绥东最东北之最大镇市，自集宁北去库伦，与自商都西去白灵庙（百灵庙），皆所必经之地。红格尔图在土木尔台东南五十里，亦为绥东之富区重镇，东距商都仅数十里。若自陶林北行，去滂江，仅四百里。自陶林东行，至商都，约一百八十余里。再东北行二百里，即达加普寺，现为德王伪蒙军之首府。由此观之，绥东陶、兴二县，一在张北之西，一在商都之西南，相距不过百余里，疆土毗连，近在咫尺，其间地势虽微有低岗起伏，然大致尚属平缓，极便军事行动。况自绥东高原举目四望，更有居高临下之势，为军事上最重要之根据地，得之，不但可以维持察、绥之交通，及西北与我华北之关系，进一步言之，更可捍卫华北全部。假如一旦失陷，不独使绥远陷于包围之孤立地位，且西北之要冲被切断后，华北之自然屏障一失，冀、晋、陕、甘诸省又何得以保存？敌人自兴和可顺东洋河（横穿桦山南北惟一之自然孔道）南下，直趋柴沟堡。自此东下，可夺察南之张家口、宣化，南下则可攫我怀安、阳原，西则更可沿平绥路侵我晋北之阳高、大同。

　　以上诸县皆晋北、察南之盆地富区也。自集宁顺平绥路西行，入归绥平原，直捣我绥远腹地，南下沿平绥铁路所经之御河自然孔道，经丰镇、得胜口，亦可直奔大同，顺势南下，必将势如破竹，无法抵御。盖大同自古以来，即称云中锁钥，向为北方异族侵入华北途径之一，得失相继若干次，终为我国所有，不幸迩来敌人也要利用绥东地势与位置，依自然便利，想重来搬演历史的旧剧，因大同以南，过雁门一险，即可直捣晋垣。晋垣一下，东可出娘子关，侵我冀、鲁，南则出大庆关，略西安，再东出潼关，更可迫入中原。自丰镇西行，经葫芦、岱哈二海间之低陷带，可趋凉城，断我归绥之归路（因凉城为归绥、晋北大道必经之地）。设敌人占我陶林，便可西往，出入自由，扰我绥北后方。所幸绥北伪匪之巢穴（白灵庙），已为我国军所克，因而绥北暂可告安，但白灵庙之北仍属乌盟境地，北距戈壁尚有二百余里宽之草野，地势空旷，茫然无际，匪敌随时仍可绕〈道〉西窜，扰我绥北后方，窥我五原、临河之后套沃野，并施行其侵略我宁、新之工作。

在此敌人西去途径尚未封锁之时，国军仍须北进堵截，以防窜扰。

查敌人积极攻我绥东之企图目的，要者有六：（一）切断绥、宁与我冀、晋之联络，期以攫得我绥、宁全部；（二）控制平绥全线，以作其侵略经营我西北富源之工具；（三）破坏我华北沿长城一带所有的天险，以除我国之屏障，而资南下侵略我国内地；（四）杜绝我收复东北之所有去路，以免将来之顾虑；（五）断绝中俄陆上的交通，以防止中俄将来政治、经济直接的互助；（六）占我察、绥、宁、新全部，借以直捣俄国后方（中亚）之根据地。察其用意，故不专在侵我而已，实亦有防俄之意义，其野心之大，至足惊人。

敌人对我绥东的蓄心积虑，既然如此的迫切，绥东的地势与位置，在国防上又形成我华北自然屏障之阴山山脉的一大枢纽，倾全国之力去以死守，固属我国存亡之关键。但据拙见所及，只取守势，难图久安，欲求彻底办法，最低限度须铲除察、绥境内所有的伪匪敌人。换言之，应积极的作进一步的工作，去收复察、绥全部。最近白灵庙的收复，即是一个好例。但是由绥东去收复察北，固无不可，然在地势位置上，确不如白察南后方取之，容易多多。苟能双方同时夹而攻之，或可不必大举，问题可告解决。不然，敌匪巢穴根深蒂固，以后非特不易毁灭，势必卷土重来，大举进犯，当更难以抵御。望政府当轴，对于应付绥东之国策，缜密审慎，毅然及早决定，时机已迫，岂容彷徨，至盼当机立断，迅速进行，以保国土，以慰民望。

《清华周刊》

清华大学清华周刊社

1936 年 45 卷 6 期

（朱宪　整理）

在绥远省城里

　　绥远省会有两个城垣，一个在东，一个在西。在东边叫新城，是康熙年间建筑的，在西边叫旧城，建筑朝代不详。新城的城垣不大，也不过像北平先农坛那们〔么〕大小。旧城的面积，却比新城大得多。可是繁华的中心点，又都在旧城城外。因为这个缘故，由民国十二年起，当局就慢慢地把旧城拆卸掉了。到现在可以算得拆除百分之九十九，连墙基也不容易找着了，所以绥远省会交通，倒很方便，不用弯着多走道。近来当局又绕着新旧城边，新造着一条马路，叫做环城马路。据本地人说，这条马路有二十里路长，除这条路之外，还有两条很长的石碴路。一条是由车站通到新旧二城，一条由旧城直达新城。这两条路的长度，大约都有六七里远，路边都栽有柳树，夹道而生，在霜降以前，树叶很葱绿可爱，人在这马路蹓跶一趟，好像进了碧巷一般。所以绥远人士，把这条路，列在八景之一，叫作"柳城阴绿"。在这路旁边，不但没有商铺，连住户也寥寥无几。不过省立图书馆、省立体育运动场、绥远毛织工厂和无名字的剧院，都靠在这一边。这个戏院，可容二千多人，绥远娱乐场，除此之外，还有三家戏院，一家电影院。公园共有三处，一是烈士公园，一是龙泉公园，一是农林试验场，设备都不大好，在现在冬令时际，这三个公园，可以说没有一个人去。但是另外有一个翟家花园，他们种的海棠，又高又大，倒很驰名。每逢海棠盛开的时候，来赏花的很多，外人到绥远来观光的，也都到翟家花园去赏识一番。绥省的出品，当然是羊毛、羊皮为大宗，可是由去年起，马也是出产之一，在去年一年中，约卖出去一万多匹，也算得是一宗大收入。现在畜马的，正在设法改良马种，想在马身上发财，这倒是一种好现象。药草中甘草、黄蓍、枸杞等，也是绥省出品之一，产量也很多。并且还出磁品，但是质料不大好，种类很少，不能发达。绥省的女子，较比察省活跃些，省政府内，也有三位女职员，街上也可以常常碰到妇女，不过缠足的女子，要占十分之二三，乡村中更多。绥远省会的房屋，都是山西式，屋后檐比前檐高，而且三分之二是泥砌的，外面再加一层黄土，用白石灰粉饰的，却很少很少。食料多半吃的是土产莜面和白面，每斤价洋五分，白面并不难吃，但是多半没有把沙土弄净，莜面很难吃，却非常的管饿，没有吃惯这莜面的，吃下去很不容易消化，简直非闹病不可。至于大米，在此地也可以随便买得到，每包价值，却要比北平贵四五元钱。此地出有一种红瓤小西瓜，每个三四斤，但成熟很晚，大约要在废历八九月里，才可以吃到嘴。所以绥远有两句谚语，"早穿皮棉午穿纱，抱着火炉吃西瓜"。绥远的气候，变迁非常迅快，尤其是在夏天，但是热的时候很少，现在冬天也不见得十分冷。

绥远生活要分两种来说，要是外省人士来此侨居的，一切一切的算起来，的确比平、津要高；但是在本地人过去，能吃油面，有二元钱就可以度一个月，就是平凡生活，三五口之家，一切在内，有三十元钱就够。电灯、电话的设备，还是前二十年的老东西，可是乡村里，渐渐都有电话了，这倒很便利。关于婚丧风俗，倒没有特异之点，不过出殡的时候，有送幛子的，都用竹竿挂着，叫打执事的杠〔扛〕着沿街走，因为幛子比竹竿长，由送礼的，派一个人，拉着幛子下端，跟着打执事的小孩一块走，因为这个缘故，送幛子的，都不敢送很坏的幛子，不然拉着幛子走，是多么难以为情的。这个风俗和察省差不多。

绥省会的人口，尚不足九万人，蒙古人大约要占二十分之一，其中喇嘛要占绝对多数，赁屋住家，又多是还俗的喇嘛。有少数还俗喇嘛，因为有家室之累，妇女遂沦落到操皮肉生涯为生。绥远的钱币，铜元却比铜元票贱，每十二枚铜元，才能换十枚铜元票，现在行情，每元能换四十吊铜元票，铜元却可以换四十四吊左右，但是普通习惯，换一元铜元回家作零用的，可以说绝无仅有，多半是用角票。此地钱的行情，稳定时候为多，起落的时候很少，总归讲一句，绥远的一切，都还不错。

长城烈士公园

舍利图召

五塔召名佛寺

《道路》（月刊）

上海中华全国道路建设协会

1936 年 52 卷 2 期

（朱宪　整理）

察哈尔采风录

中 撰

溯自九一八后，辽、吉、黑、热四省，相继沦陷。察哈尔省，昔本为国家内藩，今已成为边邮〔陲〕要隘，形势益趋严重。打通察、绥，积极西向，又为某方在东亚对付国际的大包围策略，日在进行促使完成中。我国疆土有限，强邻之领土欲望无穷，察北六县，复被蚕食，绥东、察南，又岌岌堪危，随时有遭鲸吞之可能。记者久居内地，对于边省之实际情形，不甚明了。上月到达张垣，旋于月终南返，匆匆兼旬，所得印象极多。惟因文网虽宽，但措词用字，偶一失检，动易引起纠纷，故均略而不谈，特就耳目所及，证诸当地父老传闻者，将察省之整个民情、风尚、习惯，介绍于国人。"今夕只准谈风月"，本属无聊之举，然在此情况下，亦只好学宁武子用智用愚，处世之方，环境驱使，有不得不如此者。倘能因此使国人尽晓察省关系现在国防之重要，亟起而图之。矧时事变迁，白云苍狗，斯须莫测，即此戈戈者，国人尚未能尽晓，更遑论其他。杞人忧天，虽迹近迂腐，要亦无背于居安思危之旨。此记者拉杂记述此篇之用心，亦即卷头语耳。

设治未久，金瓯已缺

察哈尔，原系蒙古语，今设省治，仍沿用旧名。其北境系内蒙之一部，当周、秦、汉、唐时代，或称猃狁，或称匈奴，或称鲜卑，或称突厥，迨明朝又称插汉，本元朝后裔。嘉靖年间，布希驻牧察哈尔之地，遂以名其部落，后徙帐于辽东边外，四传至林丹汗，于满清天聪六年，为清所灭，林丹汗之子孔果尔额哲，率其众，受清封，编旗驻义州。康熙十四年，复迁其部众，驻牧宣化、大同边城外，后因从征噶尔丹有功，清室乃诏增其护军饷，并以归降之喀尔喀、厄鲁特部落编为佐领，归其管辖。其镶黄、正黄、正红、镶红四旗，分驻张家口外，正白、镶白、正蓝三旗，驻扎独石口外，镶蓝一旗，驻于杀虎口外，均隶属于察哈尔都统管辖。至民国二年，改为察哈尔特别区，领辖张北、多伦、沽源、商都、宝昌、康保、兴和、陶林、集宁、丰镇、凉城十一县。民国十七年，北伐成功，全国统一，始改为行省，并划出兴和、陶林、集宁、丰镇、凉城五县，并入绥远省。其原属张北、沽源、多伦、商都、宝昌、康保六县，及锡林果勒盟，与左右翼八旗，幅员益小，因将河北省属旧口北道，延庆、怀来、涿鹿、蔚县、阳原、龙关、赤城、怀安、宣化、万全十县，划归察哈尔省，全省共为十六县。又尚义、崇礼、化德三设治局，面积共为八十三万方里，人口约三百九十万人，现察北多伦、沽源、张北、商都、宝昌、康保六县，及尚义、化德（即嘉北〔卜〕寺）设治局，自去岁匪伪各军，盘踞其间，形成特殊局面，至今未复常态。计自十七年察哈尔改区为省，至二十四年，八年之间，领土脱离主权者共六县，边围未固，金瓯遽已缺残，游斯土者，殆无不兴风景山河之叹。

民情朴茂，缓急可恃

察省蒙旗杂处，种族不一，故其民情风尚，均系由若干民族中互相仿摹取尚，自成一派，与内地截然不同，惜无文献可征。然辽、金、元三代声誉人物之盛，已足以震古铄〔铄〕今。其北部逼近蒙疆者，率多长于骑御，不惮苦劳，犹有金、元遗风。其南部者，因接壤内地，稍形文弱，然据历代名人纪载所述，如班固《地理志》称："上谷至辽东，地广民稀，数被北寇，俗典〔与〕赵代相类，且其俗，愚悍少虑，轻薄无威，所长在敢于急人之急，尚气好义。"又如韩愈所称："燕赵古称多慷〔慨〕慨悲歌之士。"杜牧之称："幽并之地，其人沉鸷多材力，重许可。"苏轼称："幽燕之地，自古号多豪杰，名于图史者，往往如是。"又称："劲勇而〈沉〉静，燕之俗也。"夏竦称："幽燕山后诸州人，性劲悍，闲〔习〕于戎马，敦尚气节，可以义动。"《明一统志》称："人性鸷悍，不惮战阵，喜立功业，勤俭务农，无浮末之习。"又称："人情朴茂，缓急可恃。"是其人敦尚气节，自古已然。现在当局能利用此种之优良民族性，灌输爱国保种之思想，施以相当之训练，以三百九十万人口之众，当不难成为国防阵线上之一劲旅。

物产丰富，矿藏尤夥

察省地处边塞，未到其地者，率多以简僻视之，即生长其地者，因风气未开，智识落后，不知启发宝藏，振兴图强。其实察省乃一物产丰富、矿藏无穷之区，其所以穷荒极陋者，良由于未能启取英华、斩刈蒿莱之所致。设政府能因势利导，诚一大可有为之地。至物产则有马、牛、羊等家畜，野兽、野禽尤夥；农作物则产高粱、大麦、小麦、莜麦、小米、黍、稷等；菜蔬凡内地生长者均有；果品如宣化之葡萄，尤硕大香甜，国内殆无其匹；木材、药材亦多，口蘑一项，更属驰名。此外矿藏尤夥，如万全县属紫岩寺沟之金矿（现停工），延庆第二区三岔口和尚头之金矿，张北县第五区聚宝庄、晋阳庄二东沟海拉坎山属银洞沟之银矿，涿鹿县第三区相广村东南羊拨洞之银矿，蔚县第七区三里棚、宝昌县严举山各有银矿一处，阳原县青元山之铜矿，张北县第四区金牛山，及银石沟村之铅矿，宣化县之龙烟铁矿，阳原鳌鱼山，及龙关县辛窑村之铁矿，虽未全行开采，但能采取新法，利用机械，经营得当，均可资用无穷。至煤矿，则各县大半均有，倘能尽力开发，诚一塞上大好富源。

服装质朴，均系国货

察省一般平民穿着衣服，在春、夏、秋三季，无论单、夹、棉，所取用的质料，均系用棉织大布，并且纯粹是国货，因气候早冷之关系，穿棉最早，至来春脱棉最晚，有所谓大棉袄、二棉袄、薄棉裤、厚棉裤者，均系由秋至冬、由冬迄春递相更易者。至于严冬，则非皮不可。其衣料选用之颜色，男则尚青蓝，女子则喜用红色或绿、紫，要以红色为尚，其式样多短装，裤无论男女皆扎脚，盖北地风劲，预防寒脚病也。寒冬所御之皮裘，恒视家产之贫富，分毛质之粗细，粗者有不挂布面，即原来白皮作面，其极贫之家，即白面粗皮，亦不易得。在城市内之居民，因习近奢华，平时多服绵呢洋布，着长衫，女子率多短装，旗袍概不多见，间有绒呢、绸缎，则非学生，即富绅大贾，或各行政机关之公务员。至男子之公装革履，女子剪发、高跟、旗袍、外氅，则寥寥可数，在乡人目中视之，直一特殊阶级，未能与一般普通人等类齐观。至戴用之帽，乡间农民，多以手巾罩头，炎夏即易草帽，秋冬则戴毡帽或皮帽，妇女则终年不冠。遇农忙工作时，均罩以蓝布，老妪之头，无论何时，均加罩巾，富厚者，间或戴用绉帕，然非遇婚丧年节，则均不肯轻用。穿新式袜者，仅限于一般学生或工商等，普通农家，则不经见。

莜面、小米，终年食品

说到察省人民的饮食，除去一般特殊阶级及富厚之家不谈外，一般中产以下，或为农民，实较关内（居庸关）各地为俭苦，普通均每日三餐。在旧宣化府所属各县，皆以小米为主要食品，莜麦面次之，黍米又次之。在张家口以外者，则以莜麦面为主要食品，小米次之，其余常食白面、大米者，殆不多觏。缘小米、黍米均为当地土产，莜麦及小麦，惟口外各县有之，自耕自食，取给甚便，故食欲各有不同。其食法，对于小米，多蒸作干饭，或熬成稀粥。黍米因其性黏，或磨面作糕，或用油烹炸。莜麦面之食法较多，先将莜麦炸熟，再磨成细面，仍须用开水和好，搓成圆形面条，或捻成片卷，蒸于笼内，历半小时即熟，然后另调菜蔬，或加入蒸肉，或以黄酱（均系自酿者）拌食，此为最上等之食法。惟宣化旧府属丰裕县份为多，其他各县农家，则多不加菜蔬，但调盐水，略点麻油，拌而食之，即足以快朵颐。此外一切佐食菜蔬，以马铃薯（俗呼地蛋、山药蛋）、白菜、灰子白、菠菜、韭菜等，然农民犹不常食。最普通者为"懒豆腐"，系将黄豆捣烂，不去渍滓，点酱作熟，再和以马铃薯，以及其杂咸白菜等，共融一锅，阖家分食。至于猪、牛、羊，非至年节，多不动用，惟住居城市及富厚之家，方可享用。再至于鱼虾、燕翅等名贵食品，则有一生不知其味者。

居处简陋，瓦房颇少

察省人民居住之房屋，因各县地势及气候之关系，大致在旧宣化府属各县者略同。张家口以外各县，又一风尚。质言之，即一多砖造、一多土造之区别，形式则无甚差异。砖造者，通称瓦房，四壁包以砖，房顶起脊，多以北房为上房，东西则称厢房，南向、北向，谓之侧座房，若宅基在街道之南者，则以南房为上房，均取四合式，庭院中有以砖铺地，或用砖土杂铺，亦有不铺者。室内亦有铺砖，或铺木板者，要以贫富而分。当地土人睡眠，均不用床，尽砌炕，因北方地寒，炕可用火烧，易于取暖。普通之锅灶，亦多安于室内，与炕相连，亦间有楼房，但为数甚少。至于土房之构造，约分二种：一为房顶起脊者，形式如瓦房，而以草和泥漫其顶；二为平房，顶皆草漫，虽不拘于四合式，但门窗多取南向，以避北风。其次于土房者，则称窑房，即因凿进而居者，殆有上古穴居之风。口外之各县土房，不若口北各县之清洁，因其地少木料，而北风极劲，故其房多低薄简陋，不但乡间无瓦房，即县城内，亦不多见，于此可见边塞民人之贫苦。所可恃者，以户口少，土地多，收粮较内地容易，故饮食不致大困。至山内及地下之富源，均未开发，将来国家有力启发所有之蕴藏，则塞上人民之生活，或可赖以改善。

兴修公路，交通进步

察省道路，因地势高亢、山脉丛错，其昔未筑公路行驶汽车以前，惟恃官道，多坎坷不平，行人陟降其上，颇兴蜀道难行之叹。若遇风天，则尘沙飞扬，数十步以外之事，即难辨认。现在张垣虽修有马路，但仅及于繁华街衢，其较为偏僻之街巷，仍系土道，大车往来尤多（有规定专行道路），"无风三尺土，有雨一街泥"，殆为此咏。截至现在统计，察省已成通车之公路：一、张乌路，由张垣起，中经万全、张北、德化、滂江，以迄乌得（可直达库伦），长一千四百华里；二、张多路，由张垣起，中经张北候延〔延候〕二台、高山堡，至多伦（中间经过张库路者九十华里），长五百五十五华里；三、张平路，由张垣起，中经宣化、怀来、延庆、昌平，至北平，长三百华里。四、宣蔚路，由宣化县起，中经深井、化稍营、西合营、大王城等地，至蔚县，长二百四十华里；五、张贝路，由张垣起，中经张北、化德、四里崩、滂江等地，至贝子庙，长一千三百七十华里；六、张百路，由张垣起，中经张北、化德、西苏尼特王府，入绥远，直抵百灵庙，长五百九十华里。其勉强略可通车之公路：一、赤沽路，由赤城县起，中经云州堡、三山堡、独石口等地，以迄沽源，长一百五十华里；二、张沽路，由张北起，中经白庙滩、昌源堡等地，至沽源，长一百九十华里；三、沽多路，由沽源县起，中经平定堡，至多伦，长二百四十里；四、张宝路，由候延二台起（在张北县境），经马拉盖庙，至宝昌，长一百六十华里；五、张商路，由庙滩（张北）起，经商义，至商都，长二百三十华里；六、张康路，由张北起，经满克图、土城子，至康保，长一百六十华里；七、张柴路，由张北起，经土木、洗马林，至柴沟堡，长二百四十华里；八、沽商路，由沽源起，经高山堡、宝昌、康保、化德，至商都，长四百二十华里；九、阳化路，由阳原县起，至化稍营，长八十五华里；十、西花路，由西合营（蔚县境）路桃花堡、涿鹿，至下花园，长一百七十华里；十一、张怀路，由张垣起，经左卫，至怀安，长一百二十里；十二、怀蔚路，由怀来起，经西合营、磐山堡，至蔚县，长二百二十里；十三、赤沙路，经雕鹗堡、长安岭，至沙城，长一百五十里；十四、永磐路，由永宁镇（延庆县）起，经延庆县城、怀来县城，至磐山堡（怀来县），长一百零六华里；十五、宣赤路，经赵川堡、龙关县城，至赤城县，长二百华里。总计全公路长达三千零七十三公里。按全国各省面积而论，察省筹设成绩在全国中占第二位，惟因去岁以后，匪伪各军窃据察北六县，造成一种特殊局势，官营长途汽车，已不能行驶察北各县，现在由张垣开往察北各县者，只有私人经营之东鲁、大北、文林等汽车行数家。此外交通道路，尚有大车路，大车多骡马曳之，有单套、双套、三套者，多系载运货物、食粮。又有牛车，形式较大车略小，行甚缓，负重量亦小。再则为轿车，冬夏均装帷幕，构造颇精致美观，系专供旅客用者。小车仅行于乡村间，均以人力推之。骑术为塞外人之特长，乘马者颇多，其鞍鞯皆极华美考究，配用西式鞍鞯者，间亦有之，但不多见。更有大帮骆驼，驮运货物、食粮，尤形便利。至于水利，虽有河流，但因山高水急，舟行不便，除汲为饮料、灌溉田亩外，实无航利之可言。

婚嫁历程，犹存古风

男婚女嫁，中外常例，孳生不息，婚媾本旨，惟男女结合，其间经过之历程，则绝不相同。婚嫁在中国，原属五礼之嘉礼，但因民族习惯之不同，各省均不一致，甚至各县亦有各县特殊之仪式。在昔所谓媒妁之言、父母之命、纳采问名者，今已逐渐成为嘉礼之名词，殆成过去。自由结合，自由离异，即今日之时髦剧，所谓从一而终者，殆更不值一顾。察省地处边陲，其人民自晋唐以后，已夷夏一家，互相混合，故至今其地男女之婚嫁历程，犹存古风，自由结婚，实百不一见。兹将当地之男女婚嫁程序，详志于后，亦礼失而求野之意云。

"开红帖"　　察省婚嫁之礼，各县大同小异，昔尚早婚，现在已大半革除，只有少数县份，仍行早婚制度，大凡男子在十二三岁，家长即为授室娶妻，而妻之年龄，往往大过于夫数岁，甚至十岁不等。每见人家夫妇，尚有夫始届壮年，妻已华颜衰歇，鸡皮皱纹满面，不知者最易误认为其夫之尊长，已失夫妇齐等之意，故多成为终身怨偶。近来普通婚龄，男子多在十六七岁，或二十岁左右，女子出嫁年龄，多与男子相等。其结合之第一步，即开红帖，亦即古时问名之意，俗亦称议婚，均凭媒妁之言，以父母之命行之。由男女双方，各将议婚之男女生辰年庚八字，悉开列于红纸帖上，延请从事卜筮的瞎子或算命的睁眼文丐，所谓审定男女两造八字中，有无互相妨害，或有无妨及翁姑之处，俗亦称合婚，相宜则由此为定，否即作罢。最迷信者，有将红帖供于灶神之前，视三日内家中所遇之事顺利与否，占卜亲事之吉凶，现在仍有许多县份行之者。

"订婚" 开红帖之手续完毕，审度合宜后，即由家长各代其子女订婚，并由男女两方家长出名，具备龙凤大柬，分别书写婚嫁之男女年庚生辰八字于其上，男家用龙柬，女家用凤柬。所谓龙凤柬者，系柬面所印之龙凤花纹，红帖金字，彼此交换，婚事即由此为定。最近各县亦多有购用政府制定之婚姻证书者。当交换龙凤柬时，男家用首饰附赠女家，女家则以针黹物品，或书籍、笔墨等物相答，其数量则以家道之贫富而定其多寡。或由男家之父母家长等亲到女家，相看订婚女子之相貌者，如博得男家家长之欢心，即由男家家长当面赠与女子首饰者，俗称此为"插簪"。亦有亲率其子至女家，与女子彼此晤面者，然此风行之者甚少。

"通婚期" 第三步即为"通婚期"，此举由男方行之，系于结婚前一月，将结婚日期时刻，先期通知女家，俾届期准备，照通知实行。其仪式系用红帖详书出嫁女子——新娘，加着冠戴之时刻与方向，并当时所忌之三种属相，如生年属鼠、牛等相，有与新娘之年相克者，均令其避见新娘，以防不祥。

"过礼" 第四步为过礼，系男家致聘礼与女家，通俗悉称为"大定"，此举亦须择定吉日，举行于订婚（俗称小定）及通婚期之后，或在迎娶前一日举行，其所过之礼物，多系食品，富厚之家，均踵事增华，愈多愈贵，以炫耀乡里。贫者多因陋就简，但略备食品亦可，或有以国币代之者，其数目，普通为四十元或八十元，其有特殊情形者，则不在此限。所过礼物，亦须开具红帖，女家于受礼后，即将礼陈列院中，以示邻里。继则告祖先，意在告其先人，女已长成出阁，所受聘礼如是，所以重其先，告祭而嫁，用意颇属敬重。女家受礼后，其回答男家，则方式极简，仅以红帖书敬领某某物品即可。

"迎娶" 迎娶为历程中之第五步，即孟子所谓"亲迎则得妻"之义。按古礼，须男子亲自御车，迎女而归，故称亲迎。现在此风行之者已少，多系令男女傧相乘车或轿，有音乐仪仗前导，鼓吹至女家代迎。是日在男家则称为"下茶"，女家则谓之"过嫁妆"。迨迎娶者车轿至女家，车轿候门外，男宾至客室坐，女宾入内促女整妆，此时音乐奏于院中，新娘穿戴制就之凤冠、蟒袍，腰束玉带等物事毕，头上再加覆红巾，即由新娘之父兄辈负女入车轿，或有倩女客二人，左右襄扶新妇缓步以入车轿者，遂鼓吹以去。至男家门时，男家则燃爆竹以迎，继遣女宾扶新娘出车轿，或有新郎先至新娘乘坐之车轿前，向之一揖，然后始由女宾扶下者，并有于新娘下轿伊始，以锡制之胆瓶，内盛五色（五种不同颜色之谷类）粮，使新娘抱之，俗谓"宝瓶"，不知何所取义。亦有不如此，而将宝瓶置于礼堂香案上者，亦有时将瓶内所贮之粮，洒于新夫妇之襟前者。

"拜堂" 将新娘近〔迎〕娶至家中后，第六步曲即为拜花堂。即男女举行结婚仪式之处，或在上房内，或在院庭中，其布置，系在新夫妇面前，预置一高桌，供奉天地神位，上置一斗，斗内贮粮，以红纸封盖，插以弓矢，并陈列刀、剪、尺、秤、镜、箸等物，由女宾将新娘引导登堂，与新郎相偕行礼，有赞礼在旁高唱礼经，均系行三跪九叩首礼节。或有新娘鹄立一旁，新郎单独行礼者，或有在新郎行跪拜礼时，新娘只跪于旁者，或有赞礼人口唱喜歌，而手撒五色粮与纸花者，俗又称此为"下亲"。礼毕，即入洞房，新郎先行，新娘随之，示夫唱妇随之义。又新娘由下车轿迄达洞房所行之路，皆以黄色布铺置路上，谓之"履黄道"，意在取其吉利，亦间有用红毡者。洞房门前，设有马鞍一具，新郎、新娘均须跨鞍而过，相继入室，取夫妇平安之意。此时新郎挟弓贯矢，分向洞房之四隅注射，或但作欲射之状，或不如此，即竟〔径〕将弓矢插于房之四隅者，谓如此，意在表示男子有尚武精神，兼有四方之志。至其供刀、剪、尺、箸、镜等，则表示女子应职司针黹，主持中馈之意，秤则男女平衡，镜以取其光明。新娘入洞房后，即由新郎以剑或用矢秤，以挑去新娘覆面之红巾而后出，或俟新娘脱去凤冠、蟒袍，更换便服后，举行"合卺礼"，即系酌酒一杯，令新夫妇共饮，或各饮一杯，或于翌日举行，或径不行此礼。

"参拜" 洞房花烛夜之后一日，新娘即行参拜礼，俗称"认大小"，亦有当日即行此礼者。先由家中之翁姑、妯娌等，次亲戚，再次为来宾之有深交者，皆有人指导行礼，或拜谒祖庙，或展拜坟墓，并拜谒邻里。亲戚来宾之受拜者，率各以物品持赠新娘，或以金钱、首饰相赠，均视亲戚之远近、交谊之深浅及贫富而定。主人于新娘受礼后，咸张筵款待，并令新夫妇双双于席前致谢。

"回门" 最后即为回门，系于婚后之第三日行之，或另择双喜日举行，由女家发动，接女并其婿一同至家小住。婿到岳家后，亦如女之拜其家人者，转拜女家之尊长，但不拜来宾。有夫妇同住三日始归者，亦有当日即返回者，或婿先归，而女后归者。

由撮合至回门，中间经过之历程，大都若此。至于新式结婚，则寥若晨星。闹新房、听新房之戏，各地咸同。惟宝昌县有特俗，即以来宾所赠之礼物，置于礼堂，使新郎、新娘争取，以争得多物者为有福。又有以月饼一个，使新娘、新郎用力争裂之，亦以得多者为福，现当局闻已有改良陋风之令。

丧葬仪式

养生送死，为人子之天职，人子对于父母，生当竭力以尽孝，丧则竭情以致哀，故曰"事父母能竭力"，又曰"惟送死可以当大事"。察省民情朴茂，风气未开，对丧葬之礼，极为隆重。惟因其习俗不同，故其礼节多有异于内地者，兹列举于次。

"入殓"　殓为收殓死者之遗体，而有大殓、小殓之分。小殓即为死者更易新衣。现察省各地，均在死者未断绝气息以前行之，谓不如此，则死者气绝，即不得享新衣，殊与古时属纩之意相违。若死者当时精神上稍有清醒，见家人遽为之更换新衣，知与骨肉诀别，为时虽暂，当更予以痛苦。小殓之后，继以大殓，或于死后当日举行，或于次日行之，即系将死者遗骸入于棺中，殓时，凡死者之男女眷属，皆着丧服。其服丧之轻重，以五服之近疏有差，并全家举哀，日无定次。设祭供奉，一如生时，与内地无异，惟门首悬白纸一束，名称"告天纸"，则不相同。杜甫诗云"剪纸招我魂"，或系取招魂之意，因各处附会不一，名遂不同，并于门内立"阳榜"，上书死者姓名、生卒年月日时、享年若干，列孝子之名于榜尾，此又不同者。

"接三"　接三系死后第三日举行此礼。孝子既讣告亲友，亲友咸来吊唁，并各送灯笼一对，丧家则邀集僧道，奏哀乐前导，孝子挟告天纸辞枢前，赴城隍庙，如无城隍庙处，则往五道庙，同时并以火把、灯笼引路。比至庙，孝子跪地取所挟告天纸于神前，左右回绕各三匝，即出庙，高呼死者三声，然后负告天纸，哭号以归。抵家，所有亡者之女眷，均跪地，祗匝于门，俟孝子入内，孝眷即撕告天纸之一角抱于怀，呼死者涕哭，直达灵位前，孝眷即以所撕告天纸之一角，就灵前焚化，坐哭于枢旁，此则与内地相殊，即本地人，不知其何所取义。又在接三前，每晚必行报庙礼，由孝子等哭泣至庙，同时并于死者之室内供设茶食、烟酒等物，如死者为女性，则皆另备梳洗器具，亦闻有于接三之日以各色纸扎做舆马、人物焚化者。

"过七" 死者死后，每经一个七日，则均设祭举哀，七七四十九日为满七，若七日适与月之七日相值，如初七、十七、二十七等日，则称为重返七日，必须加奠祭。富厚之家，并邀集僧道，穿法衣，执法器，钟鼓喧阗，唪经放焰口，以超度亡魂者。盖俗谓七日为死者之灵魂，经受苦难，故须致祭，加以僧道诵经，以减轻亡者之魔难云。

"出殡" 系舁枢下葬入土，有于七满四十九日后始行出殡，亦有不待七满，或死者尚有尊亲，即速出殡者，须先期讣告，亲友于出殡前二日，"开吊"以冥洋、锡箔、香烛、酒席致祭，或赠送挽联、挽幛、诔文、金钱等物者。富家则延僧道放焰口，宴宾客，行家祭礼，并备有木主，聘请当地之名望品位重于乡里者为题主官，为之题主。此等角色，均称为大宾，以傧相数人佐之，礼极隆重。追殡日，舁之棺罩，杠抬，悉如内地，有用三十二人，或二十四人抬之者，亦有超过三十二人者，枢前系白布，孝子鱼贯牵引，长子或承重孙负引魂幡，哭而前行，鼓乐、僧道、旗、锣、伞、扇等仪仗为前导，沿途鸣炮，亲友步送，孝眷乘车轿至葬地，葬后，孝子踵谢亲友，多与内地相同。至百日不出门、不理发、三年不从仕等古制，现均已减轻。

特俗略志

察省人情风俗，大致已如上述。此外尚有流行于民间，与内地各处特异者数端，兹再附纪于下。

如除夕（废历）天未明，不得启柜，俗传启之则招鼠耗。由元旦至初四日晚间，凡卧室内炕席下，均一律将尘土打扫净尽，幼女剪彩纸，缚于秫秸上，作妇人状，手握小帚，肩负纸袋，内盛糇粮，谓之"扫晴娘"，俗又称"五穷娘"，置于箕内。于昧爽时，闻有人沿门呼唤者，则开门将扫晴娘送出，拾得者，则焚化为灰，于播种时，和于种籽内，谓如此则可免除鸟雀啄食，或逢霪雨，则悬之檐端，谓可扫去云翳，祈天放晴。元宵夜则张灯彩三夜，颇与内地相同，惟演戏祭三官神，与内地异。并有灯厂，插秫秸小把，置于灯上，作九街十八巷形，宛转贯串，入其中者，往往迷途，说者如此，记者来非其时，未得寓目。又妇女在元宵夜，取尺许长之秫秸，中剖为二，上穿数小孔，内装大豆，并缚之浸入水缸内一昼夜，取出剖验豆之干湿，可以预卜一岁之旱潦。正月二十日，名小添仓，二十五日为老添仓，家家各以同类之物增其所积，以防岁歉。妇女自元旦日起，忌动针黹，至老添仓日之后，始各勤所事。亲戚之酬酢流连者，亦各归家，农民劳苦终岁，惟仅此二十 [日] 五日可得苏息。把酒话桑麻，家家扶得醉人归，其融融泄泄之情态，有非都市中人所能梦及者。

张垣形势

张垣亦名张家口，为察哈尔之省会。东西高山耸峙，南面洋河，回环如带，北蔽长城，雄堞若屏，为内地各省北通蒙古之咽喉要道，亦军事、商业之重地。有上堡、下堡两城，中间市廛栉比鳞次，其东更于平绥铁路张家口车站，及民国三年我国自行开辟之商埠，商业颇形兴旺，现因环境关系，正式商号，多呈外强中干之象。贸易大宗，以牲畜、皮毛、胡麻、菜籽为最。其繁盛状况，胜过绥远、热河各省，在昔国产茶叶亦多，由此经过输往俄国，现已改取海道，经海参崴运输入俄，只有输入蒙境者，尚由此经过。

张垣市面

张垣以下堡一带为全埠繁华中心，资本雄厚之商号，及游艺娱乐场所，亦多荟萃于此。武城街及怡安街，尤为繁盛，直繁华中心中之中心，晚间电炬辉煌，如同白昼，游人毂击肩摩，往来如织。有公服革履、卷发、高跟之时装男女，有长袍马夹、挽髻缠足之旧式男女，亦有黄发碧睛、木屐和服之东西人物，亦有着紫袍、裹黄巾、穿皮靴之蒙古同胞，充分表示出塞外华洋杂处之都会。各商店为扩展业务，借广招徕计，各设无线电收音器，放送各地戏剧、音乐，尤以京剧及陕西梆子、评剧，最受听众之欢迎，故商店门首，人头攒簇，极形拥挤，惜马路逼狭，听众常被警察驱散，以维交通。此外尚有戏院，均系富商及有钱、有闲阶级者所享用，一般平民则仅有站立街头，听听播送戏剧之权利。聚贤楼原系京剧院，兼营电影事业者，因营业不振，宣告歇业，影剧之娱乐自此亦未有能继之者。上述剧院均座落于怡安街，更怡安市厂，亦在怡安街，分南北两厂，内中多为估衣摊及日常什用物器，与随意小吃之饭铺。怡安北厂内有卖山东之煎饼者，为全埠独营之食品，鲁人寄居张垣者，咸趋之若鹜。

北地胭脂

张垣人士，除正当娱乐之外，尚有纸醉金迷、荡魄销魂场所。即系北里猎艳、红楼寻春，各饭庄之女侍，亦多为此辈之目的物。但女侍中亦有束身自洁、不为若辈财势所动者。

交通概况

张家口上堡与下堡之间，原有大清河流一道，阻隔为二，察哈尔省政府以及所属各厅等行政机关，多半均在上堡，平绥车站因在下堡，多取其交通及运输上之便利，故商业均集于下堡。刘翼飞主持察政时，曾在大清河上，修有横跨桥梁一座，命名为"汉卿"桥。现在为大车往来于市内（上下堡）交通孔道，甚属便利。另有清河桥一道，为人力车、汽车，及行人往来上下堡之咽喉，往来均靠左边走，有警察岗位设于东西两端，指挥行人车辆，秩序井然不紊。但人力车价，近因粮价飞涨关系，索价较内地昂至一倍云。

《道路》（月刊）

上海中华全国道路建设协会

1936 年 52 卷 3 期

（王芳　整理）

外蒙古现状之解剖

罗　撰

一　引言

　　蒙古问题系今日远东问题中一个重要的问题。因该地地处僻远，且每持闭关政策，旅行其地的，非常困难而稀少，以致外界对其真情殊多昧解。作者最近曾经搜读多种专著，并向各方访问，以作研究此问题的参考。今纂得此篇，自觉未及详尽的地方甚多，但希望能引起社会上的注意同情，加力研究，则本愿已足。

二　外蒙的政治

　　外蒙的行政组织，每因其政治的演变而不同。自有清一代而还，迄今已经数易。在前清，清朝知欲巩固中原，必以内蒙为屏藩，以外蒙为外卫。故自征服蒙古各部落后，即以优远怀柔的政策对付之，同时又恐其团结反动，乃将其不相团结各部，予以改编，或将大部分为多数小部，以削其势，俾易于控制。其时，外蒙地方行政组织最高为盟，其次为部，再次为旗，旗之下则为包，包的性质近于村落，和地方行政没有什么关系。部与旗是蒙古原有的旧制，盟是清代管理蒙古的新制。盟有盟长，部有部长，旗有旗长，旗长是蒙古世袭的酋长，称为札萨克，管理旗务，清代其封爵同于宗室，有王公、贝勒、贝子、台吉之分（此制创自清天聪八年亦即明崇祯七年，公元一六四三年〔一六三四〕）。旗长对于中央（清），除元旦朝贺，御前行走，以及清帝狩猎时的随班而外，年惟进贡若干洋酒之类，即已尽其职责。旗长虽是世袭的酋长，但中央仍有承袭予夺之权，终清之世，旗长之因事而罢免的，为例已殊不少。部长以本部内札萨克的酋长充任，仅有名义而无实权，对于中央亦鲜应尽的职责。因为当时清廷的设置盟长，目的即在削夺部长的权利。盟长由各旗旗长互选，不过，必须要经中央批准方可。没有固定的办事机关，所司职责，也惟在每年召集各旗旗长，共同会议，解决两旗以上人民间的争执，并全盟行政上、经济上的各种事项而已。

统计外蒙初分车臣汗、土谢图汗、札萨克汗三部。以后又由土谢图汗分建三音诺颜汗而为〔分〕成四部。部为一盟，共计为四盟。

自宣统三年（一九一一）十二月，宣布第一次独立，建立外蒙古帝国后，政府组织因此而革变。由外蒙四盟公推活佛哲布尊丹巴呼图克图为蒙古国皇帝，统治外蒙军政全权，与清脱离关系。于是外蒙军政大权，随落于帝俄手中了。及至民国八年（一九一九年），外蒙不堪白俄压迫，趁赤俄革命之际，自动取消自治，才再恢复前清旧制。

民国十年（一九二一年）外蒙第二次宣告独立，乃实行苏维埃制度，组织蒙古国民政府。当时虽仍承认哲布尊丹巴呼图克图为君主，惟限制其权力，几等于零，使徒拥虚名，以收拾各级蒙人的归附。此后，政府的最高权力机关，为大国民议会，即大库拉尔，其性质与各国之国民代表议会相同。劳动人民及兵士等，均有选举及被选举权。次为小国民议会，即小库拉尔，一如内阁，掌握一切中央行政大权。政府设财政、司法、教育、内政、军务、外交、农商、参谋、各部。此外又组织国务院置国务总理以统率之，各部设总长一人，主事员一人，秘书一人，书记若干人。其内有分司、科的，就更特设主事员以专理之，至于特别自成为机关，而且直接隶属于国务的，则有蒙古国民党中央委员会、蒙古青年党中央委员会、学术馆、审查司，及国民公司中央委员会等。其他如教育司、警察司，附设于内政部，税务司附设于财政部。蒙古全军参谋部，统治全境军事机密，设元帅一人，参谋长一人以统率。其下又特设内防处，以防止内乱的发生。一切上级重要机关有俄人顾问，下级普通机关有俄人指导员，均处指导监察地位。至推动政治活动，则全赖蒙古的国民党、青年党，地方行政组织则盟、旗形式仍照旧保留。

　　蒙古国民党的主义和中国国民党相近，组织则和苏俄共产党相似。约当民国九年（一九二〇年），已具雏形，成立于俄属贝尔湖一带。最初称为蒙古国民革命党。加入其内的以俄属之布里雅达蒙人为多；成分多贵族、喇嘛及有产者。党权均为此等人所把持，所以共和政府成立之初，彼等荣膺政府高级官长的不胜其数，但因行动右倾，常主张与中国合一，不为青年党人所欢迎。于是此派人随逐渐的被淘汰了。如最初的总理合图（喇嘛僧出身），内务总长澎次克·图尔第，司法总长脱甫脱和以及一时曾任蒙古国民军总司令的段曾，均给先后加以反革命阴谋之罪，终不能免于一死，可见一斑。

　　蒙古青年党，又名蒙古革命青年团，成立于民国十八年（一九二九年），成分以平民为多，初为国民党的一支部，继而与国民党并立，现在且驾国民党而上之，受第三国际的指导，握外蒙政治的实权，完全为青年党人，因此青年党处于优胜的地位。

　　自清党运动后，青年党、国民党合而为一，所以现在国民党也完全是赤色的了。观其重要领袖林第氏在蒙古国民党第三次大会中演说，即可证明。他说："蒙古国民党的目的，在于实现共产主义，从游牧状态直冲入共产主义的社会里去，所以我党的任务，首要防止个人资本主义的发达……建设国家资本主义。因此，我们要把资本和工业，从个人手中夺取，纳入'国家'及'生产消费组织'的手中。"可见蒙古国民党的主义和政策，与布尔塞维克派的主义与政策，相差无几。

目前任大库拉尔主席的为亚穆尔，国务总理兼外交部长为根登，第一副总理为雀意巴尔塞，第二副总理为特米德，牧畜兼农矿部长为多布井，工商兼邮电部长为卫部意伯托，内防部长为出吾色拉，司法部长多田度意剌布等，俱为色彩浓厚的人物。

一九二四年，蒙古大国民议会开会于库伦时，即制定新宪法，同时更通过《劳动国民权宣言》，迄今仍因袭应用，兹探悉其大旨如后：

A 宪法纲要：

（一）大国民议会休会期间，国家之主权由小国民议会行使之。小国民议会休会期间，以小国民议会之干部代行之。

（二）国家最高机关之行政权，列举如左：

1. 在国际关系上代表国家。

2. 外交、通商及其他各种条约之缔结权。

3. 划定国境及宣战、媾和权。

4. 募集内外债及指导对外贸易权。

5. 规定国内商业及国外经济之计划权。

6. 租借权之让与及取消权。

7. 军备之建设及指导权。

8. 规定金融及度量衡权。

9. 租税及预算之确定权。

10. 关于土地利用之规定权。

（三）共和国宪法之变更由大国民议会行之。

（四）大国民议会由农村、都市人民及军队选举之议员数，每年依选举区之人口比例定之。

（五）大国民议会之常会，由小国民议会召集，一年一次。此外，由小国民议会或大国民议会议员三分之一以上之要求，或选民三分之一以上之农村之要求，得临时召集之。

（六）小国民议会监督最高政府机关，实行大国民议会之议决案及宪法。

（七）小国民议会，由大国民议会选举之，对于大国民议会负责任，一年须召集二次以上之会议，每期选出五名以组成干部及政府阁员。

（八）政府担任一切国务，以内阁议长及副议长，军事及经济会议议长，各部部长及会计、检查院长组织之。

（九）凡十八岁以上由自己之劳动而生存之国民，及革命军之兵士，皆有选举及被选举权。

（十）商人及以前之贵族、喇嘛僧与游民等皆无选举权。

（十一）蒙古共和国之国旗为赤色旗而附以国徽。

根据以上宪法要点，与苏俄制度相比较，则所谓大国民议会，实等于苏俄的联邦大会。小国民议会等于中央执行委员会。蒙古国民党及青年党，则立在政府及议会背后而握有政治上的无上威权，亦无异苏俄共产之于其政府。至于国旗的用赤色，更为"赤化"的显著的表征。

B 蒙古《劳动国民权宣言》纲要：

（一）蒙古主权属于蒙古之劳动国民，而以国民议会及由该议会选出之政府行使之。

（二）土地、森林、水泽等皆为劳动国民之公产。

（三）废止、取消一九二一年革命以前所缔结之一切国际条约及借款，以及对于外国人所负之个人债务。

（四）国外贸易皆由国家营业。

（五）编制蒙古国民革命军，以保护劳动国民权。

（六）革除宗教之约束，以确保劳动者之良心自由。

（七）言论机关皆委于劳动者之手，以确保劳动者表示意思之自由。

（八）供给劳动者以集会场，以保证劳动者一切集会之自由。

（九）予劳动者以关于组合上必要之物质及其他的援助，以保证劳动者组合之自由。

（十）普及劳动民众之义务教育，以谋增进劳动者之知识。

（十一）全国民众不问民族、宗教、与性别，皆一律平等，并废除王公贵族之称号及其特殊权利。

（十二）对内建设社会主义，对外以尊重全世界被压迫民族及革命劳动阶级之利益为目标。

此种宣言，和民国六年（一九一七年）十月，俄国苏维埃政府的宣言有什么两样，且就其取消个人债务一点而言，其实质殆比苏俄更甚。

三　外蒙的经济

外蒙的经济是以防止个人资本的兴起而促进国家资本的发展为经济建设的原则。于是自一九三一年以来，便积极实行禁止个人营业，把国外贸易归为政府独占。所谓国营贸易机关，如雨后春笋，先后成立起来。

兹将最近调查，外蒙主要商业机关的情形列示于左：

（1）门郑歌布（蒙古国民中央消费合作社）　该社设于一九

二一年十二月十八日，从事购入低价货物，并直接贩卖原料，以资使国民经济向上，然其实际目的乃在于打倒在蒙古的个人营业和其他外国资本家。现有从业员六百余名，其内蒙古人占四五％，苏联人三三％，布里亚人三％，其他八％，本部设于库伦，支店遍设于易布哈兰德、契契里克、耶尔瓦兰德、巴扬芝孟、乌拉、亚尔丹布辣克及其他各盟、部行政中心地，国外则在加兰乌德、莫斯科、诺维次、西比尔斯克、张家口、天津等地，均设有代理店。

（2）斯脱尔门（苏蒙贸易股份公司）　设于一九二七年三月七日，资本金百五十万卢布。其主要股东为苏联经济机关，现与蒙古国民中央消费合作社同握蒙古贸易威权，在蒙古境内设有购办原料所十六，羊毛洗涤工厂二十（羊毛洗涤能力，每月为一千五百余吨）。在乌兰巴脱尔及库伦设有百货商店式之批发零卖店，每日卖额达三千查胡立克。本店设于乌兰巴脱尔，支店设于加兰乌德，此外，在莫斯科设有常驻代表部。

（3）门哥尔淘兰斯波特（蒙古运输部）　设出张所并支店于各主要地，经营运输事业。

（4）苏尔脱兰格胡落特（苏联商船队）　苏联商船队在蒙古称为蒙古地方事务所、蒙古运输股份公司。从事运输苏联经济机关货物。于易布哈兰德、乌里、巴扬芝孟、乌拉、姆练克莲、赫拉藩特、赫特费尔、契契立克、亚尔丹布辣克设有支店。又于若尔加兰〈德〉、契契立克、达兰耶加泰、哥哥尔、巴扬芝孟、赫德费尔、易布哈兰德、亚尔丹布辣克、乌兰乌德各方面，经营汽船定期运输。

（5）运输股份公司　主要从事运输蒙古西部与苏联之货物。

（6）苏犹滋尼胡脱爱克斯波尔特（苏联煤油输出同盟代表部）煤油输出同盟代表部常驻于乌兰巴脱尔。从事输入及贩卖瓦苏林、灯油及矿物油。置出张所于尊克莲、爱莲塞波、却加奴尔，设仓库于若尔加兰德、赫特诺尔、乌拉、乌兰巴脱尔、乌脱尔藩、契契立克及乌得诸地。

（7）门格胡布尼尔　设于一九三三年。从事置办家畜及羊毛类原料，并贩卖通路建筑材料等。本店设于乌兰巴脱尔，于亚尔丹布辣克、爱莲塞波、却加奴尔、巴扬芝孟、乌特〔特〕尔藩、契契立克、易布哈兰德、赫〔特〕得费尔、若尔加兰德等地设有支店。

以上所述各贸易机关，虽然大部分名义上仍属蒙古国营，对华人及其他外人，都竭力排斥，一方高筑关税堡垒禁止外货输入，一方虐待侨民，使他们在外蒙无立足之地而后已。

苏联在外蒙的外交代表，驻于库伦。此外，又在易布哈兰德（旧称乌里雅苏台）、耶尔瓦兰德（旧称科布多）、巴扬芝孟、乌拉（旧称桑贝子）、亚尔丹布辣克（旧称买卖城）等地设有领事馆。

兹据统计结果，将苏、蒙贸易趋势表示出来（见下表），俾明苏联在外蒙经济势力进展的情形。在一九三一年以前，苏联是处在付出地位的，至一九三一年以后，即激增而变为出超了。其原因乃在于蒙古方面羊毛及家畜等原料输出减少，而苏联制造品输入增加而致（表列后）。

	苏输蒙（以千卢布为单位）	蒙输苏
一九一三年	二，六八九	八，四〇三
一九二三年	一，五〇七	一一，九六八
一九二四年	二，七六九	三，五八三
一九二五年	三，六八〇	三，七四一
一九二六年	四，六三三	七，六〇七
一九二七年	七，六五一	一二，一〇二
一九二八年	九，九二五	一三，三五九
一九三〇年	一七，八一九	一九，七四五

续表

	苏输蒙（以千卢布为单位）	蒙输苏
一九三一年	三七，三四三	二五，八三三
一九三二年	四一，三九五	一九，二八八
一九三四年	四四，八一〇	二〇，五六一
一九三五年	四九，一〇七	一九，九五二

苏联输入蒙古的货物几全为制造品，主要的有棉织物、麦粉、船舶、烟草、茶、皮革及其他首饰品等，而蒙古输入苏俄则全属原料品如家畜、羊毛、羊皮及其他毛皮等。此外，铁与石灰为近代工业必需品，而蒙古全无出产，均须仰给于苏俄。

至于中蒙的贸易状况，则今非昔比。汉人在蒙古贸易由来已久。因其对于蒙人的嗜好，能推测精密，运往的货物，多投其所好，经营颇有心得。商人有西帮、京帮的分别，西帮为山西的太原、大同、汾州，河北的天津、宣化及张家口、多伦。其基础创始于清康熙间，势力遍于内外蒙古，资本雄厚，实为西北商务的枢纽。就中如万利号一家，总号设在天津，分行遍设于库伦、奇台、归化、宁夏、宣化、顺德、锦州、张家口，包头镇、乌里雅苏台、科布多、恰克图等处，又如公合全、庆和达两家，总行在张家口，分行遍于北平、上海、恰克图及俄国的莫斯科、乌丁斯克、赤塔、伊尔库次克等处。京帮则专指北平安定门外外馆客商在库伦所设的分号而言。其基础始于清咸丰年间，远在西帮之后，资本也不及西帮雄厚。其营业范围，仅限于库伦一隅五六十家而已。而且山西商人，多安分敦朴，长于保守，故数百年来，能维持商业而不敝。只可惜旧法相承，艰于进步，今日在苏俄竞争下，已有倾覆之势。

中蒙间的贸易，输入以砖茶、布匹、面粉、烟草等为大宗。现在因为税垒高筑，货物价格高贵，以致销路狭小，输出以牲畜、皮毛为大宗，现在，多运入俄国以为原料，商业一落千丈，令人可悲。

蒙古的工业原很简单，即以牧畜及狩猎所得的产物，加以手工制成日用品。自革命成功后，建立国营大规模工场，如矿业、电厂、皮革等（据一九三一年的调查，其总值已达二百八十七万七千元。依计划到一九三七年止，可增至一千二百万元）。使用机器代替人工，手工业就日益衰落了。

中国人在蒙古从事工业的，为数也不少，多在库伦恰克图之买卖城，乌里雅苏台及科布多等处。但因不会经营，现在也衰落了。

蒙古的农业很是落后，一因其土壤多不适于栽种，雨量稀少，气候寒冷，一因其人民缺少此种需要，一因有清数百年采用愚民政策以对蒙，禁止汉人移民入内开垦。但蒙古仅有的农产物仍由汉人在彼拓植或教予蒙民耕种。在革命前，汉人在蒙的耕地，面积达六七万俄亩。北蒙事件起，中国农人或逃回，或被放，数十年的苦心经营，都付诸东流了，现在外蒙已采用集团耕作制，据一九三五年的调查，在十六万二千的农牧户中，已有九万二千户的贫农与中农已实行了。

畜牧为蒙古原有唯一的大产业，数千年来，蒙民均靠此为生。如上所述，现在也和农业一样的改用集体耕作制。据一九三四年的调查，全外蒙的家畜已由八百万头增到二千二百五十万头了，只是大部均归政府所有。

在革命前，外蒙的金融没有一定单位，羊、砖茶、元宝，以及中俄两国的货币和纸币，都用作贸易的代价物。到一九二四年七月二日，才设立近代式的蒙古商工银行（门哥尔藩克），初有资本约百万卢布，现增加达三百二十一万卢布。一九二五年十一月发行纸币，一九二六年发行辅币（银货与铜货，硬币与纸币均委托苏联币厂印刷铸造）。流通市面，银元则集中于银行。设立时仅放款给商业方面。自一九二六年以后，开始放款给农业方面。其对于促进贸易及生产力甚有功效。总行设在乌兰巴脱尔，支行遍设于亚尔丹布辣克、巴扬芝孟、乌拉、易布哈兰德，契契立克、乌罗〔脱〕尔藩、乌兰康、秦哥尔、姆练克莲、却加诺伦等地，且于国内小都市设有办理储蓄处。

蒙古的运输和交通方法原为原始的，或以牛马，或以骆驼，现在则已代以汽车、船舶了。

以上为外蒙的经济状况。总而言之，现在外蒙的经济，和别的一样，全是以苏维埃制为基础的。

四 外蒙的军备

自外蒙独立成功，苏俄即以之为抗制日本的武装根据地，积极使外蒙在其指导下作军事布置。及至苏蒙军事协定，苏俄更有实际根据，竭力鼓动外蒙作备战准备，加紧军事训练，添置新式武器。

因此，外蒙之军事设施，完全如同苏俄一样，凡人民在十八岁以上，皆被强迫兵役。

外蒙国民赤军（现称国民革命军）受苏俄赤军将校以近代训练的，倘成绩优良，送入仕官学校，程度更高的，便入莫斯科陆军大学。

外蒙国民革命军主要的是骑兵部队。其兵士的政治训练与苏俄赤军同样，不但从幼时起即须熟习骑击，并且其素质方面亦需合于理想的选择标准。其军备情形大约如下：

1. 库伦——现有骑兵、炮兵、机关枪队混成兵约二万名，军用装甲汽车二十余辆，战车十余辆，高射炮十五门，大炮四门，重机关枪一百数十架，轻机关枪二百数十杆，空军方面已完成一个可以容纳二百架飞机之大格纳库，苏俄空军第九大队长朴拉夫现任空军总指挥官，其属下飞机有七八十架，此外，尚有化学兵工厂二个，及规模宏大之飞机二场所。

2. 三伯斯——现有飞机百余架，其附近的克尔〔鲁〕伦河左岸车臣汗飞机场，配置具有三十架飞机的轰击队。目下驻屯库伦的红军，大队正陆续向三伯斯移动，最近在该地附近又完成了一个飞机场。

3. 它吾库斯吾——自满蒙关系紧张后，该地即开到红军三师，其编制为骑兵三联队，炮兵一联队，及战车队等。

4. 买卖城——该地有兵营七个，军需工场一所，飞机场一所，格纳库一个，陆军大学校一所。

5. 桑贝子——有一个骑兵联队一千余名，山炮八门，大型野炮数门，轻机关枪队一连，每小队三十六名，重机关枪数架。

6. 乌哥姆尔——有骑兵七八百名，野炮二十余门。

7. 哥尔芬巴印——有骑兵七八百名。

8. 耽斯克——有骑兵七八百名，炮兵一大队。

9. 在满蒙国境附近的地方已设置军事卫戌〔戍〕地，并置配骑兵队及汽车巡逻队。

其分布情形，系以库伦、罗甫斯克、莫斯科三地联络为目的。全国兵士共有十余万人，大部驻扎库伦、贝尔湖及哈尔哈一带。凡飞机、大炮、装甲自动车等新式设备均应有尽有。

军队中的重要长官和顾问均系俄人。军队组织的种类，分国境联队、骑兵机关枪队、炮兵航空队、工兵等。并仿效苏俄办法，设置政治部，以实施士兵的政治训练。

五　外蒙的人民风俗习惯

外蒙人民多半为喀尔喀种，颜面扁平，颊骨隆起，额凹，眼小，鼻低，口大唇厚，腮浅而缩，男子则一般都有褐色的粗髯，皮肤为日光所炙而呈赭色，其人性格鲁直粗野而强悍，日常鞭悍马而疾驱旷野，纵横无尽，有所谓"鞍上无人，鞍下无马"的勇姿；至其屠杀野兽，就是女子也夷然不改声色。他们居常多半只伴牛、马、羊、豚，贪饮茶吸烟，饱食醉眠而已，别无利害观念，远超于生存竞争圈之外，间亦念佛谈经，冀求后世的冥福。此乃累世满清的愚民政策，喇嘛教的迷信有以使然。

蒙古人以牧畜为生产业，故除少数满汉式的固定房屋外，所居都为蒙古特有的所谓"包"。此种包普通顶高约十三四尺，周围高约四尺，中径则视其大小而异，大约为七八尺至十七八尺的圆筒状，上盖伞形的屋顶。粮食以乳、茶、黍、羊肉为大宗，杂谷间亦吃之，小麦粉私干馄饨①则贵族或富有者才用之。至于服装，蒙古人有好宽阔之风。外衣甚长，解束带则达地，故就寝之时，往往可用以当被。穿时则提上以带紧束腰部，带的前面挂烟囊，右腰则挂小刀以备食时之用，烟管插在长靴内或插在左腰。其上更有上衣，多为赤紫或黄色，靴则或用草制，或用布制。他们还常戴帽，或以手巾为钵卷，项悬佛像，手提佛珠，出外必携鞭杖。

妇女的服装，也和满人相似，惟衣袖较宽，衣裙较长，殆可蔽足。靴有长靴、短靴两种，多以羽毛、棉布、天鹅绒等料手制而成，头发则多两分，于后头部结束，插花簪，不用帽子，无缠足

---

① 原文如此。——整理者注

之恶习，但也穿耳孔，挂种种耳环。

蒙古人对于卫生极不讲究。新衣着身后，即不更换，也不洗濯，更不修补，直到破烂污秽不可再穿才弃之而调新衣。而且每于食后，指上油腻即涂于衣服之上，食品上污尘也以衣裙、袖口拭拂，加之每日与牲畜为伍，长在风雨日光之中，所以他们的衣服常是龌龊褴褛不堪，但蒙古人体质极壮，决不因不重清洁而罹病之百分比加多，因羸弱者在幼小时早以天然演化不能战胜环境而夭折。所以有许多疾病与疫疠为蒙古所未尝见。

蒙古人的婚姻制度类似我国内地，以其也轻女重男，视女子为货品，故其婚姻也为买卖式，每由男家赠物品以为聘女之代金，通常以马二头，牛二头，羊二十头。也由"父母之命媒妁之言"，本人大都不知，也有"夫唱妇随"的旧礼教，妻须绝对〈服从〉夫君意旨而不得置辩，而其婚娶仪式则颇为离奇。婚约既成，女父乃与近亲共访男家。进其屋包，必先祭拜佛坛，以羊头、乳、绢、布等物供于佛前，由男家供给，食而后返，婚期由喇嘛指定。届日由男家派人迎新妇，迎者到女家门口，亲戚朋友都出户外作圆形，意在拒止新妇出发的态度，新妇既出户外，例必先跨马绕自家屋包二周，然后疾驰向新郎家而去，男家于婚期前，必备屋包，一设于原有家屋之近旁，以为新夫妇之家屋。新妇既进门，先从舅姑指挥祭拜佛像，同时有喇嘛读经。次而拜灶，拜舅姑亲戚。新郎亦于近旁屋内，向新妇之亲戚作同样的礼拜。完毕，即入席。因每次宴客通常必亘数日以上，用烟酒脂肉甚多，时且有招乐师以娱宾客，耗费甚巨。蒙人且有早婚之风，十六岁以上的男子而未曾娶妻者甚少。而女子却较迟婚，大概比男子大二三岁乃至四五岁。

离婚则极简便，并无若何形式。夫有离婚之意，只要将妻送还，并将其离婚原因告知其岳父母即可。妻有离婚之意，亦只须禀告舅姑并将男家赠金归还一部分即可。既离后，双方均得随意再婚。

他们也实行一夫多妻制，男子除发妻之外，尚可畜养妾妇，但一切权柄均在发妻手中。妾妇只有唯命是听，生子亦因妻妾而分嫡庶。

蒙古人的葬式，普通即为弃尸于野，任雨淋日炙，兽吞鸟啄，迨放尸三日，往视其已否被鸟兽〈啄食〉完毕，倘未，则请喇嘛再为其读经追吊。此法固因迫于生活，奔走游牧，未能有固定的位地，如汉人的为其追善供养。稍富者则有用火化的，请喇嘛诵经，化尸而拾其骨，得大喇嘛之许可，粉粹之，和以麦粉作饼，收之于灵塔。

以上所述，均按旧俗，自革命以后，虽有一小部分已改用新规定，但蒙人信仰喇嘛深切，保守性强，故至今仍墨守成法，不肯丝毫更变，风俗习惯在社会上的潜势力，诚不是一旦一夕武力所能克制的。

在库伦等大都市虽已有电影等设备，但并非一般人民所能享受的。娱乐仅有赛马、角力的竞技和唱歌。乐器有鼓弓、月琴。其中以鼓弓为多，音律低而有似西洋音律，蒙古人的歌大都为含男女爱恋的意义的叙情诗。

外蒙人民对于满、汉人的感情极恶，因彼等历来所接触的多为狡黠的商人及横暴的兵士。满、汉商人每视蒙人易欺，初诱以小利，然后诈取其地，其物，其财，而且满、汉移民每因其文化程度低而呼之曰野人，近来又加以民族思想之增强，于是外蒙人民恨满、汉人深入切骨。此吾人应当注意者也。

六　库伦的现状

库伦原为外蒙首府，自一九二一年外蒙人民共和国成立后，该地即改为首都，现有人口约五万，除大多数蒙人外，其中俄人占四分之一，汉人约四五千，间亦有少数的英、法等国商人。城濒图拉河北岸，扼台站道中心，周围多不毛的荒山，气候带大陆性，一年之中，冬寒天占六月以上，每年自九十月起即下雪结冰，直到翌年四月方始解冻，可是夏季却并不大热。

因为该地严厉禁止旅客入境以防止消息的传出外间，故世人多以神秘区域目之，今将该地的现状根据调查研究所得，分别叙述于下。

一　产业与商务

1. 工业　在库伦现有大规模的织布厂、制靴、制革及呢绒、肥皂等工场数所，其中技师多数为俄国人。

2. 农业　外蒙地质瘦瘠，大部分不适宜于栽种，又以多年来采用闭关政策禁止汉人入境开垦，于是农村非常落后。库伦现有蔬菜（内以白菜为大宗）、果实及其他农产物，多由汉人耕作，且因种植困难，索价昂贵。

3. 矿业　库伦境内颇富金矿，其他矿产甚少，惟东南近穆斯齐地方，有炭坑一处，现在已开采，工人约有二三百名，蒙、俄人都有。

4. 森林　在库伦东有一森林区，产生大量松树。外蒙建筑材料多数仰给于彼，在彼工作工人约有千名之谱。

5. 商业　库伦输出商品以皮毛及羊毛、狼皮、牛乳、山犬毛、石炭等原料为大宗，运往苏俄最多。自一九三一年禁止个人营业后，大都归为官营，人民只许有小额贸易。

二　政治与行政

库伦是外蒙政治行政的总枢纽，重要的蒙、俄官员皆荟萃于此，一切政制、法规机关，组织都完全模仿苏俄，已如上述。现在政府中担任重要工作的人员，均为青年党、国民党党员。

外蒙现以一党专政为其治国政策，对于共产主义的宣传和防止反叛行为非常严厉。所谓内防处，就是担任此种工作的机关，内中工作人员为欲普及共产主义，常用各种方法宣传，因此，现在外蒙人民几全部都加入为共党党员。

三 教育与文化

在革命前，外蒙人民大多数是文盲。而其文字又系复杂的阿拉伯字，学习匪易。自一九二四年，同盟激进派执政后，便仿效苏俄的文化政策，实行废除文盲，并将阿拉伯字取消，而代以简单的拉丁文字。此举大有助于普及教育，观其情形，将来势必更有大进展。

1. 学校 库伦及其附近地方，现约有小学校数十处，满七岁以上的孩童都强迫入学修业，期间定为六年。学生人数平均每校有二三百名。有中学校二所，平均每校约百数十人，大学一所，学生只七十余人。另有仕官学校、补习学校各一，不过学生人数甚少。宣传学校一所，专门培植共产主义之干部人材，学生则有三百余名。每年且按例派送学生百余名到莫斯科留学，归国后分派各机关服务，以淘汰以前的行政人员，俾可完全化为共产主义之信徒。

2. 报章杂志 库伦现有蒙文报二种，并有俄文报〔馆〕一种，每日出版达二万余份新闻报。杂志蒙、俄文均有，共约五六种。此类报章杂志，除刊载普通新闻外，另有副刊多种，研讨各种学术之文字，每日另有壁报，贴于各交通要道特制的架上，所载亦不外以上二点。

3. 消遣及娱乐 库伦有中国式剧场多所，取资极廉。所演剧情多带有宣传社会主义性质。电影则多半放映外国影片，无线电播音也已发达，多用蒙语播送，俄语次之。

4. 俱乐部 分有俄人、蒙人、汉人三种。在库伦城内共计十余处，内有台球、菜馆、茶社等设备。且有电影放映。最大者为国民俱乐部，建筑非常堂皇，所费约达五十万卢布，部内一切管理及经济权皆操诸于中央党部。内有大厅一所，可容三千余人。凡库伦的大会议、讲演会及纪念礼式等多假该厅举行。

四 军事设备

库伦现驻有蒙古红军三师团，数近八千名，外郊驻有苏俄军队一师团，与蒙古骑兵二千名，有飞机场二处，内有军用机二十余架，平时非常注重练习。前中国政府所建设之无线电台，现在蒙古人主管下应用。据调查，现在库伦境内驻军所用新式武器甚多，内有军用大汽车二十余辆，战车十余辆，高射炮十五门，毒瓦斯及探光灯之设传〔敷〕，也正在装置中，普通汽车及军用汽车约计数百辆，此外尚有化学兵工厂二所，格纳库一个，规模宏大，拒绝任何人入内参观。

五 交通

在革命以前，外蒙的唯一交通及运输工具为骆驼。现在汽车已逐渐代替了骆驼的任务。民用汽车在库伦，近已有二三百辆之多，汽车网以库伦为中心，通达各处：

1. 库伦至张家口 一○六○粁。
2. 库伦至买卖城 三○七粁。
3. 库伦至克鲁伦 七○二粁。
4. 库伦至乌里雅苏台——科布多亚——苏联亚科西喀 二三八○粁。

再就水上交通而言，在色愣格河及其支流鄂尔运〔浑〕河，现国营轮船公司定有定期之航行线。

最近且曾开辟一条自苏联之伊尔克格经买卖城而至库伦的定期航空路线。

对于铁路，在一九三五年五月起，已在伊尔马格开始建筑铁路，可以直抵库伦。由苏联建筑所承包建筑，工人多系苏俄赤塔区铁道与中东铁路的熟练工人。

七　结论

按上所述，则所谓外蒙人民共和国，殆系苏维埃共和国也。而其所以会如此者，非偶然的，兹探究其原因，约有下列二种：

一、地理环境　外蒙之南境有横断之大戈壁沙漠，此殆为其与中国间的天然隔阂，有此沙漠，使其与中国交通阻断，使其与中国形成两个迥然不同的民族性。而在北境，则自然孔道洞开，如沿锡林郭勒河自库伦经买卖城可北通后贝迦尔省之上乌丁斯克及远东各地，西北自乌梁海沿乌鲁克穆河□经沙滨达板隘口，穿萨彦山可直达西伯利亚西部之敏努辛斯克城，西自科布多经毕依斯克隘口过阿尔泰山可达中亚之塞米伯拉丁斯克城，更自准噶尔西行，过塔里吉隘口，过天山西□部而至伊犁及中亚各地。蒙古地土硗薄，大部不宜于发展固定生活，其人民散漫而缺乏政治组织，故在一种新政治潮流浸入的时候，则甚易接受之故也。

二、人民性格　如上所述，外蒙人民殆为一麻木的民族，历年深重〔中〕喇嘛教的遗毒，不求进取，不事改革，唯有受天然演变的淘汰。毫无土地观念，因蒙古地大人稀，且游牧之人无固定住地，到处可逐草木而居，土地在他们殆为不足轻重，易于实行均产制。而其尤无国家、民族观念，凡此种种，都为现行制度之极好因素也。

《新东方》

上海新东方社

1936 年新 1 卷 1、2 期

（王鹤璇　整理）

"赤化"下的外蒙古

江　涛　撰

一　开场白

当我们一注意到外蒙古的问题时，同时也就想到国人一向对于苏俄的认识是不正确的。总以为苏俄是弱小民族之友；他们的任务是联合西方无产阶级与东方的弱小民族来反对帝国主义的。有时他们还用学理来证明，造出种种不合现实的谬论，而这也正跟俄国人士，平日里所标榜的主张一样；可是事实就不然，它给这种理论一个反驳，它显露出赤色国际骗人的马脚。我们拿苏俄东方政策来说，原是始于帝俄之求不冻港，在欧洲不能达到目的，转而向东方发展的政策，惟一九一七年俄国大革命，国体虽变为苏维埃制度，而其地理环境未变，需要在东方发展则一。且苏俄所倡导之革命，即世界革命，其内容要点，为民族革命与社会革命，民族革命系被压迫弱小民族革命，社会革命系无产阶级革命，苏俄以西方诸国资本主义发达，需要社会革命，东方诸国，系帝国主义之殖民地，需要民族解放之民族革命，而民族革命，又为社会革命之手段，合民族革命、社会革命，始构成世界革命之总体。故苏俄革命方略，对西方，着眼在唤起无产阶级，实行无产阶级革命，对东方各弱小被压迫民族，如中国、印度等，则在促起民族革命，由是言之，苏俄革命之成功，需要东方民族革命，所以列宁说过："世界革命的运动决于东方"，是苏俄东方政策意义，当以助成东方民族革命，为其重点。虽然，苏俄东方政策，有谓即"东方赤化政策"，惟吾人观察此种见解，系从苏俄革命基本上解释，盖所谓"赤化"的意义，即根本推翻现在资本主义社会之谓，以共产主义为国之苏俄，施行"赤化"政策，殆亦题中应有之义。不过吾人观之，在大革命之二三年间，"赤化"政策，雷厉风行，自新经济政策施行，则有若干变更，其对东方诸国，如对土耳其、阿富汗、俾路支等并不固执"赤化"政策，惟对外蒙及我国内部，系采一贯的"赤化"政策，何以言之？苏俄助外蒙叛我独立，成立人民共和国后，一切均苏维埃化，而在第三国际即苏俄指导下之中国共产党，自十六年后，生吞活剥，厉行土地革命、阶级斗争等"赤化"政策。所以"事实胜于雄辩"这实是一句至理名言，苏俄素日标榜的种种好听口号，都被其对外蒙"赤化"侵略击得粉碎。总之，苏俄把外蒙精制成他的傀儡组织——蒙古人民共和国，已是不可否认的事实。兹爰就其过去情形及最近"赤化"种种，分别述之，以促国人之猛醒！

二　外蒙古独立的经过

蒙古位在中国之北，和俄边西比〔伯〕利亚相连接；分南北两部，有大戈壁横贯其中；位于南的是内蒙古，位于北的是外蒙古。外蒙北部与俄领毗连，边境交错，达三千俄里之长，所以俄蒙关系的密切，也就可想而知了。至于苏俄对于侵略蒙古的动机，我们用简单的方程式来解释，便可明了：

苏俄侵略蒙古动机→苏俄远东问题→苏俄赤化政策→世界

共产主义

从上列的方式，可知苏俄对于蒙古的侵略动机，最初是远东问题，最终是世界共产主义了。至于所谓"赤化政策"的名称和主义，不同帝俄时代；但帝俄时代东方政策的目标，和现在的"赤化"政策的目标，是没有差异的。此点前已述之，兹为深切了解起见，再为申述之。

俄罗斯国境跨连欧、亚二洲，这是世界公认的大国。但它的版图虽然是大，可惜没有海口，完全是一个闭塞大陆的国家。它的建国是在九世纪的时候，当〈时〉俄国仅有欧洲的部分。十三世纪给成吉思汗所征服，建立钦察汗国，差不多有二百年的久远，才脱离羁縻。又过了百多年，彼得大帝即位，在西历一六八二年，东略西伯利亚，西取波罗的海沿岸的地方，才渐渐强大起来，造成今日跨连欧、亚两〈洲〉的局面。西伯利亚和中亚细亚最初是土人盘据的地方，当唐、元的时代，和中国接近一带，曾被征服，臣属中国。俄国占有这地方的时候，是在西历一六三二年（明崇祯五年）后，从西向东，又从南向北，渐渐和中国属地接触了。一六八九年割我额尔古纳河西面的地方，一八四○年割并右哈萨克和布鲁达，一八五八年割黑龙江东北的地方，一八六○年割乌苏里江东面的地方，一八六四年割伊犁河下流一带，一八六八年灭布拉洽，一八七三年并基发，一八七○年和一八八三年占我新疆沿边一带的地方，一八九六年又和英国私分我国的怕〔帕〕米尔高原，所以俄国在帝国时候所得亚洲的疆域，直接或间接从中国得来的，约占五分之二了。我们知道彼得大帝是一个志向在海的侵略野心家，和日本完全相反，这也是环境所造成，因此频年和瑞典作战，略取波罗的海东岸的领地，于是在芬兰湾头，建了圣彼得堡新都，求做依〔一〕俯瞰欧洲的窗户；但芬兰湾是一个长期结冰的港湾，所以到了皇后加太邻二世的时候，又和土耳其两次战争，略取克里米亚和黑海北岸的地方，虽更得一个俯瞰欧洲的窗户，但握有黑海出地中海门户的博斯普鲁斯和他大尼里两海峡，仍在土耳其的手上，这两海峡是黑海的咽喉，于是在尼古拉一世的时候，再次和土耳其开战，便掀起克里米〈亚〉大战（一八五四年到一八五六年）。在当时老朽的土耳其那本来〈不〉是俄国的敌手，俄国用武力来对付土耳其，差不多像摧枯拉朽，可是遭了英国的妒忌；因为英国不想俄国跃出黑海，有占夺海王的冲突，所以当土耳其节节溃退的时节，便联结法国把俄国击败，仍把俄国闭塞在大陆上。但俄不因克里米〈亚〉战败，便忘了攻土耳其出海的土〔途〕径。在亚历山大二世的时候，又复再次和土耳其开战，但是结果又遭英国和奥匈的反抗，使俄国感到欧洲出海的困难，不能不要转向亚洲方面发展，但亚洲的波斯、印度出阿剌伯海的途径，又在英国势力的范围，只有向中国方面发展，企图侵略满洲，可以从黄河出海；所以在清咸丰八年，强割黑龙江东北的地方，咸丰十年，又割去乌苏里江东面的地方，从海参威〔崴〕出日本海，来做俯瞰亚洲的窗户；光绪二十四年借故租中国北洋军港的旅顺、大连，来做侵略满洲的基础，可是这基础当一九一〇年[①]日俄战争后，给与日本，从根本推翻了。海参威〔崴〕出海的途径，又给日本闭塞，这样才绝了俄国出海的欲望，缓阻帝俄时代东方政策向海的前进。日本虽然能绝帝俄向海的亚洲发展，但不能缓阻帝俄在满洲日本势力范围以外的亚洲大陆发展，所以帝俄对于中国西北边陲，野心勃勃，中国的蒙古、新疆，便是最好的目标了。在日俄战争以前，清同治三年，割去新疆沿边一带，后来又和英国私分中国的帕米尔高原，那同治三年的

---

① 应为一九〇五年。——整理者注

《塔城条约》，便是外蒙失地的最初。在日俄战争以后，帝俄更专心注意侵略蒙古，同时中国更因自从道光以后，用人失宜，蒙情日涣，且因以后又许苏俄在内蒙古地方之免税贸易，于是苏俄一方面利用该项优先权，就在那里尽量发展，一方面又利用宗教、王公和财力来煽动，联络活佛，结其欢心，以便乘机宰割。

一九一一年，即宣统三年，中俄通商条约期满，俄国非但不接受中国关于条约期满的交涉，反而向中国提出要求六款，而且宣言中国倘不允从，就是不顾国交，俄国非出之自由行动不可。中国方面因俄国仗了不平等条约为护符，在蒙古的经营，突飞猛进，已觉悟前非，坚决拒绝。俄国竟真的自由行动起来，以土耳其斯丹〔坦〕驻军进伊犁驻扎，似乎立刻就要以武力解决，中国无法可想，只得承认。这要求的重要内容如下：

1. 两国国境各五十俄里（合一百华里）内，俄国制定之国境税率，不受限制；两国领土内之产物及工商品，皆无税贸易。

2. 旅华之俄人，关于行政裁判，归俄官审理；中俄人民讼案，两国会同审理。

3. 蒙古及天山南北路诸地，俄人得自由居住、移转；并无税贸易。

4. 俄国于伊犁、塔尔巴哈台、库伦、乌里雅苏台、喀什噶尔、乌鲁木齐、科布多、哈密、古城、张家口等处，除得设领事外，俄民并有购置土地、建设房屋之权。

中国既承认了俄国六项要求，乃俄犹以为不足，竟又助送蒙古军费，诱惑库伦活佛，怂恿其脱离中国。一九一一年，即宣统三年，蒙古受骗，宣告独立，俄国首先承认；中国驻蒙官民，都被其驱逐，并且举兵来犯。那时中国内部正在武汉起义之时，俄国认为大好机会，又向我提出俄国有在库伦建筑铁路，以及中国不得在外蒙驻兵、殖民与许其有自治主权之要求；清政府因革命军势浩大，正在手足〈无措〉、无暇置答，置之不理；民国成立，又因开国之初，也无暇及此。俄国见中国不覆，竟于一九一二年，即民国元年十一月，不经中国同意，直接与库伦伪政府自由订立《俄蒙协约》，其重要内容如下：

1. 俄国扶助蒙古保守现存之自治秩序，拒绝华军入驻蒙境，与华民之移置〔殖〕。

2. 他国人民，不得在蒙享受比俄人更优之权利。

3. 蒙古以后须与他国订约时，有违反本约各条之规定者，非经俄国同意，无论如何，不生效力。

4. 俄国人民运货出入，免缴出入口税，自由贸易；各项税捐，一律豁免。

5. 俄国银行，有在外蒙设立分行之权。

6. 俄国有在外蒙设立邮政之权。

7. 俄人有在外蒙租购土地，建造房屋，以经营商务，及开垦闲地之权。

8. 俄人有与外蒙地方官协商，享受关于矿产、森林、渔业及其他事项之权。

照上面各条看来（该约规定俄人在蒙权利不止此），外蒙简直成了俄国的臣属，显见其这次的脱离中国，实是俄国所鼓动而由一部分亲俄派蒙人所主持，决不是公意。况且嗣后俄国的侵略，日益利〔厉〕害，外蒙至此，方才渐渐觉悟起来，而重生内附之心。中国对于此项协定，也向俄国抗议，坚不承认。经多次交涉，始得于一九一三年（即民国二年）十一月，中俄签定关于外蒙的声明文件及另件，大致说：俄国承认中国在外蒙有宗主权，中国承认外蒙有自治权。一九一五年，即民国四年，外蒙始正式承认中国为宗主国。中、俄、蒙三方面，订结《恰克图协约》二十二款；结果，外蒙取销独立，中国争回了一个宗主国的名义。然而俄国的对蒙经济侵略，却仍是有增无已，决不因此而稍减。

一九一七年，即民国六年，欧洲战事正在（剂）〔剧〕烈的当儿，俄国突然发生了革命，外蒙官府才迭次要求中国政府派兵前往边防，那时北京政府因地势的必要，于是决议先行增加内蒙古守卫军队，然后在民国八年六月十三日，又特派徐树铮做西北筹边使；同时俄国旧党谢米诺夫又想利用蒙古做根据地，来威胁蒙古，那时蒙古人觉悟，知道不依附中国，是不能自存，而且当时徐树铮的兵威甚盛，于是外蒙王公等首先创议撤消自治，归政中国政府，后来又和活佛声说外蒙现势和必须取销自治情形，活佛便在民国八年十一月十七日请求撤治，中国政府接得呈文后，便于二十二日颁布撤治命令，且将从前的《中俄蒙协约》取销，虽驻京（北平）旧俄公使提出抗议，有"各国彼此订立国际条约，除发生战争外，一方面不能单独取销"的言辞，但我国外交部直截痛快的覆他一句："所称国际条约单独取消之先例，比例不伦，本政府不能认为同意。"俄使便哑口没有说话。在这个时候，帝俄因发生革命，给苏维埃政府推倒；同时在帝俄时代把持的外蒙政府，也是冰消瓦解，外蒙古终算完全归服中国，结束了帝俄时代侵略蒙古的东方政策。

帝俄为甚么要东攻呢？总括起来有四个原因：（一）是因帝俄好大喜功，有开边拓土的野心；（二）是寻求不冻港；（三）是想在中亚细亚找个市场；（四）是国内革命暗潮隐伏，随时都可以爆发，为避免内乱计，所以帝俄积极向外扩张势力，来博得国民的欢心。至于帝俄侵略蒙古的动机，在一九一六年突厥斯坦（即土耳其斯坦）总督古洛柏金将军上俄皇尼古拉二世书里有说："……至于中国呢？这是俄国将来的大患，有四万万的人口，可怕不可怕呢？从前成吉思汗出新疆而西征欧洲，结果是俄国被辄〔轧〕

于蒙古之下者垂数百年，为先发制人计，俄国不得不取伊犁，并蒙古，吞北满，使天山与海参崴之间成一个直线，直线之北的土地都属于俄。"我们从这点可见一斑了。但是到苏俄共产党在一九一七年十月革命以后，苏俄东方"赤化"政策，便从苏俄远东问题转趋于积极。

苏俄东方"赤化"政策，是胚胎在一九一三年俄罗斯社会民主劳动党（就是布尔塞维克的前身）干部会议的时候，列宁在他彻底主议"民族自决"的议案说："任何民族均有自由脱离本国并随意建设独立国家的权利。"当布尔塞维克党（共产党）在夺取政权的第二天，便发表了民族自决的宣言，从这个宣言，我们可以看出苏俄对东方的策略：它对于苏俄联邦以内东方民族的政策，是在扶植他们的独立，以及政治、经济、文化的向上；至于苏俄联邦以外的东方民族政策，是在鼓动他们的民族革命，来摧毁帝国主义列强在东方的势力。这种政策于是造成苏俄远东问题的素因。同时因为布尔塞维克党对于全世界弱小民族及被压迫民族的宣言有说："苏维埃政府认为列强对于弱小民族的宰割瓜分，是一种违反人道的莫大的耻辱，并决心在最短期内签定一切废止战争的和平条约……各民族均以平等为原则……"。这个宣言发出后，使在亚洲占有极多殖民地的英国和日本，发生剧烈的防赤战线运动；同时苏俄想打倒英国在亚洲的优势，更感觉到日本在远东的威胁，于是他们的目光，便从中亚细亚渐渐移到远东，最初是想利用中国国民党来操纵一切，最后始看见中国不肯奉行莫斯科苏维埃政府的意旨，而且还要"清共"，因此，觉得有在远东示威和实占蒙古的必要。由于外蒙第二次独立和中东路事件，苏俄的原形恶相完全揭破。

外蒙古自从归政中国政府，取销独立后，仅有年余，又阴谋独立。外蒙所以阴谋独立的原因，有两点：（一）是徐树铮和直系对抗失败，外蒙活佛、王公久受徐氏遇事强迫，差不多把外蒙统监自居，因此便在民国九年七月徐氏失败后，狡然思动；（二）是俄国白党的作祟，民国九年冬，那俄国白党谢米诺夫部将恩琴和巴龙①受别国供给军械，结合蒙匪，侵犯库伦，在民国十年三月二十一日，外蒙活佛便宣布第二次独立。外蒙政府这时完全受谢米诺夫把持，当时外蒙的"赤化"青年和布里雅特〈人〉在恰克图组织国民党，建设蒙古临时政府，和巴龙、恩琴所立的专制政府对峙，后来蒙古临时政府知照苏俄，苏俄因巴龙、恩琴的企图，有危及本国，便在民国十年七月，从赤塔派兵会同蒙古临时政府军队，进取库伦，把巴龙、恩琴的党羽剪除，那时外蒙古便入了蒙古国民党的手上，成立蒙古国民政府，脱离中国的关系了。但到了民国十二年二月二十日在莫斯科订立的俄蒙密约后，苏俄便把外蒙古看做苏维埃联邦之一了！

三　外蒙古"赤化"的近影

外蒙第二次独立后，蒙古问题既然和苏俄发生关系，[以]便有中俄谈判蒙古问题的产生。自从民国六年俄国起了劳农革命后，中俄邦交，就此中断，直到民国十二年三月廿日外交部命王正延〔廷〕筹备中俄交涉事宜，在民国十三年〈三月〉十四日才定了中俄协定十五条；但因那协定的第四条有规定：帝俄与第三者所缔结之条约，凡有妨碍中国主权的，一概无效的文字；当时外交总长顾维钧恐怕俄蒙密约发生有效，便和苏俄代表加拉罕交涉文字上的修改，到了五月三十一日才确定签字，所修改的文字，不过

---

① 即巴龙恩琴，并非两人。后文同。——整理者注

把帝俄两字删去罢了。至于协定里规定签字后一个月，双方正式会议一节，苏俄用延宕的手段来对付，不肯举行，那外蒙的撤队〔兵〕问题，便没有端倪。到民国十四年三月六日，加拉罕才照会中国外交部说："苏俄政府得蒙古当局的同意，开始撤兵，外蒙俄兵，业已撤尽。希望蒙境不致再有赤军开入的情形及对蒙古为和平的了解。"这种照会虽是单方面进行的，可是蒙古苏俄撤兵问题，在表面上终算告一段落。但至现在外蒙仍受苏俄"赤祸"，关于苏俄对于外蒙古所措施的"赤化"政策，现在更因远东风云紧急，加紧工作。兹就政治、经济、军事三方面，分别述之：

一、政治方面　苏俄之经营外蒙，政治以布蒙政府主之。布蒙政府者，首都在上乌金司克，以布里雅特人（前清割地与俄之土著蒙族）组织之。布里雅特人杂居贝尔湖沿岸，与伊尔库〈次〉克（前为省今为道）本不能画分，亦无政治组织能力，苏联利其与外蒙有共同之哈尔喀〔哈〕斯文字，做假造此共和国，除军事委员乃布人一名外，余重要官吏悉为俄人，以遥执库伦之政柄。外蒙以华兵格杀蒙人之仇，甘心外向，屡逐华商。西比〔伯〕利亚科学会特刊言布蒙其〔共〕和国乃入蒙、藏之政治关键。一九二四年，外蒙已有苏俄训练党员二千名，为组织政治之用。蒙政府分：（一）外交；（二）军事；（三）内务；（四）教育；（五）财政；（六）经济，共六部。国务总理车林多尔齐，通中文、满文，外交长阿毛尔，通藏文，陆军长哈丹把图，曾游俄国，得有俄勋章，其革命委员会会长及教育部长，皆布里雅特人。全蒙以"萨孟"为单位（即一百五十帐棚），若干"萨孟"为"阿顺"，若干"阿顺"为"爱麻克"，如省制。

布里雅特与蒙古语言虽不同，而哈尔哈斯文字皆可通用。俄人于〔上〕上乌金司克设立专门学校，教授此文；俾一班不识字蒙人，渐与布里雅特人同化。预定一切书籍，均用此种文字编辑。

苏俄边防最严，凡外国人入境，而无俄领之签证护照，必先监禁六个月，然后发落。至出境时，则对外国人多方刁难。本国人男子非党员几于不能出境，女人出境护照费至少二百元，其已嫁华侨业经出籍者，亦向索费。独于外蒙则出入自由，不需护照，实已无所谓国界也。俄方关于蒙事机关，有下表的所列：

苏联研究蒙事机关新解剖

- 蒙事商业机关
  - 西伯利亚商务局东蒙科库伦分局
  - 西伯利亚贸易总局设分局于外蒙
  - 西伯利亚皮毛公社设分社于外蒙
  - 远东商务局设分局于库伦（一九二四年）
- 机〔蒙〕事学业〈机关〉
  - 伊尔库次克大学蒙务科
  - 伊尔库次克天文台蒙古会
  - 伊尔库次克蒙务局考验入蒙教习
  - 西伯利亚舆学会蒙事股
- 蒙事航业机关
  - 伊尔库次克〔伦〕航空局
  - 库伦及乌拉撒堆设苏联航空局
- 蒙事政治机关
  - 东方协会蒙事部
  - 布蒙共和国政府蒙古政分会
  - 莫斯科蒙务讨论会
  - 西伯利亚蒙务讨论会
- 蒙事调查机关
  - 密泊山农务调查会（一九二四年）
  - 喀萨勾尔湖调查委员会（一九二五年）
  - 西伯利亚政分会蒙务调查会（一九二六年）
  - 币制调查委员会（一九二六年）
  - 道路调查委员会（一九二六年）
  - 拉湃提夫河调查委员会（一九二六年）
  - 佛兰瑟觉夫卫生调查会萨瑶时——乌梁海附近人种名——调查委员会（一九二六年）
  - 伊尔库次克卫生局调查队

　　二、经济方面　苏蒙经济上的关系，自苏蒙协定以后，越来越密切了，现在单以贸易一项来说，已可说明此点。为了省去长篇说明，兹把一九二三年到一九二七年度苏联对外蒙的贸易情形，列表如左（单位——吨，金额——千卢布）：

	一九二三——二四		一九二四——二五		一九二五——二六		一九二六——二七	
	数量	金额	数量	金额	数量	金额	数量	金额
食料品	四，一八九	六五八	三，九九〇	一，二五一	五，四三七	一，四八七	七，四一〇	一，七七四
工业原料及半制品	九一六	三二二	一，九一七	五七一	二，〇八一	五六一	二，〇八七	七二七
制造品	六四一	五二二	九〇五	九四七	一，六四〇	一，六一四	一，四九六	二，一三二
总输入额	五，七四六	一，五〇四①	六，四一四②	二，七六九	八，六〇〇③	三，六七〇④	一〇，九四二⑤	四，六三三

我们再看看蒙古中央组合底原料品销路百分比，其对苏联输出的比率，可谓与时俱增，有如下表之所示：

年份	蒙古内	对苏输出	直输他国
一九二四——二五	六	二五	六九
一九二五——二六	一六	三〇	五四
一九二六——二七	七	四五	四八
一九二七——二八	八	六〇	三二
一九二八——二九	六	七三	三
一九二九——三〇	九	五〇	

----

① 应为一，五〇二。——整理者注
② 应为六，八一二。——整理者注
③ 应为九，一五八。——整理者注
④ 应为三，六六二。——整理者注
⑤ 应为一〇，九九三。——整理者注

一九二八年到一九三二年，苏蒙贸易之对流，进展非常迅速，兹列表如左（单位——千卢布）：

年份	由苏运蒙	由蒙运苏	合计
一九二八——二九	一六，四〇〇	一五，二〇〇	三一，六〇〇
一九二九——三〇	一七，八一九	一九，七四五	三七，五六四
一九三〇——三一	三七，三四三	二八，八三二	六六，一七五
一九三一——三二	四一，三九五	一九，二七八	六〇，六七三

据外蒙古内阁总理说："多承苏联的相助，我国得有必需的物品……我们大受其利，你们因此不受资本主义的剥削了。我们对苏联的出口货尚不能与我们的入口货相抵。我们应该进一例〔步〕增进我们的牲畜、原料等出口货以改正这个出入不符。一九三四年以金卢布代替通商卢布，其自身可以减低苏维埃出口额，这在若干年来充满边境的。"兹由一九三五年的俄国贸易统计表明这种贸易事实上很有相当的减低：

	一九三四年	一九三五年
苏维埃到蒙古的出口额（卢布值）	四四，四一〇，〇〇〇	一一，六三三，〇〇〇
苏维埃由蒙古的入口额（卢布值）	二〇，五六一，〇〇〇	七，九一一，〇〇〇

总之，外蒙经济，由苏联贸易公司及蒙古中央合作社所统制，中央合作社与蒙古银行，是外蒙金融与经济组织底中心。但它是无从抛开苏联经济而独立的，它已形成为整个苏联经济之一环。此外，苏蒙间交通，除河流可通航外，更有四通八达的汽车道，乌丁斯克与库伦间，还有定期的航空通行；反之对我国内地，自一九二九年，完全被遮断着。

三，军事方面　苏俄在外蒙的军事行动，自民国十四年三月十六日加拉军〔罕〕照会中国外交部，声明撤兵后，表面上苏蒙在军事方面已无关系，但实际苏俄仍在操纵，如同俄方的设立陆军学校，以及去年的《俄蒙互助协定》，实含军事上的意义。

当热河事变发生以后，满蒙的问题就复杂起来。尤其在民国二十四年下半期满蒙边境的冲突，日有所闻。这不但引起我国人士的注意，恐怕举世都在耽耽〔眈眈〕着。因为这实在是远东一大危机，在这种情势之下，于是苏俄更加紧的操纵外蒙，遂有带军事作〈用〉的《俄蒙互助协定》。该协定共有四条，系于民国二十五年四月二十八日签订，兹将其条文录之如下：

第一条　苏联或蒙古人民共和国之领土，如受第三国之攻击威胁，则苏联及蒙古人民共和国应立即共同考虑发生情形，并采用防卫及保全两国领土所必需之各种方法。

第二条　苏联及蒙古人民共和国政府，承认在缔约国之一国受军事攻击时，相互予以各种援助，包括军事在内。

第三条　苏联及蒙〈古〉人民共和国政府，认为缔结国中一国军队根据互助公约，为完成第一条或第二条之义务起见，屯驻另一缔约国内，至无此必要时，应立即退出。有如一九二五年苏联军队之退出蒙古人民共和国领土，此乃不言自明。

第四条　此项共分两份，一用俄文，一用蒙古文，两份俱有同等效力，此项草约将于签字后发生效力。于此约十年后内继续有效。

在这个互助公约宣布以后，举世都为警震。中外舆论，威〔咸〕以为苏俄此举实为侵略我国领土及主权，当时我政府向俄提出严重抗议，并根据十三年五月的《奉俄协定》斥责苏俄的无理，后来俄方的覆，既少内容，词句亦多狡辩，毫不自认失当，并不予以撤消。我政府第二次抗议又提出，但苏俄反置之不理，始终未予答覆。当时我国国内各报社论对俄蒙协定差不多一致说了如此沉痛的话："在这次议定书中，我们更明白在'白色帝国主义'之外，还有'赤色帝国主义'的存在。而现在国内的赤匪，还认贼作父，毁坏中国的生存，效'苏维埃'的一切一切，我们能不痛心么！"

四　尾语

如果我们不像上面那样，把外蒙古跟苏俄的简单关系来观察；我们进一步把外蒙古作为苏俄远东政策中所占的地位来看的话，那末外蒙古是苏俄最重要的国防要塞了。设使苏俄在远东采取保守态度，那末外蒙古就是很可以守的地方，我们知苏俄把北满的实〔势〕力失掉以后，海参崴陷于孤立，而伯力、赤塔也撤了屏障，这些地方在将来的日俄战争中，那是不值得日本一击的，于是他把前线的重心差不多放到外蒙，所以他对蒙古积极的经营的目的就在此。因此我们的外蒙古就在苏俄这个远东政策最低的要求中沦落了。如果我们从进攻方面来说，那末外蒙古又是苏俄可以攻的根据地，谁都知道，苏俄的两个五年计划都节节成功，社会经济的发展已很可观，尤其军备方面，战具发明之多，制造之精，那是世人共知的，有了这些个条件，那必然的使苏俄向外发展的。然而发展的目的地又不会是西方，因为西欧既无他发展的机会，列强也不容许他那方面进展，他只好转到中国来了，在这样意义之下，外蒙是在在不能脱出整个苏俄的操纵，那么我们拥有面积一百六十七万平方里的领土，及三百五十万的同胞，又在"赤化"包围之下！所以我们不能不注意这赤色的高邻！

《铲共月刊》

天津铲共月刊社

1937 年 1 期

（朱宪　整理）

外蒙古现状一瞥

陈岐山 撰

一

"外蒙古"，一般地都把它当为是未开化的、黑暗的、荒凉的区域。其实，这样的认识已是属于历史的过去，并不是切合现在的情形。现在的外蒙古是新鲜的，灿烂的，进步的了。

时间还是很短促，不过只有十五年间，外蒙古的情形已经完全改变，政治的、经济的、文化的诸方面，已呈现了飞跃的进展。

历史的说，在一九二一年以前，外蒙古的封建关系是占着支配的地位，农奴制度是根深蒂固的存在，国民经济的一切部门——无论工业、对外贸易、国内产业、国家财政、关税、邮政、电话等等，都是操据在外人的手里，甚至蒙古经济的命脉——蒙古牧民大众唯一生存资源的游牧业，也依存于外国资本之下。农业虽是还停滞于低程度的发展阶段，也都是受了外国资本的支配。蒙古民众在外人企业（家内工业的制革业、洗毛及其他）的劳动，每天在十二时间至十六时间之久，赁银极低，几至无法维持个人的生活。妇女及儿童则更受猛烈的榨取。

不仅如此，蒙古的牧民大众除了极受外人资本的剥削以外，还受着同族的封建领主——僧侣、王公、贵族的抑压。一切的牧民大众，无论任何形态，都是隶属于封建领主的铁蹄下，强制地征收苛酷的租税和贡赋。

牧场，这是增殖家畜的基础，是牧民大众的生活依据，其重要性有如农业国家的耕地，完全是属于封建领主所领有，并任其自由处置。领主们为着个人的便宜，个人的利益，可以随便叫牧民大众从好的牧地，移到恶劣的牧地，甚至可以随便没收或圈定某一个牧场，而把原地的牧民们，许以放逐。赋税之繁重，连仅有的、最后生活条件的家畜，也要交缴上去。政权统治者、喇嘛僧、领主等或须运送货物之时，牧民大众是完全义务地"唯命是从"，并且对于通行的旅客，应供给食物及住宿，或有对于自己妻女的性行为，亦决不敢异议。

喇嘛僧在蒙古社会及政治，具有重大的势力，全蒙男子的十分四以上是喇嘛僧。下级的喇嘛也是离开生产事业，依靠牧民大众过着寄生生活。不过僧院里的真正主人是高级喇嘛，他们握有生杀的大权。僧院的财产亦极其丰富，约占全蒙家畜数的五分一，不待说都是无条件地从众民大牧〔牧民大众〕榨取来的。

喇嘛教之于外蒙是最可怕的猛虎，他们对于领主和压迫者是盲目的服从，而对于民众则狐假虎威、无恶不作。喇嘛教的存在是蒙古生产力衰退主要的根因，半数以上的男子过着独身的生活，阻止了蒙古民族的发展，并且极力反对教育的普及运动，以避免无知民众的反抗。

外蒙的财富是以家畜去计算。依一九一八年的调查，外蒙每一领主的家畜数，平均约二，四〇〇头，僧院约有六六二头，而牧民经济仅有六十头。有一个最大的领主，叫做托拉克瓦侯，有马一千头，牛八千头，羊二万头。库伦的瓦夫列僧院有三万头的马和十万头的羊。

外人的商业高利贷资本，更使游牧民成为永远的负债者。低廉的出卖原料，昂贵的购进商品之外，或有急需，则任听重利的盘剥。

因为外国资本广泛的流入及蒙古境内商业银融关系的发达，使了封建领主增大其银币的需要。领主们为获得必要的银币，不得不从外人的银行、钱庄实行高利的贷借；而划出一部分牧民，让其征收家畜、原料品、皮毛等以为抵偿。所以外国资本流入外蒙古的结果，不但加强了殖民地们的榨取，今时也加强了封建的剥削关系。

基于上述种种原因，蒙古人的经济是陷入深刻的停滞了，退步了，牧民大众们是极度的贫困化了，他们失掉一切的生活手段，饥饿而破灭。革命的诸条件，随着历史的发展是完全成熟了。

二

革命的行动是社会客观条件所造成的。在层层压迫之下的牧民大众们，尽管统治者的威力是如何的强蛮，终于是爆发了解放运动。

即在我国发生辛亥革命，推倒满清，建立共和的时候，给予了外蒙的解放斗争以极强的影响。〈不〉过这次所爆发的外蒙解放运动，是以活佛所率领的僧院为主力，勾结帝俄以为外援，无端宣布脱离中国政府，并不是站在正确的观点，响应母国的辛亥革命。在一九一一年，封建诸领主及喇嘛高僧的大会上，竟决定活佛为专制魔王，美其名为自治，迄未尊重我中华民国之中央政府。因此，帝俄的势力，遂乘机侵入，活佛成为帝俄的傀儡。外蒙也就渐形殖民地化了。所以外蒙的人民大众，仍旧是毫无所得，相反地，他们的痛苦是更加深重的了。

当世界大战的时代，帝俄在外蒙的势力，已极形巩固。为供给在战争中军队的需要，便从外蒙收取了多量的家畜；同时，由帝俄输入外蒙的货物，则大形减少。俄国货币大跌，兼以商人之投机操纵，外蒙人民的经济状态，便非常的恶化。

然事态的恶化，犹未底止。一九一七年俄国革命，帝俄的白军，不容于国内的赤色势力，败退外蒙，则鸠占鹊巢，竟以此为根据地，本是亡命的徒众，却做起外蒙的统治者、剥削者。在一九〈一九〉一九二〇年这个帝俄白军占领的时代，蒙古的人民经济，特别衰微。

但是压迫愈大，反抗亦愈烈。在帝俄白军及活佛专制政权之下，蒙古的人民更坚强其解放斗争的精神。一九二一年七月，外蒙人民革命党终于推翻了库伦的活佛政权，开始新时代的发展。

外蒙政权的本质既已变更，便着手进行一切改革，例如废止封建的法制，封建的赋役，解除农奴制及联带责任制，实行土地国有，停止身份上的差别的法律，及无人道的刑罚（鞭打、拷问），制定民主化的选举制度，创立教育委员会，实行普及的教育。

为着提高外蒙的生产力，并与外人的商业高利贷斗争起见，建立庞大的合作社组织，以挽救人民大众的穷困化，并集全力于游牧业的复兴与发展，改善对于住民的供给货物。

一九二四——二六年，更创立各级民主的政治机关，并改订境内境外的关税，以助长国民经济的发展。还创设商工银行，实施币制改革，以兹格里克为正货。又于一九二八年，改银本位为金本位，废止现物税改为金纳税，并课收僧院经济以重税（这是历来的专制政权所不敢做的事），改良运输，并改革宗教及法庭。

不过，这一切的改革办法，还不是完全废止了封建领主的经济根据。一切的封建分子，差不多还是保有剥削的经济基础，他们巧妙地适应新情势的条件，仍旧可以剥夺牧民大众的权益。而僧院在政治上及经济上的地位，也还是很巩固。如宗教的献礼，"医疗"（滑稽的符咒治病法）的谢礼，喇嘛教师的报酬等等，还是僧院的大笔收入。至于对牧民大众所施放的高利贷借，而搅〔攫〕夺他们的家畜，不待说亦是未见减少的。依一九二八年的调查，外蒙全部财富的七〇％，还是集中于封建领主——神权政治家、僧院、富豪等的掌握。

因此，为更加彻底解救人民疾苦，乃于一九二九年实行许多更重要的改革，即没收非僧职的领主家畜，实施对于僧院的高率课税，禁止僧院的高利贷主义，颁布适当条件的公平法律，不许未满十八岁的青年入僧院为喇嘛。

同时对于中小牧民的生活改善，也给以积极的注意。从封建领主所没收的财产，大部分给予最贫困的牧民，且特别减免他们的课税。

政治机关则施行广泛的民主选举制度，除僧俗的旧封建贵族以及住居于僧院的喇嘛，没有选举权以外，一切的外蒙牧民大众们、劳动者、家内工业者、学徒、雇工、个人商业者及没有住在僧院的下级喇嘛僧［侧］等，都有选举权和被选举权。

在反封建的及反帝的斗争中，外蒙的社会正准备跳过资本主义的前途。

三

现在我们要从经济的、文化的诸建设方面，具体地举出若干成绩，以明白外蒙古的新进展。

先说外蒙古基本产业——游牧业方面，最近对于牧场的合理使用及保护已加以特别的注意。一切均以应用文化的方法为目的，政府和社会对于牧民大众，实行着广泛的启蒙运动，颁布了许多关于牧畜的通俗科学文书，并开办短期的讲习会；同时且奖励原料品质的向上，力求加工与保藏的改良；更为引导牧民大众能运用文化方法于牧畜方面起见，由政府机关给以长期的贷款，并严定此项贷款不得用于生产上的必要以外。

依最近的调查（一九二四年至一九三五年），外蒙古的牧草地面积已从一，五五一赫克达增至八一，六六〇赫克达。耕地面积，在以前为四，三八三赫克达，现亦增至二四二，〇〇三。保温家畜舍的数字在一九三二——一九三五年间亦从二六，五七二增至一三五，一八六。

为牧畜的健全计，政府还遍设兽医的组织。在一九三四年的兽医及药局医生的人数，较一九二四年差不多增加了四倍。一九三五年共有八〇八，八三二的家畜，受过兽医的治理。

兽医与牧畜技术者的养成方面，也获得了显著的成功。为指导外蒙游牧业能有先进的技术，政府特设有规模牧场及干草场，积极援助牧民大众保护幼畜，发展干草场，建设保温畜舍，掘凿新井及修缮旧井等。

这样，在积极发展牧畜业的情形下，外蒙的家畜数，已如次表的激增：

年别	一九一八年	一九二四年	一九三四年	一九三五年
骆驼	三〇〇，〇〇〇	二七五，〇〇〇	五五一，九〇〇	五五七，三二〇
马	一，三〇〇，〇〇〇	一，三四〇，〇〇〇	一，六三八，〇〇〇	一，七七〇，二九〇
牛	一四〇，〇〇〇	一，五一二，〇〇〇	二，〇六三，〇〇〇	二，三五一，二二〇
羊	九，五〇〇，〇〇〇	一〇，六四九，〇〇〇	一六，八六八，九〇〇	一七，六九三，六五〇
合计	一一，二四〇，〇〇〇	一三，七七六，〇〇〇	二一，一〇七，〇〇〇	二二，三七二，四八〇

在各社会层间，家畜（这是外蒙主要的财富资源）的配备状态，也有很大的进步。非僧职的贵族所有的牧畜业，差不多已经

完全解除，僧院的家畜，也由一九二五年的二，六四九，○○○头，激减至二二四，○○○头（一九三五年）。僧院家畜数在全蒙总头数的比率，一九二五年约占二○％，现则尚不及一％。

在相反的一方面，牧民大众每一经营单位的家畜数，则加倍的增多，即在一九一八年为六○头，一九三五年增至一一五头。

不过，牧畜业虽是非常的发展，一般的状态，还是非常落后的，收益性和生产性还是很低。

农业则为牧畜的副部门，它在外蒙虽还不是占有重大的作用，但其发展的情形，却是很显著的，尤其是牧民大众的兼营农业，更值得注意。

在革命之前，牧民们是完全没有经营农业的，经营农业者都是汉族。此外如蒙古僧院，仅有相当部分的耕地面积。在外蒙的政府，现正讲究种种方法，开拓新的农业地，采用新的农业技术，并且有许多优异的奖励。将来的益见发展是可以预期的。外蒙在不久的将来，一定可以从游牧社会的阶段，进到农业社会的阶段。

矿业方面，也相当丰富，现在外蒙政府在积极的调查与开掘。矿物的种类大概有：金、银、铁矿、铜、铝、矿泉（硫黄）等。

工业的发展，也是相当可视〔观〕。例如制革工场、靴袜工场、羊毛皮工场、罗纱工场、蒸汽洗毛所、发电厂等，都应有尽有。他们打算加工自己的原料品，免得为外国资本所操纵，多一剥削。

一般的劳动条件，亦积极改善。以前是每天要十五六点钟的工作时间，现则严行八小时工作制；工资也增高不少，并有社会保险的设置。劳动者的物资生活及文化水平都急激的向上了。

民众的卫生及民族文化的发展，尤令人侧目。至一九三五年止，已有六个中华学校及七十所小学校，极力推进肃清文盲的运动。各种技术养成所，也由政府不断的设立。举凡通俗科学书籍及教科书、定期刊物等，其发行部数，一年年的增加，这是外蒙文化提高的象征。

外蒙的一切，的确都在前进中，他们决心建设一个灿烂的新社会。在目前日本帝国主义的虎视眈眈，他们更没有忘记加强自己的军事设施，准备整个中华民族复兴的工作上，施展它的威力。中华民族革命的成功，应该就是真正的五族共和之实现。

《建言》（月刊）

上海建言社

1937 年 1 卷 3 期

（王芳　整理）

外蒙之过去及现在

梁子才　撰

在叙述本文之前，首当注意的，即整个外蒙的变迁，是以一九二一年为关键。因一九二一年前的外蒙，根本是中国的领土，受政府命令支配，不论在经济上、社会上和内地都保持着相当的联络。一九二一年后的外蒙，就投入苏俄的怀抱，和祖国采取着分离独立形态。基于这个缘故，我们叙述外蒙的情形，事实上，就不能不以一九二一年为界限。

一　一九二一年前——外蒙之全貌

一九二一年前，整个的外蒙，是筑基于封建制度和神权政治上面，其中最占势力的，当以王公及喇嘛为最。一般平民，是受上述王公、喇嘛的支配，度着很痛苦的生活。

（甲）王公统制下之外蒙

一、外蒙的行政组织　蒙古的行政组织，以哈少为最大（注：哈少即指盟），哈少之下为旗，旗下为苏木，苏木之下为海林。然而哈少是将互不相属的各旗，统摄为一个共同组织，以处理各旗间的共同事务（如驻京事务、驿站联络、朝贡、协防等）。至于旗内的事务，仍由各旗王公自由处理。王公的直接属下，则有总管、太人、章盖、孔督等官吏，分负管理苏木、海林之责。

注：哈少有四，在蒙古通称为四大哈少。每哈少总领若干旗，质言之，即四大哈少总领四十八王。

二、王公的权力及暴行　在王公当中，虽有扎萨克与和硕亲王之分（注一），但旗内的土地，则为他的世袭领有。旗内的一般民众，不独没有土地所有权（注二），就连个人自身，都是各旗王公的领奴。基于这个缘故，旗长王公就每以自身的利害，为蕃殖个人的畜群或狩猎，常将旗内的水草丰茂处，收为己用，把苏木内的人民，随意迁移，或制定夏期及冬季的游牧场所，使人民在规定的地方牧畜，不许溢出限制的场所以外。至于这个场所，是否足供人民牧畜之用，他是在所不管的。

注一：扎萨克事实上不能称王，所以称王者，是一般人尊崇之词，实非王。真为和硕亲王者，在外蒙则如肃亲王那彦图，在内蒙如苏尼特旗的德王，茂明安旗的云王，四子旗的潘王等才是。

注二：王公的领有地，是由满洲王朝所赐。除王公外，任何人都不能私有守土。因此一般蒙民，只有动产，而无不动产。且奇视汉人之私有不动产。

王公们还依据旗内的封建处分权和固有裁判〈权〉，向平民征收家畜畜产。并使他们尽种种的义务，如轮流为王府服役，缴纳租税公课，对王府敬仪等，其种类之夥，殆难枚举。

三、旗内瓦尔顿义务　除种种义务之外，最使平民痛苦的，要算瓦尔顿义务（驿站）。瓦尔顿义务，是旗民所负的莫大徭役。为支应内地官民、蒙古的官吏及喇嘛旅行，令人民在每隔三十里远近上下，设立驿站，无偿的将驼、马和运物车辆，供给上述一般人乘用。有时因贵族及官吏的长途旅行，就在离大道很远的地方，也有这种义务存在。这个驿站就成了外蒙的根本交通手段，使一般平民，因此蒙着莫大的损害。

四、旗民的非法负担　依满洲王朝的法制，内外蒙古的王公，须轮流驻京服务。每次以全体的半数为限（注一），三年一轮，再由其他的半数赴京。基于这个缘故，外蒙各旗王公，就须大大剥削其人民。因为他们每次入朝，都须带大批的银两及贡物，除贡献皇帝外，尚须对理藩院大臣及满洲亲贵，行使莫大的贿赂。所以就须向驻蒙的内地商人（注二），借贷大批银两，借贷金的利息，法定虽然不得超过百分之三六，可是由于债主的种种抵对，事实上，竟超过百分之百。假如到期，将债务全清，就算完结，要是不能全部清偿，只缴纳大部或一部，则将付与的钱项，作为利息而乾没，将来债务的清偿，还得以原额为标准。更有甚者，是将旗内赋税的一部，作为担保，由债主亲向旗内住民，征收原料和畜物。使蒙古人民除正式缴纳的租税及公课外，还须对于这项商人债务，负有清偿之责，而且这个负担，成为永例，是逐年清偿不尽的。

注一：全蒙共四十八王，半数为二十四王，由两大哈少率领入京供职，是理藩院的定例。

注二：前清所有票庄，多半做着这种生意。西北最大的商店，大盛魁、源盛德、大盛川亦都经营此业，获利颇丰。

（乙）喇嘛的特殊势力

子、喇嘛的阶层　在外蒙的支配力，不劣于王公的，是所谓喇嘛庙。喇嘛的最上层是呼弼勒罕（注一），次于呼弼勒罕的，是胡图克图（注二），次于胡图克图的，是大二喇嘛。在大二喇嘛之下，又有坐床喇嘛、不坐床喇嘛许多阶层。这些上层喇嘛，一方受西藏达赖、班禅的支援，一方又为满洲王朝册封，在外蒙领域内，成为特殊势力的东西。

注一：呼弼勒罕①，华言转生之意，即所谓活佛。

注二：胡图克图为呼毕勒罕坐床大弟子。

丑、蒙民送子入庙的义务　满清定例，蒙古人民的子嗣，至少须有一人入庙。所基于这个法令的压迫，蒙古人民每家都须送一二小孩入庙，受喇嘛的剃度。因此差不多就将男性人口的百分之四十以上，都披剃成喇嘛，过度寺庙的生活。这些喇嘛，统统脱离生产过程，受着各旗人民的顶戴供养，每天所从事的，只是唪经和打坐。

寅、喇嘛庙的压榨及其财富　各大喇嘛庙，一方从人民收入莫大的捐纳，一方又拥有大宗财产，除多量的畜群并寺庙储蓄外，尚隶属着若干寺庙。这些小寺庙，照例须对大庙，缴纳多种税务及公课。就有许多寺庙，因不堪上级大寺的榨取，将自己所有的畜群，用债务奴隶条件，贷给平民饲育，或将畜群的一部，用伴喂条件，由平民牧养，以免大庙的过度榨取。至于一般人民对寺庙的直接负担，更是庞大，每年至少也要五六千万之巨。

依一般的计算，外蒙的全数家畜，至少有五分之一，是被集中在寺庙的掌握。如更将庙宇贵重器等加算起来，至少全国财富的四分之一，是集中在寺庙的手中。

（丙）外来资本的侵略

一、连带保证制度　外来的商业资本及高利贷资本，〈在〉外蒙也发挥着绝大的作用。他们利用蒙古旧有的连带保证制度，使旗全体人民，特别是未付债务者的亲族及邻人，负连带偿还的责任。假如欠债者没钱还债，他们就利用旗内王公的势力，强迫欠

---

① 后文又作呼毕勒罕。——整理者注

债者的亲族、邻人，履行义务。以先，这个制度，只实行于旗内诸种封建税课之间，但外来资本，不论银钱借贷和货物赊欠，对于各个农民，都行使这种保证义务，结果，使许多蒙民，因连带保证的关系，陷于极度的贫困。

二、原料偿债的损失　外来的高利贷及商业资本，放债于蒙民的时候，一边按照债额（不论物债钱债），加算很大利息，一边还要求蒙民支付原料，为利息的清偿。利用这个手段，将原料的价格，贬抑到相当程度，使蒙民为债务所迫，不得不牺牲原料的若干总值，清偿债务。这样，他们在一宗债务上，便获得了二重利益。

三、外国资本的侵入　在二十世纪的初头，蒙古锁国状态，已为世界列强的商业所打破，变成各帝国主义者原料的资源地，及商品推销的场所。这时英、美、日、德的商人，纷纷踏入，援用中国的商人，一方为他们收买原料小麦及家畜，他方更为他们推销种种工业产品，因此，中国商品，在外蒙市场上，就失掉了支配地位，而为各国的工业品所代替。

这时俄国的资本和商品，也向外蒙盛旺地流入。但俄国的商品贸易，究竟不如英、日诸国的繁盛。诚如《俄蒙贸易概观》所言，二十世纪成为俄国在外蒙的竞争者，已非中国商品，而是更进步诸国的工业制品。

总之，一九二一年前的外蒙，是处于上述三种势力之下（王公、喇嘛、外国资本），王公、喇嘛是蒙古的两大封建集团，不独在政治、宗教上，占着绝大的支配势力，就在全蒙财产上，也占着惊人的数字，依马依斯基一九一八年的统计，〈一〉蒙古王公〔一〕经营的平均家畜数，约占二，四〇〇头，一寺庙的平均家畜数，约占二，六六二头，一平民农户的平均家畜数，只占六六〇头。此外，还有占数万头家畜的贵族，如陶拉克奇温公，有马约一，〇〇〇头，牛八，〇〇〇头，羊二〇，〇〇〇头。库伦的瓦依布尔寺庙有马约三〇，〇〇〇头，羊约一〇〇，〇〇〇头。而外国资本的势力，则更具〔其〕雄厚，将外蒙的工业、邮政、内外贸易，完全操纵着，甚至将蒙古的经济根低〔底〕，即平民大众唯一生活资源的游牧，都隶属于他们掌握。

（丁）外蒙的独立及撤销

一九一一年，中国内部发生革命，满洲王朝的势力，就被革命党人所推翻，这时政府因内部问题的关系，对于外蒙的控制，大形弛缓。外蒙的上层领袖，受帝俄政府的耸动，就发起伪独立运动。这个运动，是以一般王公、喇嘛及贵族为中坚，草创独立自治方案，拥戴库伦活佛为政府首领，竟于当年，宣告外蒙脱离中国独立。政府因内部多事，也无暇着手于这个伪组织的撤销。

一九一四年世界大战爆发。帝俄为供给军用，从蒙古征发了许多家畜，又因战争缘故，商品的对蒙输出，就大形减少，结果，俄币卢布的价值，在蒙古就一落千丈，使蒙古平民的经济地位，更加恶劣不堪。

一九一九年，俄国白军，因不堪赤军的压迫，由俄国边境，退处于外蒙境界。谢米诺夫，就想假借某国的援助，组织所谓泛蒙古帝国。但因力量薄弱，终竟没有成功。

这时，中国的内部，正由段合肥执政，就乘外蒙在白军的混乱中，派军入蒙，取消独立。陈毅入驻外蒙后，就强迫外蒙当局，缔结了撤销自治制的六十四条条约。但库伦活佛在表面上，虽然允许撤销独立，事实上，则各种独立组织还依然存在。于是政府乃命徐树铮入蒙，徐树铮入蒙后，方采强硬手段，甚至将库伦活佛逮捕起来，这样，蒙古政府才归瓦解。

安福派一倒，中国军就退出蒙古。不久，白俄温格林率领为赤军战败的部属，侵入蒙古，这些白卫军，散漫于蒙古各地，四出掠夺，结果，蒙古平民竟因此失掉了所有家畜的三分之二，陷于极度的贫困。

二 一九二一年后——外蒙的新形势

（甲）独立运动之再兴

蒙古人民革命党与革命青年同盟，受布尔什维克的指挥，在库伦的政权下，就已从事革命运动。及温格林的叛军侵入蒙古，占领库伦，外蒙的秩序，眼睁睁地是入于混乱状态。上述的党团，就利用这个时机，在苏俄的掩护下，于一九二一年三月一日，在恰克图市，召集第一次大会，公布组织人民政府，推翻库伦活佛的统治方案。同年十月三日，选出蒙古人民临时政府。

恰克图的伪组织，为统一外蒙，不能不驱逐白俄军队的势力，但依据自身，是没有这种力量。于是就求苏俄政府派军援助，苏俄政府依据这个请求，就派军入蒙。于六月间开始对温格林在道洛伊兹及哥沙弗斯克附近的白军，加以重大打击，经过数次大战后，蒙古首都库伦，就脱离白卫军的掌握，落入伪组织手中。

他们获得库伦后，经过几日，依赖赤军的助力，将库伦活佛囚禁起来，并解散过去库伦活佛的所有组织，重行选出恒常的人民政府，宣告外蒙古民族独立。

苏俄乘此机会，正式承认外蒙古独立。并和外蒙古政府，缔结了苏蒙相互援助条约及苏蒙同胞辅佐条约。这个条约，直到现在，尚不失其效力。

（乙）改革后的重要变化

随着人民政府的成立，蒙古内部不论政治、经济、宗教等等，发生了强烈的变革。在这些变革当中，我们择其尤关重要的情形，略述于次：

子、召集大毫拉尔敦　外蒙统治机关，为使人民满意于他们的统治，并消除旧有势力，施行种种政策起见，于同年内，召集临时国家大家〔毫〕拉尔敦（即临时国民代表大会）。由人民政府提出许多重要改革方案，要求大会讨论，大会就将政府提出的多数方案，一一加以表决。其中最要的事项，约略如下：

一、废止满洲王朝法制（这个法制，是清廷专为蒙古制定的封建秩序。一般王公，根据这个法令，领有旗地和旗民。所以虽经一九一一年独立的变革，还继续存在于蒙古。然而经过此次的撤废，王公们就根本失掉了领有的土地和人民）。

二、废除蒙古外债（公家债务）及债务奴隶利权、外国资本、民众间的私人债务。

三、废除农奴制度、封建义务及连带保证制度。

四、宣布土地为国有财产。

五、撤废各身份层的不平等。

六、制定旗总管的选举制。

七、施行一般的所得税（连革命前，任何租税也不纳的贵族及寺庙，至此都须缴纳所得税）。

丑、实施急进政策　蒙古人民革命党第三次大会，开始制就蒙古革命的一般任务。——推动蒙古向发展的非资本主义过程迈进，——一九二五年，蒙古人民革命党的第四次大会，确认这个任务，宣言：

为代替资本主义的方法，及资本主义的法律秩序。——因为这些方法及法律，足以使蒙古成为外国资本的新隶属。——我们要把全蒙的金融、经济活动、政治活动，都集中在政府掌握。即采取集中金融、政治及经济的方针……导蒙古入于既无压迫者又无被压迫者的社会制度，亦即导蒙古于社会主义。

基于上述的决议，蒙古的统治机关，就采取了若干的过激行动，推动蒙古向非资本主义过程迈进。兹述其主要政策于次：

一、施行阶级租税政策。

二、实行外国贸易独占。

三、重征寺庙经营租税。

四、提高商人间的租税。

五、设立国家协同组合。

六、实施国家运输独占。

七、限制私营商业范围。

施行这些政策的结果，使蒙古的国民经济，日趋动摇。一般平民因业务范围的限制，及租税的重大，就连日常生活，都陷入极端贫困状态。

寅、摧毁宗教势力 蒙古当局于一九二五年末，为摧毁喇嘛庙在各地的权力，剥夺其经济势力起见，下令废止薛比管区，——库伦活佛的农奴管理区——扬弃薛比·纳儿（寺庙农奴）对寺庙的义务。为管理各寺庙，设置由喇嘛选出的特别机关。并于翌年，颁布政教分离的法律。取消寺庙的尊称及身份，如胡图克图、呼毕勒罕等尊号，至此，遂被统统废止。

（丙）右翼势力之反抗

然而蒙古当局依据这些一切方策，尚未将蒙古贵族的经济基础十分动摇，反使一般旧势力，为保持其经济基础，对于政府的过激政策，发生激烈的反抗。随而政党方面，也有新右派的出现，都不满意于政府的当前措置，继起反动。

一、旧势力的反抗 应于这种新情势，贵族不遵政府命令，继续榨取平民，照旧用债务奴隶的条件把莫大的畜群，委于平民之手。又榨取被雇佣的平民贫农。寺庙的经济地位，依然还是特别强固，利用宗教捐纳、加持费、祈祷费、生徒（小喇嘛）对喇嘛教师的报酬等名义，照样由平民受取莫大的收入，且又从事商业经营。

二、新右派之勃兴　由于商品和货币关系的发展，私营商业的秘密昂扬，致富的分子一天比一天加多起来。这些人差不多都是旧封建分子和旧官僚职员，很多是存在于国家机关从业员之中。这些人一面恢复旧状，从事封建集团的结合，一面又和贵族、喇嘛秘密勾结，企图借用外力，将蒙古推进到资本主义发展过程。这个势力，就在人民革命党内部，也有许多分子参加着。

（丁）右翼势力之肃清

蒙古人民革命党，鉴于当前局势的恶劣，为克服布尔乔亚分子的反抗，召开第七次大会。同时又由政府方面，召开第五次大毫拉尔敦，决议肃清右翼派的反抗势力，改组政府（一九二九年）。上述两种会议，确认向非资本主义的发展过程迈进，是蒙古革命党的坚决不移方针。同时更确认进一步的巩化苏蒙间的友谊，并扩大苏蒙间的经济和文化的连络，也是目前的必要事项。基于这些决议，外蒙政府就于一九二九至三一年间，实施了如下的政策：

一、实行没收一般贵族的家畜。

二、加强对寺庙的课税压迫。

三、禁止用债务奴隶的条件，将寺庙家畜，委于平民牧养。

四、禁止未满十八岁儿童入庙（此项命令，直到本年，尚不为喇嘛所服从，即在一九三四年，入庙儿童还有一万八千之众）。

五、对封建的并布尔乔亚分子，加课累进税。

六、肃清在国家机关及协同组合机关中的一切封建分子，及其他反动分子。

（戊） 财政制度之建立

关于此点，可分两层叙述。兹略言于下：

一、确立币制 一九二六年，蒙古实施货币改革，制定本位货币，其本位币，名为道乌夫里克。一道乌夫里克，约当辅币一〇〇门格，合俄国一卢布。以先，这个道乌夫里克，尚以银为本位，至一九二八年，遂改行金本位，将道乌夫里克重铸金币。由于货币制度的确立，中国的银元及金银，就完全禁止流通。

二、改造预算 同年蒙古为实施预算的中央集权化，预算规律的巩化，制定全收入及全支出国库单一制，把全部收支，统交财务省管理，废除过去各地自为收入、自为支出的恶习。

基于整个财政制度的建立，蒙古的国家经济，就因收支的统一，预算的巩化，获得了强固的基础。私人经济方面，也因过去币制混乱的清算（过去蒙古，是把种种东西作为货币。甚至羊和茶，都是货币的一种，其币制之混乱可知），本位币的确立，促进商业的莫大发展。

（己） 制定统治方式

蒙古人民革命党及蒙古政府，于一九二四年，召开正式大毫拉尔顿（全蒙人民代表大会），制定蒙古共和制度的统治方式，依据这个方式，全蒙的最高权力是在大毫拉尔顿，在大毫拉尔顿的闭会期间，是属于小毫拉尔敦，在小毫拉尔敦的闭会期间，同时属于其干部会及政府。

甲、确定人民选举权 依据蒙古法制，全蒙的选举权，为一切平民、劳动者、家内工业者、职人、私营商人、不常住于喇嘛庙的下层喇嘛所享有。一般贵族（汗、王、贝子、贝勒、公及台吉），特殊贵族（呼弼勒罕、胡图克图、常住寺庙的喇嘛）则被剥夺选举权。

乙、行政区域的改革　为使各层权力机关，更向民众接近，复于一九三十〔〇〕至三一年间，实施行政单位的改革。将全蒙组织为十三区，代替过去的五区（现在十二区），开治〔始〕废止旗单位。为巩化小行政区，重编三〇九苏木，代替过去的五一二苏木。下级行政经济单位的海林，改称为巴克，组织二，三九〇巴克，代替过去七，八九九海林。

在少数民族所住的西部地带，组织两大特别旗，即哥沙兹克旗及乌梁海旗。且对这些旗的住民，给与广大权利和免除。始自巴克，终于中央政府及小毫拉尔敦的干部会，全环国家的管理，都定立于广泛的选举制，及吸引平民参加国家活动的原则之上。

（庚）左翼幼稚病之克服

在反封建的斗争过程中，人民革命党蒙犯了很大的左翼谬误，这些谬误，具体的表现在私营商业事实的废止，运输的国家独占，重课富庶平民上面。

由于这些政策的施行，激起多数人民的不满。人民革命党中央委员会第三次临时干部会，及小毫拉尔敦第七次会议，为矫正这个错误，发表下列一联决议：

一、确定私有制性质　明白宣布蒙古人民共和国，是新型的、人民革命的、反帝国主义的布尔乔亚民主主义共和国。

二、改正革命的任务　宣布蒙古人民革命党的任务，在一面将现存国家巩化，使它成为反帝国主义的民族国家；一面将外蒙的生产，发展到最大限度，绝灭封建主义，渐次肃清榨取分子，拥护蒙古脱离干涉的威吓。

三、解放私营企业的束缚　即奖励私人游牧的发展（包含富人在内），废除运输国家独占，督促协同组合机关，对私营企业作借资的融通等。

（辛）反宗教运动的展开

依据一九三四年，大毫拉尔顿的决议，蒙古当局对于整个的喇嘛庙，制定一联的限制方策。即：

一、禁止呼毕勒罕、胡图克图的出现。

二、禁止新寺庙的建立。

三、禁止喇嘛强制的索取寺庙捐纳。

四、对寺庙经营加课特别税。

五、达到征兵义务年龄的喇嘛，须依喇嘛阶层，支付兵役税。

最近（一九三五年）依据小毫拉尔敦的决议，且禁止家族中的长男及次男，剃度〈为〉喇嘛。非彼等有三男左近，达于成年的时候，不能依其自己的意思，出家为喇嘛的。

但喇嘛在蒙的势力，至为庞大，其财政基础，亦颇强固。依最近统计（一九三四年），直到现在，蒙古人民对于寺庙，每年还缴纳着二千七百万道乌夫里克的负担。但外蒙全国家预算，在一九三三年，才是二千二百万道乌夫里克。由此可见喇嘛庙在蒙势力，是怎样雄大。在这种形势下，外蒙政府是否有力量，能将这些喇嘛庙势力克服下去？在我们看来，的确是成为疑问的。

《国本》（半月刊）

南京国本半月刊社

1937 年 1 卷 7 期

（朱宪　整理）

国防最前线的绥远省

林绍广 撰

一 绥远的位置及其重要

我们翻开大中华民国地图来看一看，便晓得绥远一省本来不是边疆，可是自"九一八"以来，丧失了东北四省以及冀东廿二县和察北六县，于是绥远便成为国防的第一道防线了。我们要想明白绥远抗战的情形，应先晓得他的位置及其重要。绥远东邻察哈尔，北邻外蒙古，西接宁夏，南方便和山西、陕西两省相连接，俯瞰河北，形势异常险要，他是我国西北的门户，又是通达外蒙和新疆的要冲。

绥远所以成为西北的门户，是因为有一条阴山山脉横亘于本省的中央，峰峦高耸，是内蒙地势的脊柱，可作天然的屏障。从阴山山脉的北侧，虽然也可以绕道到宁夏和新疆，但那些地方都是荒凉的沙漠、草原，不但交通不便，而且物产的给养也很有限。所以友邦必须得到阴山南麓的平绥铁路为其侵略的出发点，因平绥铁路由山西入境后，经丰镇、集宁（平地泉）至归绥，和绥包铁路（即平绥铁路的延长线）相接，只要把集宁占据了，那不特可以控制全省，并且可截断绥、晋的交通，同时友邦可以很快的筑一条集多铁路，由集宁通到察哈尔的多伦，再连接热河的赤峰、朝阳，和满洲国呵成一气，可使我们的东北和西北联络起来，构成大包围的形势。原来集宁是绥、晋交通的咽喉，而且又是绥东的军事中心地点，匪伪扰乱绥远，本来以绥北的百灵庙为大本营，因为百灵庙是内蒙最大的寺院，也是内蒙的政治中心，地当内蒙通外蒙和新疆的大道，形势也颇险要，民国二十二年以德王为首领的内蒙自治运动，便是由百灵庙策动起来的。敌人占了这个地方，至少可以牵制我们。所以自被我军于去年十一月廿四日克复以后，匪伪仍以死力反攻。

绥远在形势上确为国防的第一道防线，万一不幸而丧失，那不但黄河流域各省门户洞开，即全国也必然动摇。绥省形势固甚为重要，而物产也极丰富，因为蒙古民族专恃游牧为生，所以牛、马、羊、骆驼等家畜，均甚蕃殖，其余农产、林产、矿产、毛织物等，亦有大量出产。假如友邦得到绥远，一方面可以作为侵略的根据地，同时掠夺了多量的资源，可以弥补他们先天不足的缺憾。

二　绥远省最近的战情

疯狂的友邦对我国的侵略，早已经定有大陆政策，即所谓"要征服全世界，先要征服亚洲，要征服亚洲，先要征服支那，要征服支那，先要征服满蒙"。我们从五年来的血账上，可以看出满洲早已被并吞；至于蒙古，本来有内外蒙古的分别，除外蒙古早已自治以外，内蒙即包括现在的热河、察哈尔和绥远三省，在这三省中，热河已完全被占外，察哈尔也被夺去北部的一大半，绥远省现正在进行中。这样看来，大陆政策第一步的征服满蒙的工作，已经完成八成以上了。

唯其绥远位置的重要，所以友邦便抱着非侵占不可的野心。敌人侵略绥远，已经定了三个步骤。第一是利用蒙匪作先锋，至于派遣军官指挥军事以及接济枪械等，当然不在话下，但察北和绥远匪军都是乌合之众，不堪国军一击，而且根本没有斗志，自百灵庙两次大败后，绥北的根据地已失去，而匪军便没有反攻的能力，由最近王英部下的石玉山等的反正，就可证明匪军完全被敌人所驱使，可说毫无斗志，于是友邦第一个步骤已经失败。此后便采用第二个步骤，就是策动东北伪军协助匪军作战，然而，我军在绥北不但剿灭了反攻百灵庙的匪军，并且节节推进，又攻下距离百灵庙六十哩的大庙。在绥东方面，我军以商都匪巢为目标，包抄前进，匪伪已在南壕堑布置工事，激烈的剿匪战，日内将又在此地发生，幸赖前方将士的忠勇和察省民众自动破坏匪伪后方交通等事实，第二个步骤必然又归失败。在第一、第二两个侵略计划均告失败以后，便决定实行最后的计划，就是正式调遣皇军参加作战。此项计划，现正进行，只是时间问题了。

三　今后我们应采用的战略——改守为攻

在友邦的三个侵略步骤实施以后，绥远战事的严重，几为全国人民所洞悉的了。惟其人人都洞悉绥省抗战的重要，所以弹雨之中，仍以铁甲车奋勇向前冲锋，其为民族为国家牺牲的忠诚，真令人无限的感奋。至于后方的民众，便奔走呼号募集款项，慰劳前方将士，以尽御侮救亡的责任，这种种救国的精神，都使我们万分的感佩，现在除继续这种精神更奋勇更切实的分担各部工作以外，我以为现在绥远军事更应该把防守侵略的防御战，改为积极的剿灭匪伪的进攻战。

我们晓得，国军自攻克百灵庙和大庙等要地以后，匪军已在绥北失去据根地；从此绥北虽仍发现友邦飞机的轰炸，但总比较没有以前那么严重，今后战争，必以绥东为重心。现在匪伪反攻的战略，是以商都为出发点，分向绥东、绥北进扰，一路进攻陶林和兴和，一路便反攻百灵庙和大庙，然我们须明了他们的阴谋，他们反攻百灵庙，是用声东击西的战法，以牵制我军的兵力。其实他们所看重的还是绥东，准备集合匪、伪、友邦三方兵力进犯陶林和兴和，假如得心应手的话，便可由这个地方夹攻集宁，以截断平绥铁路的交通，向南可控制晋北，向西可进逼归绥与包头，打断百灵庙和大庙我军的后路。所以我们恳切的希望收复百灵庙和大庙以后，要进一步的把匪伪根本剿灭。同时不但绥远的匪伪要根本灭绝，即察省和东北四省的匪伪也要根本剿绝。因为匪伪既有侵略者做背景，甚至三方联合进逼，如果不用迅速的动作和雄厚的兵力，乘机一鼓荡平，难保其在最短期间不会死灰复燃。所以应改防御为进攻，不要使匪伪迎头受击以后，仍有机会从容整理他的残余部队，再来侵扰我们。我们对于军事当局过去的剿匪，只侧重于防御，〈认为〉有点不大上算；匪军退去以后，便不乘胜追剿，结果，匪伪日见蔓延，致造成今日的危局。今后中国的成败利钝，以剿匪能否成功为水准，而剿匪的能否成功，又决于剿匪战略的防御或进攻。

因剿匪的战略改守为攻，或者有人会担忧到将引起与友邦发生正面的冲突，其实在这生死存亡的最后关头，我们实不惜作一最后的挣扎；何况友邦早已宣言绥省战事的爆发，是中国剿匪的内政问题，我们就可以利用友邦的拳头打他自己的嘴巴，我们进剿绥省的德王、王英等蒙匪是内政问题，我们进剿察哈尔的李守信匪军也是内政问题，我们进剿冀东的殷汝耕等叛匪，仍然是内政问题，进一部〔步〕的剿灭东北四省溥仪叛匪，也同样的是中国的内政问题。原来绥、察、冀东和冀北四省是中国的领土，在自己领土内剿匪，友邦也承认是内政问题，的确，剿匪是正当而必要的内政工作，这样一来，谁能干涉，谁能阻止！

《国华半月刊》

上海国华半月刊编辑部

1937 年 1 卷 10 期

（朱宪　整理）

郭象伋先生绥远省沿革讲述

郭象伋　讲述

　　绥远自古为我国边防要地，屯兵以守之，移民以实之。历代经营，备见史籍。顷自绥战事起，国人怵于全局安危所系，一致奋起，热烈援助。日来各方友好，关怀边局，以允义籍隶斯土，多有以绥事见询者。适检行箧，有吾绥郭象伋先生之《绥远沿革》一稿，乃今春为绥远乡村工作人员训练所讲述者也。先生现长本省通志馆事，殚精纂述，平日究心史事，熟于本省掌故，是稿于历代经营绥远之事迹，与绥远在历代之关系，述说颇详，爰为录出，以供研讨边事者之参考云尔。

丙子十二月九日，赵允义附识

　　今天来讲本省沿革，这个题目，内容包括的很广，一时恐怕说不了许多，只好就历代经营本省与本省在历代关系上，说个大概。绥远这个地方，虽说直到现在仍然是土地没有尽开，人口不大发达，还是一个边小省份，但是他开发的时期，是很早很早的。最远在战国时，赵国北边的属地，已有了云中、原阳，就是如今归绥、托克托、和林格尔、清水河各县的境地。当时既已筑城屯戍，可见这块土地已经是开始垦殖的了。到了秦、汉两代，居然成了中国北方重要军事区，同时也成了重要农产区。

　　自雁门以北，阴山以南，东自代郡起，就是如今的绥东、丰镇、凉城各县；西至朔方郡止，就是如今的临河县境；中间还有定襄、云中、五原三郡，就是如今归、托、清和及萨拉齐、固阳、包头、五原各县地。秦、汉制度，是以郡领县，合计五郡，有四十余县。当时国家经营这个地方，一面驻守重兵，耕牧其中，以防御外患，一面由内地各处，不断的移民种地，以充实边防。秦皇、汉武两朝，就史书上看到的移民，就有七八次，每次少则数万，多至数十万。如汉武帝元狩三年，山东被了水灾，徙贫民朔方、新秦中的就有七十余万人，并且贷给移民数以亿万计的产业费。又《汉书·食货志》，武帝时，朔方、西河、河西开田官，斥塞卒六十万人戍田之。照上边屯兵移民的情形看来，当日农业发达，可见大概了。这为经营本省极盛时期。

本省虽在汉时已经发达，但因边地的关系，兴废无常，却是不能一直往下经营。从历代事迹上看，可以说是不断的经营，也不断的荒废。因此我们这个绥远，虽经过二千年的历史，至今还是个瘠苦地方，不能与内地相比，户口、财赋，实在够不上省的资格。本省在前后汉时，虽已有五郡三四十县的局面，但是到了汉献帝建安年间，天下大乱，人民逃散，此地就成了空阔荒凉之区，又成了秦、汉以前的样子。经二百余年到北魏时代，本省是他的发祥之地，建都在今之和林境，名盛乐郡，及至移都代郡，本省属境，仍称为畿内之地，设州置镇。当时著名的沿边六镇，就有四镇在本省境内，云中、沃野各镇尚不在内，地方又从此经营复兴起来。及到肃宗正光五年，沃野镇民破六韩拔陵倡乱，各镇县跟着都变乱起来，干戈无定，州镇残破，此地又归荒废。

到了隋代，文帝统一南北后，只在本省中部稍有经营，不久亦为突厥占据。唐初讨平突厥之乱，设单于都护府，后改振武军，镇守北边。节度使张仁愿又在河北筑东、中、西三受降城，实行大规模的屯田。在中唐时代，此地又农田广辟，水利大兴，几乎又恢复了汉时局面。那时，人口众多，地方繁盛，虽不及汉时，但至此以后，历代亦没有再比得上的。所以论经营本省，自以汉、唐两代为最好了。唐末五代混乱，此地又成荒废，赵宋时本省始终未入版图。但此地经辽、金、元三朝，仍是设州置县不断的经营，可惜安定的日子少，变乱的日子多，地方亦没有很大的发展。不过见到史书上，内地遇有灾荒，往往由此地运往大宗粮食接济，可见本省历来就是产粮之区。再就汉、唐经营本省的事实说，每记载兵民耕屯的情形，就多有溉田数万顷或十数万顷的话。可见当时农业对于水利很是讲求，渠道很是发达的了。又如北魏世祖灭了赫连夏，所得牲畜数目，亦很惊人，马有三十万匹，牛、羊有数百万之多，当时的牧业又是如何的兴盛了。辽、金、元三朝，地方虽不甚发达，其间经过如置屯田、通河运、开马市，农商事业，亦颇可观。地方遇有灾苦，历朝亦多存恤的事迹，振荒救饥，元代更是史不绝书。假定就照此继续经营下去，那么绥远田地、户口，因多年泽养的结果，一定能比内地的一个中等省份。但是我们绥远，顶到现在，还是人口不满三百万的贫瘠小省，这个原因，就是中间经过明代二百余年的废弃，地方仍回复到游牧时代，这在本省进化史上，实在是一个极大的缺憾。本省在明朝时，属大同统辖，有丰州、云内州，又设东胜卫、宣德卫、云川卫、玉林卫，这些州、县、卫、所，是洪武初年改设的，到了正统初年，先后废除，连同设兵卫所，也都移入内地。绥西亦在洪武初年，李文忠率兵入河套，就旧胜州城故址，筑城驻兵，以为屯田久守之计，兵民耕牧，地方亦很发达。永乐初年，弃河不守，把卫所撤去，移至陕境。从此以后，本省这个地方，划为大同边外地。不过后套在明时，仍有晋、陕边界的贫民，到那边租种蒙地，每年春出秋归，这种种地，当时谓之"雁行"，后来谓之"跑青"。所以口外种地，春来秋去的办法，自明时已经有这个习俗，并不是入清代后才有的。综合上边所说的事实，自秦、汉至元、明，这就是不断的经营，也是不断的荒废，徒有广大的土地，始终没有造成一个富庶的地方。

我们试来推断这个不断的经营，不断的荒废的缘故，就是因为本省东西，沃野千里，又有黄河、黑河水利，阴山横亘于北，历代都以这山脉为中外一大防线。按这块土地说，真是可耕可牧，可战可守，所以本省在历代成了一个屯田养兵、移民实边的重要区域。但是当国力强胜的时期，屯兵设治，固守边疆，足可以抵御外患，一遇到国力衰弱，或中原多事的时候，力量不能顾及，此地就容易受外力的侵凌压迫，地方就要发生重大变化，多年郡县城镇之地，随着改变，渐成部落地段。此地从古以来，不能一直往下经营，这就是个极大原因。不过根据历史看来，这个地方，每当荒乱废弃以后，中原各省，必定就形成个侵略扰攘的局势。比如一个住宅，大门围墙，不能把守，敌人自然容易进院入屋。本省是中国西北的屏藩，乃沿边紧要地方，过去历朝，失掉这块土地，一定受外力的威胁。试看司马晋时的中原大乱，赵宋时的南北播迁，主要原因，都是因为失去了西北重要国防地，渐渐外力逼迫，牵动的内地也不能安定，争城夺地，引起大战，初起于北边，渐至黄河流域，以至大江以南。这种例证还有，姑举一二罢了。可见本省虽是贫瘠的省份，按我国地理，实在是个很重要的地方，其重要性，现在仍然存在着，且一年一年的加重其重要性，全赖我们国人，合力同心，急起直追，经营成一个充实完固的边防区。

本省自明代划为大同边外地，其后留给内省人的印象，只有"归化城"三字。说到归化城，不妨把这城的来由，大略说说。当明朝嘉靖年间，有阿尔坦者，就是史书上所说的俺达，初由河套，东移丰州滩，就是如今归绥县城一带，仿照汉人办法，筑起一城，盖起房屋居住，名曰"拜牲"。又因此地水草丰美，开田种谷，引水灌溉，内地人民来此地者，亦陆续不绝，所以当时西土默特部很是富足。彼时此城蒙语为"库库和屯"，译成汉语，就是青色之城的意思。到隆庆初年，与明廷通好，封俺达为顺义王。万历十五年，又封俺达的妻三娘子为忠顺夫人，赐名其城为"归化"，所以后来汉人亦有呼为"三娘子城"的，这就是归化城的来历。由明朝一直到清朝雍正年间，此地在土默特游牧地界内，统名之曰"归化城"，亦就是如今归、萨、和、托、清五县，和包头、武川一部分的地方。雍正元年，因汉人来口外种地的渐多，蒙、汉交涉的事情也渐繁，才设立归化城同知衙门，管理蒙民事务。后因地面宽阔，仅一同知厅官，兼顾不到，又在归化城附近及萨拉齐、托城、二十家子、清水河、善岱、昆独仑七处，各设一协理通判。乾隆初年，又裁并一次，改为归化同知，萨、和、托、清四通判。到了道光年间，萨拉齐的厅官也改为同知，口外所设的这五厅，都是在土默特境内。

至于绥西后套，绥东察哈尔西四旗，清初对于蒙地有禁垦的功令，所以在那时后套垦务不能开发。至乾隆年间，禁垦的功令废除后，汉人陆续往套地开垦，察哈尔四旗厂地，也逐渐开放。但本省开地，却不始于乾隆年间，如今归绥东乡所谓四村水地，在康熙年间已经开垦，各厅大官粮地，在雍正年间已由土默特都统丹津奏准开放，征收军米。归化庄头地，也在雍正年招垦，这是本省开垦最早的地。至于口外牧厂地，多在嘉庆以后，招民垦种，按年征租，当地农民，称征米官地为大粮地，征租厂地为小粮地。当时五厅，除少数官粮地，及察哈尔四旗境内的丰镇、宁远二厅王公马厂地，由官招垦征赋外，此外大部分土地，概由汉人直接向蒙户商得同意，立约承种。蒙利民租，汉利蒙地，自行交易，官厅概取放任主义，不加干涉。所以在前清种地，每年只交蒙古地租，在官厅并无任何负担。入民国后，因清理官地，始征官租。

上次曾说过，后套在明清之际，陕西、山西两省边境农民入套租地耕种，始终概未间断，不过就河引水，没有大规模渠道，春出秋回，也没有聚成村落。又据父老传言，康熙年间，大军西征噶尔丹，内地人民，随同大队，沿兵站大路，西入河套，从此套内，地户较前增多。缠金渠附近，大概在那时已经开地很多，现在的永济渠，就是从前的缠金渠，为后套八大渠中最先有的一个渠。至道光、咸丰年间，后套因经过多年经营，地方很是繁盛，同、光之间，军队剿平回匪后，长期驻扎套地，人民负担过重，地户多有逃亡，因而地荒渠废，渐见衰败。经地商郭敏修、王同春等努力开渠，到光绪中年，套地又复兴起来。在光绪末年，垦务局未设以前，后套能不断地经营，未至闭歇，完全是人民自垦的结果，国家并没有加以提倡。

按过去情形看，乾隆一朝，是本省开发最盛的时期，城市的商业发展，乡村的户口聚集，如今还可在庙宇的碑记上，证明多半在乾隆年间开始繁盛的。所以绥远城的驻防将军，管辖各厅的归绥道，也都在乾隆初年设置的。当年本省的开发，其主因为蒙、汉贸易集中之地，外藩货物汇聚之区，历来以藩商事业见称内地，而文化每致落后。那时来口外的人，多是务农、经商，读书人极居少数，偶然有游学来此地的，也都是来去无定，农商大户，想为子弟聘请良师，很是一件难事，遇到考试童生之年，还得回原籍投考，寒士就不易凑办，因此读书人不能增多。同治年间，朔州王赓荣，曾游学此地，深知口外不立学校，文教难以大兴的情况，他在光绪初年作御史时，特为此事，奏请立学，部议迁延，未能实行。到光绪十年，张之洞在山西巡抚任内，奏准口外改制，把向归朔平府管辖的宁远厅，大同府管辖的丰镇厅，划入归绥道管辖，连原有归、萨、和、托、清共为七厅，同时奏准归绥一道，设置儒学教谕一员，管理七厅学务。童生三年应试之期，由道台就近代考，考卷交至大同，由学台阅定榜示。从光绪十三年起，每三年一次，至三十一年停考，前后共有七次，名额每次增加。自从立学以后，各厅人民读书风气大开，内地耆宿，来此地设帐授徒的，比以前增多，本省的文化，可以说从此时才算有了根基。以后地方士绅，都是从此发源的。

　　本省在前清，因为是个商业区，当时所谓绅者，在商而不在士，各厅官对地方兴革大事，多与乡耆议商而行。乡耆是由商界公举，任期一年，期满另举。直至光绪末年，学界人士众多，已大非昔比，又值举办自治，这时各厅士绅，热心参与，组织会所，办理地方公益。自此以后，地方遇有兴利除弊的事，官、绅、商才算联为一体，共同负责办理。至于乡村的情形，各厅民户，都是由客民寄居而来，边厅的户口，当初编造，也很简单。在雍正年间，初定有编甲的办法，就是合十户为一牌，设一牌长，合十牌为一甲，设一甲长，因村户零散，必须联合数小村庄，才能编成一甲。按当时乡村住户无多，设立甲长，管辖百户，就可以稽查匪类，不至于发生烦难，这可以说是本省举办保甲之始。到后经二百余年，亦没有多大变更，当然奉行日久，成了具文。每年不过由厅官照旧册造送，总口数不及二百万。光绪十年，张之洞因口外改制，奏准编立户籍，引起一次纠纷。张抚的意思，因为寄民已成土著，住户历年增多，如照雍正年设立牌甲的办法，户没有一定的籍贯，人没有一定的姓名，土客混淆，良莠难分，于行政上有种种的困难。他议定各厅所管境地，按三等办法，将种地纳粮的，编为粮户，置有房产、种有田地的，编为业户，带有家眷并无房产、不常居住的，编为寄户。如有只身佣工，无户可编的，附入三等户籍之内，如三等户中，都不肯具保容留，就驱逐出境，或递解原籍管束。蒙古仍隶属本旗，回民与汉民一律编户。这个办法，正预备实行，蒙、汉官厅，因此起了争议。将军、副都统说是编立民籍后，恐占碍游牧，巡抚、道台说是编立民籍，正为除莠安良，蒙民相安，两方互奏，结果奉旨复查，此事就此拖延下去。表面上虽照原奏定案，但事实上始终没有做到。那时，门牌册子，虽是载明某村甲长、牌长的姓名，每牌的十户男女大小口数，但不是确实的数目。口外各村庄，因为有编甲的习惯，后来都有甲头名目，办理一村公务，就是这个来由呀，这是本省在从前编审户口经过的一件事。

　　概括的说来，本省在有清一代，虽是因商业关系，地方发达的很快，但因前百余年多是寄民，后百余年才渐多土著，尤其是清末至民国新设的县治，坐落年浅，村庄稀零，不及内地便于联络，所以民情容易流于涣散。如内地的村规社约，有组织，有规律的习惯，历来没有养成，这是口外各厅以往的一种缺陷。不过近年情形，可就大大改变了。第一，绥地人民，最初全是从晋、陕两省而来，多属边境贫农，世世相传，风俗极其俭朴，人民最讲服从，本质纯实，概没有浮伪习气。第二，各县乡村，入民国以后，饱经天灾人祸，防灾虑患的心，比较以前，十分迫切。举一二个例子来说，民国初年，创办民警，乡民很不愿意，后来因受土匪的害甚大，差不多都是自动起来办保卫团，很著成效。从前种地，有山泉河流的地方，也不注意水利，自经十七八年大旱灾后，不经几年，开渠种树的地方很多很多。现在人民一般的心理，都知道所处的环境，安常守旧，不容易支持下去，可说心理已经有了相当改造了。对于官厅训练、自卫的一切事体，当然心悦诚服的接受，与从前遇事敷衍官厅，截然不同了。可是人民的普遍心理，对创办一件事，不明真谛，每易怀疑，在未办事以前，必须把要办的事，切切实实开导明白，无论如何，总要使他没有疑虑，然后再放手做去，自然事半功倍。诸君将来到乡村工作，这种情形，想来是很清楚的，无须多说的了。

《长城季刊》

归绥绥远长城出版社

1937 年 2 卷 3 期

（朱宪　整理）

布里鸦特蒙古的建设

吴伯刚　撰

一　布里鸦特的人口及种族

原来蒙古族是分为三种。其一为现在居住于内外蒙古的所谓固有蒙古族，其二为南俄罗斯的加尔每克族，其三即为本文所述的布里鸦特蒙古族。据历史科学证明，这个民族在纪元十四世纪时，由中国内外蒙古地方，被固有蒙古族所驱逐，而移动于现在的俄蒙国境附近。

布里鸦特蒙古，位于西伯利亚之东部，先属苏俄东部西伯利亚之管区，南与外蒙古毗连，东、西、北三面，则与伊尔库次克、雅库次克及远东方面赤塔管区相接境。原为我国领土，清初订《尼布楚条约》，始割予帝俄统辖，其居民为土著蒙族，与我黑龙江西境呼伦贝尔的巴尔虎人本为一族，杂居于贝加尔湖畔，人民知识程度，尚属幼稚，政治能力，更为薄弱。惟自十月革命以后，因得苏联政府的奥援与扶植，就在一九二一年一月九日正式改建为"布里鸦特蒙古苏维埃社会主义共和国"，为组成苏俄联邦十一自治共和国之一。

面积为三十九万四千七百平方籽〔粁〕，领土大别之为三大地区，即西部、东部、中部。布里鸦特的行政上，共分十六部落：

西部为阿拉勒部落，位于以前之依〔伊〕尔库次克地方之间，东部为阿金斯克部落，伸入东部西伯利亚，其余十四部落，皆属于中央部分。共和国的中心都市为乌拉奴乌达（旧名乌耶尔呼尼乌金斯克，一九三四年七月改称），直隶于共和国，为行政上的单位。

布里鸦特蒙古的总人口，据一九三三年所统计，为五十七万二千人，一平方公里，不过是一·五五人的比率而已。比较西伯利亚全境人口率的〇·五人，则属于浓密的方面。其中尤以中部地方为最，一平方公里可容到五人。其中纯粹的劳动资力（十六岁至四十九岁的男女），占有六一％，计为三十四万九千人。这个共和国虽然叫做布里鸦特共和国，可是她的住民，并非全是布里鸦特人，其中俄罗斯人实占一小部分。

俄罗斯人分西北〔伯〕利亚人、谢木人及新移民三种；西伯利亚人系以前的俄罗斯人与布里鸦特人及通古斯人的混血儿，普通称他们为喀鲁依木人（西伯利亚语混血儿的意思）或雅萨库克人，生活习惯多受布里鸦特人的影响，说俄罗斯语，而札拜喀勒住民之间，却往往带有特殊的方言。

谢木人系在耶喀特里拿二世时代强制的由马克拉夫斯喀雅县移住于扎拜喀勒，谢木人宗教的传统，至今犹持有派图鲁大帝以前的旧俄偏见。革命前的谢木人，为沙皇政府的布里鸦特殖民政策的主持者；一九一八年苏维埃地方政权尚未确立之际，谢木人的富农资产阶级对于革命运动，曾有反对的行动。

俄罗斯人的基本职业为农业及牧畜，牧畜的方法，也比布里鸦特进化。通古斯人能保持民族特殊性的，极占少数，他们次第被布里鸦特人或俄罗斯人同化。

在布里鸦特蒙古人中更分为布拉嘎都、耶希里特及呼里乃资三种，布拉嘎都及耶希里特二族，住在贝加尔湖西北附近地方，呼里乃资族住于其他方面。西北方面的布里鸦特人多受俄罗斯的影响，今日已由移动式的生活而变为固定式的生活了。农业经济占主要部分，商品谷物的生产也逐渐增加。呼里乃资族受喇嘛教文化的影响，经济上、生活上均与同族的西北部有异。原为纯游牧或半游牧的民族，现今则从事农业，居住也渐趋于固定化。

布里鸦特蒙古，尤其东方各部落，住民的文化及生活条件均极落后，住毡房，夏季用棉布衣服，虽极褴褛污秽也不洗涤或更易。冬季则衣老羊皮，不知卫生，不沐浴，衣服也不洗濯。食品均系采用共同式，食物是牛羊肉与乳，食五谷者限于固定生活的住民，至菜园的菜蔬，虽居有定所的农业人民，也全然不食。因其食物的成分，炭化水素甚为不足，所以他们的体格，远逊于俄罗斯人，苏俄注意此点，乃使布里鸦特人民由游牧而进于农业。

二　布里鸦特的经济建设

苏维埃联邦政府本来是根据列宁的民族政策，而标榜苏维埃治下边疆异种民族的政治的解放和经济的解放的。布里鸦特蒙古共和国，也是根据这个原则，在一九二三年组织起来；她是处在苏联管辖之下，而受允许的自治体，近十余年来，以一个近乎原始无文化、无教育的民族，竟走入了工业化的坦途，成为苏联国防的重镇，这不能不使人惊异。在远东风云万分紧急的今日，苏联极力经营该地，建设重工业、修筑铁路、屯驻重兵、启迪民智，俨然成了远东的第一防线。

在俄国革命以前，布须〔里〕雅〔鸦〕特人，同其他蒙古人，一样处于活佛（呼图克图）的宗教统治下。活佛是喇嘛教的三个首领之一，蒙古的活佛喇嘛，住在库伦。喇嘛对待平民非常残酷，蒙人因信仰神权过深及政治力薄弱的原故，不敢反抗，中国对边疆民族，向持优柔主义，不知因势利导，更不知改进其政治，适逢其会的苏联政府成立，执行其解放边疆异种民族的政策，因此，布里鸦特人就在一九二三年组织了一个共和国。

苏维埃联邦政府的民族政策，系编入在五年计划中，边疆异种民族生活水准的提高，和领导其进向社会主义的建设这些事，也和苏联的工业化，农业的集体化，资本主义要素的清算标语一样，成为五年计划的重要的决定的目标。

在进入第二次五年计划的时候，苏联经济建设的方针，已由俄罗斯本国，移而集中于西伯利亚；因了乌拉尔、库买〔资〕巴斯综合企业，昂哥拉、贝加尔综合企业，以及西伯利亚北部大铁路的建设计划等，使西伯利亚大陆，由密林荒野的状态，改造而为到处工厂林立的近代文化的一大产业地带。在这时期中，西伯利亚民族共和国的发展，即成为苏联政府重要的政策。所以布里鸦特蒙古共和国，乃苏联开拓西伯利亚南部国境上有力的民族共和国，无论在经济上或政治上，均成为苏联政府的慎重政策的对象。

布里鸦特蒙古共和国，在苏联的行政区域上，是包含于所谓东部西伯利亚区之中，以贝加尔湖为中心，而偏处于这带以南的地方，她的南部境界，成为苏联本身的国境，而和外蒙直接相对，国土的面积约和日本相昆仲，地势有国土三〇％为平原，余下七〇％则为峨峨的山脉和高原。

奔驰于这一带的河川体系，系以贝加尔湖为中心，有色楞格、巴尔额丁及其他诸水系的流入；贝加尔湖的西南部方面，则有大昂哥〔格〕拉河的流出。这些小〔水〕系，不但能使地方经济的中心得以联络，而且可以辅助西伯利亚本线，把西部西伯利亚、乌拉尔、库资巴斯的铁材、煤炭、军需品、谷类输送于远东地方，而将木材、鱼类、煤油以及日本、苏俄贸易的输入品，移入于乌拉尔、库资巴斯等工业地带，发挥极大的运输机能。其中尤以由外蒙北流贯通苏俄和外蒙的国境而流入贝加尔湖的色楞格大河，蜿蜒奔流，距流末八〇〇公里，有成为苏联和蒙古的联络大动脉之观。

在以西伯利亚工业化为中心的五年计划中，能发挥最大机能的，还是大昂格拉河。该河长二千八百公里，在布蒙的流末地方，有险峻的山岳地带，所以能够显示莫大的水压动力。在苏联国中，把水力称为白炭，认为比黑炭还有更大的工业价值。在五年计划中，全国共建设数十个水力发电所，所以大昂格拉河，有巨大惊人的伟力。

布里鸦特蒙古，更有丰富的天然资源。在贝加尔湖一带，除却莫大的铁矿脉不算外，还有无限的有色金矿，化学原矿，以及其他诸种资源，铁矿的埋藏量达一万万吨，银、锡、苍铅、锰、铝、苏打、水铅、岩盐、硅藻土等，都可以保证无限的工业原料，金矿脉也为西伯利亚全土之冠：这些资源，均在接近昂格拉水系的地方，所以要用该河川来开发，极为方便。这拥有盖乎苏联全土的最大水力资源，和无尽藏的地下埋藏资源的布里鸦特蒙古共和国及环绕这一带的西伯利亚东部地方，和乌拉尔、库资巴斯一样，不仅是西伯利亚经济的中心，而且是可以掌握今后苏联经济发展的关键的重要地带。

一九三三年，昂哥拉水系的动力，已经被利用到一六〇〇万马力。在贝加尔湖的西方，建设世界的昂哥拉发电所。这是六所巨大发电所的综合体。完成的时候，电力生产量可达六四〇万万基罗瓦特，比之有名的堵涅普尔发电所的二五万万基罗瓦特，多出二十五倍的武力，现今第一期的建设事业，为用暴风雨一般的速度，在离伊尔库次克八公里的地点，建设昂哥拉贝加尔发电所，出电力五十二万基罗瓦特，又在其下流建设巴尔哈特斯基发电所，出电力八十万基罗瓦特，一到第三次五年计划末年度的时候，全部竣工，则苏联西伯利亚的南部生命线，便可以完全电化了。

因了这些惊异的工业动力，多数的重工业综合企业遂络续出现，并着手于开发莫大的铁矿、锰铅锅〔矿〕以及化学原矿等。

旧有的贝特罗夫斯克制铁工厂，已在第一次五年计划中，大加改造，年产铣铁一万八千吨，展铁四万三千吨。在第二次五年计划期内，预定可以达到这个产额的二倍。此外在萨尔瓦斯基、阿尔马克及其他资源埋藏地，逐渐建设制铁工厂、铝工厂、卑金属工厂、化学工厂。捷礼姆霍甫的煤田（五八〇万万吨）和坎斯克煤坑，也设有大火力发电所，以作昂哥拉发电所的补助动力。因为昂哥拉、贝加尔综合事业的全面的出现，布里鸦特蒙古共和国和东部西伯利亚区，即将发展成为近代重工业的一大坩埚了。

三 布里鸦特的社会文化建设

布里鸦特共和国创建的第一时期，约分九部分，六十旗，旗的下面是乡，乡的下面是村，采用四级行政系统（喀班斯克部落除外）。第二时期，为与各地方苏维埃民众接近起见，行政系统有根本改变的必要，因此由一九二七至一九二八年以后将四级行政系统，改为三级，使下级苏维埃的权力，逐渐扩大。

一九二七年扩张新行政管区制与村委员会，结果有十六部落（喀班区在内），即由以前的伊尔库次克郡合并于布里鸦特蒙古共和国之地，全国村委会的统计，已达二百五十三，布里鸦特人村委员会的比率，由一九二三年百分之三九，到一九三二年，已增加到百分之四三了。

布里鸦特蒙古共和国人民中，有疮毒、肺结核、痧眼等流行症的蔓延，这种流行病，以幼童及少年之间的罹病率及死亡率特别多，布里鸦特人死亡率之所以如此大，多半由于社会生活上环境的恶劣，和西藏医学的影响。疾病的蔓延既易，疗治的方法又欠高明。

革命前拥有势力的喇嘛，使用喇嘛教的治疗法于民众，以维持其宗教的信仰力，这对于共和国民族、社会、文化的发展给了恶劣的影响，尤以东部民族为甚。自苏联改建共和国后，厉行卫生预防政策，以及科学的治疗疾病方法，使布里鸦特人由西藏医术与喇嘛教不良的影响下，得以解放。这不但对于国民健康有帮助，同时对于破除迷信也有大的意义。

第二次五年计划的第一年度（即一九三三年），以其计划实施状况观之，病院收容人数，为九七五名；新建保健机关八处；托儿所收容人数，达一，二二五名。

医师不敷应用，于病院的经营极感困难。各部落的党部书记，于公务之外，尚任医院巡视及监督之责。……

在共和国创建的当时，布里鸦特蒙古党务组织有党员及候补党员一，二三二名，而候补党员占百分之二五·九，党内的劳工分子，约有百分之二六·五，仅占党员全部四分之一。党员大部分为农民，其比率数为百分之五八·三，至一九三三年一月一日止，党员及候补党员共八，八三三名。

女子对于新社会建设的积极性，可自其入党数目之多寡见之。一九二三年女党员仅七六名，不过为党员全数百分之六·一。可是至一九三三年一月一日止，女党员增加二一倍，为一，五九六名，占全党员的一八·一％。

四　布里鸦特的教育文化建设

一九一七年革命以前，布里鸦特蒙古的文化极为幼稚，概括言之，即文盲过多而学校过少，对于工农子弟的教育，极不完备，且受喇嘛教的影响，致其文化发展，大受阻碍。

自布里雅特蒙古共和国创建以来，当局为扫除文盲，有学校网的建设，在各处普设私塾，同时，国民初等教育完全使用国语，即布里雅特语，因此布里鸦特一般的文化已逐渐向上。根据一九二〇年、一九二三年、一九二六年的全国人口调查，一九三一年的租税调查，及一九三三年教育人民委员会的材料，证明八岁以上的布里鸦特人，每千人中有读书能力者如下表：

地域	年次	全民族合计			布里雅特人			俄罗斯人		
		男	女	合计	男	女	合计	男	女	合计
西部	一九二〇	三一·二	二·一	二二·〇	二六·八	七·〇	一七·四	四〇·六	一七·三	二九·一
	一九二六	五三·五	二三·九	三九·二	五一·二	二一·八	三七·一	五六·三	二六·五	四一·七
	一九三一	六四·八	四〇·九	五五·〇	六四·二	四〇·四	五三·〇	七一·二	四一·二	五六·四
	一九三三	八一·八	六一·三	七一·六	七八·七	五九·八	六九·三	八五·五	六三·四	七四·七
东部北部诸区	一九二三	三五·一	七·九	二一·六	二五·四	二·八	一四·一	四五·四	一三·三	二九·五
	一九二六	四九·五	一四·四	三一·七	四三·四	六·七	二四·七	五五·二	二一·四	三八·二
	一九三一	六二·五	三〇·九	四六·九	五二·三	二五·四	三八·八	六八·二	三四·一	五·五
	一九三三	七九·九	四九·三	六三·八	七〇·六	四三·六	五六·八	八五·四	五三·七	六九·二
全国合计	一九二〇　一九二三	三四·二	八·八	二一·七	二五·九	四·二	一五·三	四四·二	一四·三	二九·四
	一九二六	五〇·六	一七·三	三四·〇	四三·九	一〇·九	二七·五	五六·九	二三·三	四〇·〇
	一九三一	六四·七	三四·五	四九·七	五七·〇	三〇·九	四四·三	六九·二	三六·三	五三·二
	一九三三	七九·一	五一·九	六五·三	七二·八	四八·一	六〇·三	八四·三	五五·一	六九·六

从右表看，可知共和国成立以来，农村人口的读书能力增至三倍，其中布里鸦特人的读书能力增至四倍，尤其是女子增加殆达六倍。以前的女子，尽属文盲，共和国制度颁布十年之后，一九三三年有读书能力的已超过半数，国民文化建设上经当局努力的结果，有特殊成绩，于此可见一般。

国民教育，尤以初等教育，在革命前非常落伍。以帝俄时代的政府当局，将后进的民族置于无学的状态，以确保其愚民政策。且革命前的学校，教授时用俄语，其结果，使布里雅特人的子弟，对于本国语言，完全不能操用。

革命后，苏联当局努力于学校网的完成，在一九二三——共和国成立后的第四年，建立初等学校四百八十五所，其收容儿童达二万人，及第一次五年计划的末期，初等学校七百十一所，学童达六万三千人，即学校数增加一倍半，学生数增加三倍又四分之一。其他中级学校第一坤知因图尔（相当于高等小学），就学儿童有三千五百六十名。

初等学校的教师数一九二三——二四年为六百〇一名，一九三二——三三年为一千六百十名，即增加二倍又三分之二。由八岁至二十一岁学龄儿童的收容率，一九二三——二四年度二六·九％，一九三二——三三年度已增至九四·二％，其中布里雅〔鸦〕特人子弟的收容率由二七·一％，增到九六·一％。增加的数不为不大了。

从前中级教育方面，仅有二年级的学校十二校，学生一千七百名，其中布里鸦特人的学生数，三百六十九名，只占全数三分之一。到了中等学校增设及改组以后，上级教育次第发展，其结果，一九三二——三三年，国内集体农民的青年学校达六十一校，七年制度学校十四校，学生数除第一坤知因图尔不计外，尚达九千五百二十名，此中属于农村地方出身的学生，为六千七百二十八名，而布里鸦特人占百分之四五·七。

　　初等、中等学校网，既如此的发达，量的方面，已有很好的成绩，而质的方面，也有相当的进步。教育费的预算已比过去十年间增加到十六倍之多，即一九二三——二四年，五十六万五千六百卢布，一九三二年，增加的数，达一千九万一千七百卢布，我们根据教育费的增加，即可推想其教育发达的程度。

　　工业学校及工场学校，即高等专门学校，也不为不发达。在共和国成立之初，全国仅有工业学校二所，工场学校一所，劳动技术学校一所，学生总数仅二百八十名，内布里鸦特人一百五十一名，即占百分之五四。到第二次五年计划初期（一九三三年），为训练干部人员而设立的学校，及其学生数目，已如下表：

学校的种类	学校数	学生总数	布里鸦特人	布里鸦特人对于总数的百分比
高等教育机关	三	三五八	二八二	七八·七%
工业学校	一四	一，二四四	六二九	五〇·五%
工场学校	三	五七五	一九三	三三·六%
劳动技术学校	一	五八	二四	四〇·一%
工厂附设学校	四	二九六	一三三	四五·〇%
劳动预备学校	八	八六五	五七七	六六·七%
苏维埃党务学校	三	二九五	一八一	七〇·〇%
总计	三六	三，六五五	二，〇一九	五五·三%

　　共和国政府为训练干部人员起见，不惟在本国内增设学校，且每年选送若干人赴莫斯科及列宁格勒等主要都市的各高等专门学校就学。

　　布里鸦特共和国各学校均用布里鸦特语言教授，并设有国立出版所。

　　凡人民文化程度的高低，与出版物的多寡，有连带的关系。对于一个国家，往往一查其出版界的多寡，即可知其文化的高低。

布里鸦特在一九二三年出版物，只有十种，而一九三二年，即有
三百三十八种，其中属于拉丁文的，一九三〇年五十五种，一九
三一年八十一种，一九三二年一百九十八种。

首都乌拉奴乌达市，有布里鸦特文的《布蒙真理报》，及俄文
的《布里鸦特蒙古报》二种日报发行。前者发行数为三千，后者
发行数为一万四千。最近二三年中，各部落也有发行地方新闻纸
的，发行这种新闻纸的，已有十一个部落。

文字拉丁化，在布里雅特文化革命上，起了很大的作用。

五　乌拉奴乌达一瞥

布里鸦特蒙古人，是一种短矮的民族，有黄褐色的皮肤，狭窄
而稍倾斜的眼睛，小鼻梁或无鼻梁短平的鼻子，高颧骨，圆而坦
的面庞及直而黑的头发，在首都乌拉奴乌达布行，见此短小黄色
的民族，忙于各种的工作。

乌拉奴乌达在西伯利亚铁路的本线，居民约有三万，为工业的
中心地，兼西伯利亚赤军的根据地。乌拉奴乌达是一个对照的城
市，现在有两种居民即"旧的"和"新的"，也有两个城市，是
"新城"和"旧城"，在任何情形之下，旧的已在渐渐的倾圮，新
的日见急速的进步。

旧的居民，祖父母辈的布里鸦特人，是典型的蒙古人，恰如人
们从很多游记的描写中见到的蒙古人，他们是污秽的，他们的习
惯是不卫生均〔的〕。在心理上，他们是宿命论者，所以很懒而且
极自私，他们仍旧参拜喇嘛佛教的寺庙，他们大多数仍穿着传统
的蒙古服装，圆锥形的绒帽子，带着皮毛的边缘及由尖顶下垂带
颜色的穗子，长的外衣，在肩际用铜纽扣扣在长二三吋的纽洞里，
以及趾端翘起的高装的靴子，他们有一种长处，就是很细心照料

他们的体小、黄色满洲种的马，这些人是以往布里鸦特人时代的残留，他们自己现在方日见倾圮，而从这倾圮中新的居民方在兴起。

新的青年居民，和旧的迥乎两样，我们几乎认不出他们是他们的父祖的儿女，他们活泼得多，他们不闲坐着，他们说话作事，急忙而且敏捷。他们不信仰宿命论了。他们在他们的身体，他们的习惯以及他们的服装上，都是清洁的。一种最激发人的景象是一些布里鸦特的姑娘，他〔她〕们穿着短裤、背心及运动鞋，在乌拉奴乌达的"文化与休息公园"中参加百米赛跑。

革命前拥有势力的活佛，有征乡村人长子为喇嘛的事情。现在布里鸦特地方，仍有奉行的，但是老一代的人死去不久以后，这些事情就会消灭的，一个青年布里鸦特人当他在乌拉奴乌达的新的铁路修补工厂或肉食组合作工，或当他被派送到七千籽〔粁〕以外的莫斯科去学工程，他怎么还会相信活佛呢！

乌拉奴乌达旧城，位于山谷的低处，沿着流入贝加尔湖的色楞格河的西岸，城内大多数是古旧木建的房子，不卫生，窗子小，庭院臭，杂乱的聚在一起。庭院的门洞上，有弧形的门拱，上边刻有离奇的大圆形花纹，在黄昏的昏暗中，这些门洞及围聚门洞左近的老蒙古人，衣饰与建筑物相映璜，确是别有风光。

河的两岸，均有宽的河滩，系在岸上的是一些奇怪的狭窄的船只，船首和船尾都从水面翘起，再往远处的湖水中，是一只往来自贝加尔湖各港口的汽船。

从旧房舍中部出来，向山上的枞树林走去，就渐走入"新城"，在半山之间是一些宽大的，新的，坚固的，两层的木室，一部分是各机关，一部分是住房，在这些房子之西，过去一座委弃的教堂，从山坡的沙地耸起"布里鸦特苏维埃"的堂皇富丽的现代建筑。这些建筑，完全用三合土建成，并装置着玻璃。内部是连绵的走廊，宽阔的楼梯，透风而舒适的食堂，数百洁净的房间。

再往上，靠近位于山后的飞行场，树林的边缘，这里才是真正"新城"的本身，这里是成排的新的一层的房舍，它们都是用木料很坚固的盖成的，有高大的房间及宽敞的窗户，洁净的微风在夏天从中国刮到这里，并且有山掩护可以使冬天从北冰洋扫荡来的狂风不致刮到这里，环绕起这些房舍是在枞树下的一片一片的草地与沙地，有大块的木头横躺竖卧在各地，并且在这一片一片的地上，在阳光与清新的空气中，小孩子们玩着，他们快乐健康……

《中苏文化》（月刊）

南京中苏文化协会

1937 年 2 卷 6 期

（丁冉　整理）

被遗忘了的唐努乌梁海

任德庚　撰

一　引言

　　唐努乌梁海，苏俄称之为"都温斯基人民共和国"，位于外蒙之西北隅，北以萨彦山脉与苏俄西伯利亚为界，南有唐努山脉与外蒙接境，即从北纬五十度至五十三度，东径〔经〕八十九度至百度，面积有十七万平方里，人口俄人除外，约有六万人，以面积而论，约等于江苏之半，比欧洲比利时、荷兰、瑞士、丹麦之本土为宽广，但以人口观察，还不如江苏普通县份一区之多。其言语与库苏古尔湖附近之蒙古语，极相接近，自称吐巴。其生活状况及宗教信仰，与其他蒙古人无大差异。伪首都名库资尔。

　　唐努乌梁海在古时历史上，甚为暧昧，但在十七世纪，曾对额鲁特执行臣礼。十八世纪，清康熙末、雍正初有准噶尔部之征讨，同时乌梁海亦被征伐，而平复之。雍正五年（1727）中俄订立《恰克图条约》，仅萨彦山脉为两国之国境分界处，自此条约订立后，乌梁海地方，直至二十世纪初期，均受驻蒙中国官员节制。

二　唐努乌梁海独立之经过

　　一九一一年适中国革命之际，唐努乌梁海因受外蒙呼应之影响，亦有独立运动之事项发生。其实唐努乌梁海地方，自十九世纪以后，无论其在政治上、经济上，或牧畜上，均为俄人所操纵，以唆使独立为手段，而肆其侵略并吞之野心，故在一九一三年，俄人已在乌梁海爱森斯各耶地方，有很大之势力侵入。一九一四年秋，俄人遂有正式宣言，乌梁海之宗主权是隶属苏俄。一九一五年，恰克图中、俄、蒙三方协商之结果，中国驻扎乌里雅苏台佐理专员，得兼理唐努乌梁海之事务。一九一七年俄国革命爆发，乌梁海亦因赤白俄之斗争，中国曾乘此机会，力图失地之收复。一九一九年七月武力收复成功，同时命严式超驻乌梁海筹备一切善后事宜。一九二〇年，因白俄受日人之驱使，蜂起入乌，赤俄因其有危及西伯利亚之可能，遂借援助乌梁海为名，而剿灭白党。一九二一年八月十三日至十六日，乌梁海人因得苏俄之援助独立，召开各区代表大会而组织苏维埃政府，派遣代表十八人至西伯利亚革命委员会出席，同时在蒙古人民共和国亦有代表三名。其时大会决定组织独立国家，人民政府成立后，当选内阁总理为贝勒公速独某把里治鲁氏。九月苏俄外长齐齐爱里恩以外相名义发表文牒，谓："帝俄时代一切不法行动之否认，乌梁海之长期保护领看待等事实之权利，皆放弃之，并承认唐努乌梁海为独立共和国家。"此项通牒发表，为苏俄帝政时代之保护权抛弃，然此第一期之人民革命政府，似含有温健的性质，如不论为贵族出身，以至平民，均可参加政府组织。而后苏维埃之积极政策渐次浓厚，无产阶级独裁政治，亦迈步前进，果然在一九二三年八月第二回国民党大会，有五百余名党员参集，因平等原则之彻底化，各王公贵族之称号及阶级上位置等级，均尽行剥夺。一九二六年，十一月十八日至二十四日，唐努乌梁海召开第四届国民大会，决定《人民政府宪法》（一九二一年）应采与《蒙古宪法》精神相同，此因七月间曾与蒙古政府缔结亲善条约，两国互相尊重主权完整，故《唐努乌梁海人民共和国宪法》大体与外蒙相似也。

　　在一九三五年七月六日伪唐努共和国并举行十五周年纪念，还以苏联代表作主席，于此更可注意最近苏联与其关系耳。

三　唐努乌梁海之国家组织

　　国家之最高权力机关为大小二国民议会，亦名大富鲁尔坦及小富鲁尔坦，在大国民议会未召集期间，由小国民议会干部人员负责，国家组织与伪蒙古人民共和国相同，政府执行机关为总理（大会议长）、副总理（副议长）、内务、外务、财政、司法各部门分任，地方自治之行政区划，显与蒙古不同，即唐努乌梁海人民共和国分六自治区（译名贺旬）及乡（司蒙）、村（巴克）、十户（阿尔班）等名目，见下列之自治区表。

区名	乡数（司蒙）	村数（巴克）	十户数（阿尔班）
巴颜哈达雅	一二	四三	一五二
乌拉哈达雅	一三	四八	一八〇
伊爱凯么斯库	一〇	三五	一六三
卡凯么斯库	一〇	三二	一三〇
代独过罗	七	二三	一〇四
独之济夫乌罗	二	八	二八
合计	五四	一八九	七三〇〇①

---

　　①　原文如此。六数合计应为七五七。——整理者注

四　唐努乌梁海人民共和国之宪法

唐努乌梁海人民共和国之宪法，是根据第四届大国民议会所决定，因国民革命推翻统治阶级，建立劳动国民之权力，而创设人民政府，本宪法即根据人民之利益为人民共和国之根本大法。

国家最高权为人民共和国大国民议会，其闭会后由小国民议会及政府负责。

每年一月十九日为人民政府组织成立日，官厅与人民及一般劳动民众举行纪念。

唐努乌梁海宪法得分下列数部，兹录于左。

关于劳动之国民权利者：

1. 唐努乌梁海为完全独立人民共和国，主权属于劳动之人民。

2. 唐努乌梁海人民共和国之目的，在根本铲除封建之神权制度，巩固勤劳民众共和政体之基础。

3. 唐努乌梁海人民共和国第四回大国民议会，民主制之最高主义，决定巩固民主政体，其根本主义列之如左：

（一）唐努乌梁海人民共和国内之土地及土壤、森林、水利及类似此等之一切天然富原〔源〕，均为公共所有，严禁是等物件之私有权。

（二）人民政府对于一九二一年革命以前与外国所缔结之国际协约及义务条约并被强制的外债关系，均认为有碍主权之完整，一律宣告废弃。

（三）国家为实施单一经济政策，得施行国外贸易国家专卖制，以保护现政府之经济。

（四）唐努乌梁海国民为保持政权，新编人民革命军实行武装国民政策，并对一般青年，施以必要之军事教育，以防外国之侵略。

（五）宗教与寺院从此与国家脱离关系，但承认勤劳民众有信教自由权，并将此宣告全体国民。

（六）勤劳民众意见、言论之发表，决〔绝〕对尊重其自由权，并组织出版事业，如新闻纸、杂志及其他一切之印刷品物等，以开民智。

（七）唐努乌梁海共和国为尊重劳动人民集会自由权起见，提供适当场所，为各种人民会议之场所。

（八）唐努乌梁海共和国为贫寒子弟及一般勤劳国民易于求得智识起见，实施无费教育政策。

（九）唐努乌梁海共和国，承认勤劳国民有结社、协会、组织之自由权，且与贫困之勤劳国民以积极之援助。

（十）唐努乌梁海共和国不问民族、宗教及性别之区，凡住于境内之居民，均承认共有平等之权利。

（十一）唐努乌梁海人民共和国，为适应勤劳民众之利益，其对外政策，务与被压迫之弱小民族，取一致行动，俾达共同目的。

关于最高权力机关之构成：

4. 唐努乌梁海人民共和国之最高权，为大小国民议会，其闭会中由干部会及政府，为人民共和国最高权力机关之管掌，其权力应用，得如左列事项：

a. 政府得与各国缔结政治上及通商上之条约与批准，以及外交关系之处理，及国际关系事项。

b. 国境之设定及变更。

c. 内外公债之募集，及内外贸易之指导。

d. 共和国人民经济、运输及邮政、电信事业之组织。

e. 共和国军队之编成及指挥。

f. 共和国预算之确认，租税及收入之设定。

g. 人民健康保卫一般的方针之制定。

h. 土地使用之一般原则制定，并区、乡境界设定，土壤、森林及其天然资源利用法之制定，国民教育法之制定。

i. 裁判所构成之基础制定及统计之组织。

5. 共和国宪法之制定及变更，均须大国民议会议决行施。

6. 共和国大国民议会议员，由区、乡及军队中选出之代表组织，选举代表数目以人口为比例，其任期为一年。

7. 大国民会议之通常会议，为小国民会议之决定，依例一年一回之召集，大国民会议之临时会议，为小国民会意〔议〕之发动，经大国民会议议员三分之一人数之要求，得行召集会议。

8. 大国民会议选出之小国民会议（议员），对大国民会议负责。

9. 共和国小国民会议，依法律之决定及命令发布，接受大国民会议之决议，实行监督政府行动之一般方针。

10. 共和国小国民会议一年开会二次，临时会议经干部之决定，政府之提议，小国民会议议员三分之一之要求，得依例召集之。

11. 小国民会议干部会之事务范围如左：

a. 小国民会议之指导。

b. 小国民会议议员之事务特别规定之制定。

c. 小国民会议之议事事项之准备。

d. 小国民会议总会对法案之提出。

e. 小国民会议决议之实行及监督。

f. 法律之决定及变更。

g. 恩赦问题之解决。

h. 大臣之任命及更迭。

i. 各部间发生之争议，解决不正当之行政官员，及对人民诉讼之审议。

12. 政府对各部之行动为一般的指导，及共和国之一般行政事项。政府人员为总理、副总理、内务、外务、财务及司法等各部长。

13. 政府之事务，依宪法及大小国民会议决议施行。

关于地方自治行政者。

14. 地方自治大会（为区、乡、村、十户长等）依据《地方自治组织条例》，施行平常之行政经济事务，执行机关任期均为一年。

15. 地方自治大会及其选举执行机关，根据地方自治行政规定事项，权利与义务条文。

其他关于公民选举权及预算等均有条文规定，如男女满十八岁后，皆有选举权，犯罪及有精神病，则无选举权。预算于会计年度开始前一个月，由国家最高机关提出确认之。举凡全境人民，不分男女，年达十八岁，而能依自己劳动能力为生活者，均可享有选举权。其他僧侣、疯狂人、罪犯、不事生产之游民，以及因行为与体格关系不堪于劳动者，均无选举权。

五　 "唐努" 共和国之经济及社会情况

境内人民，多半均以游牧为主要生活，故该地输出货物则以皮、毛、牲畜、鹿角为多，其对苏联贸易较对华贸易多五倍余。即以一九二七至一九二八年为例，对苏联贸易为二，六七八，〇〇〇卢布，而对华仅有五〇〇，〇〇〇卢布。

除畜牧外，现未开发经济利源尚多，如境内大小河流两岸，虽有许多地区已辟为农业垦殖地段，但仍能移殖大批人口去耕种。广大的森林，至今犹未采伐，因苏联国境内森林丰富，故暂未注意，吾国现每年由国外输入巨量木材，漏卮殊为可观，惜已非吾人力量所能支配矣。

供日常生活所需用之各种皮毛动物，如貂、扫雪鼠、银鼠、水獭、狐、灰鼠、鹿、麋、麝、羚羊等，在各森林中极多。矿产亦甚丰富，如煤、石油、铁、铜、铅、金、银及石盐、硫黄等类，遍散各地，至今尚未能利用耳。该伪国全国财政预算，总数殊少，每年收入不过七十万卢布左右，支出尚不足此数，最奇怪者，每年预算不但平衡，且有盈余，以收入及支出总数与内地较大之一县相较，仍相形见绌也。

全境人民因均从事游牧，居处漂泊不定，故无固定之房屋，多窝集茅棚或蒙古包中。即所谓之中央政府机关，所有之房屋用具，亦甚简单，政府要人之住宅，仍依原有之习惯，住蒙古包中。

因在苏联政府之策动下，一切行政固仿照苏联之模型，即废除宗教约束人民信仰方面，亦属同一情形，依十年前之统计，全境僧侣仍有一千八百人，现闻仅剩数百人，势将淘汰完尽矣。

六　尾语

唐努乌梁海现今似为国内人士所遗忘，殊不知自立一国已十余年矣。苏联公认之为东亚一独立国，但该地之资源、地势均与我整个国防上有密切之关系，而今外蒙已与伪"满"相似，成为一独立主体伪国位于漠北，唐努更另成一组织，西北边陲国土日蹙，我国边防要地已变为他国国防之前哨地矣。瞻念前途，颇足杞忧，本文内容，虽属简单，不过借以促起国人之注意耳。

《边疆半月刊》

南京边疆半月刊社

1937 年 2 卷 8 期

（冀萌萌　整理）

绥远和林格尔行政概况

樊 库 撰

一 县政组织

本县僻处荒塞，地瘠民贫，政治之设施，未臻完善，而于行政效率，自难尽量发展。内部组织，颇属简单，计设一、二两科及承审处。兹将该县之行政概况，分别列举如左。

（1）组织：计县长一人、秘书（兼总务主任）一人、第一科科长（兼省财政主任）一人、民政主任一人、科员二人、书记二人、雇员四人、第二科科长（兼建设主任）一人、地方财政主任一人、教育主任一人、督学一人、技士一人、科员一人、雇员四人。

（2）职务分配：第一科职掌总务、民政、省财政，第二科职掌建设、教育、地方财政，承审处职掌，处理民刑诉讼。

至该县所有经费，则每年由省财款项内拨支七千八百元，此外另由地方财款项下拨支四千六百五十六元，两共为一万二千四百五十六元。

二　县自治概况

关于自治组织方面，系将全县划分为第一、二、三、四区，各设自治指导员一人，负责办理自治工作，复于第三区增设佐理员一人、事务员一人、书记一人、区警二名。区之下有县乡建会，设干事一人、书记一人，又设乡村工作指导员二十三人。

经费　1. 各区自治指导员每年由地方财款支洋三千七百二十元。2. 县乡建会每年由地方支洋七百二十元。3. 乡村工作指导员每年统由地方款项下支洋五千七百六十元。

事业　1. 自治指导员每月按照规定日数（至少二十日）下乡巡回工作。2. 各乡指导员以其所在之乡村担任工作。

三　县自卫概况

（1）保甲及壮丁

关于编组方面：甲、保甲分为乡（镇）、间、邻等名称；乙、壮丁编为常备队、后备队、服务队。

关于训练方面：甲、由省政府指定随时集团训练；乙、农暇时由乡队长（乡指导员兼）普遍训练。

关于运用方面：甲、防共；乙、剿匪；丙、保卫地方。

（2）警察及保安队

全县警察仅十八名，步枪十八枝，保安队六十名，步枪六十枝，除队长、巡官各一人由省保安处委任外，其余统系征募而来。警队所得月饷，多则十二元，最少为八元，保安队月饷最多为八元，少则仅六元，每马一匹，并发月干五元，全年应需经常费一万五千六百五十八元，概由地方款项下拨付。其警队之教育程度及训练方法，以警察学术为主体，军队学术为辅助。至于设备方面，则因款无从出，消防、交通等事业，只能简单设备，无法进展也。

四　社会事业

（1）救济　本县因地瘠民贫，筹款为艰，故各项救济事业，如救济院、贫民教养所、民生工厂等，均未能筹办进行，实属社会方面之一大缺点。

（2）仓储　计有县仓一座，区仓五座，积谷数量，县、区仓共为九千三百五十六石七斗一升。惟因本县土地较瘠，贫户居多，所有积谷方法，以酌量派储，最称适宜，故于每年参酌当地收获情形，拟定具体办法，呈请上峰核示办理。

五　社会礼俗

一、婚丧庆吊之习惯

（1）婚礼　男家择吉备车马、肩舆、鼓乐，迎娶过门，男女交拜天地，女家陪妆用柜，须在前一日送来，男家亲友送贺礼者，至多一元，少则四五角不等，喜宴仅用肉菜四盘或三盘。第二日婿同新妇至岳家，名曰回门，但民风俭朴，不尚奢侈。

（2）丧礼　凡丧事人家，必择日开吊，而媳女辈祭礼用猪一或羊一、馒头、纸扎，富裕之家，猪、羊并用，其余亲友具用馒头、纸箔，谢宴与婚宴相同。

二、筹设公墓情形

查本县原无公共墓地，本年奉令筹设，业经择地建筑，设于城西一里许之西滩官荒地内，树立界碑，粗具规模。葬者已多，贫民获益非浅。

《边疆半月刊》

南京边疆半月刊社

1937 年 2 卷 10 期

（李红权　整理）

绥远省县行政概况

顾斗南　撰

一　沿革

绥远在秦汉以前，为昆夷、戎狄及北胡之地。秦灭六国，始置郡县，然其组织，均不完备。西汉时，于绥远境内，设定襄、云中、朔方、五原四郡，每郡之下，各附属十余县不等。东汉光武中兴，以卢芳窃据边郡，乃省并州郡，设并州以领之。建安二十年，复改州，并入新兴郡。自三国以后，以迄北周，中间所经之时日，忽夏忽夷，各据一方，置州置郡，亦莫一定。隋初设州以治，大业时复改州为郡。唐初仍沿用州制，以辖汉民。至突厥被平后，其疆邑制度，汉民则以州统郡，共设有五州五郡，每郡隶属于一州。至于蕃户之统治，则设府以统州，曰定襄都督府，领四州；云中都督府，领五州。嗣后每府名称，又略经改变，然其制度则仍如昔也。五代时，仍沿用唐制。宋时以辽、金之患，绥地时在忽得忽失之中，故无若何制度之建立。辽之〔及〕西夏割据时，均置州以治。元并金、夏，乃并为中书省之一部。明初则废州县制为卫，但此时河套以内，以及青山以北，均被据于蒙古，所指改卫之地，不过青山、黄河之间耳。清初创立盟旗制度，各盟设盟长、副盟长，旗下设有左右翼都统及副都统。雍正元年，设归化城理事同知，隶朔平府。至于绥远全境规模设施具体化之时代，则始于清乾隆年间，设有归绥道理事同知，及协理、通判等官以治之。同治年改萨拉齐通判为同知，并设归、托、和、清四厅，连此共为五厅。光绪十年，复加大同府分防丰镇厅之理事同知，及朔平府分防宁远厅理事通判，是为口外七厅。当时改理事同知为抚民厅兼理事。光绪二十九年至三十年之间，复增设抚民通判、同知等职，由七厅增至十二厅，均属于归绥道之下，是皆清代所设之制度也。民国成立后，遂大变清之制度，于元年将所有各厅，尽改为县，设县知事以治之，并裁副都统及道尹，划绥远境为特别区域，与山西分治。别置设治局于固阳、五原、集宁、临河等地。至民国十八年一月，绥远由特别区域，正式改省，各设治局遂亦多正式改县矣。

二　地势、面积、人口与民族

绥远位于吾国西北，为内蒙古高原之一部，居内蒙古之中心，东连察哈尔，以达平、津，西接宁夏，可通甘肃、青海、新疆，北控外蒙，南以长城与山西、陕西分界。所谓内蒙古者，指蒙古大沙漠（戈壁）以南、长城以北之广大高原而言。中国本部与蒙古高原中间，依长城为天然界限。蒙古高原之地形，拔海一千二百公尺以上，高原平衍，极目无际。自高原南望，地势陡落，急转直下，有高屋建瓴之势，故为国防之重镇，军事之要区。跨山带河，物产丰裕，为西北天府之国。全省面积计五十八万八千三百四十二方里，人口二百二十七万五千零七十二人。乌、伊两盟，共有汉人十五万六千五百人，蒙人二十一万八千七百五十人。若以此计算人口之密度，则每方里多者为九人，少者仅一人，平均每方里仅三人有奇。至于境内民族，以汉、蒙两系居多，汉人大都居于县治区，蒙人大都居于盟旗境内。清代以前，绥远为蒙古游牧地，汉人甚少，有清三百余年间，内地汉人逐渐出塞移殖，塞外之地，农业渐兴，蒙民亦渐归化，至今设县之区，已什九为农业发达区域。蒙人未受汉化者，退出于农业区域之外，即今之盟旗境，仍以游牧为生。其他满族、回族，亦占全人口数约百分之十以内。

三　政区与最近行政概况

　　绥远省行政区，因特殊情形，分县治区域与盟旗区域二部。县治区域，包括包头市、归绥、萨县、托县、清水、包头、五原、临河、固阳、武川、丰镇、凉城、兴和、集宁、陶林、东胜、和林格尔等十六县及安北、沃野两设治局。其中丰镇、凉城、兴和、集宁、陶林，所谓绥东五县，系于民国十八年，由察哈尔划入，原为察哈尔右翼四旗之地。今绥远十六县县治区域之面积，约占全省面积百分之四十四。盟旗区域即为乌兰察布区与伊克昭盟。乌盟分六旗，即四子部落旗、达尔罕旗、茂明安旗、乌拉特前、后、中三旗。伊盟分七旗，即郡王旗、准噶尔旗、达拉特旗、鄂托克旗、乌审旗、杭锦旗、札萨克旗。盟旗区域之面积，约占全省面积百分之五十六。县治区域直接受绥远省政府管辖，而盟旗区域则由各旗王公所管，间接与省政府发生关系。民国二十二年冬季，内蒙各旗向中央政府要求自治，经中央政治会议通过后，遂于二十三年三月在百灵庙设立蒙古地方自治政务委员会，辖境包括察哈尔之锡林郭勒盟之〔及〕乌、伊二盟，以及宁夏之阿拉善额鲁特（简称阿拉善）、额济纳土尔扈特（简称额济纳）。蒙政会直隶国民政府行政院，与各省省政府为平行机关。民国二十四年冬，绥境各盟旗领袖以蒙政会辖境过大，而内蒙受某国势力之侵略，日见危殆，蒙政会秘书长德王之熊〔态〕度又复暧昧不明，乃一致向中央请求，请准许利害相同之绥远境内各盟另设自治机关，以便团结力量，御侮图存。中央鉴于实际需要，准如所请，遂于二十五年七月，成立绥境各盟旗地方自治政务委员会，会址设于东胜县郡王旗境内成吉思汗陵寝所在地之伊金霍洛地方，绥境盟旗遂归该会管辖。百灵庙克复后，蒙政会亦即解组，而于察哈尔境内之嘉卜寺，成立察境盟旗地方自治政务委员会。今察境蒙政会全处于日伪势力之下，其所辖之保安队，且为日伪军侵绥之先驱，亦可痛也。

绥远省政府组织系统，悉照国民政府规定，计有委员六人（汉族五人，蒙族一人），省府主席，由委员中之一人兼任。省府下设民政、财政、建设、教育四厅，各厅厅长，亦由委员中之四人分任。另设省政府秘书长一人，亦由省政府委员任之。各县政府、设治局、区公所等，均属民厅管辖。各县之财务、税收等，统属财厅管辖。各县之建设、垦务、水利等，则属建厅管辖。各省立中小学、图书馆、公共体育场、民众教育馆、其他社会教育机关，及各县之教育行政，则属教厅管辖。各厅所有兴革事项，均提由省政府委员会决议后施行。此绥远省行政组织系统之大概也。

绥远省各县县政府之组织，大略相同。兹举和林格尔县为例，以概其余。

绥远省和林格尔县行政实况：

子、县政组织

（一）组织

计设第一科、第二科、承审处。

（二）职掌分配

第一科掌理总务、民政、省财政；第二科掌理建设、教育、地方财政；承审处掌理民刑诉讼事件。

（三）人员

县长一人，秘书兼总务主任一人。第一科科长兼省财政主任一人，民政主任一人，科员二人，书记二人，雇员四人；第二科科长兼建设主任一人，地方财政主任一人，教育主任一人，督学一人，技士一人，雇员四人。

（四）经费

1. 每年由省财款项拨支七千八百元。

2. 每年由地方财款拨支四千六百五十六元。

丑、自治概况

（一）组织

1. 第一、二、四区各设自治指导员一人。第三区办公处，设自治指导员一人，佐理员一人，事务员一人，书记一人，区警二名。

（二）经费

1. 各区自治指导员，每年由地方财款支洋三千七百二十元。

2. 县乡建会，每年由地方财款支洋七百二十元。

3. 乡村工作指导员，每年共由地方款项下，支洋五千七百六十元。

（三）事业

1. 自治指导员，每月按照规定日数（至少二十日）下乡巡回工作。

2. 各乡导员，以其所在之乡镇担任工作。

寅、保甲及壮丁之训练

（一）编组

1. 全县保甲编为乡（镇）、间、邻。

2. 壮丁编为常备队、后备队、服务队。

（二）训练

1. 由省政府选拔，集团训练。

2. 农暇时由乡队长（乡导员兼）普通训练。

（三）运用

1. 剿匪。

2. 保卫地方。

（四）经费

1. 每年由地方款共支经费七百三十余元。

卯、自卫概况

（一）警察队第一、第二两班。

（二）保安分处警察队。

（三）保安队。

以上共约一百余人，平日训练认真，颇有自卫力量。

四　财政概况

绥远全省之最高财政机关，为绥远财政厅，全厅共分五处、四科：（一）秘书处；（二）警捐处；（三）特捐处；（四）公债处；（五）官产处。四科：（一）第一科，分会计股、总务股、交代股；（二）第二科，分税捐股、田赋股、管票股；（三）第三科，分国用股、省用股、县用股；（四）第四科，分印花股、烟酒股。总计以上各处、科、股，除厅长外，其余人员不等，总计全厅共用〔有〕人员六十六名。此外即为各县所属之财务科，其人数五人至十人，所经收之款项，按类解送放发，绝不能有丝毫错乱。

全省岁入概况

（A）国税岁入概况表

税类	税额	备考
所得税	一，二七四	
卷烟吸户捐	五六，五六五	
骆驼特捐	九〇，一九九	
税捐附加	四七，二四八	
土默特总管公署应解军政费	九，〇〇〇	
财政部特派员公署应解统税协款	二九七，五〇〇	
蒙边税	二〇〇，〇〇〇	
印花税	一〇〇，五〇〇	
烟酒税	七〇〇，一〇三	
烟酒公卖费	一三一，〇四二	
烟酒牌照税	三二，六四八	
烟酒一成附加捐	二三，三七〇	
放荒价	七九五，九二〇	
永租价	一五，二〇〇	
采矿税	二，九二四	
探矿税	九九	
罚款	七，四〇〇	

（B）省税岁入概况表

税类	税额	备考
执照费	三四，七四二	
押运费	一〇，〇〇〇	
商会补助费	一三，二〇〇	
服装费收入	三〇，〇一〇	
乐户捐	一六，五六七	
田赋	二〇三，九六〇	

续表

税类	税额	备考
正杂各税	四七四，三七三	
正杂各捐	一八六，四三六	
税捐附加	二六，九九一	
警察捐费	一五八，八二二	
杂项收入	四一，七四七	
三厘斗捐	一六，一一二	
二五教育基金	四二，一一三	
实业基金地税	三，〇〇〇	
水利局水租	二六，二五〇	
电报电话收入	一，五二〇	
石拐沟抽收捐	二，五八一	
绥百汽车路费及牌照费	四四，九〇〇	
药材检验费	一〇，〇〇〇	
放地挂号费	二七，三七二	
荒地附征实业教育费	一〇〇，七六九	
填发部照费	二，二五〇	
烟酒二成附加	四六，七四〇	
花子费	六六四，七三五	
商户路灯卫生捐	二，四九六	
店戏捐	七，三四四	
财厅罚款	七四〇	
稽查处罚款	一七，一四四	

全省岁出概况

（A）绥远省国款岁出概况表

类别	额数	备考
军费	二，四〇〇，〇〇〇	
财政费	五五〇，六六八·三六	
蒙藏费	五，四六一	
恤赏费	一，五〇〇	
总计	二，九五七，六二九·三六	

（B）绥远省款岁出概况表

类别	额数	备考
党务费	一三七，七六〇	
行政费	五一五，四二〇	
公安费	二九〇，七〇一·四〇〇	
司法费	四〇，八九六·五〇〇	
教育费	二五五，七五〇·三四〇	
财务费	一九六，四二七·三二〇	
农矿费	六七，九六五·一〇〇	
建设费	六三，九四四·四〇〇	
总计	一，五六八，八六五·〇六	

五 教育概况

绥远最高教育行政机关，为绥远教育厅，各县教育，由县政府秉承教育厅办理。兹将教厅组织系统及学制标准、全省中学，列表如左：

绥远教育厅组织系统表

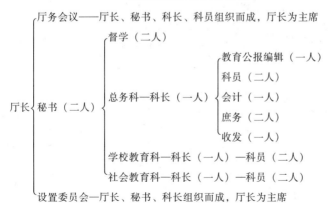

绥远现行学制标准

小学	中学	专门	职业	备考
四二制	三三制	归绥师范三年 集宁简师四年 归绥女简师四年	高级牧畜三年 初级农作四年 高级毛织、初级制革均三年	

绥远全省学校之调查

（一）绥远省立学校私立中学

学校名称	地址	编制及学科	经费及来源	教职员		学生	
				教员	职员	男	女
省立归绥中学	归绥大桥下太平召前	高初中各三班，学科照部定	财政厅月支二三一〇元，教育厅年助四六七三元	二十	十四	二四六	二三
省立包头初级中学	包头金龙王庙巷	初中三班，学科同右	财政厅月支一〇五〇元，教育厅年助四九三一元	十	八	一五四	一四
省立归绥师范	归绥公主府	初级四年级两班，三年级二班，一二年级各一班，学科同右	财政厅月支二二四〇元，教育厅年助一六四二八元	十五	八	二〇三	〇
省立归绥女子简易师范	归绥剪子巷	初级一二三四年级各一班，学科同右	财厅月支一四〇〇元，教厅年助六一八〇元	十三	十	〇	一四一
省立农科职业学校	归绥新城南街	初级农科三班，高级牧畜科一班	财厅月支一四七〇元，教厅年助五四〇六元	十二	九	九九	三

续表

学校名称	地址	编制及学科	经费及来源	教职员		学生	
				教员	职员	男	女
省立工科职业学校	归绥新城南街	高级毛织科二班，初级制革科二班，学科照部定	财厅月支一五四〇元，教厅年助三一〇八元	十九	九	一七二	一八
省立集宁简易师范	集宁县桥东五马路	三年级二班，一二年级各一班，学科照部定	财厅月支一四〇〇元，教厅年助六六五五元	八	八	一一〇	一六
绥远私立初级正风中学	归绥民政厅前		每月经常费一二〇〇，教厅每月补助五〇〇元，余由学田出四〇〇元，余则为学费	十六	六	一五一	六
省立归绥第一小学校	归绥乃莫齐召西	高级二班，初级六班，学科照部定	财厅月支四八一元，教厅年助三三〇〇元	九	一	二三二	四三
省立归绥第二小学校	归绥新城南街	同右	财厅月支四八一元，教厅年助三一七五元	九	二	一六七	五五
省立归绥第三小学校	归绥火车站	高级二班，初级四班，学科同右	财厅月支三七〇元，教厅年助二一二四元	九	二	二二六	一七

学校名称	地址	编制及学科	经费及来源	教职员		学生	
				教员	职员	男	女
省立归绥第四小学校	归绥西五十家子街	高级二班，初级六班，学科同右	财厅月支四八一元，教厅年助三〇九六元	十	三	一九八	三五
省立归绥第五小学校	归绥南柴火市	同上	财厅月支四八一元，教厅年助四二九六元	十	三	二三五	二三
归绥师范实验小学校	归绥	高级二班，初级四班，学科同右	财厅月支四〇〇元	八	二	一二七	七
女子简易师范实验小学校	归绥	高级二班，初级四班，并附设幼稚园	财厅月支四〇〇元，教厅年助一二〇〇元	四	一		七八

　　绥省各中学概况，已如上表所列，省立者，仅有归绥中学、包头初级中学、归绥师范、归绥女子简易师范、农科职业学校、工科职业学校、集宁简易师范。私立者仅有绥远私立正风中学一所，各县立中学，均未设立。但各级小学，发展甚速，据中央政治学校附设蒙藏学校、边疆教育实业考察团《绥远调查报告书》所载：归绥、萨拉齐、包头、武川、托克托、和林、清水河、固阳、东胜、五原、临河、安北、丰镇、兴和、集宁、凉城、陶林等县及安北、沃野两设治局，高级小学及初级小学，校数与学生，逐年增加，显有长足之进展。全省已就学之学龄儿童，有二八，四六七，未就学之学龄儿童，有一七九，六〇四，其比例已就学者占

百分之十四，未就学者占百分之八十六。社会教育，全省有图书馆十五所，藏书四万四千三百八十四册，年用经费六千八百一十元。绥远全省教育经费，共约五十五万余元，现在设法整理，各县教育经费及学产，亦正计划整理中。绥远全省人口总数为二，二七五，〇七二人，在全省识字人总数为二九，五〇六人，其比例为百分之十三。

六　建设概况

绥远省地广人稀，荒山荒地，举目皆是，频年以来，经当局之努力，人民之合作，一切建设事业，已突飞猛进。仅举其凡如次。

（甲）农业之改进与推广

绥省自十八年起，向国内外采购各种耐旱品种，及各种工艺作物，以期改进农业，增加生产。凡试种成功，确切适合绥远之风土者，向民间积极推广。为谋实际之猛进，并拟责成各乡指导员，实地指导，以期提高农民智能，增加生产，而达农业推广之目的。并将全省农田，因地制宜，分为下列各区：（一）旱农区；（二）水利区；（三）园艺区；（四）碱地区。各因风土之异同，播种适宜之农作物，并提倡农村合作事业，以流通金融。

（乙）水利

绥省气候干燥，雨泽稀少，农家所恃，惟在开渠引河，以灌田亩。从来谈西北垦殖者，莫不以水利为先，盖其势使然耳。年来绥省当局，对于水利，努力迈进，已有相当之成绩：（一）开挖民生渠。（二）测量河套十大干渠。（三）勘测大黑河。以上实对于水利为有效之设施也。

（丙）公路

公路为交通之要道，对于军事、商运、农产品之输入与输出，关系至为重大。年来绥省已成及正在兴筑之公路有如左表：

（甲）省公路

（一）晋绥干线。（二）察绥干线。（三）新绥干线。（四）凉兴支线。

（乙）县公路

（一）集隆线。（二）集凉线。（三）陶卓线。（四）凉苏线。（五）旗陶线。（六）旗岱线。（七）旗大线。

（丁）造林

绥省植树造林，为建设上最大之要政。欲期林业之发展，与推行之普遍，非从扩充育苗着手不为功。绥省虽设有农林试验场，与武川、丰镇两县林区，皆系侧重一隅，欲图普遍，实所难能。自二十四年起，已将省设丰镇苗圃，移于集宁，并于各处添设苗圃，酌增经费，借为扩充之图，并拟定各种实施计划，积极推行，十年以后，必有可观也。

参考文献

《绥远省政府年刊》，绥远省政府

《绥远概况》，绥远省政府

《绥远省分县调查概要》，绥远民众教育馆

《绥远省教育厅整理教育计划》，绥远教育厅

《绥远》，包宇、陶立滨等

《绥远省形势概论》，李海晨，《地理教育》二卷一期

《绥远之军事地理》，张其昀，《地理教育》二卷一期

《十年来中国之经济建设》，曾养甫等

《中国经济年鉴》，实业部

《财政年鉴》，财政部

《内政年鉴》，内政部

《申报年鉴》，申报馆

《边疆半月刊》

南京边疆半月刊社

1937 年 2 卷 10 期

（苏日娜　整理）

外蒙实况

易杨馥　塞　君　撰

一　绪言

中国的边疆，都是处在帝国主义虎视眈眈之下，苏俄南犯，日本西侵，英则东窥，大好河山，变为逐鹿之场，造成今日危机四伏破碎零乱的四境，蚕食鲸吞，岂不令人心惊胆战！

我们打开地图一看，地土广大的外蒙，及其西北部的唐努乌梁海，仍然是隶属在中国的版图，可是现在的情形就不同了；其情形究属如何，这是我们应有之认识。

外蒙古的独立，系受人的阴谋，较为明了的，当然是知道与朝鲜被吞于日本是一样的情形；但是外蒙古独立的醖酿，还远在民国纪元前，自清季末叶同、光之间，用人失宜，蒙情日非，至民国十三年所谓"外蒙古共和国"乃正式成立。其时正是我国革命潮鼎沸时期，此后虽经北伐成功，而内政问题迭起，也无暇顾问蒙事。外蒙古独立，所受苏俄煽动的影响自然很大，但在法律上，苏俄仍然不能不承认中国的宗主权的。因为过去中国不去经营，所以苏俄在实际情形上，才能夺取了外蒙古的领导权，但假如不是外蒙人民对于内地不绝的内战动摇，他们对于整个国家信仰，而萌生自决的意识，那末苏俄的煽动也不会成功的。

苏俄握着外蒙的实权的时候，是在一九二一年，俄将巴伦温哥路逃到外蒙之际，苏俄乘此以讨伐名义，派遣赤军进入外蒙，库伦遂被占领。一九二四年，竭力援助"外蒙古青年共产党"，使之独立组织赤色政府于库伦。于是"外蒙古共和国"的政治、经济、思想、军事等，皆受苏俄影响，完全改变。继由一九二九年的政变，该共和国乃全然入于苏俄实权之下。唐努乌梁海，因和苏联在地势上所发生的关系不同，所以把它另外成立一个伪组织，改名为都温斯基共和国。

我们综合上述情形观察，就可以知道外蒙古独立，是一方面由于苏俄的煽惑，一方面也是中央政府对蒙隔阂，在这两种情形之下，才造成今日的"外蒙古共和国"以及"都温斯基共和国"两个伪组织。现在我们来研究的，是外蒙古两个伪组织独立后的状况，概述于后，以供关心边疆者之参考。

二　外蒙的政治

外蒙古人民共和国的国家组织，可以说是完全脱形于苏俄。在最初的时候国家主权握于三大机关，一是国务会议，系由各部总长及其主事员，或秘书以及各机关之代表组织之，凡关于对内对外临时发生之重大问题均由该会议议决施行，即外蒙之国务院；二是临时国会，系由喀尔喀回部及科布多、达里干河沙毕等处派选之代表等组织之，凡关于立法问题均由该会议决之，此即等于立法院；三是蒙古国民党中央委员会，凡关于对内对外政治上之方针，及关于随时发生之各种重大问题，均由该会指导之，虽经国务会议议决之问题，亦得否认之实权，且国务总理及部总长之人选，亦由该会提出之，故蒙古国民党中央委员会，是握有外蒙国民政府之全权。

为防止各机关员司舞弊，特设一审查司，隶属于国务会议，对于各机关所办之大小事务随时得以明查暗访，并有提交查办之权，后有国民党青年团各机关，从中监察，代尽弹劾之义务。

嗣后复经多次整理，中央行政机构，大加改革。设立大小国民会议行使国家最高职权，划分新行政经济区域，改良地方政治经济基础。中央政府下设总理一人，副总理二人，共设九部，计有军政部、财政部、外交部、保健部、农牧部、教育部、商工部、内政部、司法部。财政部与商工部组织一经济会议。此外有最高军事会议、最高裁判所等机关。

中央政府以下的行政系统，为"爱马克"、"贺旬"、"司蒙"、"巴克"、"阿尔班"五级；"爱马克"即过去蒙古"汗"之更改，如车臣汗改名为"享尔究爱马克"，土谢图汗改名为"希克多汗爱马克"是，"贺旬"亦即"旗"之改名。"阿尔班"为十户之集，五"阿尔班"为"巴克"，与我们之乡村组织系统相仿佛。其地方行政，采取自治制度性质，根据此制度而设立"波拉而登"，"波拉而登"各选举其机关执行委员，执行委员的任期一年，执委直接对其被选举出来的"波拉而登"负责。所有一切议决案件，呈准国民党中央委员会施行。

外蒙古政府各部，均聘有俄顾问一员，所有发号施令皆须取得俄顾问之同意，军事、教育大权亦皆操之俄人手中，常备、预备各营军官多由俄人充任，而其教练、编制亦按俄国营规，各营均有苏俄教官数人主持训练，库伦设立之蒙古军官学校，教官亦多为俄人，且用俄文书籍与俄语教授，外蒙军政大权，可以说是全部操在俄人手中。

一九二四年外蒙古宣布的宪法，为劳动阶级领有最高权力之共和国家，外蒙古政治组织，当然基于一九二四年宣布之宪法，而宪法之基础则为外蒙古国民大会闭会后所发布之《外蒙古劳动阶级权利宣言》，故此宣言有一述之必要：

（一）外蒙古为独立之民主共和国，其主权属于劳动者，而由国民大会及大会产生之政府行使。

（二）外蒙古共和国之重要使命，在扫灭君主专制组织之遗物，并确立民主共和政体之基础。

（三）为实现国家统治上之真的民权，并强固前项之国家组织计，确定下列十三个原则：

a. 土地、地中埋藏物、森林、水路等资源，为全国民众所共有，不许任何人私占。

b. 外蒙革命前，为旧蒙古官宪缔结之强制的条约及债务，均认为无效。

c. 革命前所负有之外人债务，以其有损国民经济，故对于政府废止宣言，表示赞同。

d. 决定经济政策，振兴实业，对外贸易，归诸国营。

e. 为拥护劳动者掌握之政权，并预防榨取者之势力恢复计，组织国民革命军，对劳动少年，施行军事教育，以冀劳动阶级之全体武装。

f. 使政〔教〕权分离，保障劳动者之信教自由。

g. 兴办图书刊行事业发展，劳动者发表意思之自由。

h. 力谋公共场所之设备与改造；保障国民集会、密谈、行列之自由。

i. 为保障劳动者结社之自由计，政府对于劳动者供给物质的及其他各种补助。

j. 为保障劳动者修学之自由计，政府为劳动者设免费之教育机关。

k. 不论宗教、性别之不同，承认国民有平等权。

l. 废止旧支配者（贵族）之尊号、敬称及活佛、王侯之支配权。

m. 鉴于世界之劳动阶级，皆正努力于打到〔倒〕资本主义，并实行社会主义，故共和国之外交，须适应小民族及全世界劳动阶级之利益使命，而从容运用。

三　外蒙的政党

（1）人民革命党与第三国际的关系——外蒙古的人民革命党及其附属组织——革命青年团，为外蒙唯一无二的政党，其他各党皆不许存在。人民革命党在土木巴托尔领导之下，听从第三国际的指导，接受其指挥，它采取共产党的组织原则，奉行共产主义，名义上不直接称共产党的原因，只不过第三国际估计游牧经济的外蒙，还不够共产革命资格，只能在国民革命的阶段。党内有共产党组织的党团，操纵一切，其作用以便贯彻第三国际的主义，党的高级干部，大都系留苏生，为布尔雪维克党员。人民革命党有代表出席第三国际会议，第三国际亦派有代表驻蒙指导党务，其第一任代表为喀尼亚夫，现任代表为克尔基斯人拉拔氏。

（2）加入人民革命党的手续——加入人民革命党为党员，有正式党员与候补党员两种，在成为正式党员之前，须经过候补党员的阶段。入党的条件与候补时间的长短，依人的职业成分而有不同，他划分为三类：

（一）无产阶级、贫民、兵卒；

（二）不使用他人劳力的畜牧者，家内手工业者及农民；

（三）以前贵族和官吏。

属于一二两类的，须有正式党员二名的介绍、保证，经过考核后，始能入党，一类的人候补期间为四个月，二类的人为八个月，属于第三类的，须有在党三年以上的党员介绍、保证，经过考核，始能入党，其候补期间为一年。在候补期间，参加党的会议，只有发言权，而无表决权。

（3）党的附属组织——革命青年团——革命青年团为人民革命党的预备团体，亦即培养党的干部之学校，他附属于人民革命党而受其指挥，对少年之国际关系，与人民革命党对第三国际关系相同。

普通未满二十岁的青年，可以入团，经过相当时期，按照规定手续，即可入党为正式党员。据一九三二年一月统计，团员约一万二千人，过去十二年间曾将六千团员送入人民革命党。

四　外蒙的军政

外蒙军队，除由陆军部管辖一切外，尚有参谋本部为其最高机关，凡军事所有之计划，及其训练、调度之实权，均由该部操纵之。现用征兵制度，凡满十八岁之男丁，均须入伍训练，经六个月训练后遣回本地，作为预备兵士，规定每年练兵一万，预备办到全蒙皆兵。兹将外蒙军队的内容和编制，及兵器与驻防地点分述如下：

（1）蒙军的内容和编制——蒙军中心干部，大都系留俄学生，中下级军官渗〔掺〕杂有很多的布里亚特人，军队有与俄军一样很精密地政治工作系统，党代表的权威也是高过一切，军队的精神还很团结，再加上有严密的"格拍武"工作笼罩着，蒙军算是赤俄的忠实工具了。

蒙军多属骑兵、炮兵，没有别的兵种，而外蒙的兵力据最近之统计，约有五个师团，主要部分集中库伦，其余的置于靠近伪满的边境地带上，在东北事变未发生以前，还是以团为单位，总兵额不过三万五千余人，自事变以后，蒙军已大加扩充，最近将有十万人了。现苏联与外蒙订有军事协定，军队的数量和质量上已格外有进步了。

蒙军内分达斯克、莎拉、梭蒙、贺诺、特璧基等区分。"达斯克"约合我国一班，"莎拉"为一排，"梭蒙"为一连，五连为一"贺诺"，约与我国一团不相上下，三团为一师，即蒙军所谓"特璧基"是。

（2）蒙军的兵器和飞机——蒙军所采用的兵器，与俄国骑兵相仿佛，每人都有枪、大刀各一柄，枪械大部为新式的苏俄制造品，另外有特种兵器，据日人在一九三二年五一节调查，在库伦市内游行及各地所有的特种兵器，所得统计如下：

野　炮	三十门
山　炮	五十门
装甲汽车	六十部
铁甲车	一部
其他不详	

外蒙的空军，以前很有限，飞机场亦小，只能容纳飞机十二架，最近大加修理，可容二百架飞机之大飞机房，刻已完成。现有飞机场两处：一在桑贝子，有飞机百架，据最近调查约有四五百架；内有新式爆击机五十架，驱逐机约六十架，其余多为练习、侦察等飞机。二在克鲁伦河左岸车臣汗飞机场，配置有三十架爆击队。

此外有科学兵器制造所，在一九三四年三月二十六日成立，由耶里乌耶多木夫少将卒〔率〕俄籍技师三十余名到任。内部下级人员，多为外蒙陆军大学、士官学校学生。

五 外蒙的教育与文化

外蒙古自正式成立政府以来，对于教育颇为注意，其教育分为学校教育与军事教育两种。学校教育直属于教育部，军事教育则隶于参谋部。兹将学校教育与军事教育分述如下：

（1）学校教育——库伦为外蒙教育、文化的中心，中学和艺徒学校，不下数十所。现有国民大学一所，人数约百余名，学生多政府机关职员，在夜间上课。中学七所，小学共计九十余所，小学修业期四年，四年期满如不能毕业，得延长一年。中等学校以蒙文为主，兼授俄文及中文。此外还有党务学校一所，肄业期限为一年半，毕业后多直接赴俄留学，一切衣食等费，概由政府津贴，现有学生一百余人。

（2）军事教育——外蒙在最近数年来普遍的进行国民军事训练，加紧国民的军事教育，规定凡十八岁以上至四十五岁的男子，都有服兵役的义务，只有已经登记住在寺院的僧侣，以及正在学校中肄业的学生，才能免去服役。兵役期间前定为三年，一九三二年改为二年，缩短了一年服役的期限。外蒙政府对国民军事训练十分认真，连侨民都不能逃免。

负责教育的人员，除一部分是蒙古军校的学生而外，再就是俄国来的二百五十名俄国军官。其操律与课程，皆取苏俄军事训练法。

外蒙古的文化，较革命前大有进步，如出版刊物、学术演讲及学术研究等，皆为外蒙古独立后所创立。就学术委员会来讲，是党的组织所提倡，其目的乃在集中学术界的人材，作深切的科学研究，借以提高文化教育，增进科学知识。党务机关曾有如下的决定：

一、扩张国立图书馆。二、为编辑爱马克（即省志）计，应搜集旧有地图，以作参考，并应实地调查。三、增加博物馆的动植物标本。四、编纂蒙古历史地图。五、扩张库伦测候所。六、增加能通华、"满"和英、法等国文字的翻译人员。七、研究矿、植的测量，并作考古学的调查。

我们看了上面的决定，可知该会为外蒙学术研究的最高文化机关。

蒙古中小学校所用之教科书，都由学术之编辑，至于出版刊物，有蒙文周刊及报纸之发行，凡所施之方针，及政治上社会上、国内国外之重要消息，均由该报纸传播之，亦系外蒙古社会惟一舆论之代表，颇有左右舆论之势力。另有俄文报馆一处，蒙文报馆二处，为苏俄出资所办，专事宣传共产主义之刊物也。

并有演讲所数处，常借内外各种纪念日，举行国民演讲大会，演述世界大势，开通民智。演讲员均为各机关之重要人物，妇、孺、兵、工均来环听，每次数达万余人。青年党员组织有新剧团，一面为提倡社会教育，一面为募集经费起见，用蒙文蒙语编成新戏剧，现设有规模较大之国家戏院一所，该院宗旨乃以描写社会中各种黑暗情形，而指示改良之。更有关于科学及工业之各种影片，以辅导学校教育、社会教育之用。故外蒙民众智识日开，现蒙民对政治亦颇注意，国家大事，及国民大会之演讲，均异常热心。此外并有文化局为阐扬文化之机关，又有图书馆储藏多种图书供人阅览。

六　外蒙的牧畜

外蒙为经济非常落后之国家，以牧畜为其基本产业，至其他部门之产业，则在逐渐萌芽之状态。

外蒙古的牧畜，据外蒙古共和国农务部兽疫司调查的统计，自一九二四年至一九三二年九年之间，外蒙家畜的统数，已增加百分之八十九，由一千三百七十七万余头，则增为二千六百零六万头。其逐年增加详细数字如下：

年　份	家畜数（单位头）	百分比（以一九二四年为一〇〇）
一九二四	一三，七七六，一一九	一〇〇
一九二五	一六，四五〇，八九七	一一九
一九二六	一九，二二一，七二四	一三九
一九二七	二〇，一四一，八六五	一四六
一九二八	二一，四三五，四二九	一五五
一九二九	二一，九五〇，〇五一	一五九
一九三〇	二四，五五二，七五〇	一七八
一九三一	二五，二〇五，一三〇	一八二
一九三二	二六，〇六六，九四〇	一八九

前表所示于吾人者，即外蒙家畜数逐年增加，依照一九三〇之调查，外蒙人平均每人所领有之家畜数计三十二头半；而在一九二四年每人平均仅领有二十五头余（按一九二四年之调查，外蒙人口总数计五十四万六千人），其增加数量，每人平均七头。其发展之速，可以概见。

牧畜业之总生产，占国民收入中之最大部分，兹将关于此项之统计列表如左：

项目	总生产额	国内需要	商品生产（朴特）	价值（单位千卢布）
家畜	——	——	一〇〇，〇〇〇	四，〇〇〇
羊	——	——	五〇〇，〇〇〇	二，〇〇〇
羊毛	（朴特）六〇〇，〇〇〇	（朴特）二〇〇，〇〇〇	四〇〇，〇〇〇	三，二〇〇

项目	总生产额	国内需要	商品生产 （朴特）	价值 （单位千卢布）
驼毛	五五，〇〇〇	一〇，〇〇〇	四〇，〇〇〇	一，一〇〇
粗毛	五〇，〇〇〇	一〇，〇〇〇	四〇，〇〇〇	一四〇
皮革	——	——	一三〇，〇〇〇	四〇〇
羊皮	二，五〇〇，〇〇〇	一，五〇〇，〇〇〇	一，〇〇〇，〇〇〇	六二五
脂肪	五〇〇，〇〇〇	四五〇，〇〇〇	五〇，〇〇〇	一四〇

外蒙古独立后国家采用了各项有效政策以来，外蒙之国民经济，已有极大之发展。而近年以来外蒙牧畜业，固已有显著之发展，但受各种不利于游牧的条件之限制；例如畜类种类之不良，以及其他自然的条件，以致不能有十分的进步。共和国政府对此已予注意，力求改良之道，惜未脱试验时代耳。

七　外蒙的农业

外蒙古的气候，冷暖无常，土地又乏灌溉之利，以天时地利而言，都不适宜农业的发展。事实上外蒙的人民，在其客观条件下，适合游牧为生，而国民经济上亦不占重要之地位，营农耕种，不过是附业而已。过去系由中国及俄国农民所开拓，蒙古土著之农民极少从事耕作者。其播种面积仅约四万余俄亩，即如下表之数字：

汉人佃农经营者	三六，六二四俄亩
俄国工人经营者	一，二〇〇俄亩
国营农业	一，八六〇俄亩
寺院经营者	七二〇俄亩
蒙古农民经营者	四五六俄亩

可是自外蒙变改〔政〕后，俄人在外蒙提倡"发展国家农业"，组织"国家农场"，大约在一九三〇年时，由俄国运往库伦两架耕种机，在城郊首作农业试验，结果由人民革命党中央决议

组织国家农场，并提出消灭富农的口号，把牲畜较多的"丹加特"（即富农），强行没收其牲畜，令其加入国家农场。许多"丹加特"因此逃出外蒙。于所没收的牲畜，都归政府所得，这样两方面撵走牲畜，主要的牧畜业也现出衰落的情况，剩下来集中到国家农场的牲畜量很少，一些参加农场的人，牛粪，谈不上什么生产效力①，施行于耕种上的两架耕种机，就是国家农场生产资本，在库伦附近曾划出一个农区去实行，然而经常地仍然是歉收，农业的难于发展，于此可见一般了。

八　外蒙的贸易

外蒙古的贸易，以其商品生产尚未发达，与其货币制度之不完备，于是外蒙商业之重心，遂不得不置于输出入方面。

兹将一九二三年至一九二六年之外蒙对外贸易额列举如次，借以观其一般的经济之发展：

年份	输出（单位一千卢布）	对于上年之百分比	输入（单位一千卢布）	对于上年之百分比	贸易总额（单位一千卢布）	对于上年之百分比	入超及出超
一九二三年	一九，五二四	一〇〇	一四，一九八	一〇〇	三三，七一七	一〇〇	（十）五，三三一
一九二四年	二〇，三二一	一〇四	二一，九四六	一五五	四二，二六七	一二五	（一）一，六二五
一九二五年	三三，八六六	一一七	二四，七一四	一一三	四八，五八三	一一五	（一）八五一
一九二六年	二五，三三七	一〇二	二三，〇八五	九四	四七，四二三	九八	（十）一，二五二

---

① 原文如此。——整理者注

革命以前外蒙之全部贸易系在外国私人资本掌握之中，由中、英、美、德、俄各国公司所独占，盖土著之商业资本，尚在逐渐萌芽之状态，绝少大资本家，大部仅为国内贸易之媒介而〈已〉。

自革命新政府权树立以后，同时即有蒙古中央合作〔合作〕社之组织，以国家的商业资本独占一切内外贸易。合作社在国家援助之下，发展至为迅速，可以下表分析之：

年　份	出资者数	所出资本	资本总数	贸易额数	分社数
一九二三年五月一日	八三七	三三，八〇〇	六〇，〇〇〇	一八四，〇〇〇	六
一九二四年五月一日	一，五〇〇	六〇，〇〇〇	四二四，七一八	一，五〇六，〇〇〇	一三
一九二五年五月一日	三，四八一	一三七，三六八	二，九五一，〇〇〇	八，七四三，〇〇〇	一〇六
一九二六年五月一日	六，六二七	一九九，五八九	三，四二五，〇〇〇	九，七二〇，〇〇〇	一四〇

以合作社之发展，同时外国资本渐被驱逐，惟苏俄之商业资本，则对其之贡献甚大。各种资本所占之地位，可以下列统计表明之：

	一九二〇年之贸易额（单位千卢布）	百分比	一九二三年之贸易额（单位千卢布）	百分比	一九二五年之贸易额（单位千卢布）	百分比
蒙古中央合作社	一，〇五四	二·五	七，五〇〇	一五·二	八，七四九	一八·四
苏俄商业组织	四，〇三三	九·五	五，九六五	一二·五	一二，一二一	二五·五
中国等其他外国公司	三七，一八〇	七七·〇	三五，一一七	七二·三	二六，五五二	五六·一
合　计	四二，二六七	一〇〇	四八，五七三	一〇〇	四七，四二三	一〇〇

我们看了上表，就可以知道苏俄在外蒙贸易之势力如此，不过全部的，现在单就中国与外蒙贸易及苏俄与外蒙贸易的情形，列表如下：

年　次	中蒙贸易之百分比	蒙俄贸易之百分比
一九二四年	八五·七	一四·三
一九二五年	七八·三	二一·七
一九二六年	七八·七	三一·三
一九二七年	六三·六	三六·四

在上表来看，近年蒙俄贸易的比率日渐增高，而中蒙贸易的比率日趋低落了。

九　外蒙的工业

外蒙古以游牧生活为主，关于工业，根本谈不到，可是在苏俄五年经济建设计划的口号之下，外蒙古也跟着苏俄去实施经济建设，主要不外就现有的产业基础上，实行生产合理化借以提高生产率，添设几个新的生产部门借以扩大生产，最高限度的要求，也不过达到自给程度。现有的产业，大致为：（A）库伦有制酒工厂、制毯工厂、皮革工厂、制靴鞋工厂四所，最大的只容得五百人工作，其余三二百人不等；（B）恰克图、博因土木几处小镇市，不过有几个手工业作坊，在恰克图的毡靴作坊算是较大的，博因土木的几个作坊，如毡靴、皮鞋、缝纫，都只有十人或二十人工作，一九三二年初，为满足蒙古人民的需要在各处镇市添设许多手工作坊，像制糕饼、制蒙靴、制马鞍等等，并成立一个全蒙手工业组合，从事计划的生产，在这个系统下工作的，统计亦不满千人，所制造的产品，还难满足蒙人的需要，大部分的日用品仍仰给于俄国。

这一些工厂的创设，完全由他人一手包办与操纵，机械不用说要从俄国高价购买，就连建筑房屋的砖瓦，也得要俄国供给，管理工厂的，名义有一个蒙古人，实权完全在俄人之手，所有机师机匠都是俄人，他们享有很高的待遇，无限制的汇兑权利。俄国工人很多，中国工人亦不少，有一些中国工人是被没收财产的商贾不得已去劳动的。因为机器采用的不高明，工人们又多不见熟练，因此生产率并不佳，生产的结果除付供给高价俄籍机师工人的工资外，盈余几等于零，有的企业甚至还亏本，这就是外蒙在他人领导之下的工业建设，实际上蒙古还是受人剥削。以高价购买俄国机械，这就是很好证明，据闻蒙人在东边区布翼尔湖开办一所渔场，由海参崴买到一只拖两只帆船小汽艇，购买和运费总耗费一万数"托格利克"（蒙币）①，但如从哈尔滨购买，连运费至多不到七千蒙币，这种事实，完全暴露了建设的不经济之情况。

还有一项，就是外蒙的矿产，自从新政府成立，察知矿产到处皆是，只今仍未开掘，未免可惜，遂有多数蒙人，主张利用外资，开发外蒙矿产。此项计划决定以后，或卖与俄人自行开采，或由俄蒙缔约合办。近今已有煤矿四处、铁矿一处、金矿二处，先后实行开采。此项公司均在库伦设有办公机关，从事招集股本。年来时有俄国实业家多人，前往外蒙各地，调查矿产。择其质佳而苗旺者，与外蒙政府缔约开采。虽多无资实行，而其目的，则在取得开采权利，不欲他人染指于其间也。

以那样落后的蒙古经济，怎样谈得上什么共产主义的经济建设，削足适履另有用心的结果，在五年计划第二年度（一九三二年）作总结时，也无用其掩饰喊出"全蒙企业仍是蹒跚于原有的

———————

① 后文作"脱福利克"。——整理者注

地位"。外蒙的工业，不过如是而已。

不过我们还可以看到，许多面包房的添设，新建筑房屋的增加，但这不仅是外蒙产业发展的表现，而实际是含有军事意义的军事设施。

十　外蒙的财政与金融

革命前之外蒙财政，完全系无政府状态，既无预算之树立，亦无国库收支之统制。除牲畜税收而外，其他殆无收入。其时每年政费，全由清廷政府补助；定额年约一百万两，连同外蒙本地税收五十万两，年可收入一百五十万两。开支各项经费，每年尚有赢余。独立以后，中央接济既已断绝，各项庶政，复百废具举，招募军警，创设学校，筹办市政，以及添设各项机关，种种支出，较前增至十倍，自不能〈不〉另筹款项，以支军政经费。惟按外蒙岁出，牲畜税居全额十分之八，其他收入，反占十分之二。若遽增征多额税捐，不第人民无此负担能力，并恐激起反抗风潮。以故外蒙政府对此，一面逐渐加税，一面向俄借款。俄以变乱之余，国内经济，亟待维持，自顾尚且不暇，本无余力以济他人缓急；外蒙有所需求，曾稍有供给。于民国十年秋间，曾印制十万元卢布纸币（蒙人呼为黄条子），全部借与外蒙政府，此项纸币，中国境内，久已无人使用，每一千元，不能兑得大洋一元。以故外蒙得此款，不到一月，即行用罄，财政依然困难。

逮至民国十一年冬，外蒙政府以外蒙全部矿产作抵，向俄借金卢布一百五十万元，外蒙自得此宗巨额现款以后，金融顿形活泼。各项捐税，亦渐次增收，各机关职员更经实行裁减。开源节流，同时并举，财政遂不虞其支绌。据一九三〇年之全国预算为二六，九〇三，〇〇〇脱福利克（蒙币），又蒙古最重要之收入为财产累进税（以牛马为单位）、人口税、职业税、营业税、印花税、车马捐、房租捐等项。其支出方面，行政管理费一九三〇年为八，七二四，六二〇，文化事业费为六，八二〇，五七二，产业费为五，九一五，〇〇五，其他占六，七一八，三四四。尚有存余二，七四三，〇九二元。

外蒙古的金融，凡市面流通之货币，计有中国银锭、银元、俄国卢布、银元，蒙古之金融现操于实业银行之手，对外称蒙古国家银行。自一九二六年起，已发行纸币，现在外蒙已由物物交换的原始经济，移向货币经济的过渡期了。社会间流通货币之单位，叫做脱福利克，乃一种银质货币，每铜元一百猛格斯可易一脱福利克。一脱福利克仅含有克兰姆纯银使用①。复次，外蒙政府对于维持金融条例，亦规定极严。凡属硬币，只许输入，不准输出。商民每人出境，只准携带现银二十两，或银元二十五元。如欲带一百两时，必先呈报政府缴纳值百抽二十之捐税，领取执照，方准出口。否则一经查获，全部没收而外，处以五倍以上之罚款。惟苏俄商民，则不受此条例之限制，蒙员虽明知之，亦不敢向其检查。年来外蒙现金现银，流入俄国者，为数实已不资。俄货入口，概免税厘、故库伦市面俄货，价颇低廉。惟已售得之价款，类皆兑换现金现银，运回俄国，欧美各国商人，因而群起假冒俄商，图得免税免厘，运输现款之便宜，条例所能实行者，只蒙民及我华商而已。

（2）金融机关——外蒙金融机关，在当时中国商号颇多，于是银号势力甚大，后经革命后，不但中国银号被其排挤，就日本以及欧美各国之银商亦被其限制。现有之金融机关较为活跃者有：

----

① 原文如此。——整理者注

（一）拓殖蒙边银行 该行系俄商斯瓦尔斯基，与外蒙喇嘛绷楚克车林所合办，资本五百万元。总行设于库伦、恰克图及其他诸地，暨西伯利亚各大都会，均有分行。对于外蒙政府，取得纸币发行特权。已发纸币分为四种：一元者为猪票，上绘猪形；五元者为羊票，上绘羊形；十元者为牛票，上绘牛形；五十元者为马票，上绘马形。四种纸币，随时均得兑现，并无数额限制，颇得蒙民之信用。名义上系俄蒙人民合办，实际乃操俄人手中。行内职员十分之七八系俄人，十分之一二系蒙人，一切来往均系俄文，簿记等等，亦用俄文。

（二）外蒙实业银行 此银行有资本约五六百万元，为外蒙政府所办，与俄国远东银行有联络。该行名义上虽属外蒙政府所办，实际上是个俄国银行，莫斯科政府委任的苏俄人员执行一切行务。

（三）蒙古商业银行 此行成立于一九二四年，系蒙俄合办，资本五百万金卢布，蒙俄各出一半。一九二八年一月，资本增至一，六五〇，〇〇〇金卢布。其流通及储蓄金共为三，八四七，六二〇金卢布，私人存款约为三〇〇，〇〇〇金卢布，此时以信用借款而借出的数额，约八五，六六一，〇〇〇金卢布。在主要地方，皆有该行的分行。

十一 外蒙的交通

外蒙古的交通，自共和国成立后，对此莫不时时计划。现汽车、航空、邮电等交通，亦在积极建设。兹将外蒙的交通概况，分述如左：

铁道——往昔蒙人以交通较便之故，不时运货至我张家口出售，今俄人为便捷计，拟变更其习惯，企图修筑入西藏铁路，据俄方调查报告，谓：西伯利亚崇山峻岭，崎岖难行，一入外蒙之北境，即归坦途。按其计划，兴筑要路有六：（一）自苏俄米斯契可斯克至乌梁海首都披美倍契尔间；（二）自苏联皮斯克至科布多；（三）自披美倍契尔至乌里雅苏台；（四）自科布多至乌里雅苏台；（五）自赤塔至库伦；（六）自库伦至桑贝子。闻最近先积极建设自赤塔至库伦间之铁道，资本全由俄方借给。加以吾国使领馆叠次提出抗议，于是未及着手兴办，其他路线，亦迟迟不克进行，盖以避免与日本冲突故也。一九二八年后，改变既定方针，将视线转入新疆，其由斜米抵新疆边界之铁路，一方动工兴修，一方派员至欧美各国，调查最新工作方法，以期成就完善之铁道焉。

公路——外蒙古昔时输送货物，多赖于牲畜驮载，比年以还，汽车逐渐发达，库伦、张家口间道路，络绎不绝，一九三○年至一九三一年，苏俄运入外蒙汽车，有一百八十一辆之多；内有九十四辆为美制，八十七辆为欧造，且在库伦设立交通委员会，凡购进何种车辆，均须经该会审定用途。现该会拟再继续购置汽车三百辆。兹将汽车主要路线，分述于左：

（一）由库伦至买卖城，计二百一十哩，复由买卖城北进，经恰克图至上乌金斯克，计一百六十哩。

（二）由库伦至张家口，计六百六十哩（为通中国之主要路线）。

（三）由乌里雅苏台至张家口，计一千零六十哩。

（四）由科布多至皮斯克，计五百六十哩。

（五）由科布多至科西阿加基，计二百二十哩。

（六）由卡迭耳（在库苏古耳泊旁）至库勒图克（在贝加尔湖旁），计二十哩。

（七）由乌里雅苏台至卡迭耳，计三百四十哩。

（八）由库伦至乌里雅苏台，计六百六十哩。

（九）由库伦至克鲁伦，计四百五十哩。

（十）由克鲁伦至呼伦，计三百哩（此为外蒙与伪国交通之孔道）。

（十一）由克鲁伦至博尔，计二百哩（此为外蒙通西伯利亚铁路之孔道）。

（十二）由科布多至乌里雅苏台，计二百九十哩。

邮政——现时中蒙往来信件，限制极严，苏俄政府绝对不允中蒙间邮件，直接经过，或通无线电讯；例如中国方面欲投寄库伦书信，非经由西伯利亚铁道维尔尼乌苏斯站转递不可。至一九二七年至一九二八年以后，蒙古与外间交通，完全隔绝，以受苏俄政府之支配故也。

航运——蒙古全境，仅数支汽船在库苏古耳泊航行，据专门调查委员会报告，自色楞格河口起，上溯一百九十七哩，与鄂尔浑河口起，上溯一百九十四哩，均用浅水汽轮驶行（色楞格河乃叶尼赛河之上源也），一九一〇年，俄人曾试航，彼时经中国政府抗议，遂未实行。现时中国既已失其权力，苏俄方得尽量利用，一九二五年起，俄复试航行，并制就详明地图，将河加深开凿，次年，蒙古政府与苏俄缔结条约，完成上述两河之汽船行驶，并利用相连小河，转运木材之用。

航空——一九二八年七月，由伊尔库次克开始载运邮件，前往库伦，并递寄包裹，我国领馆迭次向俄抗议，但俄国覆文，非常含混，于是变更计划，改筑通入我国新疆省之铁道，此事遂暂告寝，然库伦飞行机场，刻仍有俄人包立索夫为教官，训练蒙人驾驶术，且据于科布多、敖汗两地，增设二站，此外由库伦至上乌舍〔金〕斯克之间，亦成立邮航与旅客往来之实施。

电报——外蒙电报，仍以库伦为中心。南线由乌得与中国电线联络；北线由恰克图与苏俄电线联络；东线已通至车臣汗部汗府；

西线亦已着手架设，行将直达科布多（闻已通至乌里雅苏台）。而库伦、恰克图、乌得、车臣汗府之间，且皆设有长途电话，消息极其灵通。此四地之距离，远达千里内外，则在亚洲境内，实可称为最长线之电话也。

无线电——外蒙无线电，系徐树铮氏坐镇外蒙古时所设立，今益大显效用，世界各国消息，蒙人常从此中得之。

电灯电话——库伦城中，均已安设，凡服务各机关之司员，暨有声誉之绅士以〈及〉较富之商店，无不设有电灯、电话。惜其公司实权，握于俄人之手，未能成为市公有事业耳。

十二　伪唐努共和国近况

唐努乌梁海原来是外蒙西北部的一区，在一九二四年十月居然正式宣布成立为一独立共和国，叫做"都温斯基人民共和国"，一九二六年九月二十四日公布宪法，把地方行政区域，划分为六"贺旬"，每一贺旬复分为若干"司蒙"，一"司蒙"分为若干"巴克"，一"巴克"再分为若干"阿尔班"。在六贺旬下统辖境内五十四"司蒙"和一百八十九"巴克"及七百三十"阿尔班"而成。地方行政基础单位，很明显的是"阿尔班"与"巴克"。

全国最高的行政机关，叫做"大富鲁尔坦"，就是全民族会议，闭会时则属于"小富鲁尔坦"，"小富鲁尔坦"由"大富鲁尔坦"选举二十五至三十人组织之，"大富鲁尔坦"由各"贺旬"及"司蒙"之代表所组成。"小富鲁尔坦"闭会时间另选常务委员〔会〕五人组织常务委员会，其中计有主席一人，秘书一人，委员三人组成。

此外更推定委员若干人组织政府，内设国务会议主席一人，副主席一人，内务、外交、财政、司法各部部长各一人。"小富鲁尔坦"为颁布国家法律与命令，指示政府施政方针，与"大富鲁尔坦"会议交办之各项议案，法令之职权为最繁重。

至于政府方面，纯属执行的行政机构，其所负之任务，不外代大小富鲁尔坦办理所交办之案件。

唐努乌梁海的人口约有六七万人。其中苏联所属人民约有万人。人民的职业大都以游牧、捕猎为主。对外贸易以对苏联占最多数，与内地各省贸易额占极少数。境内经济利源，尚未开发，现因人烟寥落货弃于地，很为可惜。尤以矿产、森林为最丰饶。

前年唐努乌梁海曾举行建国十五周〈年〉纪念，有苏联代表及小富鲁尔坦议长奥尔及政府主席达西并苏联派遣接壤唐努地方各自治共和国，举行甚大之纪念会，俨然成为苏联一自治邦。

十四　结论

日人近企图侵占外蒙，以期扩张势力，俾遂其侵略满蒙全部之计，所以外蒙问题，虽僻在边陲，亦应急切注意，设法取消其独立，以芟除我国未来之祸根。须知东北既已沦陷，西北在今日极关重要，安定疆圉，诚为不可再缓之图。现外蒙既受苏俄支配，将来与日本定有冲突。况夫日本力求实现其大亚细亚主义，而唆使伪国收买东铁，以便于运输兵卒，前途危若累卵，倘不自为谋，速议西北国防之大计，诚恐日、俄逼处，交迫而来，肆行割据，则噬脐之祸，无可幸免，岂独外蒙丧失而已哉。

民廿六，四，廿一

《边疆半月刊》

南京边疆半月刊社

1937 年 3 卷 1、2 期合刊

（李红权　整理）

绥远之乌兰察布盟六旗

作者不详

绥远乌兰察布盟六旗，居省境北部，面稍〔积〕广袤，占绥省全土三分之一。其地东接察北，北毗外蒙，西邻阿拉善旗，以通新疆，南临大青山与黄河，为晋、绥之屏藩，掌燕、冀之管钥，交通上，国防上，均占极重要地位。虽属域六旗，四境荒凉，土质硗磽〔确〕，而以幅员辽阔，地势险峻，承建瓴之势，围绕绥省北部，攸关晋、绥安危。某方因早见及此，故年来驱使德王，将在盟境百林庙之内蒙古自治政务委员会，一手把持，并于庙方积草屯粮，招致亡命，调集匪军，建筑机场，以致年来绥、包、西蒙各旗，无不感受威胁，群情惴惴，大有不可终日之势。现百林庙、大庙相继收复，但某国大陆政策，迷梦方酣，若谓就此罢休，正恐未必，不观近日来热西察北，某方不断调兵遣将，伪军节节西进，械弹运输，不绝于途，殆无时不作卷土重来之企图，而犹惓惓未忘情于此晋、绥外卫屏藩之乌兰察布盟六旗。况今乌盟东境鄂尔克图鄂博、察汗天都山、活克活尔山等地方，仍有不少伪匪军盘据，而伪匪军大本营之商都，与伪军麋集之南壕堑，亦密迩乌盟，近在咫尺，匪方飞机，更无日不在侦察轰炸，是百林庙收复，乌盟形势，虽一时好转，使我方不再迈进一步，振兴实业，移民充实边圉，促其自身发展，走入进化之途，长此不顾，坐使此人口稀少、军力薄弱之偌大地域，孤悬于国防最前线，其前途之危殆，将有不堪设想。记者飘泊西蒙，已历数载，对乌盟各旗情况，知之颇悉，因就乌盟一切现状，详述如下，以饷国人，想关怀边事者所乐闻也。

各旗沿革

四子王旗，汉为雁门郡及定襄郡北境地，达尔罕旗，汉为定襄、云中二郡北境地，迨至东晋，两旗同沦为拓拔氏地，唐时为振武军地，辽为丰州地，属西京道，金属西京道，元属大同路，明同入于蒙古为游收〔牧〕地，以迄于今。茂明安旗，汉为五原郡地，后魏为怀朔镇地，唐为振武军地，辽为东胜州地，属西京道，金因之，元属大同路，明初设卫戍守，后入于蒙古为游牧地，以迄于今。乌拉特三旗，秦为九原郡地，汉更名为五原郡，汉末郡废，后魏为怀朔镇地，唐为中、西二受降城地，辽置云内州，属西京道，金因之，元属大同路，明入于蒙古为游牧地，以迄于今。除达尔罕旗为元太祖十五世孙札赉尔珲之后，其他四子王等五旗，均属元太祖弟哈萨耳后裔。

位置面积

乌兰察布，乃一河名，发源大青山北麓向北流，其所经地，名乌可图，当武川县赴乌蓝花大道之东，各旗盟会于此，故以乌兰察布名。金〔全〕盟共分六旗，由东向西数，最东为四子王旗，依次为达尔罕旗（亦称喀尔喀右翼旗）、茂明安旗、东公旗、中公旗，中公旗居最西，其南有西公旗，中间隔以狼山，全部位居绥省阴山山脉以北，南自北纬四十一度起，最北讫北纬四十四度止，毗连外蒙，最东至东经一百十四度又十分之一之鄂尔玛地方，与察北锡林果勒盟接壤，最西约达东经一百零五度，接于西套戈壁，东西相距约一千六百里，南北约四百余里，面积为四十五万三千八百余方里（据绥省府编《绥远概况》），占绥远全面积三分之一而强，当浙江全省又二分之一。惜以人烟稀少，遍地荒凉，而自外蒙离贰，东北沦陷以后，东、北两面，逼处国防前线，值此强寇鹰瞵虎视、绥东战云弥漫之际，其形势之重要，与处境之危殆，已自不待言矣。

盟旗组织

乌盟行政，设盟长一员，综理盟务，并监督所属各旗，由本盟副盟长升之；副盟长一员，佐理盟长，处理盟务，由本盟各旗札萨克轮任之；盟以下为旗，各旗组织，大致相同。每旗设札萨克（蒙古语旗主之意）一员，为一旗之长，总揽全旗军政各权，并监督所属官吏，系世袭职，东协理、西协理二员，辅佐札萨克处理旗务，及管旗章京，东海〔梅〕楞、西海〔梅〕楞、参领等职，承札萨克、协理之命，办理旗内军民事物。旗以下为佐（形同内地之区），每一佐辖民丁一百五十，佐置佐领一员，承参领之命，直接办理地方一切事物，为蒙旗亲民之官。又置骁骑校一员，辅佐佐领办理佐内一切事务，领催五六名，分领兵丁，保护游收〔牧〕。乌兰察布盟，共分六旗，设六十二佐领，唯盟长之设，系由各旗王公推选轮任，实际各旗精神涣散，各自为政，盟长不过徒拥虚名，毫无实权，此乌盟蒙旗组织之大略也。

村落户口

蒙人游牧为生，逐水草而居，夏日就阴，冬日就阳，故居无定所，为便于游牧计，多不集聚一处，即有聚居者，亦不过三五户，故在各旗内，村落甚少，仅四子王旗王府附近，及百林庙一带，有老龙苏木、哈不气、三道沟、四道沟等十数村落，但住户亦均不多。至乌盟六旗人口，有云七万三千余人，但据去年秋记者亲自调查之结果，无一旗能足万人，计普通人口为二万余，喇嘛人口为八千余，总共只三万有另，平均每十五方华里，始有一人，以视江浙之每方里有百十余人者，真不啻天渊之别矣。以如此稀少之人口，占绥远省全面积三分之一之土地，又当绥远之北部，实觉万分空虚，兹将乌盟各旗人口列下：

乌盟六旗户口表

旗别	户数	普通人口	喇嘛人口	总人口数
四子王旗	一，二四〇	六，二〇〇	三，〇〇〇	九，二〇〇
达尔罕旗	八〇〇	四，〇〇〇	一，二五〇	五，二五〇
茂明安旗	一九二	八四〇	一五〇	九九〇
东公旗	二六八	一，一五〇	二四五	一，三九五
中公旗	五〇八	四，〇五二	二，二〇二	六，二五四
西公旗	一，一四〇	五，七〇〇	一，五五〇	六，七六〇①
总计	四，一四八	三，九四二②	八，三九七	三〇，三三九

右表之东公、茂明安二旗，一仅二百余户，一仅百九十余户，尚不及内地一镇或一大村人口之多，则其财富能力，自无何等可言。人口稀少，财政缺乏，军力薄弱，当此国防之最前线，殊觉危险异常。

---

① 应为七，二五〇。——整理者注
② 应为二一，九四二。——整理者注

气候土质

乌兰察布盟，地处阴山以北，空气干燥，雨水稀少，夏则酷热，冬则严寒，春秋两季，变化尤甚。春季气温，当二月间，在华氏表二十一二度，三月间三十四五度，四月间四十八九度；秋季气温，当八月间，在华氏表七十六七度，九月间六十一二度，十月间四十三四度，唯忽暖忽寒。春季当雷声发动后，季〔秋〕季当白露节，日间气温升高，日暮则有时冰点，夏季亦仅两月有半，昼间气温，由华氏表六十三四度，渐升至八十一二度，有时亦升至九十余度，唯昼暖夜寒，昼夜间温度相差达华氏表六十度，其气温之变化不测如此。各旗土质，大致北部多沙，南部接近阴山一带，尚多可耕之田，达尔罕旗，多胶质黏土，唯西公旗地居大青山以南，其间依山带河，气候温和，土质肥沃，田塍灌溉便利，故住户亦较繁。

交通情形

乌盟围绕绥省北部，为由内地赴新疆、外蒙必经之要径，目下绥新长途汽车路，在绥远省境者，悉在乌兰察布盟境内，平时商贾赴新疆之路〔骆〕驼队，亦咸取道于此大青山后之草地，此乃大西北交通之整个干线。自外蒙关系断绝，绥、包商业，大受打击，独赖此路交通，尚能敷衍支持，新疆方面，亦赖此线之通，借以保持若断若续之连系，故在交通上言，乌盟所占地位，亦极重要。境内交通路线，以绥新北路、绥新中路、绥库商路，为三大主要干线，达尔罕旗之百林庙，为察、绥、蒙、新汽车、驼队往来必费〔经〕之交点，地位尤占冲要，该地曾设有三等邮局一所，前当伪匪军占据百林庙时，某方曾于其地按〔安〕装无线电台，与平、津、关东各地通报。

教育一斑

乌盟僻处大青山后，民气浑噩，风气闭塞，人民拘守游牧生活，居无定址，教育极端幼稚。六旗之中，仅乌拉特三公旗，在包头共同设立三公旗两级小学一所，系民国十四年六月成立，现有学生九十余人，汉籍学生仅占四分之三，蒙籍学生占四分之一，完全官费，教职员七人，每年经费五千八百元，课程标准，与公立小学无异，惜其年来不加整顿，殆有日渐废之势。至山后各旗境内，间有设立私塾处，讲授蒙文，并无学校名称，几无教育之可言。唯其不知注重教育，故蒙文大多数人民反均不认识，即喇嘛所诵之经卷，率多用藏文，蒙文实有日渐退化之势。至于能通晓汉文者，更属凤毛麟角矣。

财政工商

乌盟各旗，因住户稀少，经营乏术，财政收支，更属拮据，幸以各旗岁收，除供札萨克花费用度之外，其余札萨克以下梅楞、协理、章京、参领等一应职官，仅供给炊食，均不支薪金，故尚可勉度维持。四子王旗每年岁收租银约一万二百两，水草银千余两；达尔罕旗岁收地租银三千余两，水草银千余两，通行汽车路租银约千余两；茂明安旗岁收地租银约万元，水草银百余两；中公旗岁收地租银约五六千两，水草银千余两；东公旗岁牧〔收〕地租银约二千两，水草银三百余两；西公旗岁收地租银约三千两，水草银千余两。各旗财政收入，均由札萨克经管，统收统支，如有不足时，再由旗下蒙民公摊。至盟境工商业，因蒙民不知懋迁，除天然游牧外，寻常多以拾粪为业，温饱以外，便无余事。器用、布帛，多运自内地，其贸易商人，多系晋、鲁行商，以车或驼运载杂货，周游蒙地，易其所产牛羊而去，若制造工艺一项，则简易物品，不外以羊毛制造毛毡、绒毡二种，及以牛乳制造奶油、奶豆腐、奶果子、奶茶、酸奶子、奶酒等食用品而已。是故乌盟工商业，极不发达。

垦殖水利

乌盟地处阴山以北，幅员辽阔，宽千数里，其间虽不少沙碛，但可资耕种之田，实际亦迄不在少。大致言之，乌盟报垦之地，多在南部，靠近阴山一带，汉人居之，曰民地，其北部则属一片草原，蒙人居之，曰草地。结〔截〕至最近止，乌盟六旗所报垦地，除已经丈放垦拓者七万余顷外，其未报与已报未放之垦地，尚达十三万数千顷。此等之地，千载荒芜，蒙人游牧其间，腐草畜矢，堆置遍野，一经垦辟，盖不难尽成沃壤也。至水利一项，乌盟境内，亦颇不乏常年畅流不竭之河泽，在乌拉特境者，有西兰木伦河、木伦沙河；在四子王旗境者，有乌兰察布河、乌略哈河、德期钦河；在达尔罕旗境者，有塔而浑河、爱布哈河、巴塔界勒河、腮乌素河、穆楞河等水，及各山间之自流泉，更不胜悉数，皆足资开渠引水灌溉，惜乎蒙人不谙农耕，沃土任令荒废，利弃于地，良可慨已。

宗教势力

蒙人崇信喇嘛教，凡旗民子弟，除承嗣之男儿外，必令充当喇嘛，每户一人或数人，王公、台吉之子弟亦然。喇嘛者，无上之称，其教源出西藏佛教，而实为别一支派，即所谓黄教者，其宗祖为宗喀巴。喇嘛阶统〔级〕，各有不同，大别为佛爷喇嘛、札萨克喇嘛、大喇嘛、庙喇嘛、黑喇嘛五种。佛爷喇嘛，即普通所谓活佛者，乃宗教之首长，如库伦之呼图克图，西藏之达赖、班禅均是，盖即教主也；札萨克喇嘛，握有政教两种〔权〕，统辖寺内外之土地、人民，无异于札萨克，如绥东县之锡呼图喇嘛即是；大喇嘛乃一寺之座主，大抵以王公子弟之曾充喇嘛者承当之；庙喇嘛即旗民子弟之身入佛门削发为僧者，凡民间冠婚丧祭一般礼式，多请其念经焉；黑喇嘛乃俗人之鳏夫寡妇，于衰老时剃发，皈依佛法，不用袈裟，不习经文，惟日常手捻佛珠，口称佛号者。溯活佛原仅能处理宗教事务，为宗教首领，但以蒙人信仰过笃，活佛遂于无形中操政治之全权，活佛之次，为大喇嘛，在蒙族中与王公为伍，其势力亦最大，高德之大喇嘛，虽片言只语，即王公亦不得反背，故蒙旗政权，虽隶于各旗王公，而支派于大喇嘛，是蒙古宗教与政治实相温〔结〕合也。

蒙民生活

蒙民恃游牧为生，盟境各旗，水草丰美，牛羊散放，生机既畅，滋殖弥蕃，千匹之羊，经岁生羔，来年合计可达二千，子母相垺，富可立致，若再利用皮毛、骨角，制造各种货品，利更莫伦。只以交通不便，既不知贸易，又不谙制造，故富源莫辟，生计简陋。然而衣食无缺，各能自存者，全赖天然牧畜之利有以导之。特蒙人之衣食起居，颇与内地大异，所住普通均为毡幕，圆形尖顶，上开一孔，流通烟气，内不设床，席地坐卧。其毡幕曰蒙古包，式有二种，在耕牧地方所设者，为固定式，在游牧地方所用者，为移转式。阴山附近及已垦地内蒙汉杂居处，蒙人亦有筑室而居者。蒙人饮食，不外炒米、奶食、盐茶、酪浆等物，早食炒米、饮茶，晚食面，富者日食面饭一次，贫者唯日食炒米、饮茶，数日间乃食面一次。夏秋之季，牛乳多时，则取牛乳和茶饮之，平常亦无乳可食，富者有乳食及肉食，贫者待客时始有乳食及肉食。蒙人无拘男女，马术甚精，男女靴鞋均皮革，出门以骑代步。男子除喇嘛免差外，余多在各官府处供役使，即有在家者，亦多无所事事，妇女除主中馈外，尤必顾及牧畜，牧畜而外，拾粪亦其业务，或以幼童分其劳，此外别无工作。

现任职官

达尔罕亲王云端旺楚〈克〉，本达尔罕旗札萨克兼乌盟盟长，前蒙政会委员长，在乌盟地位、声望俱隆，惟以年老多病，不愿多问政治，故一再力辞去盟长及蒙〈政〉会委员长职，并将达尔罕旗札萨克职，于前年秋让与其侄齐色特巴勒真尔袭位。该旗世袭封爵为贝勒，旗署即在百林庙北六七里。四子王旗现任札萨克、乌盟副盟长兼绥境蒙政会副委员长潘德功察布，平时甚活动，与绥省府亦极联络，绥省府特聘之为顾问，太原绥靖公署委之为蒙旗区剿匪司令，最近中央特又任命为绥远蒙边第一区剿匪司令。该旗地当乌盟之最东部，当此目下绥东战云弥漫，地位尤见重要，世袭封爵为郡王。茂明安旗，地小人少，报垦地几报去二分之一，人民仅及千人，衙署在百林庙西百里，固阳县城北八十里，仅蒙古包三个，无屋宇。现在〔任〕札萨克齐密的尔林沁忽罗喇，年龄尚轻，旗下事务，多由东西协理等重要官员负责处理。该旗地小人少，又无特出人才，在乌盟中不占地位，世袭封爵为一等台吉。东公旗因地小人少，在乌盟如茂明安旗，亦不占重要地位，该旗衙署在茂明安旗衙署之西八九十里，安北县城东北百余里，与垦地极近。札萨克额尔克色庆占巴勒，系喇嘛出身，待人甚忠厚，业已逝世，该旗世袭封爵为辅国公。西公旗居乌盟全区之西南，与绥省府关系最为密切，境内有乌拉山森林，为绥省硕果仅存之天然林，将来可设公司开采。该旗衙署，东距包头，西距五原，各二百余里，北距安北百余里，四周均成垦田，衙署有房一院。札萨克石拉布多尔济，于去秋逝世后，行政院令派萨克都尔札布过〔为〕代理札萨克，唯自石王逝世，该旗印绶及绥〔旗〕内事务大权，悉掌于石王夫人奇俊峰女士之手，闻萨克都尔札布，日来与奇女士因争印又起纷争，形势颇为严重，西公旗世袭封爵为镇国公。中央〔公〕旗居乌兰察布盟之最西北部，亦绥远全省之最西北部，距垦地稍远，该旗报垦地无多，因之该旗情况，一仍旧昔，较他旗为闭塞，目下该旗札萨克及各职官，对外采取维持现状及冷淡态度。在乌盟六旗中，要以此旗尚成为一独立区域，其经济固充足，其人才亦精明，故其地位甚占重要。现任札萨克林庆僧格，其父卜宝多尔济前为乌盟副盟长，自云王卸职后，遂擢升盟长职。卜王为人老成持重，对政治以多一事不如少一事为宗旨，自德王在百灵庙假倡自治以来，卜王始终未与闻，著以卓见远大，且年老多病，厌谈政治故也。

《西北导报》（半月刊）

南京西北导报社

1937 年 3 卷 2 期

（程静　整理）

绥远之现状

吴勃冈　撰

绥局日趋严重，其紧张情形不自今日始；然今之危急确甚于昔！吾人不敢妄断绥局之将来及其影响，惟目睹国人注意此问题之兴奋，及政府当局，从容应付，措施得当，不禁为我国家前途称庆，惟绥省叠遭匪扰，如何固我绥疆，保我平、津，实为刻不容缓之急务。爰将绥省实况，介绍国人，俾促国人对于绥远问题之认识，并供关心西北问题者之参考。

（一）绥远地位之重要

国人自"九一八"事变后，咸注意西北问题。故年来开发西北之空气甚嚣尘上。绥远为西北之一部，北控外蒙，南襟晋、陕，西接宁、甘、青、新，东由平绥路直达平、津，砺山带河，形势险要，岂特为西北重地，抑且是中原屏藩，故西北之政治整理与经济开发，实应以绥远为第一对象。

绥远地势有阴山山脉自察哈尔高原而西，绵亘至于包头，一若天设屏障，以为界限者然。自归绥东北数十里起，西经萨拉齐，以至包头，地势突然中断陷落而成平原，北望高原，殊觉山势峻峭，形势天然，幸赖巨沟急涧，辟为北通蒙古之孔道。自归绥以西迄于黄河，地势平坦，东西四百里，南北二百余里，皆为近代冲积层所成，拔海在一千至一千零五十米突之间，较大同犹低二百米突左右。东界陶林至和林格尔间之高原，地势亦低下，相隔极远。东南界和林格尔至清水河县间之山地，则自高至下，黄土极多，陂地较缓。

绥远气候，因地势高爽，夏日无虑暑热，且因阴山横亘于北，故南麓转得以稍避北寒，而气候较为和平。冬时大雪，冰结封河，须至来春，河冰始解。春秋两季，时有狂风，果树皆不能结实。河套春夏时，雨泽极稀，但气候特异。

绥远山脉，有阴山主峰横贯境内，东西千余里，西端接贺兰山，抱后套而东转，旧为古之狼居胥山，所以北部之阴山，又称狼山。再东至归绥西北，又有大青山之名称，此皆阴山之主峰，惟沿后套黄河北岸东走之一脉，名乌拉山，即古阳山，系秦汉时固阳塞地。翁滚山在归绥之北，层峦峻岭，高出云表，为全脉之名峰。

绥远省之土质，大部为黄河冲积层，故土地肥沃，尤其绥西新垦之土地，含有极丰富之有机物，最为富饶。

绥远土地面积共约一百四十九万方里（各县约占六十三万方里，乌、伊两盟十三旗约占八十六万方里）。全省人口据最近调查，各县、局计一百七十九万六千四百余人，乌、伊两盟约三十七万五千二百余人（内蒙人二十一万八千七万余，汉人十五万六千五百余），共为二百一十七万一千六百余人（平均汉人居百分之六十，满人居百分之十，蒙人百分之十五，回藏合占百分之十五），与全省面积此〔比〕率，每方里不足二人，较内地每方里七八十人之多，极尽地广人稀之现象。

绥远因地广人稀，文化落后，其社会情景与生活概况，除平绥线附近已有显著之进步外，其他各地或乡村中，则仍带十五世纪中古时代之风味，一般平民，食则兔葵燕麦，衣则老羊皮袄，燃料以牛粪，住居以土碉，同时又地未尽其用，货未畅其流，政治仍尚幼稚，文化亦见落后，在我国军事上、政治上、经济上之边陲重地，实有即待开发之必要。

（二）绥远之政治环境

秦以前之绥远，情形不详，在秦属《禹贡》雍州，汉属并州（分云中、定襄、五原、朔方四郡），后魏都于和林格尔（即今和林县），隋复置定襄郡，唐属关内道，元代系隶西夏中兴等路，后废为东胜、云南二州及延安、宁夏等路。明初为东胜等州，后入蒙古，属察哈尔，是为鄂尔多斯。清初土默特归降，诸部悉内属，置都统以领之，乾隆设绥远道，康熙改归绥道，辖九厅。迄民元，一律设县，民国二年划绥远为特别区。十七年九月，内政部呈准，就旧绥远特别区域原辖各县、局及原辖蒙旗地方，并划分旧察哈尔特别区所辖之丰镇、凉城、兴和、陶林、集宁等五县，合并改置绥远省，现省会在归绥。

绥省分一市，十六县，二设治局。所谓一市者，即省辖包头市。二设治局，即安北、沃野。其十六县分三等，一等县为归绥、萨拉齐、包头、丰镇，二等县为武川、兴和、五原、集宁，三等县为托克托、东胜、凉成〔城〕、清水河、和林格尔、陶林、固阳、临河。全省总分为四部，即察哈尔部右翼、土默特、伊克昭盟、默〔乌〕兰察布盟，兹将其十六县，二设治局，四部，十三盟建置表列后：

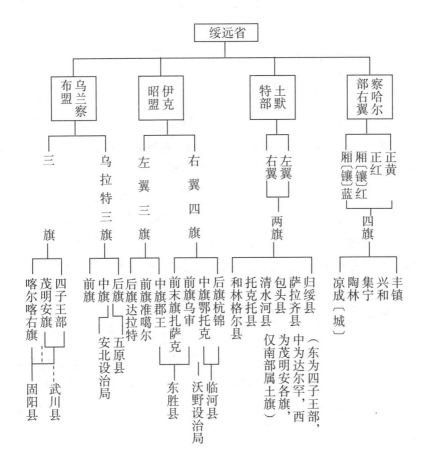

绥省行政，自十七年划为省后，其组织与内地各省不相上下，无庸再赘，兹所应说明者，为绥省内政近年之变化与进步。绥远在民十七年以前，种种设施，仅具□□政治方面更为幼稚，自傅主席主持绥政后，深感西北连年荒旱，兵匪遍野，地方元气已损失殆尽，将欲起人民于水深火热之中，乃于二十二年冬曾一度出巡，视察民隐，因而从事政治改革者，有：

（1）废除苛杂税捐，减轻人民负担；

（2）缩减政府组织（如裁局为科）；

（3）增加行政效率（如省府成立县政研究会）。

然应改新之点仍多。

至于地方治安情形，亦较往年稍有进步。绥远在七八年以前，因受内战影响，军队调动频繁，防剿疏忽。加以十七八年荒旱成灾，人民不堪饥馑，挺而走险。故其时遍地皆匪，人民不能安居乐业。近二三年，因政府痛剿之结果，匪患渐平，地方比较安静，如绥西后套一带，向为悍匪盘据之老巢，现亦肃清，二十三年解决孙殿英部后，不免有零星逃散之兵为害闾阎，但以防御严密，现已相继远窜。傅作义氏善于防御，故涿州一战，中外享名，近因绥省已为冲要之地，几年工作，皆属防卫，有人谓绥省为铜墙铁壁者，话虽过当，然而进攻退守，尚足以左右逢源。

以上就绥远一般政治状况上观察，尚无大差，但其应兴未兴之事，应革未革之政，亦复良多。其最著者，莫如教育。年来绥省教育，当局时加整顿，无如学生仍多嚣张习气，收效亦非轻易，此种现象，颇足为绥省教育前途之虑。现在该省教育历史尚浅，文化背景，不能与内地相比，故当地政府对于教育之改进，首宜整饬学风也。

（三）绥远之经济现况

绥省经济，概括言之，当然立于不发达之地位（如交通之不发达，农地之未尽垦，市场之萧条……）。然若详为观察，可作如下分列之说明：

（1）农业　绥省农地力未尽利用，各地禾稼年只一季。农产品以小麦、山药为大宗，次为鸦片之种植。农民生活程度之低，较之关南，奚啻霄壤，惟自近年以来，绥省亦为农村破产之狂澜所冲激，农民之购买力大形减弱，劳动者生活恶化，遂成为社会上一般之现象。同时因农作物之价格日渐低下，受谷贱伤农原则之支配，农村更走入进一步之不景气。

绥省为大陆气候，雨量鲜少，农业水利问题，颇为重要，该省最大农业水利工程，当推民生渠。兹将该渠之概况，略志于后。民生渠之开凿，创议于民国十七年，其时绥省旱灾惨重，由省主席李培基以省款二十万开工，嗣以工程艰巨，乃商请华洋义赈会总会接续进行，开干渠一百五十余华里，支渠十四条，二十一年渠工大部完成，渠经萨拉齐、托克托二县，可灌田二万顷。现华洋义赈会担任之大部工程已竣，已呈由省府义赈会及萨拉齐、托克托地方代表合组民生渠水利公会接续永久管理该渠一切。该渠于民国二十二年开放闸口试水灌田，乃以黄河含沙过多，渠道坡度过小，水流迟缓，宣泄不畅，泥沙遂多冲〔淤〕积，且该渠不深，必于黄河能达最高水位时，水始能灌入。故现在之民生渠，实待改造，该省水利公会现已聘定专家，对该渠作整个改造计划，二十四年春已开始施行。

（2）矿业 绥省天然宝藏，亦颇丰富，惜交通不便，未能尽量开发。阴山主干上承贺兰山，横贯全省，有经察哈尔牧场地面东趋，故绥远山脉所在，矿藏随之，兹将其分布情形，略述于下：

煤炭，产于大青田一带、鄂托克旗及集宁、兴和、陶林等县，质佳量丰，惜未能用新法开采，故产额甚少。大青山一带属无烟煤，已开采矿区，共十四处，每年仅产十九万余吨。集宁县之马莲滩年产烟煤一万八九千吨，陶和县之丹岱年产烟煤一万五六千吨，兴和县之白脑包年产烟煤一万八九千吨，而鄂托克旗则以广漠之矿产，由私人出数十千钱包租开采，产量亦甚有限。

鄂托克旗，盐矿丰富，质良味美，掘地数尺，比比皆是，其产区为：大盐池淖周围二百四十里，苟盐池淖周围一百四十里，案宾达布素盐淖周围三百二十里，切〔均〕包含质白如面之矿盐，倘能善为开采，实为一大富源。

天然碱之产为察汉淖周围二百里，包产淖周围二百里，大纳林淖周围一百二十里，小纳林淖周围一百里，敖龙淖周围一百二十里，唔吗淖周围一百五十里，大克伯淖周围二百里，小克伯淖周围一百二十里，伊旨淖周围二百里，乌素淖周围一百五十里，达拉吐鲁淖周围三百里，□素淖周围一百六十里，沙拉可图淖周围四百里，恰拉图淖周围二百里，乌拉杜淖周围一百五十里，可克淖周围二百里，哈比里汉奴素淖周围一百五十里，叨如图淖周围一百二十里，图达气乌素淖周围三百里，可克乌素淖周围二百里，沙拉大素淖周围八十里，毫新甲达亥淖周围十里，迭不拉亥淖周围一百二十里，察汉淖周围一百五十里①。除上述者外，如丰镇县之宝石及贵重之特产，归绥之石棉，武川之水晶及银，清水河之铁，固阳县之铜、铅、石绵等，埋藏均极丰富。

（3）工商业　绥远之工业原料为毛皮等，故其工业亦属毛皮工业。毛织物多系木机所织，稍销于华北，虽云坚韧，但极粗笨，绝难与舶来品比较。现成立十工厂，采用铁机，成色虽较佳，但仍极幼稚。归绥、包头手织之栽绒毡致密坚固，远近驰名，惜图案颜色，尚待改良耳。近更以毛绒制造西式呢帽，品质颇佳，而制革、制骨等工业，多在萌芽期，今后亟待努力。至于皮袄、筒、皮帽，实为一大宗产品，每年货值约值四十万两左右，而畅销于本地之老羊皮筒，每年亦约在二十万张。

绥远既为内地与西北之媒介地，故在商业上亦极重要，如丰

---

① 原文如此。与前文之"察汉淖周围二百里"重复且矛盾。——整理者注

镇、归绥、包头等处，实为由内地向蒙、甘、新销货（砖茶、杂货等）及蒙、甘、新之马、羊、皮毛输向内地之枢纽，非特百货云集，即蒙马入口，每年亦多。归化城外马店密布（近蒙古禁马入口，故绥远商业颇受影响），其商业上之价值，诚不容忽视。

除毛织物、皮筒及其他工业品不计外，每年输出羊皮九十万张，羊毛九百余万斤，牛两三万头，每头价目约自十元至二十元不等，每年约三十七万余元。此外所有驼毛均输作国外贸易，每只每年脱毛一次，每次均五十余斤，每斤价一角余，按驼毛产量为六，八七一，三〇〇斤，故其总值为六八七，一三〇余元。

绥省过去商业交易，尚称频繁，其商品出路，在东者有多伦，在北者有库伦，在西北者则有哈密、迪化，每年骆驼载道，络绎不绝，大商巨贾，比比皆是，其中最著名为大成魁。商家资本不下数百万，出入经营之商人亦动以千计，嗣后新疆连年变乱，每岁烽火，而察东又失守，于是风声鹤唳，草木皆兵，诸路商贾来往，遂告断绝，因而绥省大商如大盛魁等店，皆先后倒闭，以致绥远经济，一落千丈。

（五）如何固我绥疆

绥省为我西北政策之张本，同时又为我国防之屏藩，故绥省之存亡，关系我国前途至巨。而且东北四省已失，敌方正酣想其大陆政策之美梦，同时英、俄等国亦在我西藏、新疆等地，树立一切政治、经济之势力，均有更进一步取而代之之势。数〔故〕吾人准是以观，则我西北早已陷于存亡之状态中。绥省与我平、津唇齿相依，首尾衔接，绥省若危，西北虽存，亦随时有沦亡之虞。今绥事急矣，愿当局与地方抱同舟共济之决心，以应付国难，保我领土，固我绥疆，不特可以为国家屏障与开发西北之张本，亦且关系于我国家民族之前途至大也。

《正风》（月刊）

北平正风杂志社

1937 年 4 卷 1 期

（李红权　整理）

我所知道的察哈尔省

塞外人　编述

（一）开场白

不多几天以前，我曾接到一封旧友的来信，信里说有这样几句话："……朋友！你现在是首都官费求学了，千万不要忘记了水深火热时刻在敌人铁蹄下蹂躏的故乡——察哈尔。我已经是亡国奴了，可是亡国奴的苦痛，只有亡国奴才知道，贵县（龙关县）虽然还未离开祖国的怀抱，可是也见过敌人的狰狞了，现在不过只有一息苟延残喘的余气，希望你不要读死书，课余之暇，应该把塞外的实情，介绍给内地关心边疆的同胞……"我的朋友是多伦的人，所以发出了这沉痛的呼声。我曾经也和大学毕业生——甚至直接负教育边疆青年的先生们研讨过，这现在被敌人控制的察哈尔，他们有的认为张北县是张家口，或者更误认张北县在青海省；同时曾经也读过一些文化界有权威的杂志刊物，他们也有同样的错误，上面的标题是多伦、商都……等县，下面叙述的是张家口、宣化……的事实；在从察省长成的我看来，真是笑掉了人的大牙，他们（至少是有一部分人）为了买〔卖〕文，而自欺欺人；近来搜集到几本参考书，原拟将我所知道的察北六县概况，介绍于关心边疆人士之前，可是我想一部分人的错误，多半是由于对于整个察省的认识不清楚——至少有些人认识不清楚！所以打算先介绍察哈尔整个的轮廓，然后再继续将察北六县的概况，分别介绍出来。至于察南十县（原属直隶省之江北十县），因风俗、习惯、政教各方，与内地相差不远，故略而不谈（尚请读者诸君格外原谅）。这便是本文和读者诸君见面以及继续将要和诸位见面的"察北六县概况"的目的了。作者固限于时间和篇幅的关系，不免挂一漏万之处，尚希读者详加指教！

（二）察哈尔全省概况

（甲）地理形势

（1）沿革——察哈尔，本为蒙古语，是近边的意思，因明季为插汉儿部，今遂转音为察哈尔。北境原为内蒙古的一部分，在周、秦、汉、唐的时候，或称猃狁，或称匈奴，或称鲜卑，或称突厥，且〔至〕明代则称插汉儿。康熙十四年，以喀尔喀、厄鲁特部落，编为估〔佐〕领；以镶黄、正黄、正红、镶红四旗，驻张家口外；以正白、镶白、正蓝三旗，驻独石口外；镶蓝一旗，驻杀虎口外，均统治在察哈尔都统之下。民国十二年，改为察哈尔特别区，属十一县——张北、多伦、居庸、商都、宝昌、康保、兴和、陶林、集宁、丰镇、凉城；民国十七年，本党北伐成功，南北统一，改为省制，将兴和、陶林、集宁、丰镇、凉城五县划归绥远统辖，以张北六县和蒙旗锡林郭勒盟及左右翼八旗（即原察哈尔本部的地方）加旧直隶省口北道十县——蔚县、万全、阳原、宣化、延庆、怀来、涿鹿、怀安、赤城、龙关——而成察哈尔省。

（2）疆域——在中国东北部，东接热河省滦平县界，和丰宁、围场、经棚、林西等县及克什克腾旗、巴林旗、阿鲁科尔沁旗、札鲁特旗等地接壤，西至山西省天镇、绥远省兴和等县、四子部落旗，及外蒙古土谢图汗接壤；南至山西省灵丘县界迤东，与河北省徕〔涞〕源、易县、徕〔涞〕水、宛平、昌平各县接壤；北至锡林郭勒盟及达里冈崖北境极边，与外蒙古东部车臣汗接壤；东南至沽源县极边，自河北省昌平县界迤东，北折与河北省怀柔、热河省滦平各县接壤；东北至锡林郭勒监〔盟〕东北境极边，自热河省札鲁特旗界迤北，西折与辽宁省哲里木盟、黑龙江省索伦及外蒙古东部车臣汗地接壤，西北至达里冈崖、锡林郭勒监〔盟〕西北境极边，自外蒙古西部车臣汗迤西，南折与东部土谢图汗地接壤，西南至蔚县西南境极边，自山西省广灵县迤南，东折与山西省灵丘县接壤。

（3）面积——八十三万方里，小于绥远。

（4）人口——有一百九十九万余人，为汉、蒙杂居，稍多于绥远。有误以为三百九十余万人者，实在相差太远了。

（5）省会——在张家口，北蔽长城，南环洋河，东、西高山屹峙，为北平至蒙古各部的要冲，更为蒙古与河北间一大锁钥，军事、商业之重地。（张家口系属于万全县第六区地，自民国十七年察哈尔改省以后，万全外为首县，县治移设张家口，与察哈尔省同治。有人误张家口为市者，或张家口与万全县辨别不清者，皆非）。张家口即张垣，别称东口，有城凡二，北名上堡，南名下堡，二堡的中间，廛市连接，热闹异常；自民国三年，自行开放为商埠。

（6）重镇——有宣化、居庸关、张北、多伦等地，现在先把宣化和居庸关略述于下面，至于张北和多伦，留待以后祥述。

（A）宣化——濒桑干河支流洋河的左岸，为平绥铁路必经之地。前临居庸关，后接张家口，西北凭石堡子，南依十八盘山，倚山为城，形势雄壮，是省南的军事重镇。

（B）居庸关——在延庆县东南七十里，有四城：中间是关城，关城南面十五里是南口城，北面八里是上关，再北面十七里是八达岭，东面叠翠山脉峙立，西面长城粉壁跨过山脊，横亘四十里，中间通行的道路，宽仅数步，两山夹寺〔峙〕，巨涧中流，是北平的屏障，也是省南的隘塞，为用兵必争之地。现在平绥铁路盘山而上，于数处凿隧道通过此山。

（7）地势——北部多沙漠，南部多山峦，阴山山脉从绥远入境，向东分成二支：

（A）向东北走分成一支，名为阿尔葛灵图山，是为热、察的天然界线。更东进至多伦东，结成白岔山。

（B）向东南走分成一支，横在独石口的北面。这支山名随地而异，都属阴山。

河流有滦河（源出沽源县境，北流到多伦，名为滦河）、白河（源出赤城，入沽源）、桑干河（源出山西，东流入察哈尔南境，至琢〔涿〕鹿附近，洋河经万全、宣化注入此河）等。

（乙）交通

（1）铁路——有平绥铁路，由北平经居庸关至怀来过宣化、万全等地，向西经山西大同而入绥远。

（2）汽车路——公路以张库路为最重要，由张家口大境门出发，向西北行，经张北、康保、滂江，穿沙漠而抵库伦，全线很长，需时四天到六天才可达到。其次为张多线，由张家口至多伦，中经沽源，一日可达到。察南则有沙龙路（由沙城至龙关）、沙赤路（由沙城至赤城）、宣蔚路（由宣化至蔚县）、张阳路（由张家口至阳原）、宣龙路等，皆无经济上之价值。然自察北六县被日伪军占领以后，在商都、康保、多伦的中间，都新筑有军事公路，是我国察北、绥东的一大威胁。

（丙）经济情况

察省各种物产，虽然没有正确的统计，但是畜牧、盐池以及其他植物矿物，产量都很丰富，现在分述如下：

（1）牧畜事业——马的产量占全国第一位，精悍善驰，每年约产四十余万头；盖因蒙人多以畜牧为生，所以牛、马、羊、骆驼等家畜都很蕃息；皮毛也很多，尤以张家口的皮货，运销内地或外洋，世称为北口货，品质和绥远的西口货相等，所以有"中国阿根廷"的称誉。

（2）矿产——

（A）盐池——是察省的最大利源，全省各地，所在多有；每年大量运销东三省和平、津各地，价值甚巨，假称为蒙盐。只就乌珠穆沁旗一带，每年产量便达到三十万石。如果把其他各地合并计算，出产数目当然要远超过这个数额了。

（B）铁矿——以龙关、宣化的龙烟铁矿出产最多，质也最精，埋藏量有九一，六四五，〇〇〇吨之多，可惜在"经济提携"的动听口号之下，最近已落到敌人手里了。其他阳原、怀来也产之。

（C）金矿——察省南部泥沟产量很丰，其次万全县属的紫岩寺，延庆县的和尚头，也都产之，年产量尚无专家之统计。

（D）曹达——散产在各地方，本省约年产二千万斤。

（E）石炭——南部宣化、蔚县、怀来、张北等地产之，推定约产五〇，四〇〇万吨。在一九三〇年全省约产一一四，五〇〇吨。

（F）煤矿——万全、张北、蔚县、宣化、怀来、阳原、怀安、延庆、宝昌、商都、康保等县出产非常丰富，尤以宣化的鸡鸣山煤矿为著。

（G）其他银、铅、硫磺等矿，亦颇丰富。

（3）植物类——有米、麦、豆等，最多为磨菇（即口蘑），非常有名，药材亦多。

总之，察省人口，多于绥远，可是土地荒芜，急待吾人开发的，也很不少；尤其是察北锡林郭勒盟的地方，人烟稀少，如果政府能够有计划的移民开垦或开采，对于国家有莫大的利益。

（丁）政治地位

我们谈到察哈尔省的政治地位，就不能不分开两面去讲，就是内蒙古和县制二部分，现在先来谈内蒙古。我们知道外蒙古早已经是独立了，在去年俄国和外蒙古正弄得订什么协定，热闹的时候，我国便提出严重的抗议，可是只承认中国的宗主权罢了。至于内蒙古，为清楚起见，先列表于下：

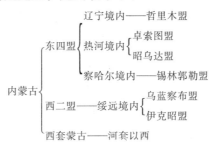

在上面的表内，属于他省的，不在本文讨论范围以内，姑不多赘。而察哈尔省内的锡林郭勒盟，是硕果仅存的土地；可是自从"九一八"事变以后，热河相继沦陷，敌人把辽、热各蒙旗，打得粉碎，另设伪兴安省，置"兴安总督"，在伪兴安省内，训练大批中国人做汉奸，而美其名曰"蒙古青年军人学校"。民国二十二年德王倡言自治，民国二十四年察北六县被日人嗾使下的蒙伪军所占领，于是察省硕果仅存的内蒙古锡林郭勒盟，便名存而实亡了，既非蒙政府的自治，也不是中央或察省的政令所能达到，而实是被敌人操纵的可怜者了。所以现在谈这一部分的政治，只好谈到这里为止罢。

至于另一部分的察南各县政治，和内地没有两样，不过仍然有它的特殊情形存在：就是在省政府的上面，还有个冀察政务委员会，而不能直接接受中央的政令。不消说，察哈尔省的人民，除了担负省政府的政费以外，还要给冀察政务委员会奉上一部政费，在这里有一个极可重视的问题，就是察哈尔省自从蒙古自治、察北六县沦亡以后，税捐当然涓滴不能收入了，只剩察南的十县。以十县的小小面积，而担任一省的政费，我们知道"麻雀虽小，五腹〔脏〕俱全"，加以连年天灾人祸重重交迫之下，嗷嗷待哺的十县察民，怎能当得起这个重担子呢？再加上冀察政会的不断向省府提款，于是穷僻的察省各乡村里，只是〈看〉到催款索捐的警察，耀武扬威！而有冤无处诉的穷苦农民，亦只有含泪忍饥的度日了。这是一个急待解决的当前重大问题。

再次谈到察哈尔政治地位的重要：我们看了上面察省政治的现状，不能不使人失望，可是单单失望，无济于事，我们应当看清楚察省政治地位重要性，去努力改造现状，并且收复我们的大好河山！今分二点说明于下：

（1）正当国防前线——察哈尔现在正当国防的最前线，自从长城战后，要隘已失，敌人可以长驱直入察省的省会——张家口，大境门哪里能抗御敌人无情的炮火于万一呢！张家口若失，平绥路截断，那么整个的华北便入敌人手掌心中了。所以我们要想保守我们现有的领土的完整（尤其是名存实亡的察省），进而收复我们五年来已失的土地，非严守国防最前线硕果仅存的察哈尔十县不可。

（2）察北六县不能迅速收复，便是绥远剿匪抗战的最大威胁。你看国军收复了百灵庙、大庙以后，敌人会在商都建筑巩固的防御的工事，而一群汉奸们，又逃到张北县、嘉卜寺等地再称起"什么王"来！不幸而察南和绥远有失，那么不但华北失去屏障，山西、陕西的门户顿开，而且宁夏、甘肃、青海、新疆的藩篱都毁，整个的中国，便岌岌可危了。

我们看了察省政治地位的重要，真使人不寒而栗，我们应该怎样迅速努力呢！

（戊）敌人侵占察北进窥全察的目的

敌人侵占察北进窥全察的目的，用不着我们多述，只看日人山县省〔有〕朋和田中义一的大陆政策的四个步骤，便可完全明了：

（1）征服台湾；

（2）征服朝鲜；

（3）征服满洲；

（4）征服中国全土。

第一和第二两个步骤，早就完成了；第三个步骤，也在民国二十年"九一八"事变以后，逐渐完成，现在只有第四个步骤尚在积极进行，所以敌人侵吞了察北，便要进窥察南和绥东、绥北，无非是要完成大陆政策，征服中国全土的第四个步骤罢了！我们该怎样守土抗战呢？

（己）敌人侵略察哈尔的经过

最后，我把伤心的惨痛的血迹——敌人侵略察哈尔的经过——很简略的叙述一下，让我把悲衷的痛泪，洒在这洁白的纸上吧：

敌人侵占了东北四省以后，便积极的策划着第二步无理行动；于是在民国二十二年，敌人族〔嗾〕使察省北部锡林郭勒盟副盟长德穆楚克栋鲁普（即德王），倡言成立自治政府，脱离中国主权，加入伪满洲国版图，当时中央政府宽宏大量，委曲求全，以期德王翻然自省，便派了黄绍雄先生北上，和德王几度磋商，采纳德王意见，折衷办理，成立了蒙古政务委员会，以云王为委员长，德王为秘书长，军政部长何应钦为蒙古自治指导长官；终因背后的力量太大，无论中央如何优容，终觉不满欲望，竟于二十四年一月四日由德王率领蒙古保安队占据了察北六县（六县见前），不久，便成立了伪内蒙军政府，由德王为首领，以伪军李逆守信，蒙古保安队长卓逆世海和包逆悦卿等为军长，招收了许多土匪，编成蒙古军，中间虽然经过大滩会议的一度商议，但终是我国失败，而敌人一兵不用，一枪不放，轻轻的把六县土地给易色了。这还不够，并且阴谋建立"大源共和国"，擅自改了年号——改为成吉思汗建国若干年——换了红、黄、蓝、白四色国旗，德王又亲至长春和溥仪成立"满蒙军事协定"。事情到了这个地步，中央政府便明令另设绥远蒙古政务委员会，而把德王所领的察哈尔锡林郭勒盟除外，可是德王仍然领导着蒙政会在百灵庙办公，到二月下旬，蒙政会保安科长云继先率领官兵千余人，退出百灵庙，通电脱离德王，请求中央和绥远省政府援助。不过侵略察、绥，是敌人预定的计划，一方面伪蒙军李守信部即在敌人的指挥之下，向绥东边境移动，一月十七日，占领了张家口大境门。当时德王遂表面通电否认叛国，可是到了去年绥战爆发以后，便表面也不顾了，直到现在，察哈尔的问题，虽然沉寂，绥远战事，虽告平静，可是商都、张北、嘉卜寺等地，仍然在酝酿着侵略的举动，绥远主席傅宜生将军说的好：绥远战争，并没有平静，实际上很紧张。这是一针见血的明眼人之高论，我们仍然要刻刻注意着，怎样才能收回失地！

（三）结语

　　上面把察哈尔全省的大略轮廓介绍过了，它——察哈尔——有丰富的宝藏，朴实耐劳的人民，是国防前线的重地，现在研究边疆问题的人很多，这篇东西，本不足取，是〔但〕是我们研究边疆，应该注意到实际问题和细微事实；或者因此可以引起读者们再注意沉寂了许久的察哈尔省，作者便很满意了。

《康藏前锋》（月刊）

南京康藏前锋社

1937 年 4 卷 6 期

（朱宪　整理）

绥省乌伊两盟概况

刘熹亭　撰

现在的绥远，就是以前内蒙古的一部分，有已垦辟的地方，称县局，有未垦辟的地方，称盟旗，已垦辟的地方比起未垦辟的地方，只有一半多一点。在绥北的乌兰察布盟，绥西南的伊克昭盟，全是两块未开辟的蒙古草原地，住居的人民，有蒙人，有汉人。现在某国策动的绥远战争，所用的手段，就在挑拨离间我们汉蒙民族间的感情，所以这两块未开辟的蒙古草原，和这里住居的蒙古民族，及其政治组织、宗教信仰，在目前的我们很需要清楚的认识。

绥远的县局与盟旗

在中国的地图上看，绥远的面积占很大的一块，按照面积的大小来说，绥远在全国各省区域里要居第十位。同本部十八省比起来，只有四川、甘肃两省还赶得上，其余十六省都比不上。

这样一块大的土地，按一般情形说，当然划分的县治应该多，哪知实际却不如是，而全省才仅有十六个县、两个设治局。

十六个县是：兴和、集宁（平地泉）、丰镇、陶林、凉城、归绥、萨县（萨拉齐）、包头、和林（和林格尔）、清水河、武川、固阳、五原、临河、东胜。

两个设治局是：安北设治局、沃野设治局。

　　县局的分布地位，除去沃野设治局，差不多都汇聚在绥境平绥线的两旁，在绥东、绥中一带。

　　县局的设置都是很晚的事，开始于清朝乾隆的时期，在清朝，皆称厅，不称县，同治四年仅有五厅，是归绥、萨拉齐、托克托、和林格尔、清水河。光绪二年，加丰镇、宁远（即今凉城县）两厅，合为七厅。二十九年，加兴和、武川、五原、陶林四厅，成十一厅。三十年，又加东胜一厅，合称口外十二厅。

　　民国元年，各厅皆改县。八年，置固阳设治局。九年，置集宁设置〔治〕局。十一年，集宁改县。十二年，固阳改县。十二年，又置包头设治局，十五年改县。十四年，设大余太设治局、临河设治局。十八年，临河改县。十九年，置沃野设置〔治〕局。二十年，改大余太为安北设治局。现在总计共十六县、两设置〔治〕局。

　　这些县局，本是以前归化土默特旗、察哈尔内八旗中的右翼四旗，和乌兰察布盟、伊克昭盟的一部地方，经过开垦而设置的，其关系如左表：

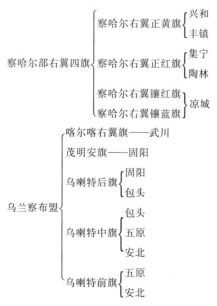

归化土默特旗 {
归绥
萨县
包头
托克托
和林格尔
清水河
}

伊克昭盟 {
鄂尔多斯左翼前旗——托克托
鄂尔多斯左翼中旗——东胜
鄂尔多斯左翼后旗——包头
鄂尔多斯右翼后旗——临河
鄂尔多斯右翼前旗
鄂尔多斯右翼前末旗
} 东胜

乌伊两盟的区域与沿革

内蒙古旧疆，从辽宁、吉林两省往西，占边外四省的地方，面积很广，大别为东四盟和西二盟两大区域：

一、东四盟

1. 哲里木盟（Cherim）（辽宁省西北，黑龙江省西南部）

2. 卓索图盟（Chosotu）（热河省南部）

3. 昭武达盟（Chao Uda）（热河省北部）

4. 锡林郭勒盟（Silinghol）（察哈尔省北部）

二、西二盟

1. 乌兰察布盟（Ulan Chap）（绥远省北部）

2. 伊克昭盟（Ikh Chao）（绥远省西南部）

现在所述的乌、伊两盟，就是以前内蒙古西二盟的区域。两盟所属共有五部十三旗。

（甲）乌兰察布盟（属四部六旗）

1. 四子部落（Durban Keuked）　　一旗

　2. 茂明安部（Mow mingan）　　一旗

　3. 乌喇特部（Urad）　　三旗

　3. 喀尔喀右翼部（Khalkha Tomdo）　　一旗

（乙）伊克昭盟（属一部七旗）

　1. 鄂尔多斯部　七旗

（甲）乌兰察布盟

　　乌兰察布盟牧地在河套东北，位置在锡林郭勒盟的西南，东邻察哈尔省，中隔河套和伊克昭盟相对，西北界外蒙的三音诺颜汗，北界土谢图汗，东北连接锡林郭勒盟的苏尼特部。地势跨占阴山，怀抱河套，北连大漠，草原遍布，可牧可耕。因会盟的地方，名乌兰察布（在大青山后，由武川县城赴乌兰花的大道以东），所以称做乌兰察布盟。所属有四部六旗：

　　一、四子部落　或称四子王旗，位置在察省区域的西北角，北界外蒙的土谢图汗，东界察省，南邻武川县，西界喀尔喀右翼旗，牧地东西宽二百三十五里，南北长二百四十里。

　　建置沿革，在汉是雁门郡及定襄郡的北境，在晋是拓跋氏地，在唐是振武军地，在辽是丰州地，属西京道，金属西京路，元属大同路，明代入于蒙古。到元太祖弟哈萨尔的第五代孙子诺盐泰，有四个儿子，分牧而居，因以为名。札萨克驻在地是乌兰尔济波（或写乌兰额尔吉坡）。清代天聪年间，四子相继朝贡，从征有功。顺治六年，封贝勒鄂音布为多罗达尔叹〔汉〕郡王。

　　二、茂明安部　即茂明安旗（或作毛明安旗），位置在萨县、包头的北面，东界喀尔喀右翼旗，北面、西面被乌喇特旗包围。牧地东西横距约百里，南北纵距百九十里。

　　建置沿革，在汉属五原郡地，在后魏是怀朔镇地，隋置为胜州，到大业时改为榆林郡，唐初称东胜州，到天宝时又改为榆林郡，后又复改为胜州，名称屡次改变。在辽为东胜州地，属西京道，金因之，元朝属大同路，明初的时候，设卫戍守，后为蒙古茂明安部占据，是元太祖的第十四代孙子车根。清太宗天聪八年，车根率所部千余人归清。车根的儿子是僧格，在康熙三年，始被封以札萨克，赐牧于此地。札萨克驻在地是车突泉，在张家口西北八百里。

三、喀尔喀右翼部　即喀尔喀右翼旗，又称达尔罕贝勒旗，简称达尔罕旗。位置在四子部落之西，茂明安之东，武川之北，大漠之南，牧地面积，东西距一百二十里，南北距一百三十里。

建置沿革，在汉是定襄、云中二郡的北境，在唐是振武军地，辽为丰州地，属西京，金因之，元属大同路，明为蒙古喀尔喀部占据，是元太祖第十七代的孙子本塔尔（或作本达尔）所统率。本塔尔世为喀尔喀中路台吉，役属于外蒙的土谢图汗，后受土谢图汗的压迫，在清朝顺治十年，率众千余来降，封为和硕达尔罕亲王，赐牧地于塔尔浑河附近，是为喀尔喀右翼部。当时因东部的内蒙古还有喀尔喀部，所以称"右翼"来分别，后来其他的喀尔喀叛了清朝，被驱逐到青海北部，喀尔喀右翼没有叛，所以至今仍然在这里居住。札萨克世袭，驻地在塔尔浑河，在百灵庙北约八十里的地方，现在的札萨克就是云王（云端旺楚克）。

四、乌喇特部　或称乌喇忒部，凡分前、中、后三旗，位置在河套以北，大漠以南，西界茂明安部，东邻宁夏的阿拉善额鲁特旗，牧地面积，东西相距二百十五里，南北相距三百里。

建置沿革，在秦为九原郡，后废。汉元翔〔朔〕二年复置，更名五原郡。后汉因之，到汉末郡废。后魏时置怀朔镇。唐朝景龙二年，张仁愿在黄河外筑三受降城，这里是中受降城地，也就是安北都护府地。在辽置为云内州地，属西京道，金因之。元属大同路，明初废入于蒙古，为乌喇特部所据（乌喇特或作斡喇）。是元太祖弟哈布图哈萨尔十五世孙布尔海，原初同茂明安部都游牧于呼伦贝尔地方，清太宗天聪七年，也归复了清朝。顺治五年，以从征有功，授以札萨克，赐给牧地于此。

所分三旗，一为乌喇特前旗，或称西公旗，在本部的西面。牧地差不多已全开垦，即五原、安北的地方，河套的半个包括在里边，札萨克驻包头县境。一为乌喇特后旗，或称东公旗，在本部的东面，和茂明安旗相邻，包括有包头、固阳的一部分。一为乌喇特中旗，或称中公旗，在东、西两旗的中间，包括有包头、五原、安北的一部分。

（乙）伊克昭盟

伊克昭盟牧地抱在前套的怀里，东、西、北三面界河，南面以长城邻陕北，所属只有鄂尔多斯一部，分为七旗。左翼前旗从东南起，左翼后旗在北，西为左翼中旗和右翼中旗，西南为右翼前旗和右翼前末旗，右翼后旗居于西北。东至山西省的河曲县、偏关县，绥省的清水河县、托克托县，北界萨县及乌兰察布盟的乌喇特旗，西界宁夏的阿拉善额鲁特旗，南界宁夏和陕北的榆林及延安。

建置沿革，在秦代为新秦中地，移殖贫民。汉初被匈奴占据，武帝元朔二年置朔方郡，隶属并州，到后魏为统万镇地，后改为夏州北境。隋朝在此东置胜州，西置丰州，大业初改胜州为榆林部，改丰州为九原郡，都属关内道，唐木拓跋思恭坐镇此地，由五代一直至宋、金，都为李夏所有，元朝灭夏，立西夏中兴等路，明初筑东胜等城，并立屯戍，在那里耕牧，天顺间蒙古酋长阿勒绰尔等始入河套，倚为巢穴，宏〔弘〕治间和实部（或作火筛部）又入其中，嘉靖中元太祖的第十七代孙子衮弼图墨尔根所统率的套西吉纳部落（吉纳或作吉囊）把和实部打败，占据此地。后属察哈尔部，即称鄂尔多斯部。清太宗天聪九年察哈尔林丹汗为清所灭，鄂尔多斯部投降。衮弼图墨耳根有七个儿子，顺治六年，都受封为札萨克，分有河套之地，初分为六旗，到雍正九年又增一旗，成为现在的七旗。

"伊克昭"的蒙古意义是"太庙"，指的是元太祖的坟墓，在鄂尔多斯右翼后旗的东北，土名称做"王霭召"。鄂尔多斯的七旗分左右翼，右翼四旗，左翼三旗，所谓左右，就是用"王霭召"做标准，召西为右翼，召东为左翼。

一、鄂尔多斯左翼前旗　俗名准噶尔旗（噶或作葛、格），本古榆林塞，隋置榆林郡，唐属胜州，置河滨县，在宋为西夏所据，明初为榆林左卫地，天顺后被蒙古各部所据，嘉清〔靖〕间地属额〔鄂〕尔多斯，现在已全开垦，即托克托县，王府即在托克托县境札拉谷的地方，清代游牧所在，东至湖滩河朔，西至清水营，南至鲧额尔吉庙，北至贺罗陀海，东北距二百四十五里，南北距二百十里。

二、鄂尔多斯左翼中旗　俗名郡王旗，或称王子旗，本隋唐胜州地，明朝嘉靖间为鄂尔多斯部所据。现已改设县治，即东胜县。王府在东胜县境鄂锡喜峰的地方（或作敖西喜峰），牧地在那珀带泊，二百里接边城界。面积东西距一百十五里，南北距三百二十里。

三、鄂尔多斯左翼旗　俗名达拉特旗，本汉沙南县地，为隋唐胜州榆林郡治所，明代嘉靖间为鄂尔多斯所据。现一部已改设县治，即包头县，王府即在包头县城正南的巴尔哈逊湖地方（逊或作孙）。牧地东至黄河帽带津，南界贺陀罗海，西至察罕额尔吉，北至黑水泊，东西距二百八十五里，南北距一百五十里。

四、鄂尔多斯右翼后旗　俗名杭锦旗，地在汉为朔方郡，在隋唐为丰州九原郡治所，明嘉靖间为鄂尔多斯所据。地居于各旗的中间，已开垦一部，即临河县，王府在鄂尔吉虎诺尔，在榆林正北少西四百余里，牧地东至兔毛河，西至噶札尔山，北至乌喇特界，南至喀喇札喇克，东西距有一百八十里，南北距有一百六十里。

五、鄂尔多斯右翼前旗　俗名乌审旗（或作五申旗），境内沙漠遍野，在隋唐为夏、胜二州地，明初为榆林右牧地，后为鄂尔多斯所据。王府现在巴哈泊，牧地东至察罕额尔吉，南至陕北榆林县，西至摩多图察罕泊，西北至察汗札达海（译名苦水池），旗西南有红盐池，所占地东西距一百八十里，南北距二百七十里。

六、鄂尔多斯右翼前末旗　俗名札萨克旗，或称贾萨旗，是清朝雍正九年最后增设的一旗，王府在东胜县城的西南。

七、鄂尔多斯右翼中旗　俗称鄂托克旗，或称鄂夺克旗，噢套旗。地在汉为朔方郡南境，隋唐置丰州，元和中移置宥州于此，明嘉靖间为鄂尔多斯部所据。王府在锡喇布里多泊，牧地东至察哈罕札达海泊，南至贺通图山，北至马阴山，西北至阿尔布坦山，即成吉思汗坟墓所在地。所占地东西距三百二十里，南北距四百八十里，为鄂尔多斯最大的一旗，到现在有一部分正在从事开垦，即是沃野设治局，局地在旗的西边，以黄河与宁夏为界。

乌伊两盟的面积

绥远南北阔一千四百余里，东西长两千余里，合计约一百四十五万七千七百四十二方里。以自然地域分（按百分计）：

（1）平原占百分之四十，约五十八万余方里；

（2）山岭占百分之三十五，约五十一万余方里；

（3）沙漠占百分之二十五，约三十六万余方里。

按政治区域分：

（1）县局占（十六县一设治局，沃野设治局不在内）五八八，三四二方里，约占全绥面积百分之四十；

（2）盟旗占（两盟十三旗，连沃野设治局在内）八六九，四○○方里，的〔约〕占全绥面积百分之六十。

附两盟十三旗面积表：

	旗名	面积（方里）
乌兰察布盟	四子王旗	二，一〇〇
	达尔罕旗	一，二〇〇
	茂明安旗	五〇〇
	西公旗	一五〇，〇〇〇
	中公旗	一五〇，〇〇〇
	东公旗	一五〇，〇〇〇
乌盟合计		四五三，八〇〇
伊克昭盟	准噶尔旗	四三，二〇〇
	郡王旗	八，八〇〇
	达拉特旗	五八，〇〇〇
	札萨克旗	三，〇〇〇
	乌审旗	四二，〇〇〇
	鄂托克旗	一七六，八〇〇
	杭锦旗	八三，八〇〇
伊盟合计		四一五，六〇〇
两盟共计		八六九，四〇〇

乌伊两盟的民族与人民

在乌、伊两盟，有汉人，有蒙人，汉人是来此经商，蒙人仍度着游牧的生活。这里的蒙人，在种族上同属蒙古种的喀尔喀族（Khalkha），是为蒙古种的正派（蒙古种通常分三派，曰喀尔喀族，加尔玛克种（Kalmuck），乌梁海族（Uriankhai））。身材不高，但体质极强，骠悍猛勇，远在西欧人以上，保留有成吉思汗的遗风。皮肤带赤色，面平，鼻低，是其特征。

乌、伊两盟总人口数共有三十一万五千人，其中蒙人有十五万九千四百人，汉人有十五万五千人，各占总人口数的二分之一。以人数平分面积，差不多每一人要占有二又二分之一方里。每一方里平均密度是〇·四人。

附乌伊两盟十三旗人口表：

	旗名	蒙人	汉人	合计
乌兰察布盟	乌拉特中公旗	二〇，〇〇〇	五〇〇	二〇，五〇〇
	乌拉特东公旗	五，〇〇〇	一〇〇	五，一〇〇
	乌拉特西公旗	五，〇〇〇	二〇〇	五，二〇〇
	达尔罕旗	三〇，〇〇〇	五〇〇	三〇，五〇〇
	四子王旗	一〇，〇〇〇	四〇〇	一〇，四〇〇
	茂明安旗	一，〇〇〇	一〇〇	一，一〇〇
乌盟合计		七一，〇〇〇	一，八〇〇	七二，八〇〇
伊克昭盟	达拉特旗	一三，〇〇〇	六〇，〇〇〇	七三，〇〇〇
	札萨克旗	三，八〇〇	二，〇〇〇	五，八〇〇
	杭锦旗	八，六〇〇	二〇，〇〇〇	二八，六〇〇
	准噶尔旗	三七，〇〇〇	六四，〇〇〇	一〇一，〇〇〇
	乌审旗	一一，〇〇〇	八〇〇	一一，八〇〇
	鄂托克旗	一〇，三〇〇	二，〇〇〇	一二，三〇〇
	郡王旗	四，七〇〇	五，〇〇〇	九七，〇〇〇①
伊盟合计		八，八四〇〇	一五三，八〇〇	二四二，〇〇〇②
两盟共计		一五九，四〇〇	一五五，六〇〇	三一五，〇〇〇

乌伊两盟的政治组织和军队

　　蒙古的官制，每旗有一首领名曰"札萨克"，爵秩不拘，世袭罔替，多由王公中任命。行政组织很简单，处理一切政务的所在曰旗（Tamaga），其行政职官分述如左：

　　（1）札萨克（Jacax）　即一旗行政的长官，"札萨克"蒙语为"印玺"的意思，故札萨克又称"掌印札萨克"。每旗设札萨克一员，综理旗务，监督所属官吏，系世袭职。

　　（2）协理台吉（Tasalakci）　即行政大佐，每旗设东协理台吉一人，西协理台吉一人，辅佐札萨克，处理旗务。

---

　　①　应为九，七〇〇。——整理者注
　　②　应为二四二，二〇〇。——整理者注

（3）管旗章京（Haghagogi jahirokchi jungin）即一旗的法官，每旗设管旗章京一人，承札萨克、协理台吉的命令，办理旗务。

（4）梅楞（Meiren）　即旗务官，每旗设东梅楞一人，西梅楞一人，承札萨克、协理台吉、管旗章京的命令，办理旗务。

（5）参领（Zalan）　或称"札兰"，分掌印信及帮办旗务，承札萨克、协理台吉、管旗章京等之命令，督饬佐领，管理地方兵事并旗务。

（6）佐领（Soman ianggin）　或称"管旗章京"，即佐领军务官兼地方行政官，每佐一人，承参领之命，直接办理地方一切军政事宜。

（7）骁骑校（Orolan hugekchi）　传命令，司军务，每佐一人，辅助佐领，办理佐内一切事务。

（8）领催（Hugekchi）　即地方屯长，视佐中事务多寡，酌设领催若干，分带兵丁，保护旗牧。

在内蒙古往往合数部数旗或并合一部一旗，共同商榷利害，保护安宁，而成一更大的行政组织，称之为盟（Cbigalgan），但亦有单独一旗不设盟的。每盟设盟长一人，副盟长一人，也有增设三盟长的。盟长由各旗轮流担任，清代定例，三年一换。盟长与札萨克不同，不是世袭的。兹分述盟长、副盟长、三盟长的职务、任年，及其相互的关系：

（1）盟长　每盟设盟长一人，总理盟务并监督所属各旗，三年一换，由本盟副盟长升任之。

（2）副盟长　每盟设副盟长一人，辅佐盟长，处理盟务，三年一换，由本盟各札萨克轮流充任。

（3）三盟长　帮同正、副盟长办理盟务，系特命之官，各盟或有或无，并不一定。

蒙古的爵秩共分六等，有亲王、郡王、贝勒、贝子、镇国公、辅国公的分别。六等以外又有汗爵，在王公之上。有台吉和塔布囊，同爵而异名，在王公之下。凡中级官吏都由札萨克会同盟长保举，由中央政府任命，至王公爵位，有世袭罔替的，也有由政府选择升补的。

乌、伊两盟十三旗，每旗设札萨克一员，东、西协理二员，以下有管旗章京、梅楞、参领、佐领、骁骑校、领催等官，分带兵丁，保护旗牧，听札萨克的指挥。下表是乌伊盟旗组织的系统（行政单位分三级，最高为盟，盟下为旗，旗下为佐）：

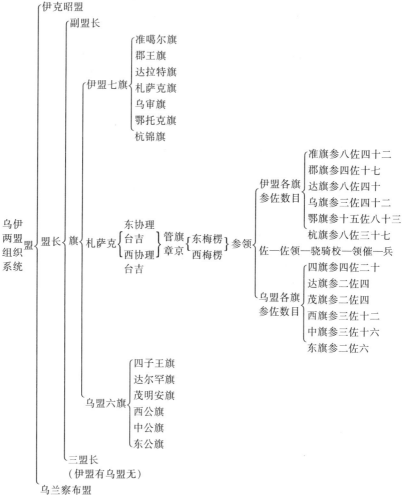

乌、伊两盟的军队，统受保安长官的指挥，以前均称游击队，

现改称保安队。两盟皆设保安长官、副长官各一人，由现任的盟长、副盟长分别充任，管理一盟的官兵，保护游牧。

各旗兵额，看旗的大小而定，或一千、六百、五百、四百、三百，以至二百、一百、数十人不等。据近年调查，各旗兵士、枪枝数目如次：

	旗别	兵数	枪数
	准噶尔旗	一，〇〇〇	一，〇〇〇
	郡王旗	二五〇	二〇〇
	达拉特旗	六〇〇	八〇〇
伊克昭盟	札萨克旗	一八〇	二〇〇
	乌审旗	三〇〇	一九〇
	鄂托克旗	六〇〇	五〇〇
	杭锦旗	四八〇	四九〇
伊盟合计		三，四一〇	三，三八〇
	四子王旗	二八〇	二五〇
	达尔罕旗	五〇〇	五〇〇
乌兰察布盟	茂明安旗	六〇	四〇
	西公旗	二二〇	一〇
	中公旗	五〇〇	三〇
	东公旗	一五〇	一〇
乌盟合计		一，七一〇	八四〇
两盟共计		五，一二〇	四，二二〇

乌伊两盟的宗教

绥省蒙民信仰的宗教是喇嘛教中的黄教一派，有清一代，利用喇嘛为羁縻蒙藩的政策，册号建寺，崇礼有加。在蒙古社会的阶级共分三等，有王爷、喇嘛、黑人的区别。王族为元朝的后裔或其重臣的子孙，曾受封爵。喇嘛是蒙人的智识阶级，洞晓事理，善于应酬，在社会上的地位很高，其年高有德者，片言只语，虽王公也不敢反对。至于黑人，即一般平民，种类不一，有往昔做蒙族奴隶的子孙，有汉、满居住的人民，有旗人所生的庶子和不是喇嘛的，都属于黑人。

喇嘛既受社会的尊崇，所以蒙人当喇嘛的很多，喇嘛之数常多过于人民，广建召庙，养尊处优。下表分列乌、伊两盟各旗的召庙和喇嘛的数目：

	旗名	召庙	喇嘛
乌兰察布盟	四子王旗	三〇	三，〇四〇
	达尔罕旗	一二	二，六〇〇
	茂明安旗	一〇	八〇
	西公旗	二四	六三〇
	中公旗	三四	二，一〇〇
	东公旗	八	二，〇六〇
乌盟合计		一一八	一〇，五一〇
伊克昭盟	准噶尔旗	二二	八〇〇
	郡王旗	四二	一，七四七
	达拉特旗	七二	六，〇〇〇
	札萨克旗	九	九九三
	乌审旗	一九	四，〇〇〇
	鄂托克旗	四九	二，六五四
	杭锦旗	三七	一，七〇〇
伊盟合计		二五〇	一七，八九四
两盟共计		三六八	二八，四〇四

各召庙的喇嘛，其组织管辖系统，有活佛、达喇嘛、得木齐、格斯贵、普通喇嘛等。

（1）活佛　赐封有土地、庙产、印信的，称"呼图克图"，否则称"呼毕勒罕",是喇嘛中的最高者,大庙中或间有之,普通寺庙都无有。

（2）达喇嘛　是一庙的最高行政首领,总理庙内一切事务,如有活佛,则秉承活佛意旨办理之。

（3）得木齐　承达喇嘛的命令,管理庙内庶务、会计等各事宜。

（4）格斯贵　承达喇嘛的命令,管理教务及约束喇嘛执行规戒各事宜。

附喇嘛行政管辖系统表:

《西北论衡》（月刊）

北平西北论衡社

1937 年 5 卷 1 期

（李红权　整理）